U0899051

《实用药物化学》编审人员

主　　编　王质明　（江苏省徐州医药高等职业学校）

主　　审　张　雪　（江苏省徐州中医院）

副 主 编　刘振梅　（天津生物工程职业技术学院）

编写人员　（按姓氏笔画排序）

王　希　（广东化工制药职业技术学院）

王质明　（江苏省徐州医药高等职业学校）

韦淑梅　（江苏省徐州医药高等职业学校）

叶云华　（湖南生物机电职业技术学院药学部）

刘振梅　（天津生物工程职业技术学院）

张　莉　（北京市高新职业技术学院）

实用药物化学

全国医药职业技术教育研究会　组织编写

王质明　主编　　张　雪　主审

化学工业出版社
生物·医药出版社分社
·北　京·

图书在版编目（CIP）数据

实用药物化学/全国医药职业技术教育研究会组织编写．—北京：化学工业出版社，2004.7
ISBN 978-7-5025-5806-2

Ⅰ.实…　Ⅱ.全…　Ⅲ.药物化学　Ⅳ.R914

中国版本图书馆 CIP 数据核字（2004）第 073912 号

责任编辑：陈燕杰　余晓捷　孙小芳　杨燕玲　　　　装帧设计：关　飞
责任校对：李　林　吴　静

出版发行：化学工业出版社（北京市东城区青年湖南街 13 号　邮政编码 100011）
印　　装：大厂聚鑫印刷有限责任公司
787mm×1092mm　1/16　印张 18¾　字数 367 千字　　2013 年 8 月北京第 1 版第 11 次印刷

购书咨询：010-64518888（传真：010-64519686）　售后服务：010-64518899
网　　址：http://www.cip.com.cn
凡购买本书，如有缺损质量问题，本社销售中心负责调换。

定　　价：32.00 元　　

全国医药职业技术教育研究会委员名单

全国医药高职高专教材建设委员会委员名单

前　言

从20世纪30年代起，我国即开始了现代医药高等专科教育。1952年全国高等院校调整后，为满足当时经济建设的需要，医药专科层次的教育得到进一步加强和发展。同时对这一层次教育的定位、作用和特点等问题的探讨也一直在进行当中。

鉴于几十年来医药专科层次的教育一直未形成自身的规范化教材，长期存在着借用本科教材的被动局面，原国家医药管理局科技教育司应各医药院校的要求，履行其指导全国药学教育为全国药学教育服务的职责，于1993年出面组织成立了全国药学高等专科教育教材建设委员会。经过几年的努力，截至1999年已组织编写出版系列教材33种，基本上满足了各校对医药专科教材的需求。同时还组织出版了全国医药中等职业技术教育系列教材60余种。至此基本上解决了全国医药专科、中职教育教材缺乏的问题。

为进一步推动全国教育管理体制和教学改革，使人才培养更加适应社会主义建设之需，自20世纪90年代以来，中央提倡大力发展职业技术教育，尤其是专科层次的职业技术教育即高等职业技术教育。据此，全国大多数医药本专科院校、一部分非医药院校甚至综合性大学均积极举办医药高职教育。全国原17所医药中等职业学校中，已有13所院校分别升格或改制为高等职业技术学院或二级学院。面对大量的有关高职教育的理论和实际问题，各校强烈要求进一步联合起来开展有组织的协作和研讨。于是在原有协作组织基础上，2000年成立了全国医药高职高专教材建设委员会，专门研究解决最为急需的教材问题。2002年更进一步扩大成全国医药职业技术教育研究会，将医药高职、高专、中专、技校等不同层次、不同类型、不同地区的医药院校组织起来以便更灵活、更全面地开展交流研讨活动。开展教材建设更是其中的重要活动内容之一。

几年来，在全国医药职业技术教育研究会的组织协调下，各医药职业技术院校齐心协力，认真学习党中央的方针政策，已取得丰硕的成果。各校一致认为，高等职业技术教育应定位于培养拥护党的基本路线，适应生产、管理、服务第一线需要的德、智、体、美各方面全面发展的技术应用型人才。专业设置上必须紧密结合地方经济和社会发展需要，根据市场对各类人才的需求和学校的办学条件，有针对性地调整和设置专业。在课程体系和教学内容方面则要突出职业技术特点，注意实践技能的培养，加强针对性和实用性，基础知识和基本理论以必需够用为度，以讲清概念，强化应用为教学重点。各校先后学习了“中华人民共和国职业分类大典”及医药行业工人技术等级标准等有关职业分类，岗位群及岗位要求的具体规定，并且组织师生深入实际，广泛调研市场的需求和有关职业岗位群对各类从业人员素质、技能、知识等方面的基本要求，针对特定的职业岗位群，设立专业，确定人才培养规格和素质、技能、知识结构，建立技术考核标准、课程标准和课程体系，最后具体编制为专业教学计划以开展教学活动。教材是教学活动中必须使用的基本材料，也是各校办学的必需材料。因此研究会及时开展了医药高职教材建设的研讨和有组织的编写活动。由于专业教学计划、技术考核标准和课程标准又是从现实职业岗位群的实际需要中归纳出来的，因而研究会组织的教材编写活动就形成了几大特点。

1. 教材内容的范围和深度与相应职业岗位群的要求紧密挂钩，以收录现行适用、成熟规范的现代技术和管理知识为主。因此其实践性、应用性较强，突破了传统教材以理论知识为主的局限，突出了职业技能特点。

2. 教材编写人员尽量以产、学、研结合的方式选聘，使其各展所长、互相学习，从而有效地克服了内容脱离实际工作的弊端。

3. 实行主审制，每种教材均邀请精通该专业业务的专家担任主审，以确保业务内容正确无误。

4. 按模块化组织教材体系，各教材之间相互衔接较好，且具有一定的可裁减性和可拼接性。一个专业的全套教材既可以圆满地完成专业教学任务，又可以根据不同的培养目标和地区特点，或市场需求变化供相近专业选用，甚至适应不同层次教学之需。因而，本套教材虽然主要是针对医药高职教育而组织编写的，但同类专业的中等职业教育也可以灵活的选用。因为中等职业教育主要培养技术操作型人才，而操作型人才必须具备的素质、技能和知识不但已经包含在对技术应用型人才的要求之中，而且还是其基础。其超过“操作型”要求的部分或体现高职之“高”的部分正可供学有余力，有志深造的中职学生学习之用。同时本套教材也适合于同一岗位群的在职员工培训之用。

现已编写出版的各种医药高职教材虽然由于种种主、客观因素的限制留有诸多遗憾，上述特点在各种教材中体现的程度也参差不齐，但与传统学科型教材相比毕竟前进了一步。紧扣社会职业需求，以实用技术为主，产、学、研结合，这是医药教材编写上的划时代的转变。因此本系列教材的编写和应用也将成为全国医药高职教育发展历史的一座里程碑。今后的任务是在使用中加以检验，听取各方面的意见及时修订并继续开发新教材以促进其与时俱进、臻于完善。

愿使用本系列教材的每位教师、学生、读者收获丰硕！愿全国医药事业不断发展！

全国医药职业技术教育研究会

2004 年 5 月

编写说明

本书是根据全国医药职业技术教育研究会的教材编写计划，为满足医药高等职业教育对教材的急需而编写的。

本书的编写以培养第一线的实用技术型人才为宗旨，理论内容以适度够用为原则，强化技术及动手能力的培养。

本书由江苏省徐州医药高等职业学校王质明编写绪论、第六章、第七章、第十三章；由天津生物工程职业技术学院刘振梅编写第二章及实验部分；由广东化工制药职业技术学院王希编写第八章、第九章；由江苏省徐州医药高等职业学校韦淑梅编写第三章、第十二章；湖南生物机电职业技术学院药学部叶云华编写第四章、第十章；北京市高新职业技术学院张莉负责第五章、第十一章的编写。

本书由江苏省徐州中医院张雪主任主审。

鉴于现代药学技术和药学相关各高等职业教育专业的迅速发展，本书尽量反映当代药物化学方面的主要实用理论和技术，以满足学生今后在药物生产、检验、储运与使用当中的需要，并体现职业教育的特色。

各校在使用本教材时，可根据专业特点、教学计划及教学要求选择讲授内容、习题及实验内容，使学生在有限的教学时数内，掌握本课程的基本理论、基本知识、基本操作技术和学习方法。

本教材虽经各位编者认真编写，但因时间仓促，可能仍会有疏漏不妥之处，望广大读者不吝指正。

编　者

2004 年 4 月

目　　录

第一章 绪 论

药物化学是研究药物的化学性质、合成方法、构效关系、作用机制与训练药物合成技术的一门综合性学科。高等职业学校的毕业生应掌握必备的实用药物化学知识和技术，其中以药物的名称、结构、理化性质（与药物制剂技术及药物储存、药物分析、药物体内体外的直接相互作用之间的关系）和合成方法为主，强调药物作用的化学本质，注重药物化学规律在生产、检验、储藏及使用中的应用，了解新药的研究与开发的内容与程序。

一、药物化学研究内容与任务

药物通常是指对疾病具有预防、治疗或诊断作用的物质。药物根据来源及性质不同，可以分为中药或天然药物、化学合成药物、生物药物等。临床使用的药物很大一部分是通过化学合成或生物合成的方法得到、确认了组成和化学结构的化合物。药物化学所研究的对象就是这类既具有药物的功效，同时又有确切化学组成与结构的药物，即化学药物。

化学药物可以是无机物或有机化合物，也可以是从天然药物中提取分离的有效单体，以及用发酵法得到的抗生素等。

由此可见，药物化学是以化学药物作为其研究对象，融合化学学科和生命科学学科知识的一门交叉学科。药物化学科学知识是以有机化学、生物化学作为基础，同时和药物分析技术、药物制剂技术、药理学学科有密切的联系。

药物化学的研究任务大致为：①为合理利用已知的化学药物提供理论基础。通过研究药物的理化性质，阐明药物的化学稳定性，为药物制剂、调剂、分析检验、保管和贮存服务。通过药物理化性质及其作用机制研究，为理解药物生物效应提供化学基础；②介绍并提供比较先进、经济的生产化学药物的方法和工艺；③了解新药研究和开发的内容和程序；④掌握完整的合成药物的实验技术。

本教材的主要使用对象是药学高等职业学校的学生。针对不同的专业应提出不同要求。

1. 化学制药专业

要熟悉各类化学药物的基本结构、理化性质，药物作用机制、药物之间物理化学方面的相互作用，研究化学药物的制备原理和合成路线，掌握药物合成实验技术，掌握提高药物质量的一般方法和手段。

2. 药物制剂专业

应熟悉各类药物的有关理化性质（对制剂、调剂的影响）、主要结构特点、鉴别方法和药物相互作用，了解典型药物的构效关系，了解常用药物作用机理、药物主要作用和配伍变化等。

3. 药物分析专业

在熟悉各类典型药物的结构特点、理化性质的基础上，掌握药物在质量检验方面的有关原理和方法，为保证药品的质量提供重要依据；了解合成路线、典型药物的构效关系，了解常用药物作用机理、药物主要作用和药物之间的化学与物理方面的相互作用等。

4. 药学专业

应熟悉与现有临床用药有关的药物化学知识，以药物的化学结构为基本信息，药物产生的生物活性作为标准，理解和认识化学药物在体内外产生的一系列化学变化，以及化学药物及其在体内外的变化产物与生物体作用的本质及结果，为临床合理用药提供必要的知识。

其他专业可根据培养目标要求学习相关内容。

二、在浩瀚的药物化学知识的海洋中“淘金”

药物化学作为一门学科，延伸到职业教育便成为一门实用知识与技术。从19世纪中期药物化学学科的萌芽，到19世纪末期雏形的形成，20世纪的蓬勃发展，再到21世纪走向完善，已成为当今新药研究、药物生产、检验、使用乃至储运管理知识与技术的集成。

从19世纪中期开始，当人类的智慧发展到想认识天然药物有效成分是什么，并真的发现阿片起主要作用的就是吗啡，也就是一种分离出来的有效化合物的时候，医药学家们把从有机化学物质中发现新药当作一种毕生追求的目标，并成功地在已知化学物质当中找到了作为全身麻醉药的氯仿和乙醚等，化学药物由此而诞生。科学的发展永远不是简单的重复，当化学药物和相关知识的数量积累到一定程度的时候，药学家总结出化合物结构特点与生物活性之间的规律，药效团的概念产生了，并用其指导有目的地合成新的药物，在19世纪末期发现了苯佐卡因、阿司匹林、氨替比林等一些化学合成药物，并使药物化学真正地逐渐形成一门重要的独立的学科。

任何事物发展都不可能是孤立的，药物化学的发展也是如此。化学工业的兴起，特别是煤化学工业、染料化学工业等的发展，为药物的合成提供了从简单化合物到杂环化合物等复杂化学物质的合成方法，结果是出现了化学物质结构的多样性，使药物筛选的范围空前扩大；基于动物药理实验模型的实验药理学的出现，替代了新药直接的人体实验，既减少了人体实验的危险，又提高了实验的效率。上述科学的发展极大地提高了新药研究成功的机会，也促进了药物化学的进步。

时光进入20世纪初期时，随着治疗细菌感染性疾病有效的药物磺胺的发现，医药学家开始从更深的层次研究体内代谢产物，并用于指导新药结构的设计和相关研究，创立了药物的抗代谢作用机制学说。20世纪40年代青霉素的偶然发现，既挽救了无数生命，又提示科学家从微生物代谢产物寻找新药，开创了抗生素发展的新纪元。

20世纪50年代以后，人们已经在分子水平逐步认识到酶、受体、离子通道等对生命过程具有重要的调节作用，β受体阻断剂、钙通道阻滞剂、血管紧张素转化酶抑制剂等类药物应运而生。并发展到了空前的阶段。定量构效关系、组合化学方法、高通量筛选技术、分子克隆技术、人类基因组学、蛋白组学等等构成了当代新药研究的技术支点。

药物化学百年发展，形成了比较完整的知识与技术体系，是药学知识海洋中的一个分支。

新药研究是药学事业的龙头，价廉物美的药物的生产与合理使用是其目标。新药研究不是最终目的，通过优质的生产、商业的有效传递、临床上的合理使用，解除患者病痛，才能使其发挥应有的价值。对于药物高质低耗合成方法、药物理化性质与检验方法、药物的作用机制及其药物体内代谢的研究，有些是与新药研究同步，更多的是在生产、流通和使用的过程之中。这些内容不仅构成了药物化学的重要部分，更是可以直接指导生产、检验、流通和使用的整个过程。

高等职业教育育才贵在实用。药物化学的知识与技术主要集中在药物的生产、检验、使用和流通过程中。

知识之所以成为金，贵在其实用。本书对于某些专业来说内容可能过于繁杂，因此在教与学的过程中，应该根据不同专业，各取所需，充分把握知识与技术要点，学以致用。教与学注重的是“淘”的过程，本书的知识与技术内化成读者的内在素养与外显的能力之后，最后才能成“金”。

三、医药事业的社会分工与实用药物化学

随着时代的进步与社会发展，我国医药事业也在突飞猛进，逐步形成了研究、生产、流通、使用及相关产业的相对完整的体系，明确的社会分工已经成型。

我国的新药研究任务主要由专门的研究单位、大专院校和一些科研生产联合体承担，中国科学院上海药物研究所、四川抗生素工业研究所、长春生物制品研究所、药物制剂国家工程研究中心、国家中药现代化工程研究中心等是具有代表性的专业研究单位。高等职业学校学生的培养目标不是针对新药研究设定的，但掌握过硬的实用药物化学实验技术的毕业生，可以在研究人员的指导下承担具体的实验工作，充当研究人员的得力助手。

药物生产的员工队伍是整个医药事业体系中最庞大的部分，起着将医药新科技成果转化成具体产品的繁重任务。为社会生产质高廉价药品，应该是生产企业的崇高目标。具备了良好的药物化学知识的学生，将更能胜任企业的一线工作。

药品的流通是药学事业服务社会必不可少的环节，全国十几万家流通企业承担着把药品直接送到患者与医疗机构的任务。流通中的零售与医院对药品的使用，都离不开合理使用药品这一环节。很好地掌握了药物理化性质、作用机制、配伍变化、药物稳定性化学及相关药物知识的从业者，今后可更好地从事药品流通与使用工作。

（王质明）

第二章　中枢神经系统药物

中枢神经系统药物的靶点或作用部位集中在中枢神经系统，可以按治疗疾病的种类进行分类，也可以按药物的临床作用分类。本章主要介绍镇静催眠药、抗癫痫药、抗精神失常药，这些药物对中枢活动起到抑制作用，临床用于治疗中枢神经过度兴奋所引起的疾病。另外介绍了抗抑郁药、镇痛药和中枢兴奋药，这些药物也是通过控制中枢神经活动而起作用，临床用于治疗抑郁症、剧烈疼痛和中枢过度抑制所引起的疾病。

第一节　镇静催眠药

> 生活中有许多人被失眠所困扰，经常失眠的人工作学习效率降低，如何帮助失眠患者？学习了如下内容后将会受到启迪。

镇静催眠药是抑制中枢神经兴奋性的药物。通常在小剂量应用时引起镇静作用，可以缓解病人的紧张、不安和烦躁等中枢神经兴奋现象，使服用者处于恬静、安详状态；较大剂量可以引起近似生理性睡眠；再大剂量时则产生麻醉、抗惊厥作用；超大剂量使用会引起中枢过度抑制，患者出现昏迷甚至死亡。因此，临床此类药物需在医生指导下使用，本类药物大多属于精神药品范畴，长期使用易产生耐受性和精神依赖性，须按精神药品管理办法生产、经营和使用。

镇静催眠药有很多化学结构类型，本小节主要介绍巴比妥类、苯二氮䓬类和咪唑并吡啶类，其中代表药物是异戊巴比妥、地西泮、唑吡坦。各类药物除有自己的特点外，尚有许多共同的作用，临床用于镇静催眠、抗焦虑、抗惊厥等。

一、巴比妥类

巴比妥类是应用较早的镇静催眠药。母环为环丙二酰脲。临床按作用时间分为四种。临床常用药物见表 2-1。

表 2-1　临床常用的巴比妥类药物

类　别	药物名称	药　物　结　构	适应证
长时	巴比妥	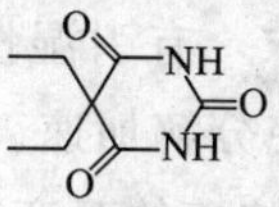 O NH O NH O	失眠症

续表

类 别	药物名称	药 物 结 构	适应证
长时	苯巴比妥		癫痫大发作
中时	环己烯巴比妥		失眠症
短时	戊巴比妥		催眠 基础麻醉
	司可巴比妥		催眠
超短时	海索比妥		催眠 静脉麻醉
	硫喷妥钠		催眠 静脉麻醉

异戊巴比妥 Amobarbital

化学名为5-乙基-5-(3-甲基丁基)-2,4,6(1*H*,3*H*,5*H*) 嘧啶三酮。又名为5-乙基-5-(3-甲基丁基) 巴比妥酸。

本品为固体药物，白色，无臭，味苦。mp. 155～158.5℃。易溶于乙醇、乙醚等有机溶剂，在水中溶解度较小。因此不能制成注射剂，只能制成片剂口服。

本品呈弱酸性，pK_a 为7.8。在氢氧化钠或碳酸钠溶液中溶解。其钠盐、钾盐的水溶解度较大。临床将其钠盐制成注射剂使用。

本品钠盐为白色颗粒或粉末，有引湿性，极易溶于水。其水溶液呈碱性、不稳定，易水解，温度升高和 pH 增加使分解加速。故应制成粉针剂使用。

本品可产生内酰胺-内酰亚胺醇的互变异构。并能与碱作用生成盐。

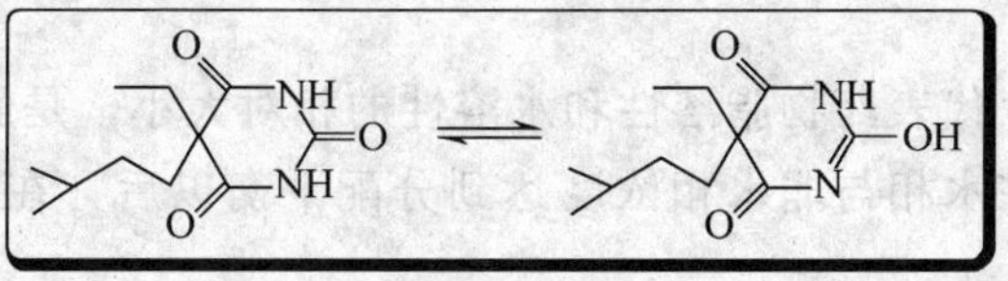

本品溶于碳酸钠溶液后，加入过量的硝酸银试剂，可产生白色沉淀。供鉴别。

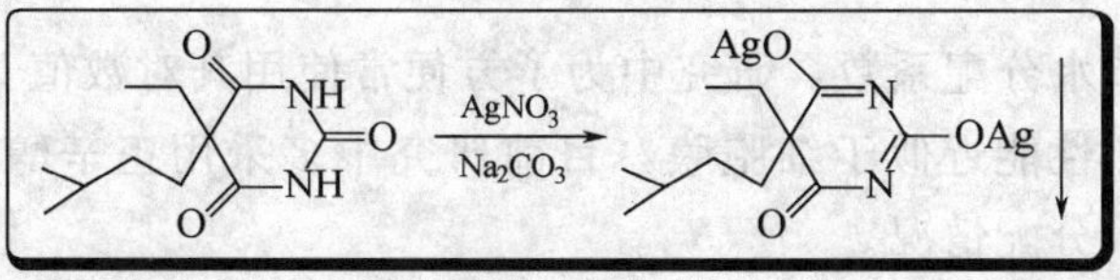

本品与吡啶-硫酸铜试剂作用，生成紫蓝色配合物。含硫巴比妥如硫喷妥钠与该试剂作用，生成绿色配合物。可供区别。

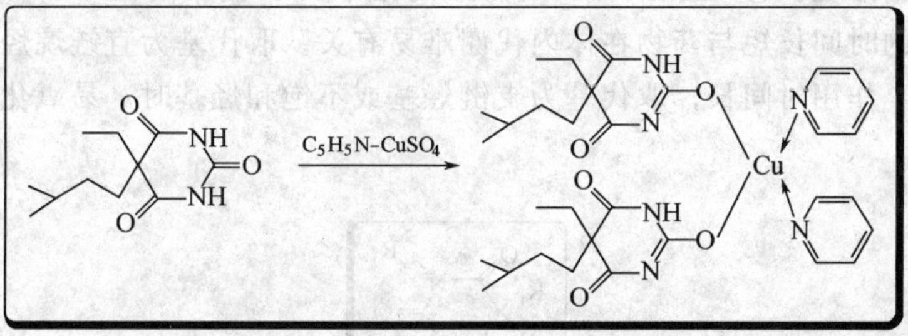

本品可用标准酸碱滴定法测定含量，本法操作简单，但终点较难判断。

本品能够阻断脑干的网状结构上行激活系统，使大脑皮层兴奋性下降，产生镇静催眠、抗惊厥作用。临床主要治疗失眠症。

巴比妥类药物主要在肝脏代谢，肝功能严重减退者要慎用此药。

依据作用方式，药物可分为结构特异性药物和结构非特异性药物。结构特异性药物有专一的作用靶点或受体，就是其结构与靶点或受体具有立体构型和化学结构等方面的互补性，药物作用强度与浓度不是线性关系，很小的剂量就能发挥治疗作用；结构非特异性药物无专一的作用靶点，药物的物理化学性质对作用强度有巨大影响，如作用强度与浓度有直接相关关系等。巴比妥类药物属于结构非特异性药物，药物的作用强度与理化性质相关。这类弱酸性药物其作用强弱和起效时间快慢与药物的解离常数 pK_a、脂水分配系数等密切相关。pK_a 可用下式确定：

$$pK_a = pH + \lg \frac{[RCOOH]}{[RCOO^-]} \tag{2-1}$$

式中，RCOOH 为药物的亲脂型，易于透过细胞膜；$RCOO^-$ 是药物的亲水型，易于在体液中转运。通常药物以分子的形式透过细胞膜，以离子的形式发生作用。在生理环境中，药物具有合适的解离度，才能既利于转运又利于透过细胞膜和血脑屏障，达到中枢神经的作用部位。

脂水分配系数可以代表药物脂溶性和水溶性的相对大小，是影响药物作用的又一重要物理性质。当药物在水相与非水相浓度达到分配平衡以后，在非水相中的浓度 c_O 与水相中 c_W 的比值 P：

$$P=\frac{c_O}{c_W} \tag{2-2}$$

式中，P 叫做脂水分配系数，研究中为了方便常使用其对数值 $\lg P$ 。由于正辛醇和药物可以形成氢键，性能近似于细胞膜，目前研究中多采用正辛醇-水系统来模拟生理环境，观察药物脂水分配情况。

巴比妥类药物的构效关系如下：①$R_1=H$，$R_2=H$ 时无生物活性，R_1 和 R_2 应为烃基、芳烃基或烯烃基等取代，碳原子总数为 4～8 时镇静催眠作用最好。碳数超过 8 时会产生惊厥，不良反应增大。②R_3 以甲基取代时起效快，因为此时降低了药物酸性并增加了药物的脂溶性。③2 位的氧原子以硫原子替代后，则脂溶性增加，起效快。④药物在体内作用的时间长短与药物在体内代谢难易有关。取代基为直链烷烃或芳烃时不易氧化，排除慢，作用时间长；取代基为支链烃基或不饱和烃基时，易氧化，易排除，作用时间较短。

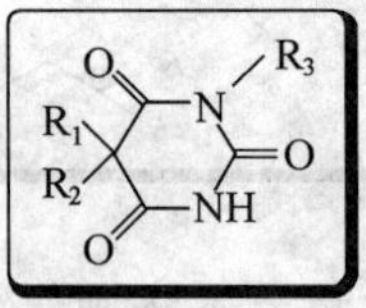

二、苯二氮䓬类

苯二氮䓬类镇静催眠药是 20 世纪 60 年代后出现的一类常用药物。母环由一个苯环和一个七元亚胺内酰胺环拼合而成。本类药物首先应用于临床的是氯氮䓬（Chlordiazepoxide，利眠宁），后发现其有成瘾性、致畸等不良反应，现已停用。在结构改造过程中，人们发现氯氮䓬分子结构中的 N→O 结构和脒的结构不是活性必要结构，经结构简化得到地西泮。地西泮不良反应较少，作用温和。经进一步构效关系研究得到一系列衍生物，这类药物的不良反应较巴比妥类药物少，问世后即成为镇静、催眠、抗焦虑的首选药物，应用于临床后治疗效果均好。常用的苯二氮䓬类药物见表 2-2。

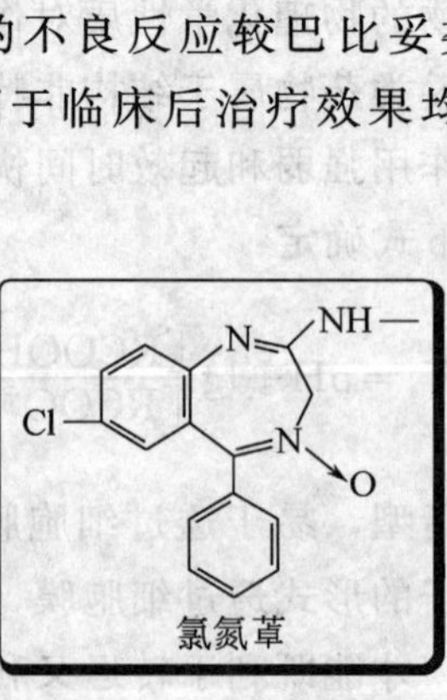

氯氮䓬

表 2-2　临床常用的苯二氮䓬类药物

药物名称	R_1	R_2	R_3	R_4
奥沙西泮　Oxazepam	—H	—OH	—H	—Cl
硝西泮　Nitrazepam	—H	—H	—H	$—NO_2$
氟地西泮　Fludiazepam	$—CH_3$	—H	—F	—Cl
氯硝西泮　Clonazepam	—H	—H	—Cl	$—NO_2$
氟托西泮　Flutoprazepam	$—CH_2—$◁	—H	—F	—Cl

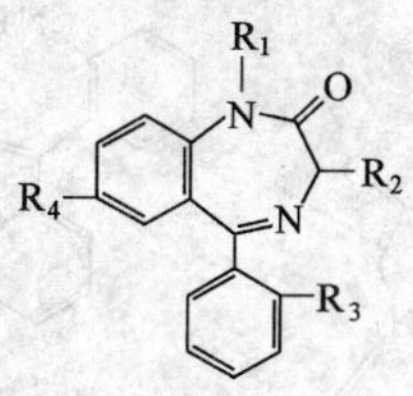

地西泮　Diazepam

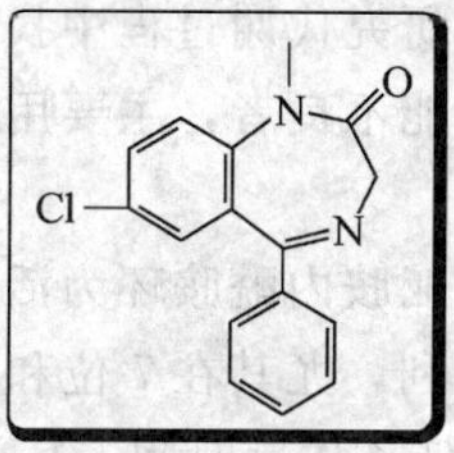

化学名为 1-甲基-5-苯基-7-氯-1,3-二氢-2*H*-1,4-苯并二氮杂䓬-2-酮。又名安定。

本品为白色或类白色结晶性粉末，无臭，味微苦。易溶于丙酮、氯仿，能溶于乙醇，几乎不溶于水。mp. 130～140℃。pK_a3. 4。

本品与碘化铋钾在酸性条件下反应生成橙红色复盐沉淀，放置后颜色渐深。可用于该药物的鉴别。

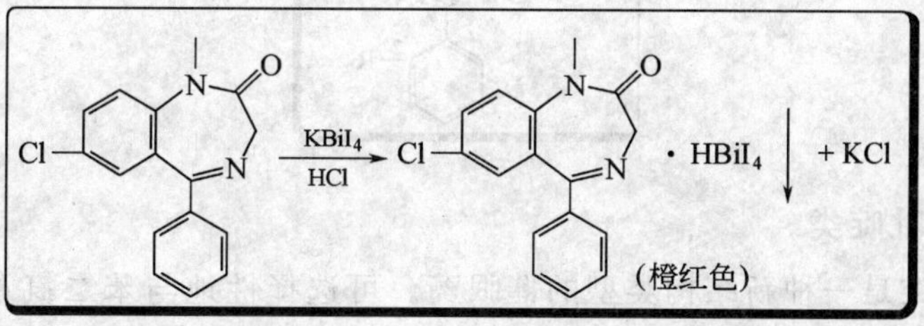

$$\xrightarrow[HCl]{KBiI_4} \cdot HBiI_4 \downarrow + KCl$$

(橙红色)

本品母环中具有内酰胺键及亚胺结构，在酸性或碱性溶液中受热易水解失效。水解发生在七元环的 1、2 位时，为不可逆性水解，也是造成失效的原因。4、5 位的水解为可逆性水解，在酸性条件下水解开环，在中性和碱性条件下闭环。因此，4、5 位开环不影响生物利用度。

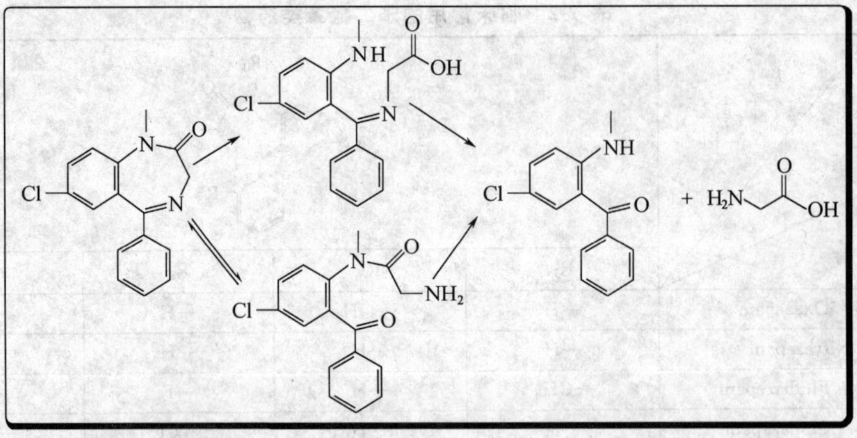

本品进入体内后与中枢的特定受体结合而发挥药理作用，可产生安定、镇静、催眠、肌肉松弛和抗惊厥作用。临床主要用于治疗神经官能症、失眠症，静脉滴注是治疗癫痫持续状态首选药物。

本品主要经肝脏代谢，可产生 N-1 位去甲基，C-3 的氧化物，其代谢产物仍有活性，且毒性降低，奥沙西泮即是在研究代谢过程中找到的新药，现已应用于临床，不良反应少，更适用于老年人和肝肾功能不良者，主要用于焦虑症和癫痫的辅助治疗。

构效关系研究表明：

苯二氮䓬类药物分子中的七元亚胺内酰胺环为活性所必需的结构。1，3，7 位和 2′ 位上的取代基对药效的发挥较为有利，尤其在 7 位和 2′位引入吸电子基团时，能显著增加疗效。1 位以长链烃基取代时可延长作用时间。1、2 位上并入三唑环可增强药物与受体的亲和力及代谢的稳定性，其生理活性进一步加强。临床应用的艾司唑仑即为这一研究成果，其镇静催眠作用比硝西泮强 2～4 倍。

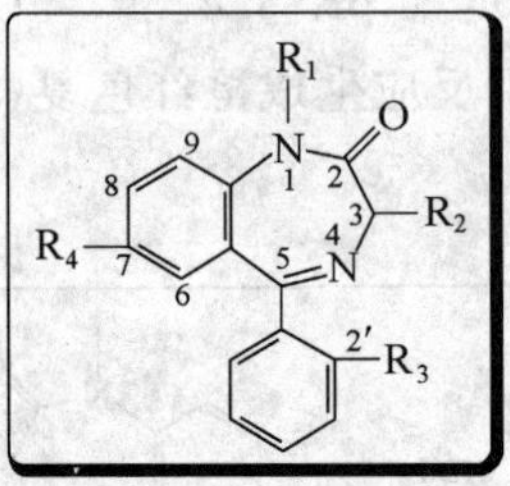

三、咪唑并吡啶类

咪唑并吡啶类是一种新结构类型的催眠药。可选择性地与苯二氮䓬类 ω_1 受体亚型结合，而与 ω_2、ω_3 受体亚型亲和力很差，其镇静催眠作用很强，较少发生耐受性和成瘾性。

酒石酸唑吡坦 Zolpidem Tartrate

化学名为 *N*,*N*,6-三甲基-2-(4-甲基苯基) 咪唑 [1,2-*a*] 并吡啶-3-乙酰胺半酒石酸盐。

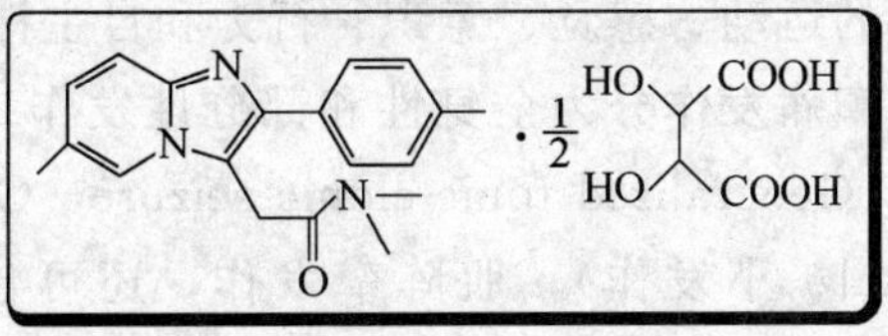

本品为白色结晶。溶于水。游离碱 mp. 193～197 ℃。饱和水溶液的 pH4.2。脂水分配系数 (lg$P$)(正辛醇-水) 为 2.43。

本品的固体对光和热均稳定，水溶液在 pH1.5～7.4 稳定。

分子中的酰胺键在酸、碱催化下发生水解，药效会降低。

本品的合成方法：由 2-氨基-5-甲基吡啶为原料，与 4-甲基-2′-溴苯乙酮进行环合，得 2-(4-甲苯基) 咪唑并吡啶，再与甲醛、二甲胺缩合，得 2-(4-甲苯基)-3-二甲氨基甲基咪唑并吡啶，与碘甲烷季铵化后，再经氰化钠置换、水解、酰胺化，最后与酒石酸成盐而制得。

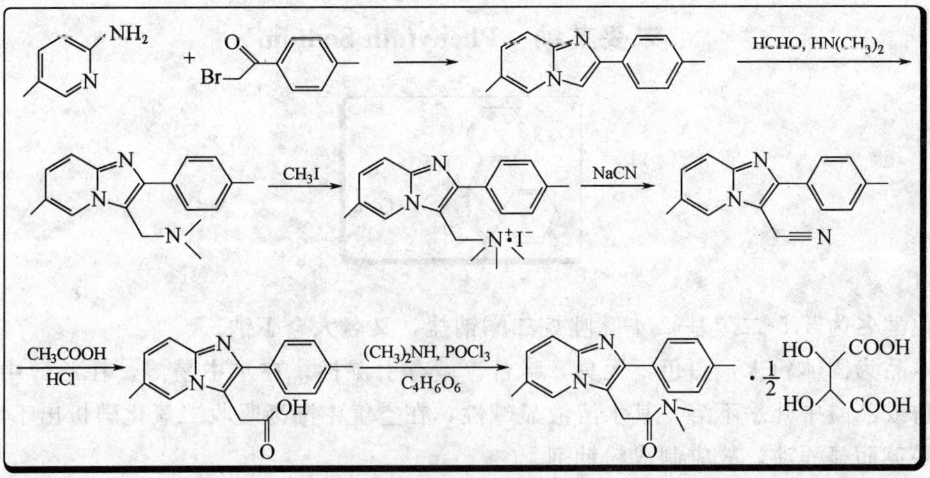

本品可选择性地激动苯二氮䓬类 ω_1 受体，而与 ω_2、ω_3 受体亚型亲和力很差，故镇静催眠作用很强，类似苯二氮䓬类药物，但较少抗焦虑作用、肌肉松弛作用和抗惊厥作用。使用剂量小，作用时间短，不良反应少，且很少产生耐受性和成瘾性。临床用于治疗各种失眠症。

第二节　抗癫痫药物

本节为读者介绍了抗癫痫的典型药物，请留意各个药物的适用范围和药物的理化性质。

癫痫病是由大脑局部神经元过度兴奋而产生的以反复发生的神经元异常高频放电引

起的短暂脑功能异常的大脑功能失调综合征。以意识丧失、肢体抽搐、精神障碍等为特征。临床表现为不同程度的运动、感觉、意识、行为和自主神经障碍等症状。按照国际癫痫发作分类法，主要把癫痫发作分为全身性和部分性发作二大类：在全身性发作中，有全身强直-阵挛性发作（Generalized tonic-elonic seizure，GTC、大发作），失神发作（Absence seizure，petimtal、小发作），肌阵挛发作，还可包括婴儿痉挛等。部分性（局限性）发作有单纯部分性发作，包括单纯体感性发作，运动性发作，扩延型发作以及特殊感觉性发作如视觉性、听觉性、嗅觉性发作等，自主神经性发作和复杂部分性发作（颞叶癫痫或精神运动性发作）。抗癫痫药物可抑制大脑神经的兴奋性，从而防止异常放电和控制癫痫的发作。

抗癫痫药物是在研究苯巴比妥的抗惊厥作用后发展起来的。目前临床应用的抗癫痫药物的化学类型有巴比妥类，如苯巴比妥可治疗癫痫大发作；苯二氮䓬类，如地西泮静脉滴注用于癫痫持续状态的治疗；乙内酰脲类，如苯妥英钠可治疗癫痫大发作；丁二酰亚胺类，如乙琥胺可治疗癫痫小发作；三环类，如卡马西平对癫痫大发作和综合性发作均有较好疗效；此外还有丙戊酸钠和普罗加比等。

苯妥英钠 Phenytoin Sodium

化学名为5,5-二苯基-2,4-咪唑烷二酮钠盐，又名大仑丁钠。

本品为固体粉末，白色，无臭，味苦。微有引湿性，在水中易溶，在乙醇中溶解，在氯仿或乙醚中几乎不溶。其水溶液显碱性，在空气中渐渐吸收二氧化碳析出不溶于水的苯妥英而显浑浊。故应制成粉针剂。

本品水溶液加酸酸化后，析出白色游离的苯妥英，mp. 292～299℃。游离苯妥英在氨水中转变成铵盐溶解，再遇硝酸银试剂可产生白色银盐沉淀。

本品与二氯化汞试剂作用后，产生白色汞盐沉淀，此沉淀在氨水中不溶，巴比妥类药物也有此反应，但所得沉淀溶于氨溶液，可供鉴别。

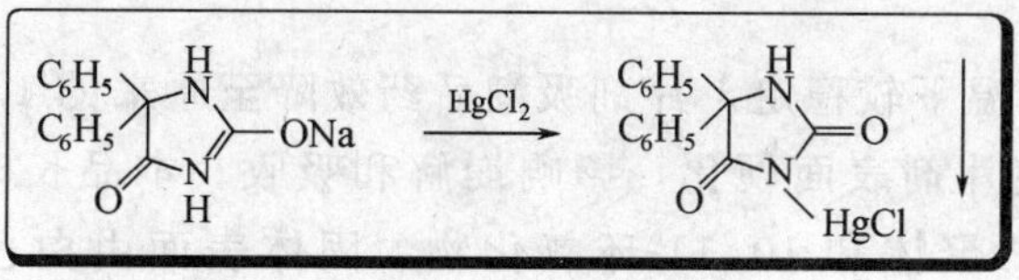

本品与吡啶-硫酸铜试剂作用后，生成蓝色配合物。

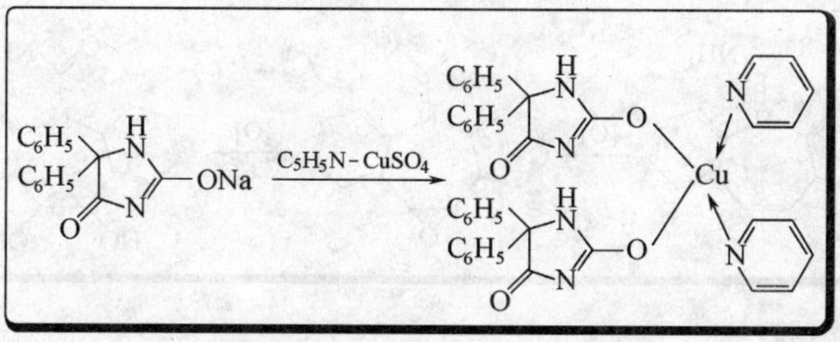

本品分子中的环状酰脲结构不稳定，与碱共热可以水解开环，最后产生氨气和二苯基氨基乙酸。

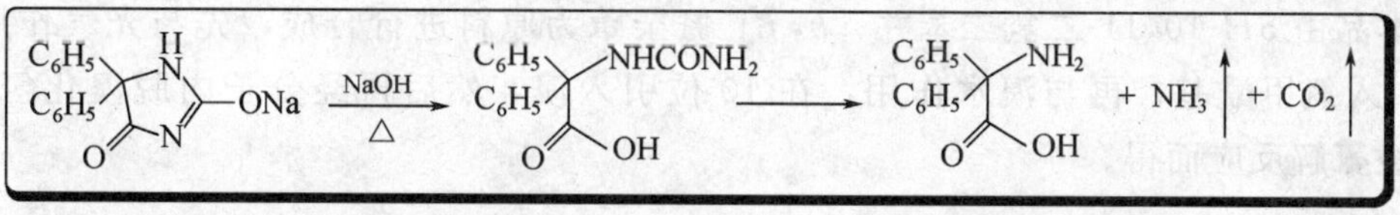

本品具有抗癫痫及抗心律失常作用。临床用于治疗癫痫大发作和局部性发作，治疗精神运动发作次之，对小发作无效，反会诱发增加发作次数。近年来证明，本品能增大脑中抑制性神经递质 γ-氨基丁酸的含量，可能与其抗癫痫作用有关。也有些学者认为其抗癫痫作用与其稳定细胞膜的作用有关。本品也可用于治疗心律失常。本品服后无镇静作用，显效慢，需连服数日才能生效。本品尚可用于治疗三叉神经痛、坐骨神经痛等，一般服药 1～2 天即显效。主要不良反应有胃部不适、恶心、呕吐、厌食及共济失调等症状。

本品与含铝镁及碳酸钙的制酸药合用时降低本身的生物利用度，如必须配合使用，要相隔 2～3h 分开服用。苯妥英钠本身也是肝药酶诱导剂，可以导致许多药物代谢加速。

卡马西平　Carbamazepine

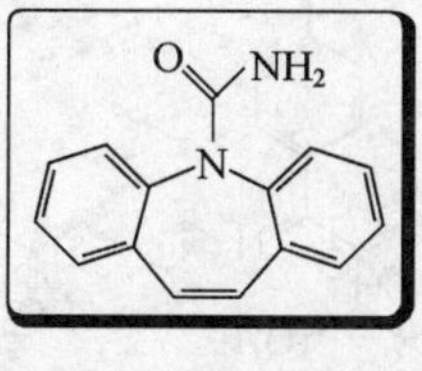

化学名为 5*H*-二苯并［*b*,*f*］氮杂䓬-5-甲酰胺，又名酰胺咪嗪。

本品为固体粉末，白色。具多晶性。mp. 189～193℃。几乎不溶于水，在乙醇中略溶，易溶于二氯甲烷。

本品在干燥和室温下较稳定。片剂吸潮后药效降至原来的 1/3，原因可能是生成本品的二水合物，使片剂表面硬化，影响崩解和吸收。本品长时间光照后，发生聚合反应，部分生成二聚体和 10,11-环氧化物，固体表面由白色变橙色，故需避光保存。

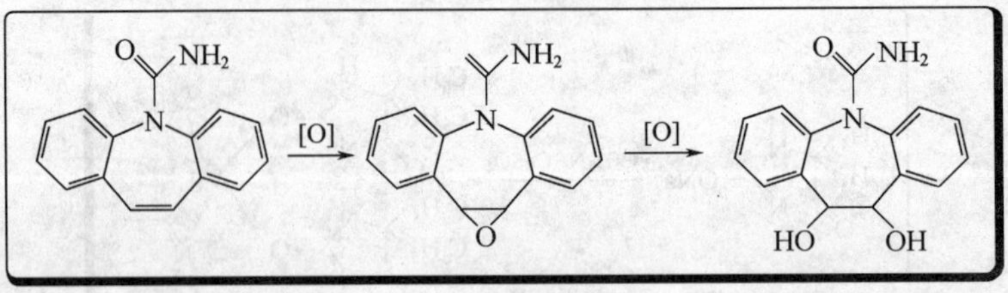

本品为广谱抗癫痫药，并具有镇静、抗惊厥和抑制三叉神经痛的作用。临床用于治疗癫痫大发作和综合性发作，其作用机制类似苯妥英钠。为癫痫精神运动性发作的首选药。其对三叉神经痛和咽喉神经痛的疗效优于苯妥英钠。

本品由 5*H*-10,11-二氢二苯并［*b*,*f*］氮杂䓬为原料进行合成，先与光气作用，在 5 位引入氯甲酰基，再与溴水作用，在 10 位引入溴，然后再经分子内脱溴化氢反应，最后经氨解反应而得。

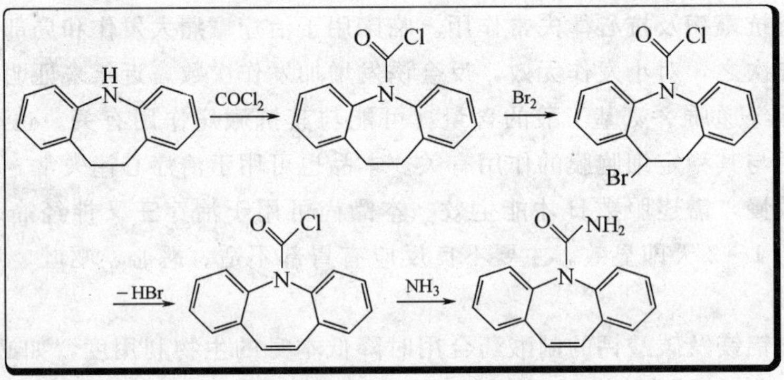

普罗加比　Progabide

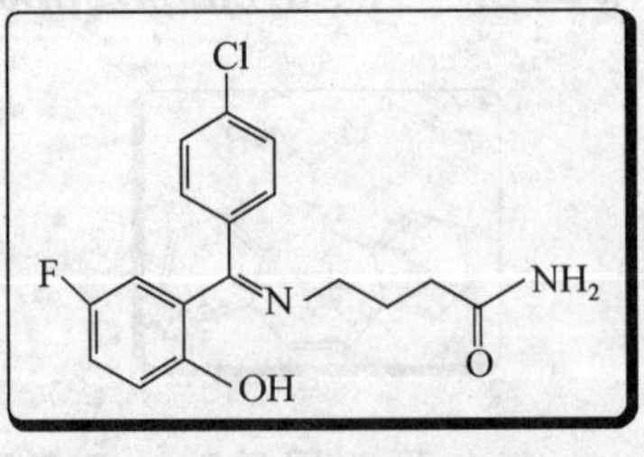

化学名为 4-[[(4-氯苯基)(5-氟-2-羟基苯基)亚甲基]氨基] 丁酰胺。

本品为固体结晶，易水解，在酸性或碱性条件下，室温即水解成取代的二苯甲酮和γ-氨基丁酰胺。溶液在 pH 值为 6～7 时最稳定。

本品为γ-氨基丁酰胺的前药，二苯亚甲基为载体部分。为了便于药物透过血脑屏障在中枢神经发挥作用，是制成前药增加其亲脂性的目的。

本品为γ-氨基丁酸受体的激动剂，对癫痫、痉挛和运动失调均有良好的治疗效果。

第三节　抗精神病药

> 精神类疾病是十分痛苦的疾病，给患者、家庭与社会带来诸多问题，掌握生产及用药知识为患者服务，是医药工作者的天职。

精神病可根据临床症状分为精神分裂症、狂躁症和焦虑症三类。本小节主要介绍治疗精神分裂症和狂躁症的药物。抗精神病药物可在不影响意识清醒的条件下，控制患者的兴奋、躁动、幻觉及妄想等症状。精神分裂症是一类以基本个性改变、思维、情感与行为的分裂，精神活动与环境的不协调为主要特征的最常见的精神病。患者出现妄想、幻觉、思维紊乱等阳性症状；痴呆、情感淡漠、言语贫乏、生活自理差、社交与识别能力显著降低等阴性症状；以及抽象推理、记忆、注意和执行功能方面的认知障碍。多巴胺（DA）功能亢进和 5-羟色胺（5-HT）系统功能不足是多年来精神分裂症病因机制的主要生化假说。目前还有一种新的假说，即谷氨酸/多巴胺假说，认为和多巴胺功能过度一样，谷氨酸在基底神经节功能失调和纹状体谷氨酸活动不充分也与精神分裂症有关。

氯丙嗪是第一个用于治疗精神分裂症的药物，并开创了对精神分裂症的化学治疗新领域。后经构效关系研究，以及结构改造工作，许多有效治疗精神病的药物问世。目前临床应用的抗精神病化学药物很多，主要有三环类，其中吩噻嗪类的代表药物是氯丙嗪；噻吨类（硫杂蒽类）代表药物是氯普噻吨；二苯氮䓬类代表药物是氯氮平；此外还有丁酰苯类代表药氟哌啶醇；其他还有利培酮及奥氮平等。

盐酸氯丙嗪　Chlorpromazine Hydrochloride

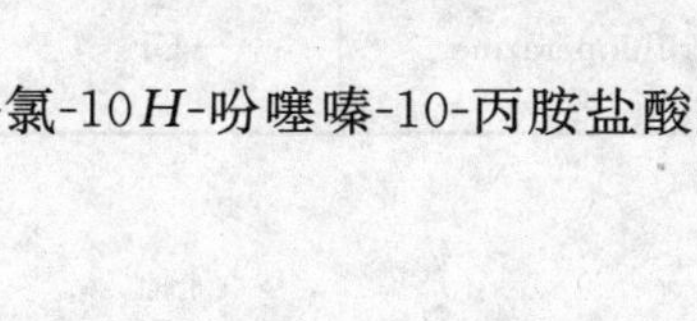

S　Cl　N　N　· HCl

化学名为 *N*,*N*-二甲基-2-氯-10*H*-吩噻嗪-10-丙胺盐酸盐，又名冬眠灵。

本品为固体结晶性粉末，白色或乳白色，mp. 194～198℃。微臭，味极苦。口服时应制成糖衣片或胶囊。本品有引湿性；遇光渐变色，需密闭、避光保存。水溶液显弱酸性，5%的水溶液 pH 为 4～5。游离碱的 pK_a 值为 9.3。易溶于水，乙醇或氯仿。在乙醚或苯中不溶。

本品的吩噻嗪环易被空气氧化，在空气中或日光照射下渐变为红色。氧化物有：

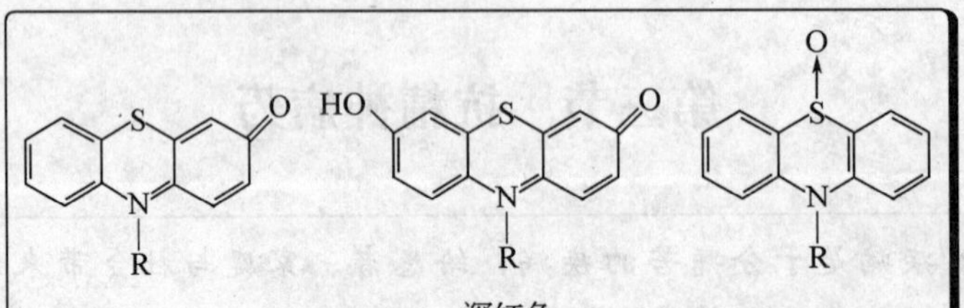

深红色

为防止氧化变色，其注射剂处方中一般加入对氢醌、连二亚硫酸钠、亚硫酸氢钠或维生素 C 等抗氧剂。病人用药后也应避免日光浴，因有部分病人用药后发生光毒化变态反应。

吩噻嗪类药物遇硝酸后可显红色，与三氯化铁试剂作用后显稳定的红色，这是共性反应，可用于本品及此类药物的鉴别。

本品为多巴胺的抑制剂，可与多巴胺受体、中枢胆碱受体、肾上腺素受体、组胺受体、5-羟色胺受体结合，故具有多方面的药理作用。其安定作用较强，临床用于治疗精神分裂症和狂躁症；亦用于镇吐、强化麻醉及人工冬眠等。

本品主要不良反应有锥体外系反应、口干、上腹部不适、乏力、嗜睡、便秘、体位性低血压等，停药后消失。构效关系研究表明：

吩噻嗪类抗精神病药其母环上 2 位氯原子很重要，失去氯原子则无抗精神病作用，含氯原子的苯环是该类药物分子抗精神病作用的重要结构特征。在吩噻嗪母环 2 位及 10 位侧链上进行结构改造，得到一系列类似的抗精神病药物，见表 2-3。

表 2-3 临床常用的吩噻嗪类抗精神病药物

	取代基 / 药物名称	R	R_1
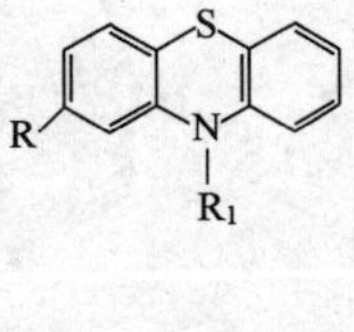	乙酰丙嗪 Acetylpromazine	$-COCH_3$	$-CH_2CH_2CH_2N(CH_3)_2$
	奋乃静 Perphenazine	—Cl	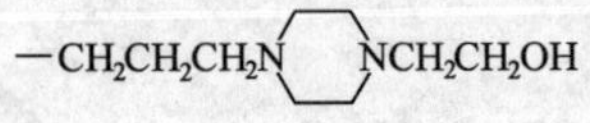 $-CH_2CH_2CH_2N$(哌嗪)NCH_2CH_2OH
	氟奋乃静 Fluphenazine	$-CF_3$	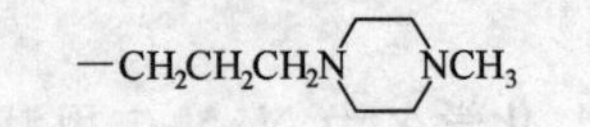 $-CH_2CH_2CH_2N$(哌嗪)NCH_2CH_2OH
	三氟拉嗪 Trifluoperazine	$-CF_3$	 $-CH_2CH_2CH_2N$(哌嗪)NCH_3

续表

药物名称 \ 取代基	R	R_1
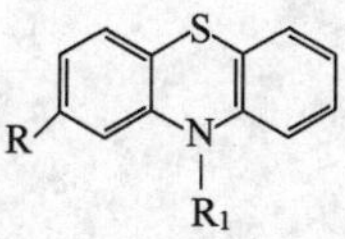 哌泊塞嗪 Pipotiazine	$-SO_2N(CH_3)_2$	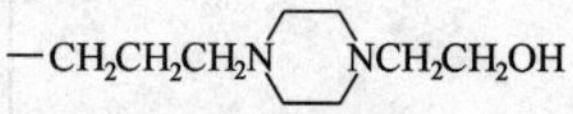 $-CH_2CH_2CH_2N$(哌嗪)NCH_2CH_2OH
美索达嗪 Mesoridazine	$-SOCH_3$	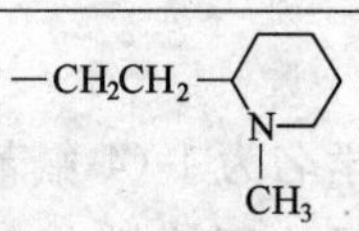 $-CH_2CH_2-$(N-甲基哌啶-2-基)

利用奋乃静侧链的醇羟基与长链脂肪酸成酯，可增加药物脂溶性，在体内水解成原药速度较慢，可延长药物的作用时间。如氟奋乃静庚酸酯注射一次可维持作用一周，癸氟奋乃静注射一次可维持作用2～3周，临床使用方便。

将吩噻嗪母环的10位氮原子换成碳原子，并通过双键与侧链相连，得到噻吨类抗精神病药物，如氯普噻吨 Chlorprothixene，作用比氯丙嗪强，毒性小。该类药物的侧链上因存在双键，有顺式（*Z*）和反式（*E*）两种异构体。顺式抗精神病作用比反式强7倍，这是因顺式异构体能与多巴胺分子部分重叠所致，并与氯丙嗪的优势构象相同。

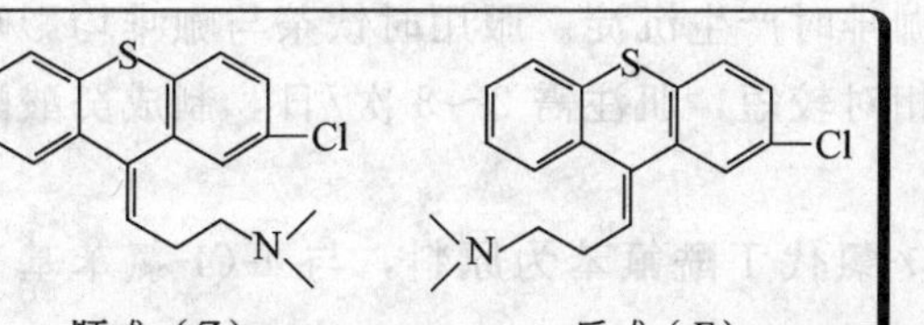

顺式（*Z*）　　反式（*E*）

氯氮平　Clozapine

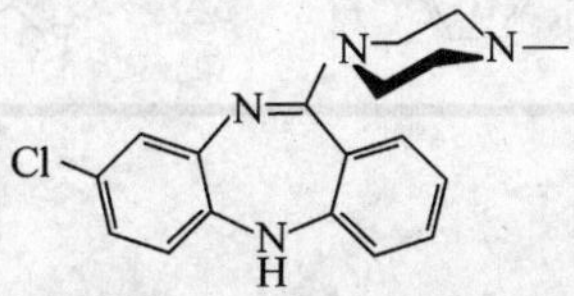

化学名为8-氯-11-(4-甲基-1-哌嗪基)-5*H*-二苯并［*b*,*e*］［1,4］二氮杂䓬，又名氯扎平。

本品为固体结晶。淡黄色，无臭，无味。mp. 181～185℃，pK_a值为8.0。易溶于氯仿，乙醇，几乎不溶于水。

本品可与多种生物碱沉淀剂或显色剂作用。

本品为广谱抗精神病药，锥体外系反应及迟发性运动障碍等不良反应较轻。可用于治疗多种类型的精神分裂症和狂躁忧郁症等。缺点是引起粒细胞减少，应定期检查血象。

氟哌啶醇 Haloperidol

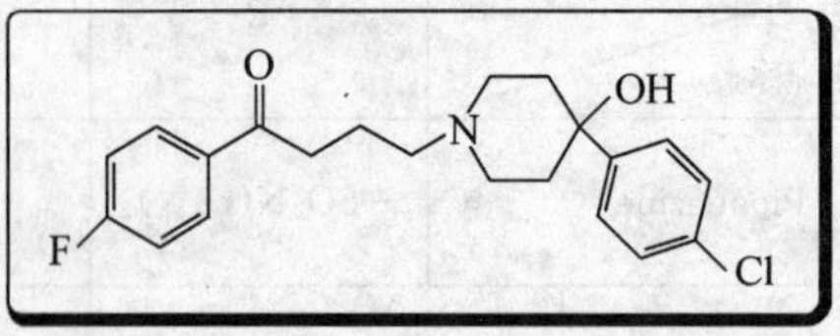

化学名为 1-(4-氟苯基)-4-[4-(4-氯苯基)-4-羟基-1-哌啶基]-1-丁酮。

本品为固体粉末。白色，无臭，无味。mp. 149～153℃，pK_a 值为 8.3。能溶于氯仿，微溶于乙醇，乙醚，几乎不溶于水。

本品在室温，避光条件下稳定，可保证三年有效。但受光照后变色。受热易出现哌啶环上脱水降解。本品制造片剂的辅料不得含有 5-羟甲基-2-糠醛杂质，否则，本品将与该杂质发生加成反应，而使药物发生变化。

本品的药理作用类似于吩噻嗪类药物。抗精神病和止吐作用较强且较持久。镇静和降温作用不明显。临床用于治疗急、慢性精神分裂症和狂躁症。

本品的不良反应主要是锥体外系反应，大剂量长期服用可引起心律紊乱，心肌损伤，降低剂量或停药后可恢复正常。

本品溶液中加入咖啡时产生沉淀。服用时饮茶与咖啡均影响其吸收，降低疗效。

本品的作用时效相对较短，肌注需 2～3 次/日，制成癸酸酯前药后，只需每月注射一次，使用方便。

本品的合成是以 γ-氯代丁酰氟苯为原料，与 4-(4-氯苯基)-4-哌啶醇在碘化钾的存在下，加热缩合制得。

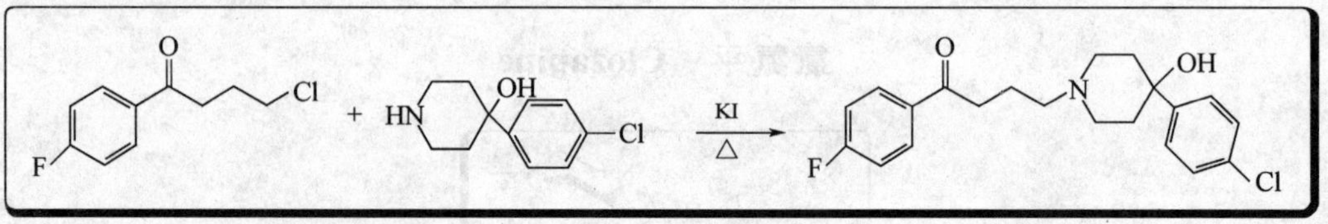

构效关系研究表明：

丁酰苯类抗精神病药在其基本结构中应具有如下特点：①丁酰基为必要基团。②R_1 为氟取代基时中枢抑制作用最强。③R_2 应为叔胺基，如为哌啶环，哌啶六元环碱基对位应有取代基。

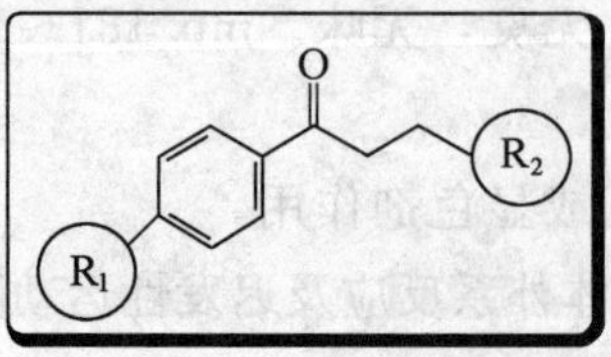

第四节 抗抑郁药

> 抑郁症是目前常见的精神类疾病。除因脑器质性病变引起发病外，还与患者自身心理发展、心理与精神的自我调节能力有关。抗抑郁药的研究近年来十分活跃。

抑郁症同样是常见的精神障碍之一，以持续的心境恶劣与情绪低落为主要临床特征，常伴随认知或精神运动障碍或若干生理功能的改变。从病象上区别，伴随焦虑、激动者称为焦虑性抑郁症；伴随精神运动与思维迟滞者称为迟缓性抑郁症。从病因上分类，常见有伴随脑器质性疾患的抑郁症、心因性抑郁症和内因性抑郁症三类，有较高的发生自杀危险，需进行积极治疗。发病机制与脑内去甲肾上腺素（NE）和5-羟色胺（5-HT）浓度降低有关。

抗抑郁药按作用机制可分为：①去甲肾上腺素重摄取抑制剂，如三环类中的丙米嗪；②单胺氧化酶抑制剂，此类药物使体内单胺类神经递质浓度增加，达到抗抑郁的治疗目的，代表药物为脱洛沙酮；③5-羟色胺重摄取抑制剂，代表药物有氟西汀。

盐酸丙米嗪 Imipramine Hydrochloride

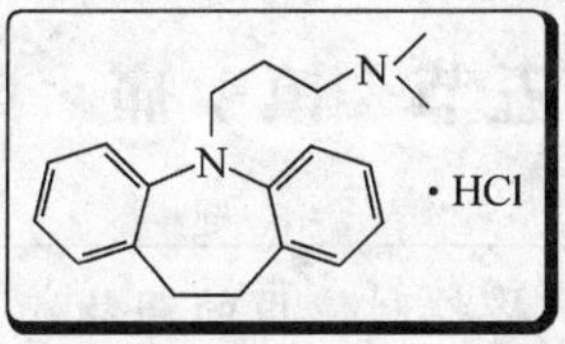

化学名为 N,N-二甲基-10,11-二氢-5H-二苯并[b,f] 氮杂卓-5-丙胺盐酸盐。

本品为白色结晶性粉末。无臭或几乎无臭。mp. 170～175℃，游离碱 pK_a 值为 9.5。本品易溶于水、乙醇或氯仿，几乎不溶于乙醚。遇光渐变色，故需密闭避光保存。

本品与硝酸作用显深蓝色，可用于鉴别。

本品通过抑制神经突触对去甲肾上腺素的重摄取而发挥作用。用于治疗内原性抑郁症，反应性抑郁症及更年期抑郁症等。

盐酸氟西汀 Fluoxetine Hydrochloride

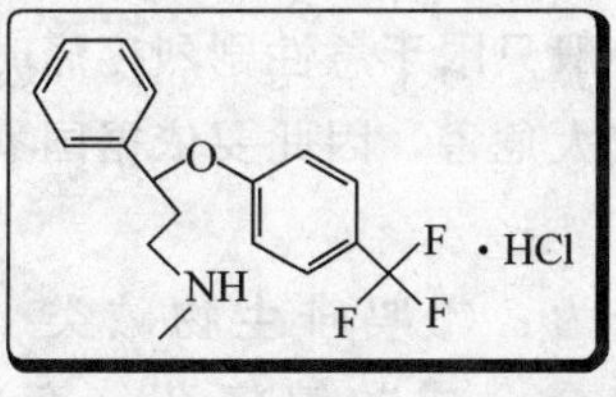

化学名为 N-甲基-3-[（4-三氟甲基）苯氧基] 苯丙胺盐酸盐，又名百忧解。

本品为固体粉末。白色或类白色，易溶于甲醇，微溶于水。

本品含有一个手性碳原子，具有一对光学异构体，其中S异构体的活性较强，临床使用其外消旋体。

本品为口服抗抑郁药。通过选择性抑制中枢神经对5-羟色胺的再吸收而起作用，临床用于治疗抑郁症选择性强，镇静和抗M胆碱受体的不良反应较轻、心脏毒性较少。

本品合成由β-甲氨基苯丙酮为原料，经还原制得*N*-甲基-3-羟基苯丙胺，再与4-三氟甲基氯苯缩合，最后与盐酸成盐制得。

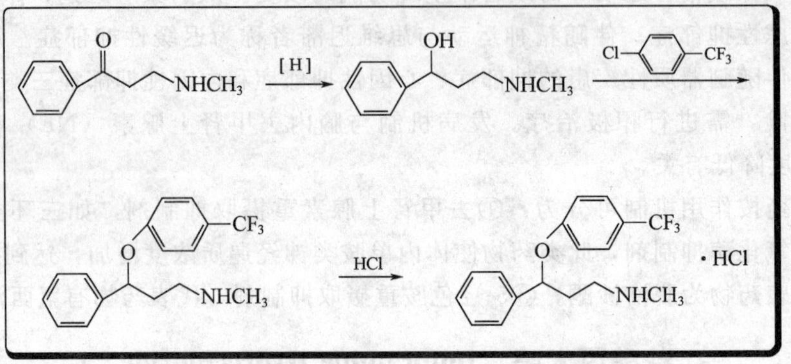

第五节　镇　痛　药

本节介绍的药物都是严格控制使用的药物，患者疼痛剧烈且必需的情况下才可由医生处方给药，非法滥用将引起自身与社会的严重问题。

疼痛是作用于身体的伤害性刺激在脑内的反映，也是机体的一种保护性警觉反应。许多疾病都导致疼痛，这不仅使病人痛苦，严重的会引起休克，血压降低，呼吸衰竭，甚至死亡。镇痛药有两大类，一类是抑制前列腺素生物合成的解热镇痛药；一类是作用于阿片受体，抑制痛觉中枢并产生麻醉和呼吸抑制等中枢神经作用的镇痛药，习惯上称作麻醉性镇痛药，简称镇痛药。本小节介绍后一种。镇痛药作用于中枢神经系统，选择性地解除或缓解各种疼痛，但并不影响其他感觉。故应用镇痛药可防止剧烈疼痛引起的严重生理功能紊乱。目前使用的强效镇痛药连续多次应用后有成瘾性及身体依赖性等不良反应，因此必须严格控制，一般只限于急性剧烈疼痛时短期使用或晚期癌症恶痛。由于这类药物的滥用给社会造成较大危害，因此要依据国家麻醉药品管理办法进行管制性使用。

镇痛药可根据来源不同分为：①吗啡生物碱类（盐酸吗啡）；②半合成镇痛药（丁丙诺啡、纳络酮）；③全合成的镇痛药（度冷丁，美沙酮，镇痛新）三大类。

盐酸吗啡 Morphine Hydrochloride

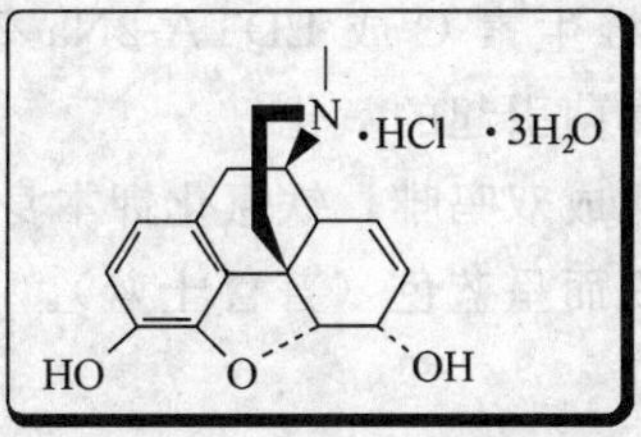

化学名为17-甲基-3-羟基-4,5α-环氧-7,8-二脱氢吗啡喃-6α-醇盐酸盐三水合物。

吗啡为白色有丝光的针状结晶或结晶性粉末。无臭，遇光易变质。本品在水中溶解，在乙醇中略溶，在氯仿或乙醚中几乎不溶。

本品从植物罂粟的浆果浓缩物即阿片中提取，经精制后成盐酸盐供药用。

吗啡的结构是由五个稠杂环组成的刚性分子，其中含有部分氢化菲环。分子中有五个手性碳原子（C_5，C_6，C_9，C_{13}，C_{14}）。天然存在的吗啡为左旋体，本品的$[\alpha]-110°\sim115°(c=2\%, H_2O)$。

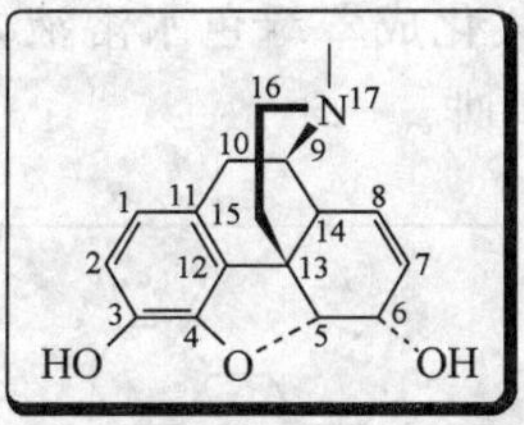

吗啡是酸碱两性药物，由于酚羟基而显酸性，因为叔胺基团而显碱性，其pK_a分别为9.9(HA)和8.0(HB^+)。吗啡与酸可生成稳定的盐，如盐酸盐，硫酸盐，氢溴酸盐等。

吗啡及其盐类具有还原性，在光照引发下能在空气中发生自氧化反应，可生成毒性增大的伪吗啡（双吗啡）和*N*-氧化吗啡。故本品应避光，密闭保存。

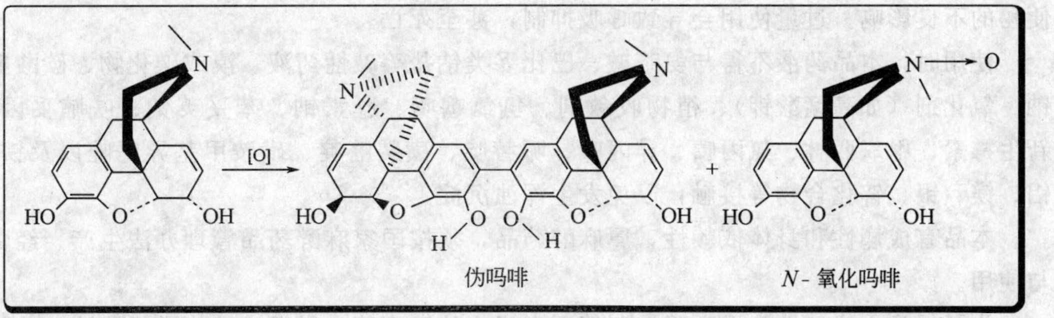

伪吗啡　　*N*-氧化吗啡

本品分子结构中含有酚羟基，容易氧化变色，光、热和重金属离子等可加速氧化。变色吗啡已变质，毒性较大，不可供药用。

盐酸吗啡的水溶液在弱酸性条件下稳定性好，在中性或碱性条件下易被空气氧化。故在生产注射剂时，一般应调整 pH 3～5，还可以充入保护性气体氮气、加入少量抗氧剂焦亚硫酸钠、亚硫酸氢钠、维生素 C 或 EDTA-2Na 等稳定剂，以防止氧化。加入0.05％对氯间苯酚以阻止某些真菌引起的氧化。

本品遇铁氰化钾试液被氧化成双吗啡，铁氰化钾本身被还原为亚铁氰化钾，再加入三氯化铁试液，生成亚铁氰化铁而呈蓝色（普鲁士蓝）。可待因分子中无酚羟基，无此反应，两者以此可以区别。

$$\text{吗啡}+K_3[Fe(CN)_6]\longrightarrow\text{双吗啡}+[Fe(CN)_6]^{4-}$$

$$[Fe(CN)_6]^{4-}\xrightarrow{FeCl_3}Fe_4[Fe(CN)_6]_3\text{(蓝色)}$$

盐酸吗啡有许多显色反应，可供鉴别：与甲醛-硫酸试液反应呈紫堇色；与中性三氯化铁试液反应呈蓝色；与亚硝酸反应后，再加入氨水呈黄棕色。与钼硫酸试液反应先呈紫色，继变为蓝色，最后变为棕绿色。

本品与硫酸、盐酸或磷酸加热反应，经脱水重排生成阿扑吗啡。

阿扑吗啡具有邻苯二酚结构，极易被氧化，可与稀硝酸作用生成邻苯二醌而显红色，可用作鉴别。也可被碘试液氧化成翠绿色水溶液，加乙醚振摇，醚层呈深宝石红色，此反应可检查吗啡中的阿扑吗啡。

阿扑吗啡

邻醌化合物(红色)

吗啡可激动体内的阿片受体，产生镇痛、镇咳、镇静作用。临床上用于抑制剧烈疼痛，亦用于麻醉前给药。现已证明在肠道中存在阿片受体，故吗啡能抑制肠蠕动，产生便秘的不良影响。过量使用会导致呼吸抑制，甚至死亡。

使用时，本品药液不得与氨茶碱、巴比妥类钠盐等碱性药液、溴或碘化物、碳酸氢钠、氧化剂（如高锰酸钾）、植物收敛剂、氢氯噻嗪、肝素钠、苯妥英钠、呋喃妥因、新生霉素、甲氧西林、氯丙嗪、异丙嗪、哌替啶、磺胺嘧啶、磺胺甲基异噁唑以及铁、铝、镁、银、锌化合物等接触，以免发生浑浊沉淀。

本品有成瘾性和身体依赖性，属麻醉药品，须按国家麻醉药品管理办法生产、经营与使用。

为了得到无成瘾性，无呼吸抑制等不良反应的镇痛药，对吗啡结构进行改造，首先对易进行化学修饰的部位进行探讨，例如 3、6 位的羟基，7、8 位间的双键和 17 位氮上的取代基等。故生产了许多半合成镇静药，见表 2-4。

表 2-4 常用的半合成镇痛药

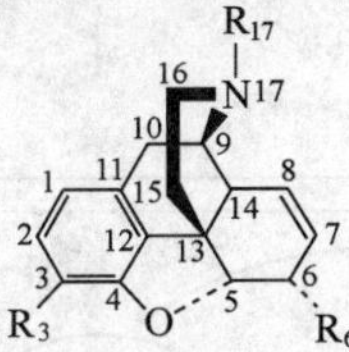

类 别	药 名	结构特点	作用特点
激动剂	可待因 Codeine	3位为甲氧基	镇痛作用弱，镇咳作用强
	乙基吗啡 Dionine	3位为乙氧基	为镇咳药
	异可待因	6位为甲氧基	镇痛作用增强
	二醋吗啡{海洛因}Heroin	3、6位羟基二乙酰化合物	镇痛作用强于吗啡，更易成瘾，为禁用的毒品。
	氢吗啡酮 Hydromorphine	7、8位双键还原，6位羟基氧化为酮	作用为吗啡的3～5倍
	二氢埃托啡 Dihydroetophine	6、14位为亚乙基	镇痛作用为吗啡的数百倍
部分激动剂	丁丙诺啡 Buprenorphine	6,14-亚乙基，17-环丙甲基，7α(S)-1-羟基-1,2,20-三甲基丙基	用于中度至重度疼痛止痛，也用于辅助麻醉和戒断治疗
拮抗剂	纳络酮 Naloxone	17位氮原子上的甲基被烯丙基取代	阿片受体专一性拮抗剂，用于阿片类药物中毒的解毒剂和戒毒剂
	纳曲酮 Naltrexone	17位氮原子上的甲基被环丙烷甲基取代	

构效关系研究表明：

吗啡、大量半合成和全合成镇痛药具有如下的共同特征：①分子中必须有一成平面的芳环结构；②有一个碱性基团，能在生理 pH 条件下形成阳离子，碱性基团和成平面的芳环结构在同一平面；③含有哌啶或能形成类似哌啶的空间结构，而烃基部分在立体构型中，应突出于平面的前方。

吗啡类药物进入体内，与阿片受体结合发挥作用。从镇痛药的“活性构象”（见图 2-1）描绘出与之互补的阿片受体图像，即受体蛋白应具有如下特征：①一个平坦的结构，可以和药物的成平面的芳环结构通过范德华力连接；②一个能和药物（所具有的碱性基团形成）的阳离子以静电结合的阴离子部位；③一个与药物哌啶环的空间结构相适应的空穴。这一受体模型应用了若干年。

吗啡　　哌替啶　　美沙酮　　喷他佐辛

图 2-1 镇痛药的“活性构象”

20 世纪 70 年代，随着阿片受体的发现，创建了三点结合学说，以阐明吗啡类药物镇痛的作用机制。受体的示意见图 2-2：

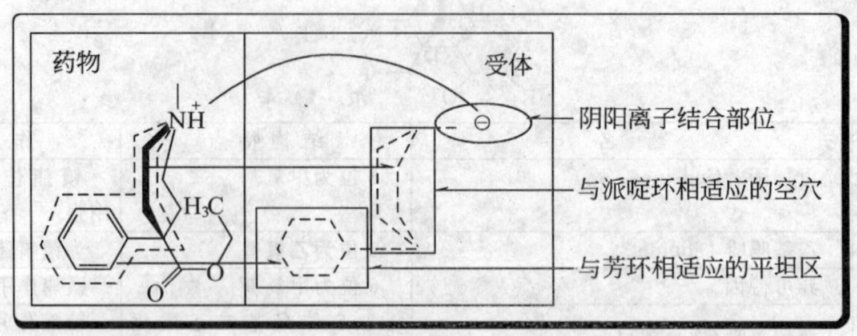

图 2-2　吗啡类药物与受体三点结合的示意

现发现很多事实不能用三点结合学说解释。如埃托啡比吗啡的镇痛活性高上万倍；由于结构上的较小变化，阿片受体的激动剂可变为拮抗剂，为解释这些事实又总结出镇痛药受体的四点结合模型，就是在受体三点结合以外，还有两个辅助连接区域，其中一个区域为激动剂结合位置，另一个则是拮抗剂结合位置。药物作为激动剂还是拮抗剂，主要取决于药物与哪一个辅助的疏水区域相结合，同时也影响药物发挥作用的强弱。

现已证明脑中存在阿片受体，各种镇痛药与受体的亲和力和镇痛强弱有关。阿片受体已被分离并被克隆出来。阿片受体现分为 μ、κ、δ 和 σ 四种，每种受体都有不同的亚型。不同受体兴奋可产生各自的生物效应。

阿片受体的发现提示脑内可能存在着内源性镇痛物质。20 世纪 70 年代已从哺乳动物脑内发现了两个脑啡肽（Enkephalins）：亮氨酸脑啡肽（L-Enkephalin）和甲硫氨酸脑啡肽（M-Enkephalin）。现已发现与吗啡作用相似的肽类物质有 20 多种，统称为内啡肽。经结构比较，可以看出吗啡有类似脑啡肽的部分结构。

研究吗啡及受体结构，以及脑啡肽等物质推动了镇痛药物的研究，人们期待着高效非成瘾性镇痛药物的问世。

盐酸哌替啶　Pethidine Hydrochloride

化学名为 1-甲基-4-苯基-4-哌啶甲酸乙酯盐酸盐，又名度冷丁。

本品为白色结晶性粉末，无臭或几乎无臭，味微苦。易溶于水或乙醇，在氯仿中溶解，在乙醚中几乎不溶。mp. 186～190℃，pK_a 值为 8.7。易吸潮，遇光易变质。

本品为苯基哌啶衍生物。其水溶液 pH4.5～5.5，显弱酸性。分子中具有酯键，在酸性或碱性溶液中均易发生水解，在 pH 4 时最稳定。配置注射剂时应注意 pH 值的调节。

本品为阿片 μ 受体激动剂，镇痛作用为吗啡的 1/10，但成瘾性亦弱，不良反应较少。

本品口服给药因首过效应影响，生物利用度约为 50%，故临床采用注射给药。由于起效快，作用时间短，常用于分娩时镇痛，对新生儿的呼吸抑制作用较少。本品还具有平滑肌松弛作用，临床常用于治疗肠胃痉挛。

盐酸美沙酮 Methadone Hydrochloride

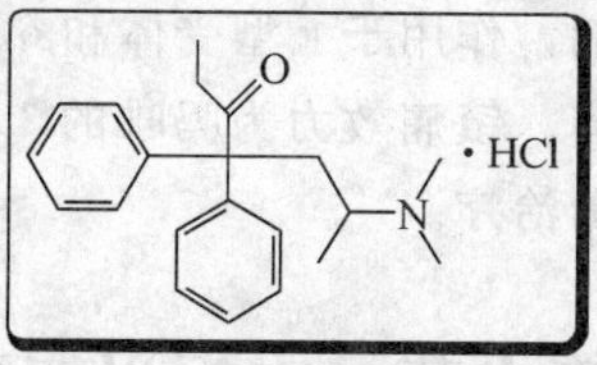

化学名为 4,4-二苯基-6-(二甲氨基)-3-庚酮盐酸盐，又名盐酸美散痛。

本品为白色结晶或结晶性粉末。无臭，味苦。mp. 230～234℃。易溶于乙醇，氯仿，在水中溶解。不溶于乙醚和甘油。pK_a 值为 8.25。1%水溶液 pH 为 4.5～6.5。

本品为氨基酮类化合物。分子中含有一个手性碳原子，具有旋光性，其左旋体镇痛活性大于右旋体，临床常用其外消旋体。

本品能与常见的生物碱试剂作用。如与苦酮酸作用产生沉淀；与甲基橙试剂产生黄色沉淀。

本品水溶液经光照引发分解反应，溶液变成棕色，比旋光度降低，因此应避光保存。

本品为开链化合物，链状结构能形成类似吗啡哌啶环的空间立体结构，并与吗啡构象相似。

本品为阿片受体激动剂，镇痛作用强过吗啡和度冷丁。适用于各种剧烈疼痛。本品还具有显著的镇咳作用，可用于治疗剧烈干咳。本品有效剂量与中毒剂量比较接近，安全性小，使用时要小心控制剂量。本品成瘾性较小，临床上用于戒除海洛因（脱瘾疗法）。

本品与碱性药物溶液、氧化剂、苋莱红和糖精钠等接触后药液显浑浊。

喷他佐辛 Pentazocine

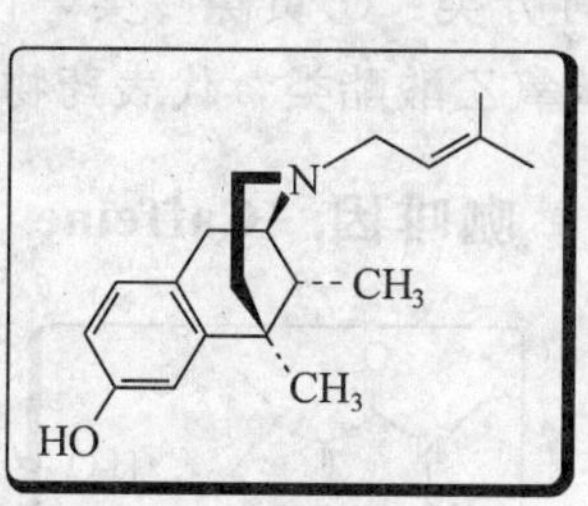

化学名为(±)-1,2,3,4,5,6-六氢-6,11-二甲基-3-(3-甲基-2-丁烯基)-2,6-次甲基-3-苯并吖辛因-8-醇，又名镇痛新。

本品为白色或微褐色粉末，无臭，味微苦。mp.150～155℃。不溶于水，可溶于乙醇，易溶于氯仿，略溶于乙醚，微溶于苯和醋酸乙酯。

本品属于苯吗喃类化合物。是第一个用于临床的非成瘾性阿片类合成镇痛药。分子中有三个手性碳原子，具有旋光性，左旋体比右旋体的活性强。临床上用其消旋体。

本品分子中的叔胺氮原子具有足够碱性，可与多种酸成盐，临床上常用其盐酸盐。

本品分子中的酚羟基具有有弱酸性和还原性，因此本品的稀硫酸溶液与三氯化铁作用显黄色，其盐酸溶液可使高锰酸钾溶液褪色。可以作为鉴别方法。

本品为阿片受体部分激动剂，作用于κ型受体和δ受体，大剂量时有拮抗吗啡的作用。临床主要用于治疗剧烈疼痛。镇痛效力为吗啡的1/3，优点是不良反应小，呼吸抑制较轻，成瘾性小。亦用于戒毒治疗。

第六节　中枢兴奋药

> *治疗大脑发育迟缓及老年痴呆症等中枢兴奋药是研究热点之一，体现了对儿童及老年群体的人文关怀。*

中枢兴奋药是指能提高中枢神经系统机能活动的药物。各种中枢兴奋药对整个中枢神经系统均能兴奋，而且对中枢不同部位有一定程度的选择性，但随着药物剂量的提高，不仅作用强度增加，而且对中枢的作用范围也将扩大。中毒剂量下，这些药物均能引起中枢神经系统广泛和强烈兴奋，甚至发生惊厥，严重时随即转入抑制，这种抑制状态不能再用中枢兴奋药来对抗，病人可因中枢抑制而死亡。因此，使用本类药物时，必须注意掌握适应证及剂量。

随着医疗技术与手段的进步，对呼吸衰竭、循环衰竭病人的救治，使用中枢神经兴奋药并非必要。因此，中枢兴奋药的治疗用途已逐步减少。但用于老年痴呆症治疗、大脑康复的中枢兴奋药却在崛起。

中枢兴奋药按其作用的选择性可分为：①大脑皮层兴奋药，如咖啡因；②延脑兴奋药，如尼可刹米；③脊髓兴奋药，如士的宁；④促进大脑恢复的药物，也叫促智药和老年痴呆症治疗药，如吡拉西坦、甲氯芬酯等，这类药物也是当前研究开发的热点之一。也可按药物的化学结构类型进行分类：①黄嘌呤类，代表药物为咖啡因；②吡乙酰胺类，代表药物为吡拉西坦；③苯氧乙酸酯类，代表药物为盐酸甲氯芬酯。

咖啡因　Caffeine

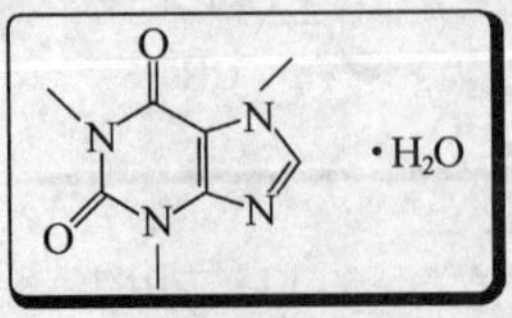

化学名为1,3,7-三甲基-3,7-二氢-1*H*-嘌呤-2,6-二酮一水合物，又名三甲基黄嘌呤。

本品为白色或带微黄绿色，有丝光的针状结晶。无臭，味苦。有风化性，受热时易升华。mp. 235～238℃。易溶于热水或氯仿，略溶于水，乙醇或丙酮，极微溶于乙醚。

本品为有机弱碱，pK_a值仅有0.6。与强酸难于形成稳定的盐。制成注射剂使用时，可采取与有机酸的碱金属盐制成复盐的方法来增加其溶解度。如临床使用的安钠咖注射液，是苯甲酸钠与咖啡因制成的复盐水溶液。

本品分子中的酰脲结构，对碱不稳定，与碱共热可使酰脲结构分解，生成咖啡亭，但碱性较的弱石灰水，不能导致其分解。

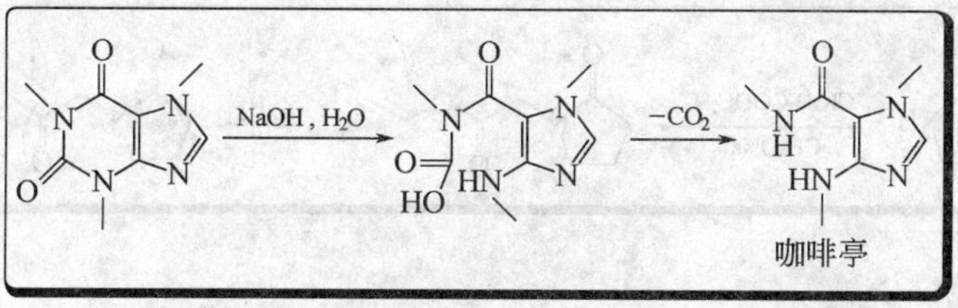

NaOH, H_2O → $-CO_2$ →

咖啡亭

本品的饱和水溶液先加碘试液再加稀盐酸时，即生成红棕色沉淀；加入过量的氢氧化钠试液沉淀又复溶解。此反应可供鉴别。

本品具有紫脲酸铵反应。此反应是黄嘌呤类生物碱的特征鉴别反应。方法是将本品与盐酸-氯酸钾在水浴上加热蒸干，将所得残渣通氨后即生成紫色化合物（四甲基紫脲酸铵），再加入氢氧化钠溶液，紫色消失。

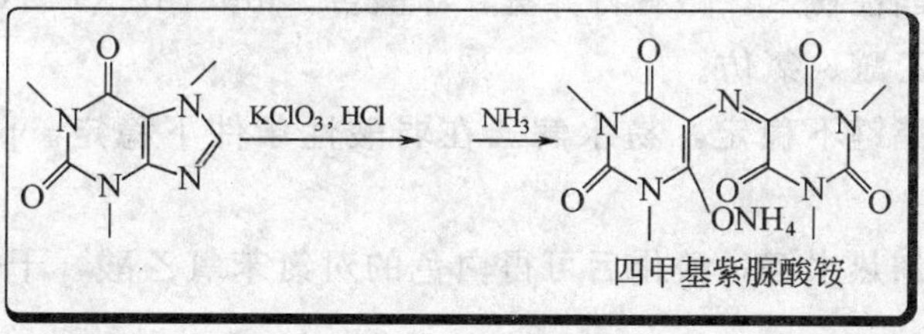

$KClO_3$, HCl → NH_3 →

四甲基紫脲酸铵

本品抑制体内磷酸二酯酶的活性，进而减少cAMP的分解，以提高脑细胞内cAMP的含量，加强大脑皮层的兴奋过程，对抗中枢抑制状态。临床用于治疗药物引起的中枢抑制与疾病造成的呼吸性衰竭，与其他药物配伍使用增加镇痛作用等。

吡拉西坦　Piracetam

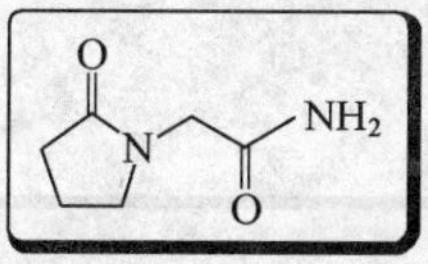

化学名为2-(2-氧代吡咯烷-1-基）乙酰胺，又名脑复康。

本品具有五元杂环内酰胺结构，为γ-氨基丁酸的衍生物。其作用机制是直接作用于大脑皮质，提高大脑中ATP/ADP比值，促进氨基酸和磷脂的吸收、蛋白质合成以及葡萄糖的利用，具有激活、保护和修复脑细胞的作用。用于老年精神衰退综合征、老年性痴呆，脑动脉硬化症、脑血管意外所致记忆及思维功能减退，一氧化碳中毒所致思维障碍，儿童智力下降等。

本品无镇静、抗胆碱、抗组胺作用，精神兴奋作用较弱，无精神药物的不良反应，无成瘾性。

本品可由 2-吡咯烷酮为原料进行化学全合成。首先与氯乙酸乙酯缩合，再经氨解反应得到。

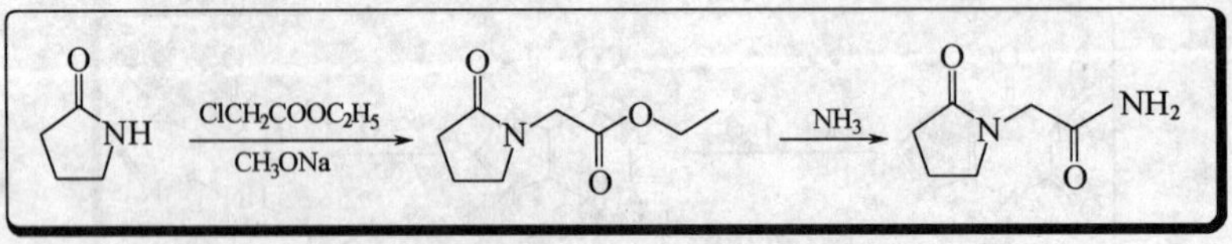

$ClCH_2COOC_2H_5$, CH_3ONa; NH_3

盐酸甲氯芬酯 Meclofenoxate Hydrochloride

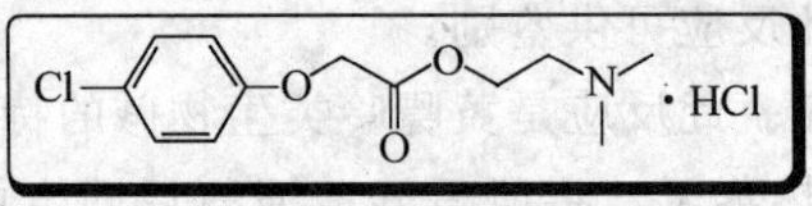

·HCl

化学名为 4-氯苯氧基乙酸-2-(二甲氨基) 乙酯盐酸盐，又名遗尿丁、氯酯醒。

本品为白色结晶性粉末。略有特异臭，味酸苦。mp. 137～142℃。极易溶于水，微溶于乙醇，不溶于乙醚、氯仿。

本品分子中的酯键不稳定，易水解。在弱酸性条件下稳定。pH 增高时水解速度加快。

本品于碱液中加热水解，酸化后可得白色的对氯苯氧乙酸，干燥后测其 mp. 158～160℃，可供鉴别。

本品与盐酸羟胺-氢氧化钾醇溶液作用后，再加入盐酸-三氯化铁试剂显紫堇色。

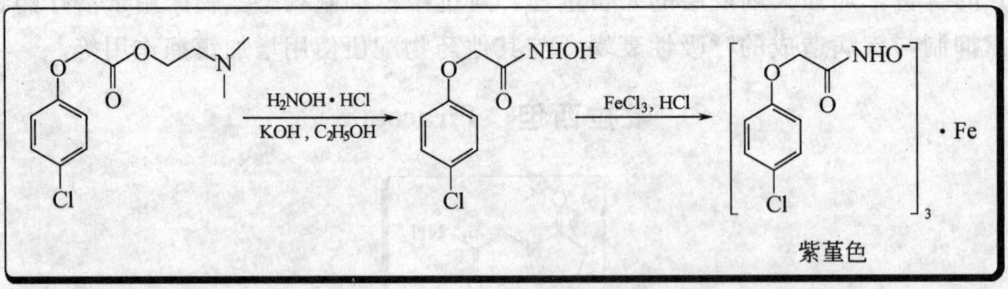

$H_2NOH \cdot HCl$, KOH, C_2H_5OH; $FeCl_3$, HCl; NHOH; NHO^-; ·Fe; Cl

紫堇色

本品能促进脑细胞的氧化还原代谢，增加脑细胞对糖类物质的利用，兴奋大脑细胞。对中枢抑制状态的患者有兴奋作用。临床用于治疗意识障碍，外伤性昏迷，新生儿缺氧，小儿遗尿症，老年痴呆症及某些中枢和外周神经症状等。

本品可由对氯苯酚为原料进行合成。首先在碱性条件下与氯乙酸缩合，得对氯苯氧乙酸钠，用盐酸中和后得对氯苯氧乙酸，再与二甲氨基乙醇进行酯化反应，最后与盐酸成盐而得。

$$\text{对氯苯酚} \xrightarrow[\text{NaOH}]{\text{ClCH}_2\text{COOH}} \text{对氯苯氧乙酸钠} \xrightarrow{\text{HCl}} \text{对氯苯氧乙酸} \xrightarrow{\text{HOCH}_2\text{CH}_2\text{N(CH}_3)_2} \text{对氯苯氧乙酸二甲氨基乙酯} \xrightarrow{\text{HCl}} \cdot\text{HCl}$$

练习与思考题

1. 理解异戊巴比妥的酸性的由来，并以其为例解释非特异性药物理化性质对作用强度的影响。

2. 搜集整理教科书和网上的资料，总结苯二氮䓬类药物的品种及其作用。

3. 根据盐酸吗啡的性质，分析为什么其不可以和碱性药物同时使用？

（刘振梅）

第三章　外周神经系统药物

传入神经和传出神经共同组成外周神经系统。根据传出神经分泌的化学递质将传出神经分为胆碱能神经和肾上腺素能神经。药物作用于这些神经，产生拟似或拮抗作用。影响传出神经系统功能的药物，依其药理作用的不同，传统上分为四大类，即拟胆碱药、抗胆碱药、拟肾上腺素药和抗肾上腺素药。由于目前在临床上，抗肾上腺素药多用于治疗心血管系统疾病，所以抗肾上腺素药将在本书的“循环系统药物”加以叙述。

组胺作为一种重要的“神经化学递质”，广泛存在于哺乳动物的几乎所有组织中，发挥一系列复杂的生理作用。目前临床上使用的抗变态反应药主要为组胺 H_1 受体拮抗剂，而抗溃疡药主要为 H_2 受体拮抗剂。本书将抗溃疡药归入了消化系统药物，所以本章将详细介绍组胺 H_1 受体拮抗剂。

局部麻醉药能够在用药局部可逆性的阻断感觉神经冲动的发生和传导，在意识清醒的条件下暂时引起感觉消失，是一类重要的外周神经系统用药。本章将在第五节中详细论述。

第一节　拟胆碱药

> 要想知道拟胆碱药的用途，首先要了解乙酰胆碱与受体结合产生的效应，该类药物的用途，如用于治疗青光眼、重症肌无力、手术后的腹气胀等，以及生产、使用等知识可能是读者感兴趣的内容。

乙酰胆碱（Acetylcholine，ACh）是胆碱能神经的递质，它在胆碱能神经末梢的胞质液中生物合成，然后转运到突触囊泡中。胆碱能神经兴奋时，乙酰胆碱从囊泡中释放出来，并作用于突触后膜上的乙酰胆碱受体，产生效应。之后，乙酰胆碱分子被乙酰胆碱酯酶催化水解为胆碱和乙酸而失活。

O　O　N+

乙酰胆碱

拟胆碱药（Cholinergic Drugs）是一类具有与乙酰胆碱相似作用的药物，用于治疗胆碱能神经系统兴奋性低下引起的疾病。按其作用环节和机制的不同，拟胆碱药可分为胆碱受体激动剂和乙酰胆碱酯酶抑制剂两种类型。

一、胆碱受体激动剂

与乙酰胆碱结合的受体，称为胆碱受体。在早期研究中，发现位于副交感神经节后纤维所支配的效应器细胞膜上的胆碱受体，对毒蕈碱（Muscarine）较为敏感，故这部分受体称为毒蕈碱型胆碱受体（M胆碱受体）。M受体兴奋时，出现心脏抑制、血管扩张、胃、肠、支气管平滑肌收缩、瞳孔缩小和汗腺分泌增加等。位于神经节细胞和骨骼肌细胞膜上的胆碱受体，对尼古丁（Nicotine）比较敏感，故这些部位的受体称为烟碱型胆碱受体（N胆碱受体）。N胆碱受体又可进一步分为 N_1 受体和 N_2 受体。N_1 受体兴奋时，植物神经节兴奋，肾上腺释放肾上腺素；N_2 受体兴奋时，骨骼肌收缩。

乙酰胆碱的作用靶点是M胆碱受体和N胆碱受体，分别产生M样作用及N样作用，是胆碱受体激动剂。但乙酰胆碱本身不能成为治疗药物。原因是：① 乙酰胆碱对所有的胆碱能受体无选择性，导致不良反应发生；② 乙酰胆碱为季铵化合物，不易通过生物膜，因而生物利用度极低；③ 乙酰胆碱的化学稳定性差，在体内易被胆碱酯酶水解失活。因此，胆碱受体激动剂多以乙酰胆碱为先导化合物设计开发合成的药物，性质较稳定，而且对受体有较高选择性。

乙酰胆碱分子可分解为季铵基、亚乙基桥、乙酰氧基三个部分，见图3-1，通过对各个部分的结构改造，总结出如下构效关系：

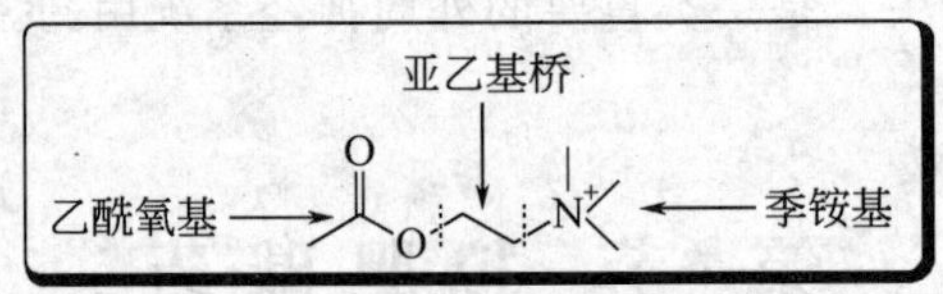

图 3-1　乙酰胆碱分子的结构

（1）季铵基部分　三甲铵基阳离子对拟胆碱活性是必需的，若改换成乙基等较大的基团，则拟胆碱作用明显减弱。

（2）乙酰氧基部分　乙酰氧基部分的乙酰基被丙酰基、丁酰基等高级同系物取代时，活性下降。当乙酰基上的氢原子被芳环或较大分子量的基团取代后，其生物活性则由拟胆碱作用转变为抗胆碱作用。以氨甲酰基取代乙酰基，稳定性增加，不易被水解，延长作用时间。以氨甲酰基代替乙酰基得到的卡巴胆碱（Carbachol），可以口服，作用强而较持久，但兼具M样作用和N样作用，因而不良反应较大，临床仅应用于青光眼的治疗。

卡巴胆碱

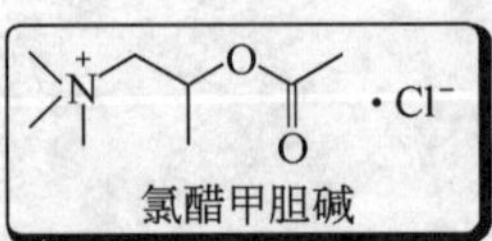

（3）亚乙基桥部分　亚乙基桥部分的主链长度改变时，活性随链长度增加而迅速下降，即季铵氮原子和氧原子之间的距离以相隔两个碳原子为最合适。亚乙基桥上的氢

原子若被乙基或含碳更多的烷基取代则导致活性下降。若为一个甲基取代时，由于空间位阻，在体内不易被胆碱酯酶破坏，因此作用较持久。若甲基取代在季铵氮原子的α位，则其N样作用大于M样作用。若甲基取代在季铵氮原子的β位，则N样作用大大减弱，M样作用与乙酰胆碱相同，成为选择性M受体激动剂，而且*S*构型对胆碱受体的亲和力比*R*构型大若干倍。氯醋甲胆碱（Methacholine Chloride），其*S*构型对胆碱受体的亲和力比*R*构型大20倍。此药在临床上主要用于防治心动过速，也可用于外周血管痉挛性疾病。

氯贝胆碱 Bethanechol Chloride

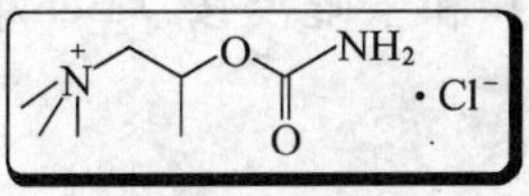

化学名：(±)-氯化-*N*,*N*,*N*-三甲基-2-氨基甲酰氧基-1-丙铵。

本品为无色或白色吸湿性结晶或白色结晶性粉末，有轻微氨样气味。极易溶于水（1∶1），易溶于乙醇（1∶10），几乎不溶于氯仿和乙醚。mp. 218～219℃（分解）。其溶液耐受120℃消毒，20min不会发生变化。

本品的制备由氯代异丙醇与光气反应，再经酰胺化和氨解即可制得。

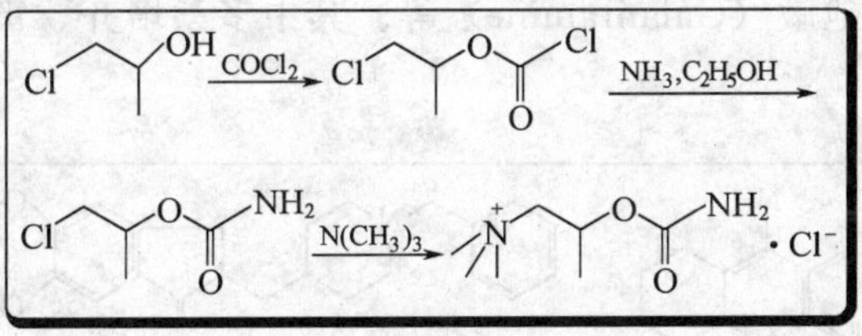

氯贝胆碱为选择性M受体激动剂，几乎没有N样作用，而且*S*构型异构体的活性大大高于*R*构型异构体。其对胃肠道和膀胱平滑肌的选择性较高，对心血管系统几乎无影响，临床主要用于治疗手术后腹气胀、尿潴留以及其他原因所致的胃肠道或膀胱功能异常。因其不易被胆碱酯酶水解，因此作用时间较长。

二、乙酰胆碱酯酶抑制剂

进入神经突触间隙的乙酰胆碱，会被乙酰胆碱酯酶（Acetyl Cholinesterase, AChE）迅速催化水解，终结神经冲动的传递。抑制AChE将导致乙酰胆碱的积聚，从而延长并增强乙酰胆碱的作用。乙酰胆碱酯酶抑制剂（AChE inhibitors），又称为抗胆碱酯酶药（Anticholinesterases），在临床上主要用于诊断和治疗重症肌无力、青光眼、防治术后腹胀及麻痹性肠梗阻或膀胱收缩无力的尿潴留等。

毒扁豆碱（Physostigmine）是从西非出产的毒扁豆中提取的一种生物碱，是临床上第一个抗胆碱酯酶药，用于治疗青光眼。其特点是分子中不具有季铵离子，脂溶性较大，易于透过血脑屏障，发挥中枢拟胆碱作用。虽因毒性大不再用于眼病治疗，但由于其中枢拟胆碱作用而作为急诊时阿托品、三环抗抑郁药等中毒的解毒剂。

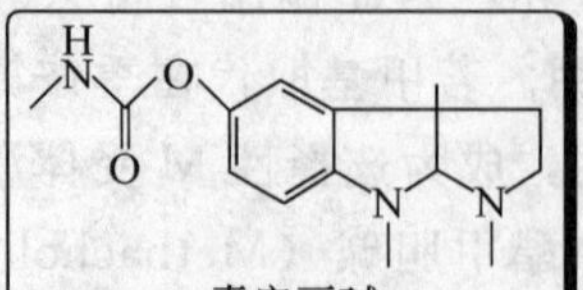

毒扁豆碱

对毒扁豆碱的结构研究发现，甲氨基甲酸酯部分是抑酶活性所必需。由于 *N*-甲基氨基甲酸酯稳定性较差，易水解而失去活性，经改变成 *N*,*N*-二甲基氨基甲酸酯后则不易水解，因此找到了疗效更好的溴新斯的明（Neostigmine Bromide）及其类似物溴吡斯的明（Pyridostigmine Bromide）和苄吡溴铵（Benzpyrinium Bromide）等抗胆碱酯酶药。

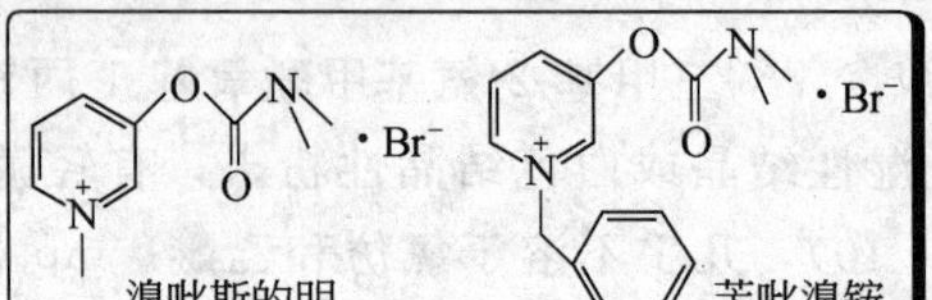

溴吡斯的明　苄吡溴铵

其他 AChE 抑制剂还有：他克林（Tacrine）、多萘培齐（Donepezil）、雷沃斯的明（Rivastigmine）、加兰他敏（Galantamine）等。其中多萘培齐、雷沃斯的明等属抗老年痴呆的新药。

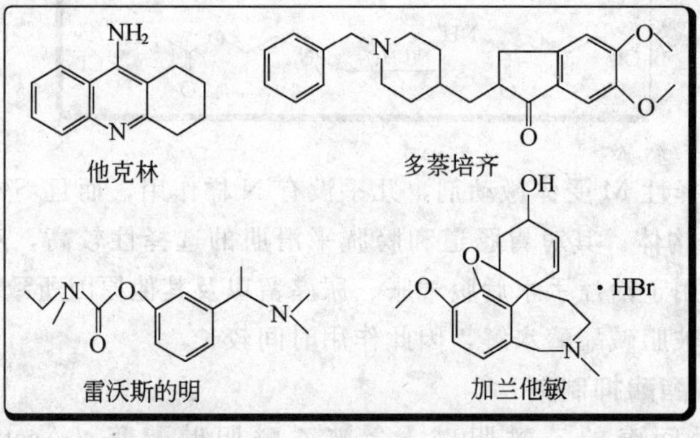

他克林　多萘培齐

雷沃斯的明　加兰他敏

溴新斯的明　Neostigmine Bromide

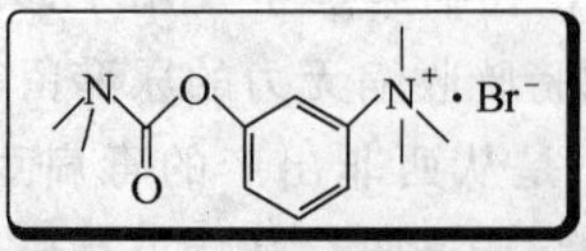

化学名：溴化-*N*,*N*,*N*-三甲基-3-[(二甲氨基)甲酰氧基]苯铵。

本品为白色结晶性粉末；无臭，味苦。mp. 171～176℃，熔融时分解。极易溶于水（1∶1），水溶液呈中性；易溶于乙醇和氯仿（1∶10）；几乎不溶于乙醚。

本品加氢氧化钠溶液，加热即水解生成间二甲氨基苯酚钠，加入重氮苯磺酸试液后，偶合成偶氮化合物而显红色。

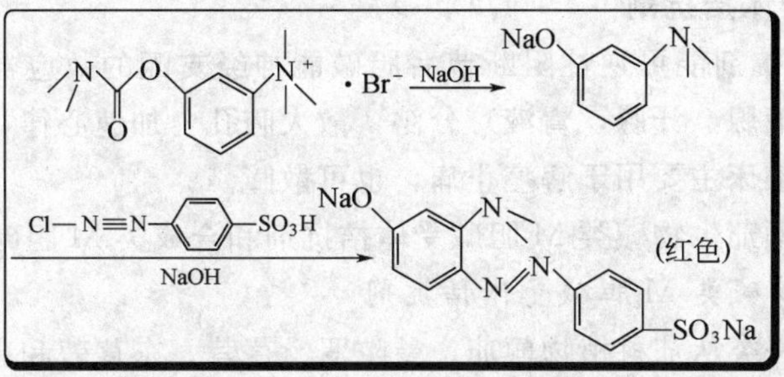

本品的制备以间氨基苯酚为原料，经甲基化、成盐后与二甲氨基甲酰氯成酯，再经季铵化即可制得。

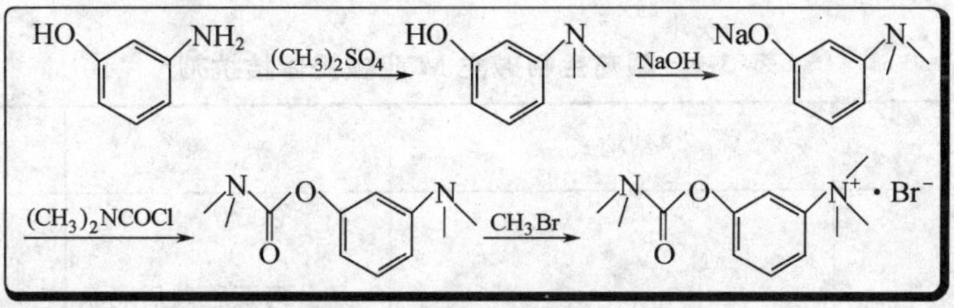

控制成品中的杂质如未反应完全的中间体溴化-3-羟基苯基三甲铵等的方法，可用紫外分光光度法来检查，在1%碳酸钠溶液中，294nm 波长处的吸收不得大于 0.25。

本品为季铵类化合物，不易透过生物膜，口服胃肠道难于吸收，故口服剂量远大于注射剂量。临床常用溴新斯的明供口服，甲硫酸新斯的明供注射用。

新斯的明属于可逆性胆碱酯酶抑制剂，临床用于重症肌无力和术后腹气胀及尿潴留等的治疗。大剂量时可引起恶心、呕吐、腹泻、流泪、流涎等，可用阿托品对抗。

药物相互作用：本品能抑制血浆胆碱酯酶的活性，可使酯类局麻药在体内水解缓慢，因而出现中毒反应，故在本品使用期间，宜采用酰胺类局麻药。

第二节 抗胆碱药

> 了解乙酰胆碱与受体结合产生的效应，就不难理解抗胆碱药的用途：解痉止痛、散瞳、抗帕金森病、松弛肌肉等。

对于因胆碱能神经系统过度兴奋造成的病理状态，可用抗胆碱药物治疗。抗胆碱药抑制乙酰胆碱的生物合成或释放，或者阻止乙酰胆碱同受体的结合而产生抗胆碱作用。目前临床使用的抗胆碱药主要是阻断乙酰胆碱与胆碱受体的相互作用，即胆碱受体拮抗剂（Cholinoceptor antagonists）。胆碱受体拮抗剂和胆碱受体有高度亲和力，但是无内在活性，从而阻断乙酰胆碱与胆碱受体的相互作用，用于治疗胆碱能神经系统过度兴奋所造成的疾病。

按照药物的作用部位及对胆碱受体选择性的不同，抗胆碱药通常分为M胆碱受体拮抗剂和N胆碱受体拮抗剂。

一、M胆碱受体拮抗剂

M胆碱受体拮抗剂能可逆性阻断节后胆碱能神经支配的效应器上的M胆碱受体，呈现抑制腺体（唾液腺、汗腺、胃液）分泌，散大瞳孔，加速心律，松弛支气管和胃肠道平滑肌等作用。临床主要用于解痉止痛，也可散瞳。

按来源可分为颠茄生物碱类M胆碱受体拮抗剂和合成类M胆碱受体拮抗剂。

（一）颠茄生物碱类M胆碱受体拮抗剂

颠茄生物碱是一类从茄科植物颠茄、曼陀罗、莨菪、东莨菪和唐古特莨菪等植物中提取的生物碱，在临床使用的主要有阿托品（Atropine）、山莨菪碱（Anisodamine）、东莨菪碱（Scopolamine）和樟柳碱（Anisodine）等。见表3-1颠茄生物碱类M胆碱受体拮抗剂。

表3-1 颠茄生物碱类M胆碱受体拮抗剂

药品名称	结构式	来源	用途
东莨菪碱 Scopolamine	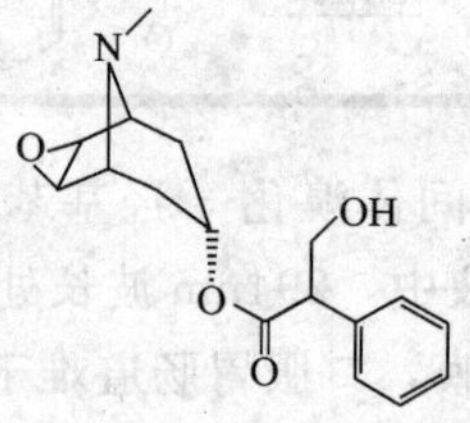 N, O, OH, O, O	从分离莨菪碱后剩余的母液中分离得到，为左旋体，临床常用其氢溴酸盐	临床用作镇静药，用于全身麻醉前给药、预防晕动症、帕金森病、狂躁性精神病、有机磷酸酯中毒等
山莨菪碱 Anisodamine	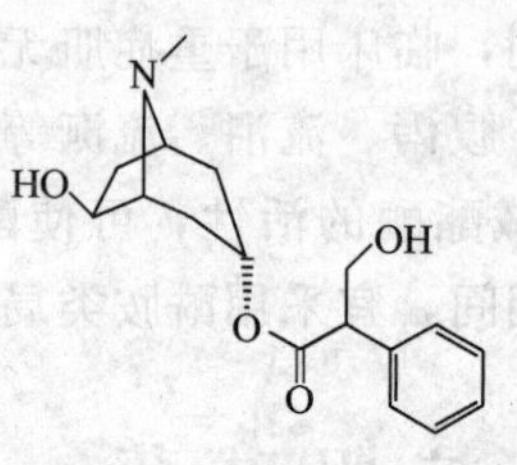 N, HO, OH, O, O	从唐古特莨菪中分离得到的天然产物，为左旋体，人工合成的为外消旋体，临床常用其氢溴酸盐	用于胃肠绞痛、感染性中毒休克、脑血管痉挛等症的治疗
樟柳碱 Anisodine	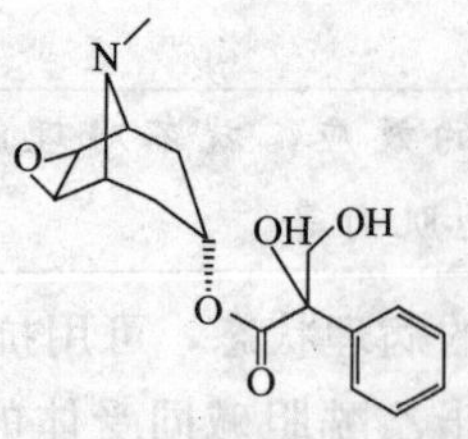 N, O, OH, OH, O, O	从唐古特莨菪中分离得到的天然产物，为左旋体，临床常用其氢溴酸盐	用于血管性头痛、视网膜血管痉挛、帕金森病的治疗等

对比上述阿托品、东莨菪碱、山莨菪碱和樟柳碱等茄科生物碱的化学结构，很容易

看出它们的区别只是 6,7 位氧桥、6 位羟基或莨菪酸 α 位羟基的有无。药理实验表明，氧桥和羟基的存在与否对药物的中枢作用有很大影响。氧桥使分子亲脂性增大，中枢作用增强；而羟基使分子极性增强，中枢作用减弱。东莨菪碱有氧桥，中枢作用最强，对大脑皮层明显抑制，临床作为镇静药，是中药麻醉的主要成分，并且对呼吸中枢有兴奋作用。阿托品无氧桥，无羟基，仅有兴奋呼吸中枢作用。樟柳碱虽有氧桥，但莨菪酸 α 位还有羟基，综合影响的结果是中枢作用弱于阿托品。山莨菪碱有 6 位羟基，中枢作用最弱。

硫酸阿托品 Atropine Sulfate

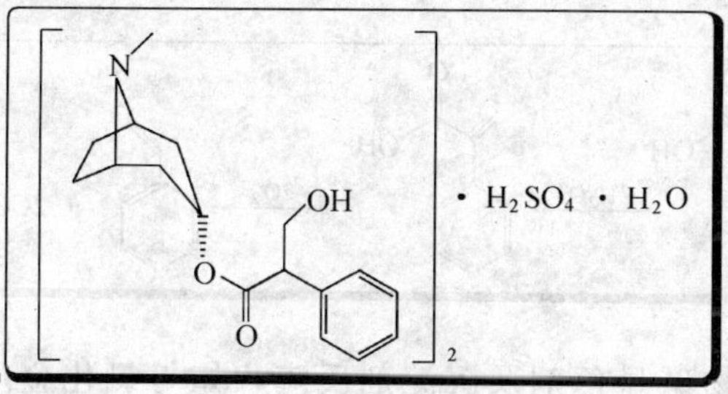

$\cdot H_2SO_4 \cdot H_2O$

化学名：(±)-α-（羟甲基）苯乙酸-8-甲基-8-氮杂双环-[3,2,1]-3-辛醇酯硫酸盐一水合物。

本品为无色结晶或白色结晶性粉末，无臭，味苦。mp. 190～194℃，熔融时同时分解。极易溶于水，易溶于乙醇，不溶于乙醚或氯仿。

阿托品碱性较强，pK_b4.35，在水溶液中能使酚酞呈红色，可与硫酸形成稳定的中性盐，其水溶液呈中性。其注射剂可采用 100℃消毒 30min 灭菌，遇碱性药物（如硼砂）可引起分解。

阿托品结构中含有酯键，在弱酸性、近中性条件下较稳定，pH 3.5～4.0 最稳定，在碱性溶液中易水解，生成莨菪醇和消旋莨菪酸（亦称托品酸，Tropic acid）。因此，在制备注射液时，应注意调整溶液的 pH，加入适量氯化钠作稳定剂，采用中性硬质玻璃安瓿，注意灭菌温度。

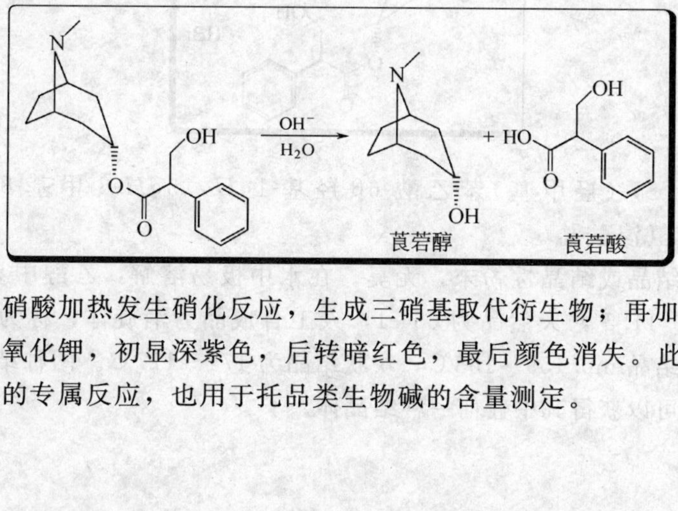

OH^-, H_2O

莨菪醇　　莨菪酸

本品和发烟硝酸加热发生硝化反应，生成三硝基取代衍生物；再加入氢氧化钾醇液和一小粒固体氢氧化钾，初显深紫色，后转暗红色，最后颜色消失。此反应称为 Vitali 反应，是莨菪酸的专属反应，也用于托品类生物碱的含量测定。

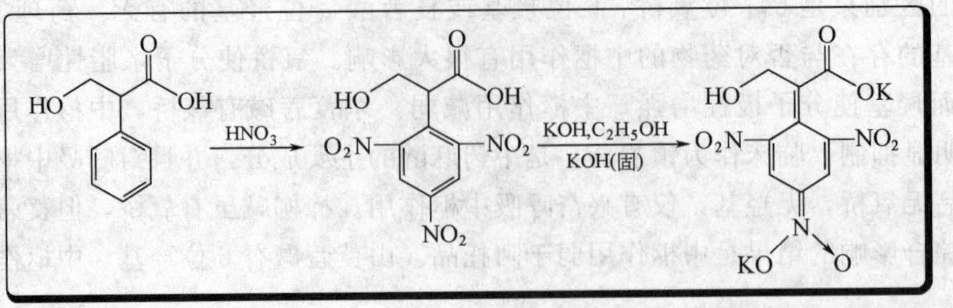

阿托品与硫酸及重铬酸钾加热，先水解生成莨菪酸，而后被氧化生成苯甲醛，有苦杏仁特异臭味。

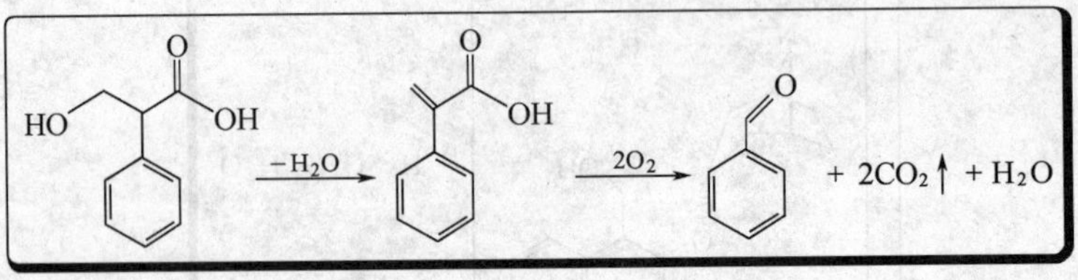

阿托品能与多数生物碱显色剂及沉淀剂反应，如与氯化金反应生成无光泽的沉淀物。与碘-碘化钾试剂反应生成碘化莨菪碱沉淀，于显微镜下观察结晶呈飞鸟状。

本品具有外周及中枢M胆碱受体拮抗作用，可解除平滑肌痉挛，抑制腺体分泌，散大瞳孔。临床用于治疗胃肠道、肾、胆绞痛，急性微循环障碍，解救有机磷类化合物中毒，眼科用于散瞳，诊断眼部疾患。可制成片剂、针剂、滴眼剂使用。

药物相互作用：本品与尿碱化药包括含镁或钙的制酸药、碳酸酐酶抑制药、碳酸氢钠、枸橼酸盐等配伍时，阿托品排泄延迟，作用时间和毒性增加。

氢溴酸山莨菪碱　Anisodamine Hydrobromide

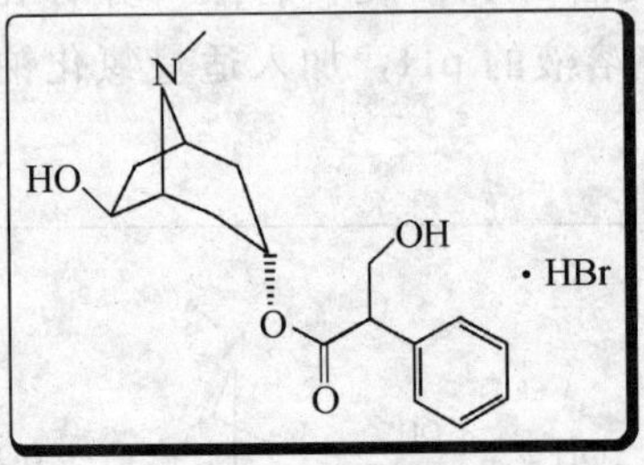

化学名：α-(*S*)-(羟甲基)苯乙酸-6β-羟基-1α*H*，5α*H*-8-甲基-8-氮杂二环[3，2，1]-3α-辛醇酯氢溴酸盐。

本品为白色结晶或结晶性粉末，无臭。在水中极易溶解，乙醇中易溶，丙酮中微溶。$[\alpha]_D$ −9°～−11.5°，天然品为654-1，人工合成品为消旋体，称为654-2。本品有两种晶型，针状结晶mp.159～163℃，块状结晶为174～177℃。两种结晶为同质异晶，控制结晶条件，可以获得其中任何一种结晶体。

本品也具有 Vitali 反应，并具有莨菪碱类鉴别反应。

氢溴酸山莨菪碱还具有溴化物的鉴别反应。

本品能松弛平滑肌，解除血管痉挛，改善微循环的作用突出。

（二）合成类 M 胆碱受体拮抗剂

颠茄生物碱类抗胆碱药由于药理作用广泛，临床应用时常引起多种不良反应，如口干、视力模糊、心悸等。因此，需要对阿托品结构进行研究，寻找选择性高、作用强、毒性低的合成类抗胆碱药。

分析阿托品和乙酰胆碱的结构，发现两者很相似，都有氨基醇酯的结构，只是阿托品的酰基部分带有较大取代基——苯基，这对 M 胆碱受体阻断功能十分重要。后来发现酯键并不是抗胆碱活性所必需，可以去掉，而氨基部分可以是叔胺也可以是季铵，因此设计合成了多种叔胺类和季铵类的胆碱受体拮抗剂。

1. 叔胺类

叔胺类 M 胆碱受体拮抗剂的解痉作用较明显，同时也具有抑制胃酸分泌作用。该类药品较多，如奥芬那君（Orphenadrine）、苯海索（Trihexyphenidyl，又名安坦）、丙环定（Procyclidine）和比哌立登（Biperiden）等。

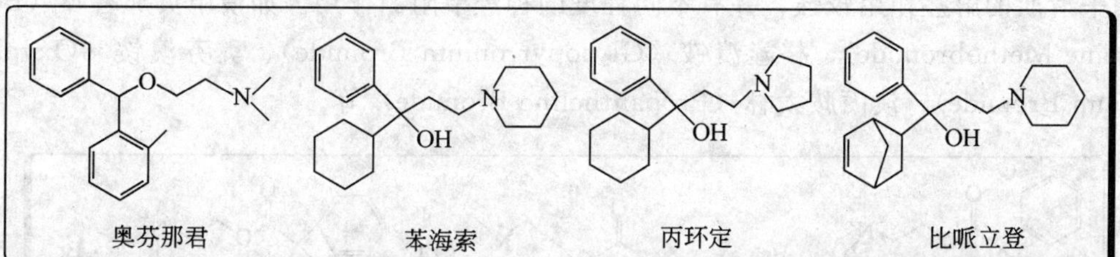

奥芬那君　　苯海索　　丙环定　　比哌立登

哌仑西平（Pirenzepine）和替仑西平（Telenzepine）是 M_1 受体拮抗剂，选择性作用于胃肠道 M_1 受体，而对平滑肌、心肌、唾液腺等的 M 受体亲和力低，因此很少有其他抗胆碱药物对瞳孔、心脏、唾液腺和膀胱肌等的不良反应。因不能透过血脑屏障，也不影响中枢神经系统。在一般治疗剂量下能显著抑制胃酸、胃蛋白酶原及胃蛋白酶的分泌，对胃及十二指肠溃疡疗效显著。

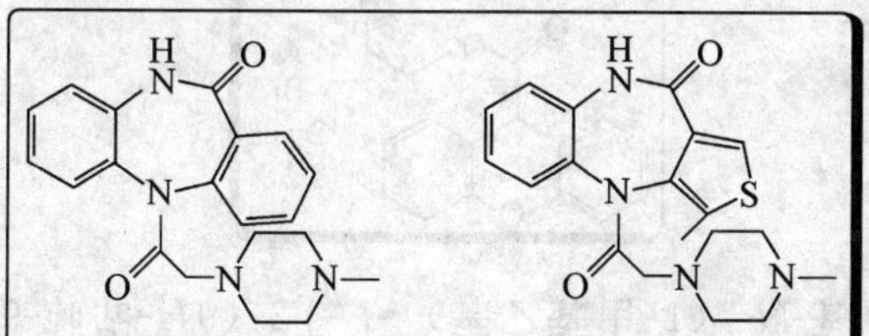

哌仑西平　　替仑西平

2. 季铵类

其主要来源如下。

（1）阿托品的结构改造　改造成季铵盐类药物后，因难以通过血脑屏障，不能进入中枢神经系统，不呈现中枢作用。溴甲阿托品（Atropine Methobromide），主要用于胃及十二指肠溃疡、胃酸过多症、胃炎、痉挛性胃肠炎等。异丙托溴铵（Ipratropium Bromide）松弛支气管平滑肌作用较强，制成气雾剂，用于防治支气管哮喘和喘息型慢性支气管炎。后马托品（Homatropine）是由阿托品衍生出的另一个药物，为半合成的阿托品类似物，由莨菪醇与羟基苯乙酸成酯，临床做成滴眼剂用于眼科散瞳检查。

$R=CH_3$　溴甲阿托品
$R=CH(CH_3)_2$　异丙托溴铵
后马托品

（2）合成季铵类药物因其不易通过血脑屏障，因此对中枢作用减少。该类药物对胃肠道平滑肌的解痉作用较强，并有不同程度的神经节阻断作用。如溴甲贝那替嗪（Benactyzine Methobromide）、格隆溴铵（Glycopyrronium Bromide）、奥芬溴铵（Oxyphenonium Bromide）、溴丙胺太林（Propantheline Bromide）等。

溴甲贝那替嗪　格隆溴铵　奥芬溴铵

溴丙胺太林　Propantheline Bromide

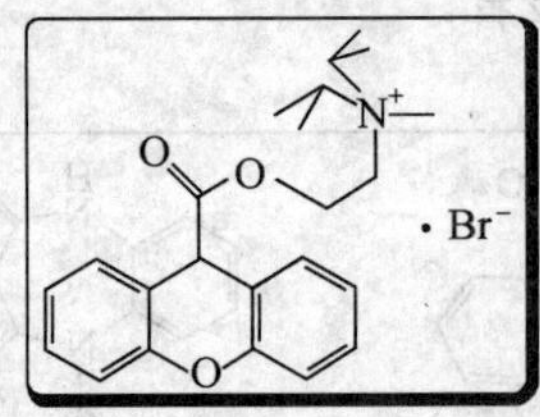

化学名：溴化 *N*-甲基-*N*-（1-甲基乙基）-*N*-[2-(9*H*-呫吨-9-甲酰氧基)乙基]-2-丙铵，又名普鲁本辛（Probanthine）。

本品为白色或类白色结晶性粉末，无臭，味极苦，微有引湿性。在水、乙醇或氯仿中极易溶解，在乙醚中不溶。mp. 157～164℃，熔融时分解。

本品与 NaOH 试液煮沸，酯键水解后用稀盐酸中和，生成呫吨酸。呫吨酸遇硫酸显亮黄色或橙黄色，并微显绿色荧光。

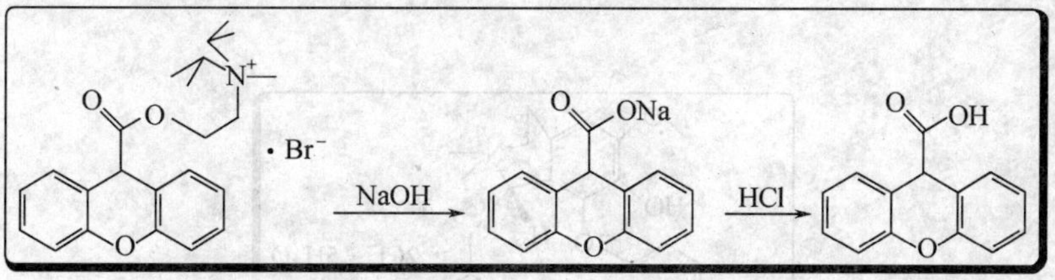

本品有较强的外周抗 M 胆碱作用及弱的神经节阻断作用。特点是对胃肠道平滑肌解痉作用较强，并能减少胃液分泌，临床用于治疗胃及十二指肠溃疡、胃炎、胰腺炎、胃肠痉挛等疾病。

使用本品可引起口干、视力模糊、尿潴留、便秘、头痛及心悸等。手术前忌用。青光眼患者和心脏病患者慎用。

二、N 胆碱受体拮抗剂

N 胆碱受体拮抗剂按照对受体的选择性不同，可分为 N_1 胆碱受体拮抗剂和 N_2 胆碱受体拮抗剂。N_1 胆碱受体拮抗剂常被称为神经节阻断剂，在交感和副交感神经节选择性拮抗 N_1 胆碱受体，稳定突触后膜，阻断神经冲动在神经节中的传递，主要呈现降低血压的作用，临床用于治疗重症高血压（见第四章第九节“其他心血管系统药物”）。N_2 胆碱受体拮抗剂也被称为神经肌肉阻断剂（Neuromuscular blocking agents，NMR agents），与骨骼肌运动终板膜上的 N_2 胆碱受体结合，阻断神经冲动在神经肌肉接头处的传递，可使骨骼肌松弛，临床作为肌松药（Skeletal muscular relaxants）用于辅助麻醉，与全麻药合用可减少全麻药用量，在较浅的全身麻醉状态下使肌肉松弛，便于手术进行。

临床使用的肌松药除 N_2 胆碱受体拮抗剂外，还包括中枢性肌松药，即通过阻滞中枢内中间神经元冲动的传递，使骨骼肌松弛。如氯唑沙宗（Chlorzoxazone）就属于此类药物，主要用于治疗骨骼肌疾病和肌肉痉挛疼痛。本章主要介绍神经肌肉阻断剂。

神经肌肉阻断剂按照作用机制可分为非去极化型（Nondepolarizing）和去极化型（Depolarizing）两大类。非去极化型肌松药在使用中容易调控，比较安全，特点是起效慢，持续时间长，临床用肌松药多为此类。去极化型肌松药中较好的有氯琥珀胆碱（Suxamethonium Chloride），由于起效快，且易被胆碱酯酶水解失活，故作用持续时间短，约维持 2min，易于控制，适用于气管插管术，也可缓解破伤风的肌肉痉挛。

另外，有的肌松药还具有去极化和非去极化双重作用，如溴己氨胆碱（Hexcarbacholine Bromide），起初发生短时间的去极化，持续几分钟，接着产生较长时间的非去极化作用，可维持 30～40min，适用于大手术。

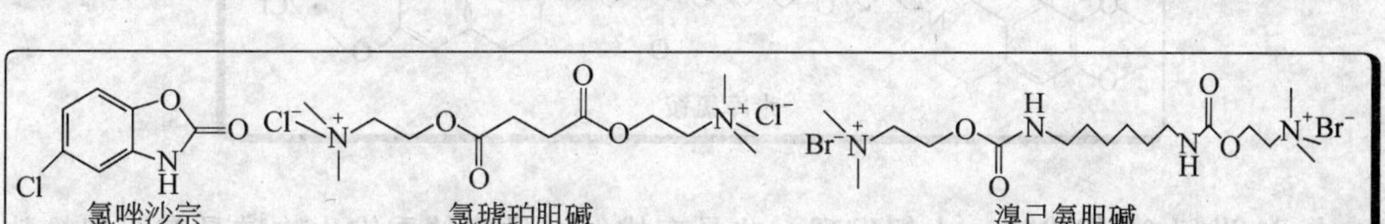

氯唑沙宗　氯琥珀胆碱　溴己氨胆碱

右旋氯筒箭毒碱 *d*-Tubocurarine Chloride

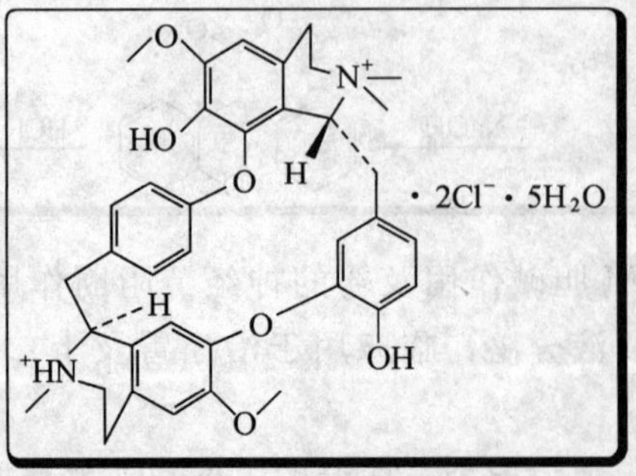

化学名：2,2′,2′-三甲基-6,6′-二甲氧基-7,12′-二羟基-氯化筒箭毒鎓盐酸盐五水合物。

本品为白色至微黄色结晶性粉末，无臭。mp. 268℃（部分分解）。溶于水（1∶20）和乙醇（1∶25），不溶于丙酮、乙醚和氯仿。水溶液稳定，1%水溶液 pH 4～6，可加热消毒。$[\alpha]_D$ +210°～+224°。

右旋氯筒箭毒碱是临床上第一个非去极化型肌松药，主要用于中长时间手术中产生肌肉松弛。

除本品外，近年来临床应用的本类药物还有多库氯铵（Doxacurium Chloride）和米库氯铵（Mivacurium Chloride），前者起效稍慢（4～6min），维持时间长（90～120min），为一长效药物；而后者起效快（2～4min），维持时间短（12～18min），为一短效药物。两者均较安全。

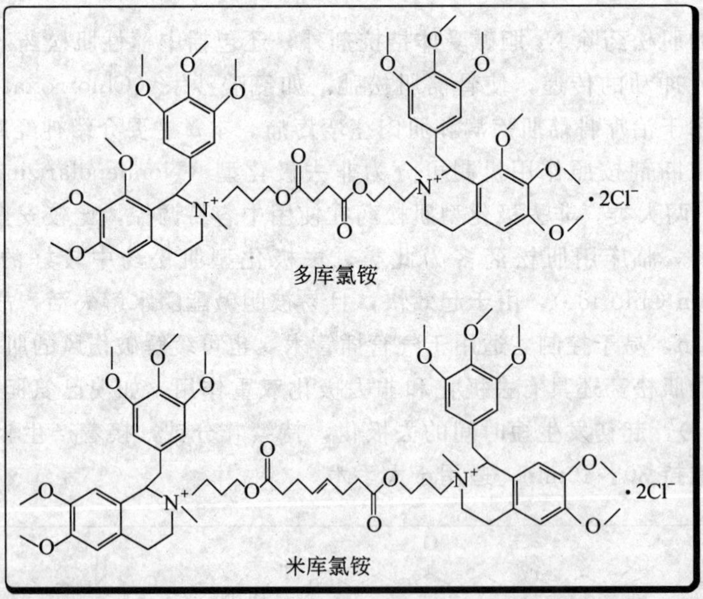

多库氯铵

米库氯铵

在 20 世纪 60 年代初，人们发现一些具有雄甾烷母核的季铵生物碱具有肌肉松弛作用，经结构改造得到泮库溴铵（Pancuronium Bromide），其肌松作用为氯化筒箭毒碱的5倍，起效快，持续时间长。之后此类药物如维库溴铵（Vecuronium Bromide）、哌库溴铵（Pipecuronium Bromide）等陆续问世。维库溴铵是泮库溴铵的单季铵盐，起效更快，维持时间也长；哌库溴铵的持续时间适中，副作用较小，对心血管系统无不良反应，适用于大手术的辅助麻醉。

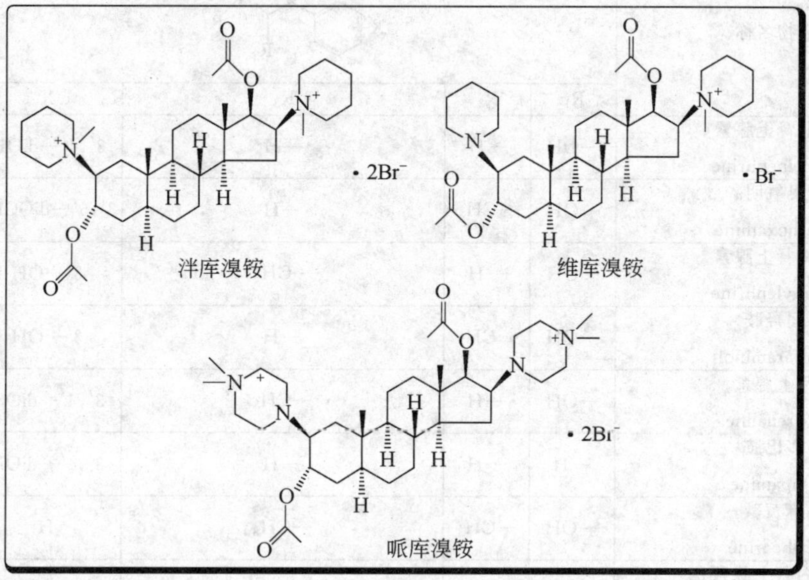

泮库溴铵 · $2Br^-$

维库溴铵 · Br^-

哌库溴铵 · $2Br^-$

第三节　拟肾上腺素药

> 拟肾上腺素药的用途与递质和受体结合产生的效应息息相关，因此，首先要了解肾上腺素受体兴奋时产生的效应，才有助于理解该类药物在临床上的应用。

拟肾上腺素药（Adrenergic Drugs）是一类通过兴奋交感神经，产生肾上腺素样作用的药物，亦称为拟交感神经药（Sympathomimetics）。由于化学结构均为胺类，且部分药物又具有儿茶酚（1,2-苯二酚）结构部分，故又称为拟交感胺（Sympathomimetics Amines）类或儿茶酚胺（Catacholamines）类药物。大部分药物是通过兴奋肾上腺素受体而产生作用，有些药物不与肾上腺素受体结合，但能促进肾上腺素神经末梢释放递质，增加受体周围去甲肾上腺素浓度而发挥作用。

肾上腺素受体主要有α受体和β受体，α受体又分为α_1和α_2两种亚型，β受体又分为β_1和β_2两种亚型。α受体（包括α_1、α_2）兴奋时，综合表现为皮肤黏膜血管和内脏血管收缩，外周阻力增大，血压上升。β受体兴奋时，心肌收缩力加强，心率加快，心输出量增加，血压升高；同时，血管与支气管平滑肌松弛。根据肾上腺素受体激动剂对α受体和β受体的不同选择性，具有兴奋α_1受体的药物，临床用于升高血压和抗休克；

兴奋 α_2 受体的药物，用于降血压（兴奋 α_2 受体，用于心血管系统的药物见第四章第九节）；兴奋 β_1 受体的药物，用于强心和抗休克；兴奋 β_2 受体的药物，用于平喘和改善微循环，表 3-2 列出了部分常见的肾上腺素受体激动剂。

表 3-2　部分常见的肾上腺素受体激动剂

药物名称	$X—C_6H_4—CH(R_1)—CH(R_2)—NH—R_3$				受体选择性
	R_1	R_2	R_3	X	
去甲肾上腺素 Norpinephrine	—OH	—H	—H	3′,4′—diOH	α
甲氧明 Methoxamine	—OH	$—CH_3$	—H	3′,5′—$diOCH_3$	α_1
去氧肾上腺素 Phenylephrine	—OH	—H	$—CH_3$	3′—OH	α
间羟胺 Metaraminol	—OH	$—CH_3$	—H	3′—OH	α
肾上腺素 Adrenaline	—OH	—H	$—CH_3$	3′,4′—diOH	α、β
多巴胺 Dopamine	—H	—H	—H	3′,4′—diOH	α、β
麻黄碱 Ephedrine	—OH	$—CH_3$	$—CH_3$	H	α、β
异丙肾上腺素 Isoprenaline	—OH	—H	$—CH(CH_3)_2$	3′,4′—diOH	β
多巴酚丁胺 Dobutamine	—H	—H	$—\underset{H_3C}{\underset{\vert}{C}}HCH_2CH_2—C_6H_4—OH$	3′,4′—diOH	β_1
沙丁胺醇 Salbutamol	—OH	—H	$—C(CH_3)_3$	3′—CH_2OH	β_2
沙美特罗 Salmeterol	—OH	—H	$—(CH_2)_6O(CH_2)_4C_6H_5$	3′—CH_2OH	β_2
特布他林 Terbutaline	—OH	—H	$—C(CH_3)_3$	3′,5′—diOH	β_2
克仑特罗 Clenbuterol	—OH	—H	$—C(CH_3)_3$	3′,5′—diCl 4′—NH_2	β_2
马布特罗 Mabuterol	—OH	—H	$—C(CH_3)_3$	3′—CF_3, 4′—NH_2,5′—Cl	β_2
奥西那林 Orciprenaline	—OH	—H	$—CH(CH_3)_2$	3′,5′—diOH	β_2
异克舒令 Isoxsuprine	—OH	$—CH_3$	$—\underset{H_3C}{\underset{\vert}{C}}HCH_2O—C_6H_5$	4′—OH	β_2
布酚宁 Buphenine	—OH	$—CH_3$	$—\underset{H_3C}{\underset{\vert}{C}}HCH_2CH_2—C_6H_5$	4′—OH	β_2
利托君 Ritodrine	—OH	$—CH_3$	$—CH_2CH_2—C_6H_4—OH$	4′—OH	β_2

肾上腺素 Adrenaline

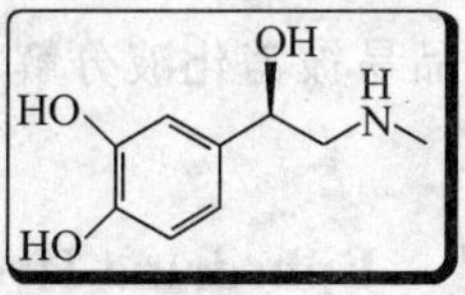

化学名：(*R*)-4-[2-(甲氨基)-1-羟基乙基]-1,2-苯二酚，又名副肾素。

本品为白色或类白色结晶性粉末，无臭，味苦。mp. 206～212℃，熔融时同时分解。与空气和日光接触，易氧化变质。在水中极微溶解，在乙醇、氯仿、乙醚、脂肪油和挥发油中不溶；在无机酸和氢氧化钠溶液中易溶，在弱碱氨溶液和碳酸钠溶液中不溶。在中性或碱性水溶液中不稳定，饱和水溶液显弱碱性。

本品具有邻苯二酚结构，遇空气中的氧或其他弱氧化剂、某些金属离子均能使其氧化变质，生成红色的肾上腺素红，继而聚合成棕色多聚体。日光、热及微量金属离子可以引发或催化其氧化反应。露置空气及日光中的本品水溶液会氧化变色。加入焦亚硫酸钠等抗氧剂，可防止氧化。储藏时应避光并避免与空气接触。

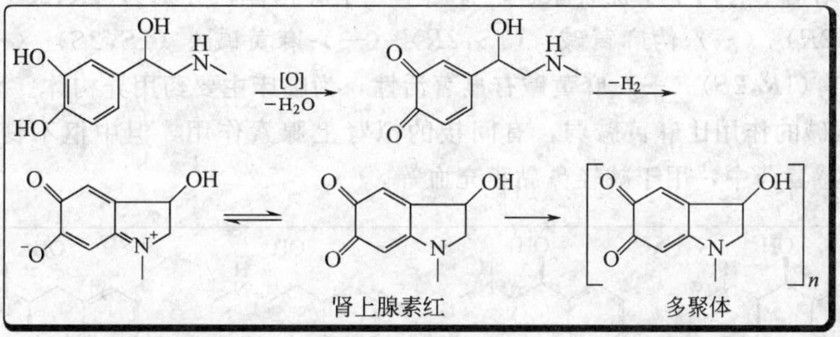

$[O]$ $-H_2O$ $-H_2$

肾上腺素红　　多聚体

本品的合成以邻苯二酚为原料，在氧氯化磷存在下与氯乙酸缩合，再经甲胺胺化生成肾上腺素酮；经催化氢化，最后用酒石酸拆分即可制得(*R*)-(－)肾上腺素。$[\alpha]_D^{20}$ －50.0°～－53.5°。

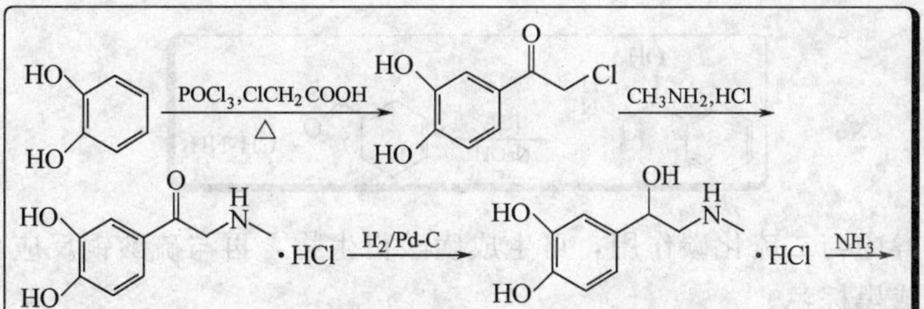

$POCl_3, ClCH_2COOH$ △　CH_3NH_2, HCl

$\cdot HCl$ $H_2/Pd\text{-}C$ $\cdot HCl$ NH_3

$d\text{-}(CHOHCOOH)_2$

(*R*)-(-)肾上腺素

左旋肾上腺素水溶液加热或室温放置，可发生外消旋化，从而使活性降低。在 pH 4 以下，速度较快，故本品水溶液应注意控制 pH。肾上腺素同时具有较强的 α 受体和 β 受体兴奋作用。临床用于药物引起的过敏性休克、心跳骤停和急性支气管哮喘的急救，还可制止鼻黏膜和牙龈出血。因本品易被消化液分解，不宜口服。常用剂型为盐酸肾上腺素和酒石酸肾上腺素注射液。

盐酸麻黄碱 Ephedrine Hydrochloride

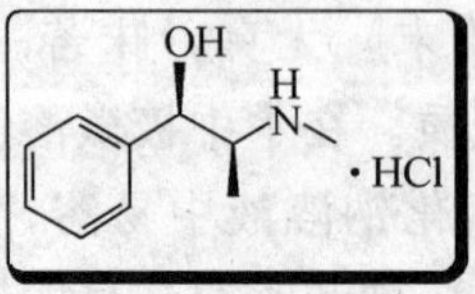

OH H N ·HCl

化学名：(1*R*，2*S*)-2-甲氨基-苯丙烷-1-醇盐酸盐，又名麻黄素。

本品为白色针状结晶或结晶性粉末，无臭，味苦。mp. 217～220℃。在水中易溶(1∶4)，在乙醇中溶解 (1∶17)，在氯仿和乙醚中不溶。水溶液呈左旋性，在常温空气中较稳定，遇光不易发生变化。

麻黄碱结构中有两个手性碳原子，有四个光学异构体，分别为(1*R*,2*S*)-（－）-麻黄碱，(1*R*,2*R*)-（－)-伪麻黄碱、(1*S*,2*R*) -(－)-麻黄碱 、(1*S*,2*S*)-（＋)-伪麻黄碱。其中只有(1*R*,2*S*)-(－)-麻黄碱有显著活性，为临床主要药用异构体。而(1*S*,2*S*)-(＋)-伪麻黄碱的作用比麻黄碱弱，有间接的拟肾上腺素作用，但中枢不良反应也小，常用于复方感冒药中，用于减轻鼻黏膜充血等。

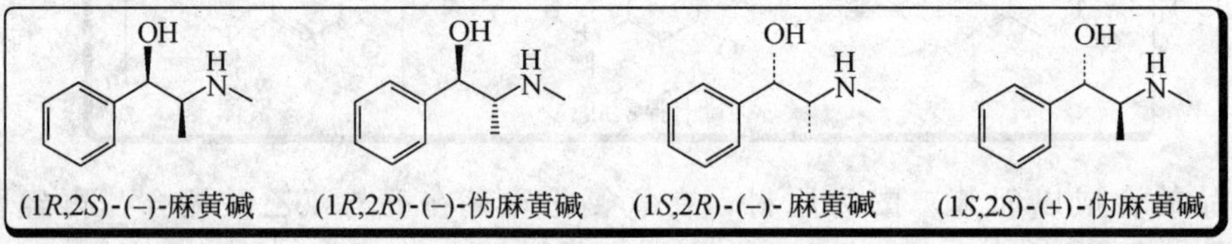

OH H N OH H N OH H N OH H N

(1*R*,2*S*)-(-)-麻黄碱 (1*R*,2*R*)-(-)-伪麻黄碱 (1*S*,2*R*)-(-)- 麻黄碱 (1*S*,2*S*)-(+)-伪麻黄碱

本品具有 α-氨基-β-羟基化合物的特征反应，如被高锰酸钾、铁氰化钾等氧化生成苯甲醛和甲胺，前者具特臭，后者可使红色石蕊试纸变蓝。

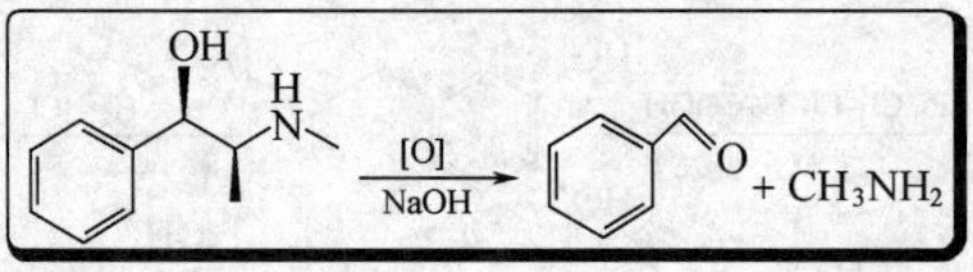

OH H N [O] NaOH O + CH_3NH_2

本品在甲醇中与二硫化碳作用，可生成磺酸衍生物，再与硫酸铜反应，生成黄色铜盐。加碱后变成黑棕色。

麻黄碱是存在于草麻黄和木贼麻黄等植物中的生物碱，约占总生物碱的 40%～90%。目前我国的麻黄碱来源有从麻黄中分离提取和化学合成。

合成方法：以苯甲醛和乙醛为原料，用顶酵母进行发酵合成，生成(－)-1-苯基-1-羟基丙酮，再与甲胺缩合，经催化氢化即得(1*R*,2*S*)-（－)麻黄碱，最后与盐酸成盐即得。

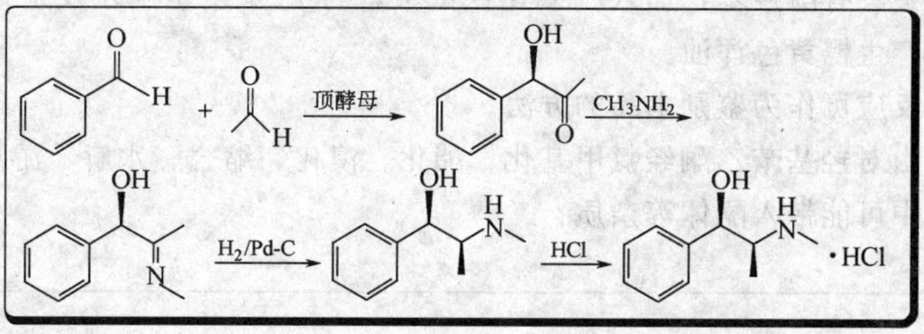

本品对α和β受体均有激动作用，呈现出松弛支气管平滑肌、收缩血管、兴奋心脏等作用。由于其极性较小，易通过血脑屏障进入中枢神经系统，故还具有中枢兴奋作用。临床主要用于支气管哮喘、变态反应、低血压及鼻黏膜出血肿胀引起的鼻塞等的治疗。用量过大或长期连续使用，会产生震颤、焦虑、失眠、心悸等不良反应。

药物相互作用：与尿碱化剂如制酸药、钙或镁的碳酸盐、枸橼酸盐、碳酸氢钠等合用，影响本品在尿中的排泄，增加本品的半衰期，延长作用时间，特别是尿保持碱性几日或更长时，患者必致麻黄碱中毒，本品用量应调整。

本品和伪麻黄碱是制备甲基苯丙胺（冰毒）的原料，我国制定了《麻黄素管理办法》，对本品的生产和使用进行严格控制。

沙丁胺醇　Salbutamol

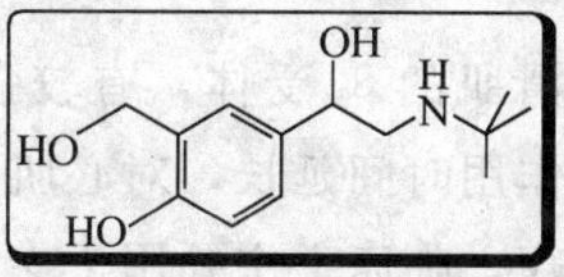

化学名：1-(4-羟基-3-羟甲基苯基)-2-(叔丁氨基)乙醇，亦名阿布叔醇、舒喘灵。

本品为白色结晶性粉末，无臭，几乎无味。mp. 154～158℃，熔融时分解。在水中略溶，在乙醇中溶解，在氯仿和乙醚中几乎不溶。

本品在弱碱性溶液中被铁氰化钾氧化，然后与4-氨基安替比林生成橙红色缩合物，加氯仿振摇，氯仿层显橙红色。

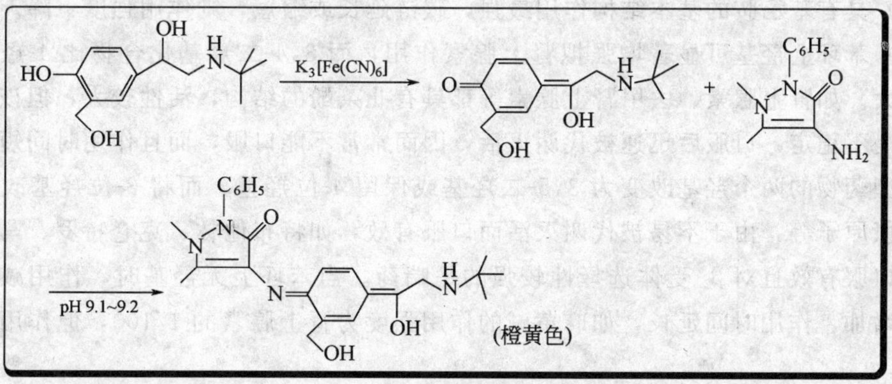

本品结构中具有酚羟基，加入三氯化铁试液，与 Fe^{3+} 发生配位反应而呈紫色，加碳酸氢钠试液产生橙黄色浑浊。

上述两个反应可作为鉴别本品的方法。

沙丁胺醇由对羟基苯乙酮经氯甲基化、酯化、溴化、缩合、水解、游离、氢化来制备，合成过程中可能带入酮体等杂质。

HCHO,HCl；$CH_3COONa,(CH_3CO)_2O$；$Br_2,CHCl_3$；$C_6H_5\text{-}CH_2NHC(CH_3)_3$；HCl；10%$Na_2CO_3$，$CH_3COOC_2H_5$；$H_2/PdCl_2$，$C_2H_5OH$

本品能选择性兴奋支气管平滑肌的 β_2 受体，有较强的支气管扩张作用，而且不易被酶代谢失活，因而口服有效，作用时间延长，对心肌兴奋作用弱，近年来有缓释和控释剂型出现，用于夜间发作的治疗。临床上主要用于支气管哮喘、哮喘型支气管炎和肺气肿患者的支气管痉挛等。

药物相互作用：同时应用其他肾上腺素受体激动剂作用增加，但不良反应也增加；合用茶碱类药物时，可增加舒张支气管平滑肌作用，但不良反应也增加；避免与单胺氧化酶抑制剂及三环类抗抑郁药同时应用。

拟肾上腺素药物的构效关系：

(1) 具有苯乙胺的基本结构作用最强，碳链延长或缩短，则作用强度下降。

(2) 苯环上羟基可显著增强拟肾上腺素作用，而 3,4-二羟基化合物比 4-羟基化合物的活性大。如肾上腺素、去甲肾上腺素等都具有儿茶酚的结构，活性较大，但该类药物的缺点是不稳定，口服后迅速被代谢灭活，因而常常不能口服，而且作用时间短暂。将儿茶酚型药物的两个羟基改变为 3,5-二羟基或保留 4-位羟基，而将 3-位羟基改变为羟甲基或氯原子等，由于不易被代谢灭活而口服有效，如特布他林、克仑特罗、马布特罗等均是口服有效且对 β_2 受体选择性较强的平喘药。当苯环上无羟基时，作用减弱，但稳定性增加，作用时间延长，如麻黄碱的作用强度为肾上腺素的 1/100，但作用时间延长 7 倍。

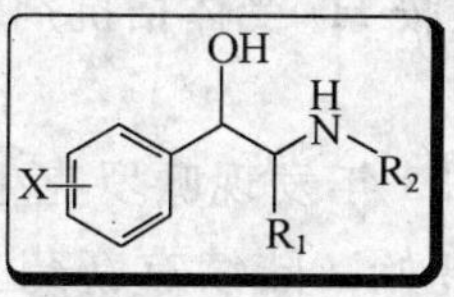

(3) 多数拟肾上腺素药在氨基的β位具有羟基（多巴胺、多巴酚丁胺例外），此羟基的存在对活性有显著影响。一般 *R* 构型光学异构体具有较大活性。例如 *R* 肾上腺素对支气管的扩张作用比 *S* 构型异构体强 45 倍，*R* 异丙肾上腺素的作用比 *S* 构型异构体强约 800 倍。

(4) 氨基上取代基的大小与受体的选择性有密切关系。在一定范围内，取代基越大，对β受体的选择性越大，对α受体的亲和力就越小。例如去甲肾上腺素（氨基未被取代）主要表现为α受体激动活性，肾上腺素（氨基上的取代基为甲基）是α和β受体激动剂，异丙肾上腺素（氨基上的取代基为异丙基）主要是β受体的激动剂，当被叔丁基取代后，则对 β_2 受体有高度选择性，如沙丁胺醇、克仑特罗等为 β_2 受体激动剂。当氨基上的氢被比叔丁基更大的亲脂性基团取代时，则表现为α受体拮抗活性；若氨基上的两个氢均被取代，则活性下降，毒性增加。

(5) 侧链氨基的碳原子上引入甲基，则由于甲基的位阻效应，阻碍单胺氧化酶对氨基的氧化代谢脱氨，从而使药物的作用时间延长，例如麻黄碱、间羟胺的作用较持久；如果引入比甲基更大的基团，则活性下降或消失。

第四节　组胺 H_1 受体拮抗剂

人体受外界因素刺激，会引起红肿、瘙痒等变态反应，应选用什么样的药物来防治变态反应呢？组胺 H_1 受体拮抗剂来帮你解决问题。氯苯那敏、阿司咪唑这些药物你知道吗？

组胺（Histamine）是人体内的重要的化学递质，在细胞之间传递信息，参与一系列复杂的生理过程。人体内的组胺主要由组胺酸经组胺酸脱羧酶催化脱羧形成。

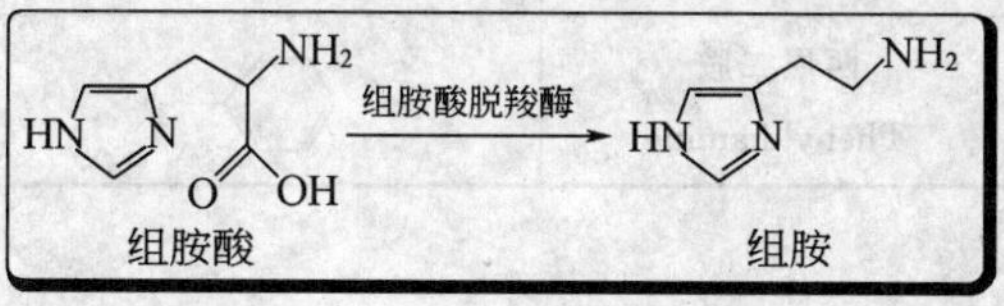

组胺酸 —组胺酸脱羧酶→ 组胺

组胺与组胺受体作用而产生效应。组胺受体主要有 H_1 和 H_2 受体。组胺作用于 H_1 受体，引起胃肠道、子宫、支气管等器官的平滑肌收缩，严重时导致支气管平滑肌痉挛而呼吸困难；另外还引起毛细血管舒张，导致血管壁渗透性增加，产生水肿和痒感，参与变态反应的发生。组胺作用于 H_2 受体，引起胃酸和胃蛋白酶分泌增加，形成消化性溃疡。组胺 H_1 受体拮抗剂是拮抗组胺生物作用的药物，临床用作抗过敏药、抗帕金森病、防治呕吐和眩晕、镇咳等，组胺 H_2 受体拮抗剂临床用作抗溃疡药（请阅“消化系统药物”）。

H_1 受体拮抗剂的研究，从 1933 年发现哌罗克生（Piperoxan）对由吸入组胺气雾剂引发的支气管痉挛有保护作用开始，陆续有新药上市。20 世纪 80 年代以前上市的 H_1 受体拮抗剂（又称为第一代抗组胺药）由于脂溶性较高，易于通过血脑屏障进入中枢，产生中枢抑制和镇静的不良反应；另外，由于这些药物对 H_1 受体拮抗作用的选择性不够强，故常不同程度伴随抗肾上腺素、抗 5-羟色胺、抗胆碱、镇痛、局部麻醉等不良反应。因此，提高药物对 H_1 受体的选择性、减少不良反应成为设计和寻找新型抗组胺药的研究内容之一，并由此产生了第二代抗组胺药——非镇静性（Nonsedative）H_1 受体拮抗剂。按化学结构可将目前临床应用的 H_1 受体拮抗剂大致分成六类：乙二胺类、氨基醚类、丙胺类、三环类、哌嗪类、哌啶类等。

一、乙二胺类

芬苯扎胺（Phenbezamine，安妥根）是乙二胺类第一个临床应用的抗组胺药，活性高，毒性较低。随后对其进行结构改造，又发现了美吡那敏（Mepyramine，新安妥根）、曲吡那敏（Tripelennamine）等。乙二胺类抗组胺药物见表 3-3。

表 3-3　乙二胺类抗组胺药物

基本结构式	药物名称	Ar	Ar′
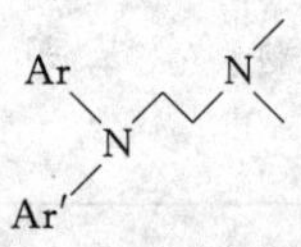 Ar, Ar′, N, N	曲吡那敏 Tripelennamine	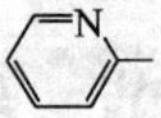 N	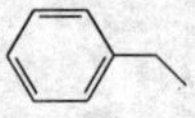
	芬苯扎胺 Phenbezamine	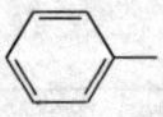	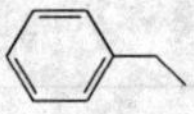
	美吡拉敏 Mepyramine	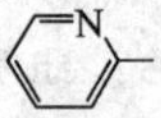 N	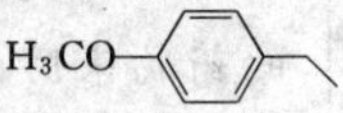 H_3CO
	美沙芬林 Methaphenilene		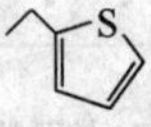 S
	美沙吡林 Methapyrilene	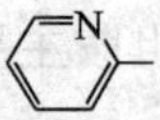 N	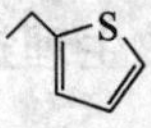 S
	西尼二胺 Thenyldiamine	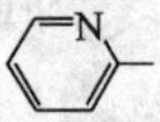 N	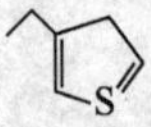 S

二、氨基醚类

将乙二胺类药物中与芳环相连的 N 置换为 CH(R)O 则得到氨基醚类抗组胺药。

该类药物最早用于临床的是苯海拉明（Diphenhydramine），除用于抗过敏外，还可用于预防晕动症，缺点为嗜睡和中枢抑制副作用。对苯海拉明进行结构改造，得到甲氧拉明（Medrylamine）、氯苯海拉明（Chlorodiphenhydramine）、卡比沙明（Carbinoxamine）等。表 3-4 列出了氨基醚类抗组胺药物。

表 3-4　氨基醚类抗组胺药物

基本结构式	药物名称	Ar	Ar′	R
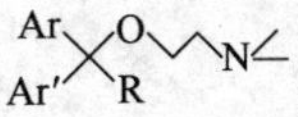 Ar O N Ar′ R	苯海拉明 Diphenhydramine	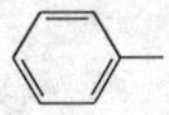	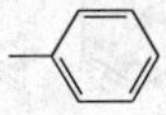	—H
	甲氧拉明 Medrylamine	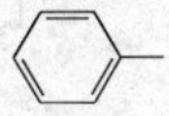	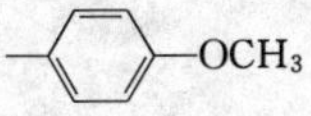 $-OCH_3$	—H
	氯苯海拉明 Chlorodiphenhydramine	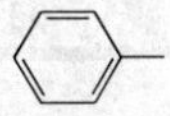	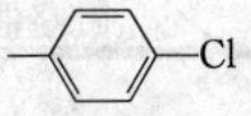 —Cl	—H
	溴苯海拉明 Bromodiphenhydramine	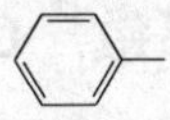	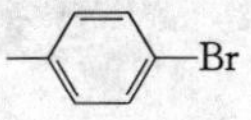 —Br	—H
	多西拉明 Doxylamine	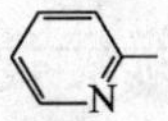 N	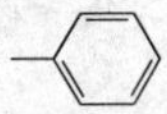	$-CH_3$
	卡比沙明 Carbinoxamine	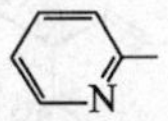 N	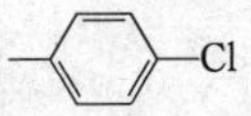 —Cl	—H

氨基醚结构中的二甲氨基乙基为甲基哌啶基置换，成为二苯拉林（Diphenylpyralinc)，为杂环置换衍生物中特别有效的化合物。在氯苯海拉明（Chlorodiphenhydramine）的次甲基上引入甲基，二甲氨基为 2-（*N*-甲基）吡咯烷基置换，成为氯马斯汀(Clemastine)，这是氨基醚类中第一个非镇静性抗组胺药，它不仅作用强大，且起效快，服用 30min 后见效，作用可维持 12h，并具有显著的止痒作用。临床用其富马酸盐治疗过敏性鼻炎、荨麻疹、湿疹及其他过敏性皮肤病，也可用于支气管哮喘。

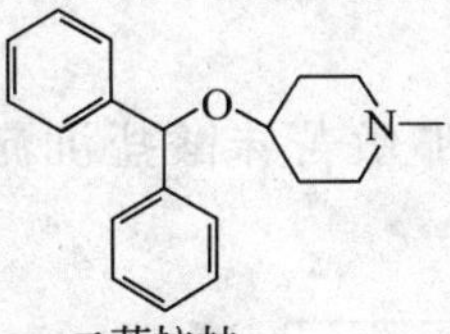

O N—　　N　O　Cl

二苯拉林 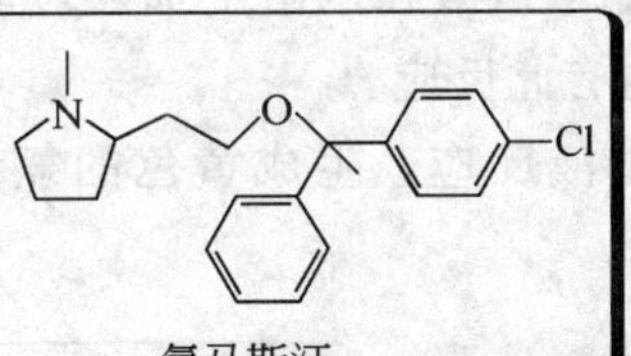　　　　　氯马斯汀

三、丙胺类

乙二胺类中的 Ar N— Ar′ 被 Ar Ar′ 置换，就成为丙胺类抗组胺药。基本结构式：Ar Ar′ N R R′ 。

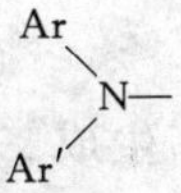

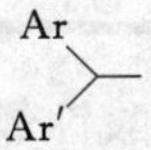

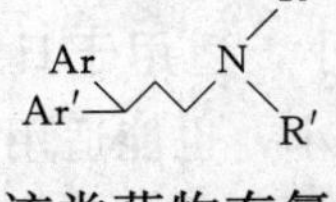

该类药物有氯苯那敏（Chlorphenamine)，抗组胺作用强而持久。对该类药物进行结构改造，发现引入不饱和双键同样有很好的抗组胺活性，如吡咯他敏（Pyrrobutamine)、曲普利啶（Ttiprolidine）和阿伐斯汀（Acrivastine)。特别是阿伐斯汀为两性化合物，难以通过血脑屏障，因此无镇静作用，也无抗胆碱作用，临床适用于过敏性鼻炎、花粉病、荨麻疹等。

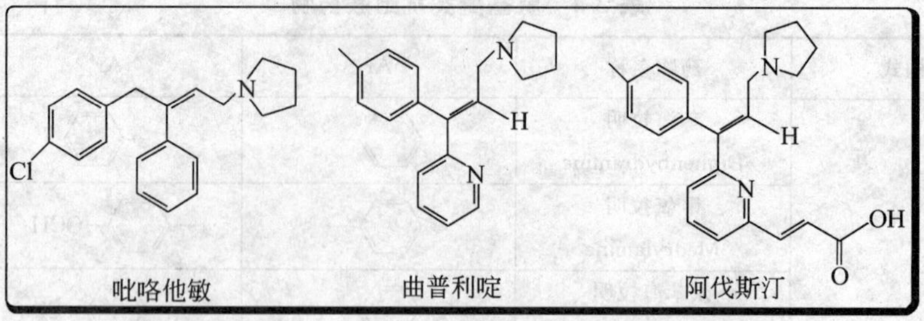

吡咯他敏　　曲普利啶　　阿伐斯汀

马来酸氯苯那敏　Chlorphenamine Maleate

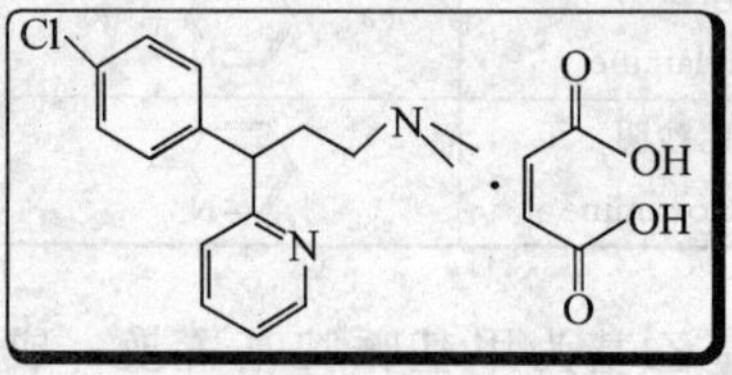

化学名：(±)-*N*,*N*-二甲基-γ-(4-氯苯基)-2-吡啶丙胺顺丁烯二酸盐，又名扑尔敏。

本品为白色结晶性粉末，无臭，味苦。mp. 131～135℃，有升华性。在水、乙醇和氯仿中易溶，在乙醚中微溶。

本品为外消旋体。其结构中含有一个手性碳原子，存在一对光学异构体。其 *S* 构型右旋体的活性比消旋体约强 2 倍，急性毒性也较小。*R* 构型左旋体的活性极低。

本品与枸橼酸-醋酐试液在水浴上加热，即显红紫色，为叔胺类反应。脂肪族、脂环族和芳香族叔胺均有此反应。

本品与苦味酸试液反应，生成黄色的氯苯那敏苦味酸盐沉淀，mp. 196～204℃(分解)。

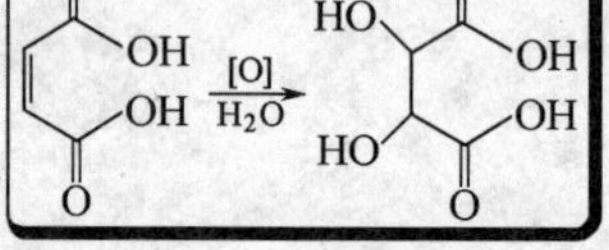

本品在稀硫酸中，马来酸的不饱和键被高锰酸钾氧化，生成二羟基丁二酸，使高锰酸钾红色消失。

本品抗组胺作用强而持久，对中枢抑制作用轻，嗜睡副作用较小，适用于日间服用，用于荨麻疹、枯草热、过敏性鼻炎等。本品因用量少，不良反应小，也能适用于小儿的抗过敏。

药物相互作用：同时饮酒或服用中枢神经抑制药，可使抗组胺药效增强；本品可增强金刚烷胺、抗胆碱药、氟哌啶醇、吩噻嗪类以及拟交感神经药等的作用；奎尼丁和本品同用，其类似阿托品样的效应加剧；本品和三环类抗抑郁药物同用时，可使后者增效。

四、三环类

将乙二胺类、氨基醚类和丙胺类化合物中的两个芳环的邻位相互连接，即构成三环类 H_1 受体拮抗剂。

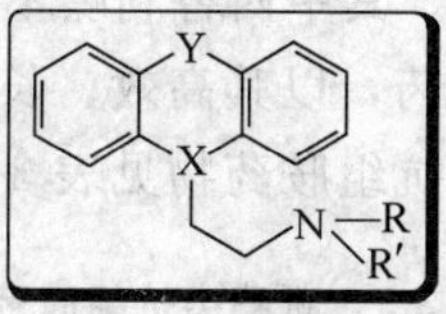

当三环类结构通式中的 X 为氮原子、Y 为硫原子时，即成为吩噻嗪类 H_1 受体拮抗剂，如异丙嗪（Promethazine），其抗组胺作用比苯海拉明强而持久，但有镇静不良反应。

把吩噻嗪环的杂原子用生物电子等排体代替，制得赛庚啶（Cyproheptadine）、酮替芬（Ketotifen），阿扎他定（Azatadine），氯雷他定（Loratadine）等药物。

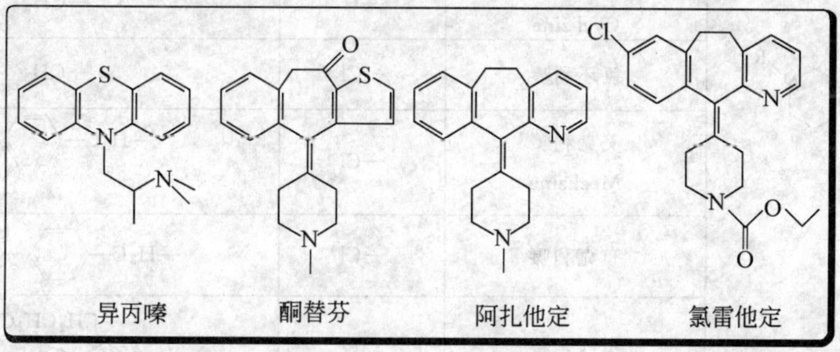

异丙嗪　酮替芬　阿扎他定　氯雷他定

盐酸赛庚啶　Cyproheptadine Hydrochloride

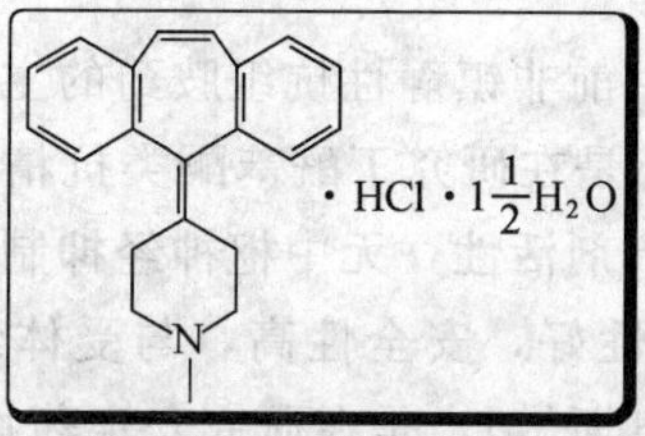

$\cdot HCl \cdot 1\frac{1}{2}H_2O$

化学名：1-甲基-4-(5*H*-二苯并[*a*,*d*]环庚三烯-5-亚基)哌啶盐酸盐倍半水合物。

本品为白色或微黄色结晶性粉末，几乎无臭，味微苦。在甲醇中易溶，在氯仿中溶解，在乙醇中略溶，在水中微溶，在乙醚中几乎不溶。水溶液呈酸性。

本品游离碱与硫氰酸钠生成针状结晶，和碘化钾生成棒状扇形结晶。

本品结构中含叔胺基，能与生物碱显色试剂反应。如遇甲醛-硫酸试剂呈灰绿色；遇钒酸铵试液呈紫棕色；遇钼酸铵试液呈蓝绿色或绿色。

本品具有较强的 H_1 受体拮抗作用，并具有轻、中度的抗 5-羟色胺及抗胆碱作用。适用于荨麻疹、湿疹、皮肤瘙痒症及其他变态性疾病。由于本品还可抑制下丘脑饱觉中枢，故尚有刺激食欲的作用，服用一定时间后可见体重增加。

五、哌嗪类

将乙二胺类的两个氮原子组成一个哌嗪环，就构成了哌嗪类抗组胺药，同样具有很好的抗组胺活性，而且作用时间较长。如西替利嗪（Cetirizine）、氯环利嗪（Chlorcyclizine）、布克利嗪（Buclizine）等。其中西替利嗪不易透过血脑屏障，进入中枢神经系统的量极少，属于非镇静性抗组胺药，以其高效、长效、低毒、非镇静性等特点成为哌嗪类抗组胺药的典型代表。哌嗪类抗组胺药物见表 3-5。

表 3-5　哌嗪类抗组胺药物

基本结构式	药物名称	R_1	R_2
R_1, N, N, R_2	西替利嗪	—Cl	$—CH_2CH_2OCH_2COOH$
	去氯羟嗪 Decloxizine	—H	$—CH_2CH_2OCH_2CH_2OH$
	塞克利嗪 Cyclizine	—H	$—CH_3$
	氯环利嗪	—Cl	$—CH_3$
	美克利嗪 Meclizine	—Cl	$—H_2C$—, CH_3
	布克利嗪	—Cl	$—H_2C$—, $—C(CH_3)_3$
	奥沙米特 Oxatomide	—H	$—CH_2CH_2CH_2$, O, N, H

六、哌啶类

哌啶类 H_1 受体拮抗剂是目前非镇静性抗组胺药的主要类型，其中第一个上市的是特非那定（Terfenadine）。此药是在研究丁酰苯酮类抗精神病药物时合成出来的，发现其具有选择性外周 H_1 受体拮抗剂活性，无中枢神经抑制作用，也无抗胆碱、抗 5-羟色胺和抗肾上腺素的作用，耐受性好，安全性高，与受体结合、解离均缓慢，故药效持久。阿司咪唑（Astemizole，息斯敏），是在研究安定药物时发现的。此药为强效 H_1 受体拮抗剂，因其不易透过血脑屏障，因而不影响中枢神经系统，不良反应少，作用持久，适用于过敏性鼻炎、过敏性结膜炎、慢性荨麻疹和其他变态反应症状。

OH　N　OH

特非那定

F　N　N　N　H　N　O

阿司咪唑

目前在临床应用的哌啶类非镇静性抗组胺药还有左卡巴斯汀（Levocabastine）和咪唑斯汀（Mizolastine）等。左卡巴斯汀具有很强的 H_1 受体拮抗作用，起效快，专一性高，局部用药治疗过敏性鼻炎和结膜炎。

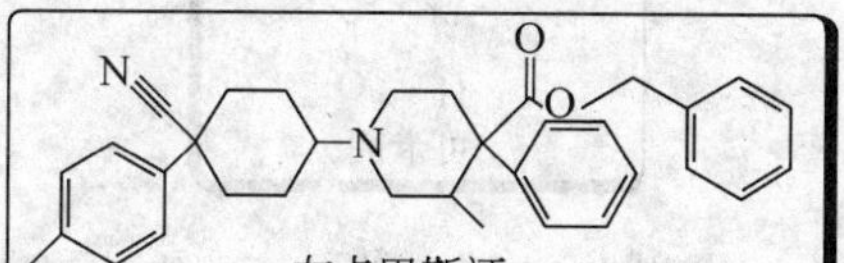

左卡巴斯汀

咪唑斯汀　Mizolastine

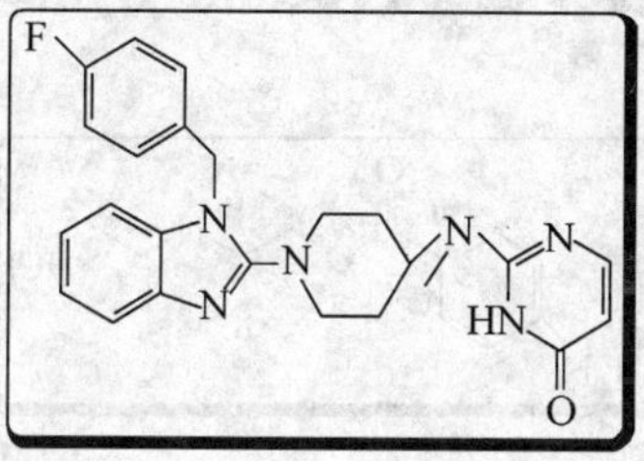

化学名：2-[[1-[1-[(4-氟苯基)甲基]-1*H*-苯并咪唑-2-基]哌啶基-4-基]甲基氨基]嘧啶-4(3*H*)-酮。

本品为白色结晶，mp. 217℃。

本品为第二代组胺 H_1 受体拮抗剂，它是一种对 H_1 受体有高度特异性和选择性的拮抗剂，具有起效快、强效和长效（能持续有效 24h）的特点；同时能有效抑制其他炎性介质的释放，有强效、持久的抗炎作用。

第五节　局部麻醉药

> 局麻药是由天然药物可卡因经简化结构发展而来，能使患者在意识清醒状态下进行外科手术。请读者注意麻醉药品与麻醉性镇痛药的区别。

局部麻醉药简称局麻药。局麻药以适当浓度作用于外周神经末梢或神经干，可逆性阻断神经冲动的传导，能在意识清醒状态下使局部痛觉暂时消失，以便进行外科手术。

最早应用的局麻药来自南美洲古柯树叶中提取的可卡因（Cocaine，古柯碱），1884年正式在临床应用。由于可卡因毒性较强，具有成瘾性及其他一些毒副反应，如致变态反应、组织刺激等，在临床上的应用受到限制。为了寻找较理想的局部麻醉药，对可卡因的结构进行改造，经过简化其结构，发现苯甲酸酯类结构在局部麻醉作用中具有重要意义，经过大量化合物的合成，终于在 1904 年发现了优良的局部麻醉药普鲁卡因(Procaine)，其作用较可卡因强，且不具成瘾性，盐酸盐水溶性较大，可供注射使用。

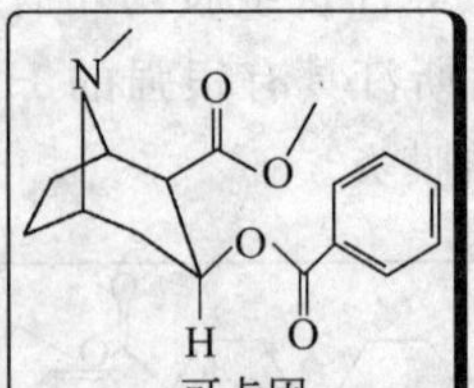

可卡因

目前在临床应用的局部麻醉药有以下几类：① 芳酸酯类；② 酰胺类；③ 氨基醚类；④ 氨基酮类；⑤ 氨基甲酸酯类；⑥ 脒类等。

一、芳酸酯类

盐酸普鲁卡因 Procaine Hydrochloride

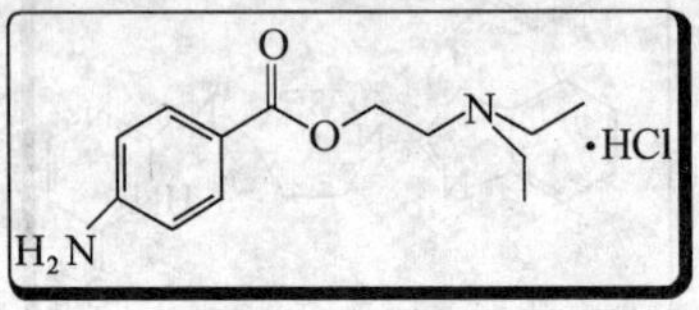

化学名：4-氨基苯甲酸-2-（二乙氨基）乙酯盐酸盐，又名盐酸奴佛卡因。

本品为白色结晶或结晶性粉末，无臭，味微苦，随后有麻痹感。mp. 154～157℃。易溶于水（1∶1），略溶于乙醇（1∶30），微溶于氯仿，几乎不溶于乙醚。本品在空气中稳定，但对光线敏感，宜避光贮存。

普鲁卡因在固态时稳定，由于分子中含具有芳伯胺基，水溶液不稳定，易被空气氧化变色，pH 及温度升高、紫外线、重金属离子等均可催化氧化反应加速，所以注射剂制备中要控制 pH 和灭菌温度及时间，通入氮气或 CO_2 等保护性气体，加入抗氧剂及金属离子掩蔽剂等稳定剂。

普鲁卡因显芳香伯胺特征反应。在稀盐酸中与亚硝酸钠生成重氮盐，加碱性β-萘酚试液，生成猩红色偶氮化合物沉淀，可作为鉴别。

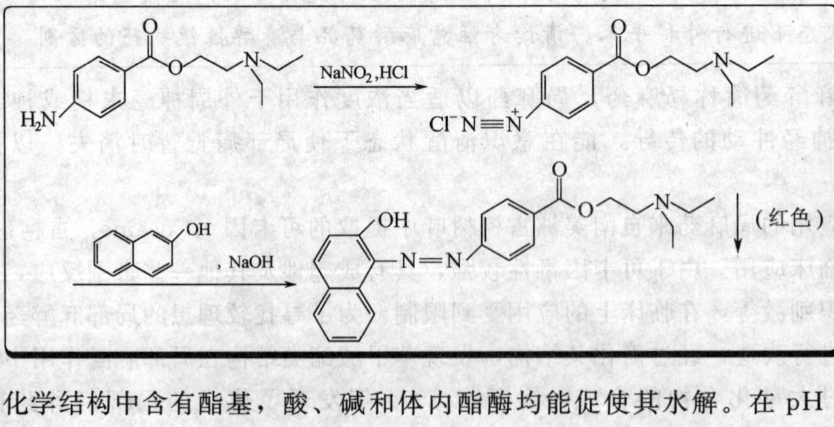

$NaNO_2$,HCl

, NaOH

（红色）

本品化学结构中含有酯基，酸、碱和体内酯酶均能促使其水解。在 pH 3～3.5 最稳定，随着 pH 降低或增大，水解速度加快。升高温度也加快水解速度。注射剂宜采用流通蒸汽以 100℃加热 30min 灭菌为宜。

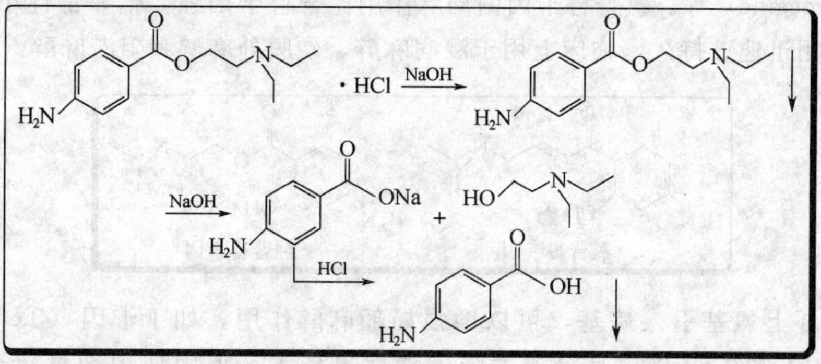

本品的水溶液加氢氧化钠溶液，中和盐酸后析出油状的普鲁卡因，降温或放置后形成沉淀。继续加热析出的油状物则水解释放出二乙氨基乙醇，酸化后析出对氨基苯甲酸沉淀。酸过量后沉淀溶解。

药典规定，本品注射剂必须检查对氨基苯甲酸的存在。方法是利用对氨基苯甲酸与对二甲胺基苯甲醛生成的缩合物可以显色的原理，与对照品进行薄层层析比较来测定对氨基苯甲酸的存在。

本品具有叔胺结构，具有生物碱样性质，水溶液加碘试液、碘化汞钾试液或苦味酸试液可生成沉淀。

本品的合成以对硝基甲苯为原料，经氧化、酯化得硝基卡因，再经还原、成盐即可制得。

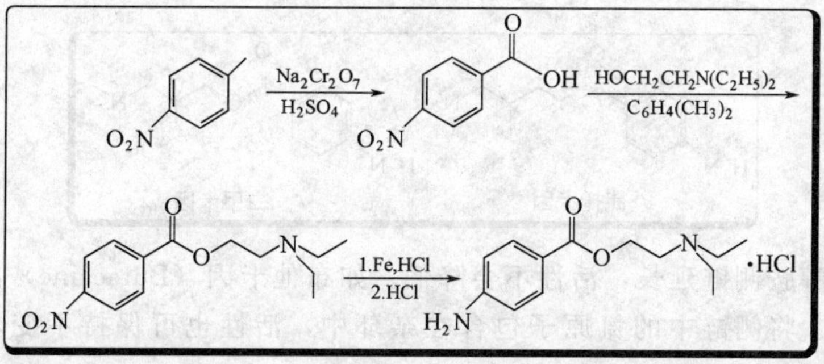

盐酸普鲁卡因至今仍为临床广泛使用的局部麻醉药，具有良好的局部麻醉作用，毒性低，无成瘾性，用于浸润麻醉、传导麻醉、腰麻、硬膜外麻醉和局部封闭疗法。

药物相互作用：本品可降低磺胺类药物的药效，不宜同时应用磺胺类药物；忌与下列药品配伍：碳酸氢钠、巴比妥类、氨茶碱、硫酸镁、肝素钠、硝普钠、甘露醇、氢化可的松、地塞米松等。

普鲁卡因易水解失效，为了克服这一缺点，提高酯基的稳定性，以普鲁卡因作为先导化合物，对苯环、酯键、侧链进行变化获得了一系列酯类局麻药。

(1) 普鲁卡因苯环上以其他基团取代时，由于空间位阻增加，使酯基的水解减慢，因而使局部麻醉作用增强。如氯普鲁卡因（Chloroprocaine）、羟普鲁卡因（Hydroxyprocaine）等。氯普鲁卡因的局麻作用比普鲁卡因强 2 倍，毒性小约 1/3，穿透力强，作用迅速、持久，临床上用于浸润麻醉、硬膜外麻醉和阻滞麻醉。

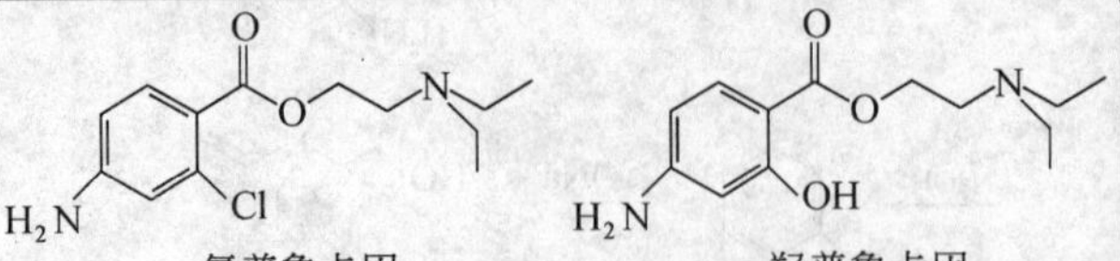

氯普鲁卡因　　羟普鲁卡因

(2) 苯环上氨基引入烷基，可以增强局部麻醉作用，如丁卡因（Tetracaine）作用比普鲁卡因强约 10 倍，且穿透力强，毒性也较大，但因使用剂量比普鲁卡因小很多，故呈现出的毒副作用实际上比普鲁卡因小。丁卡因除可用于浸润麻醉、阻滞麻醉、腰麻和硬膜外麻醉外，因能透过黏膜，在五官科主要用于黏膜麻醉，弥补了普鲁卡因不能用于表面麻醉的不足，与普鲁卡因一起成为目前芳酸酯类中应用最为广泛的局部麻醉药。

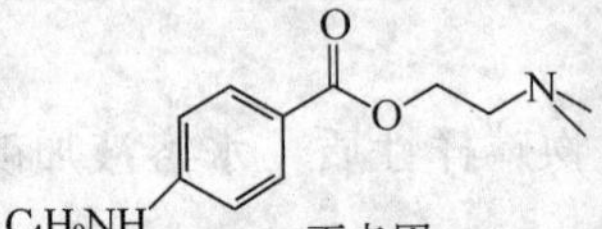

丁卡因

(3) 改变侧链，增加位阻，使酯基不易水解，局麻作用时间延长。如徒托卡因（Tutocaine）、二甲卡因（Dimethocaine）等。

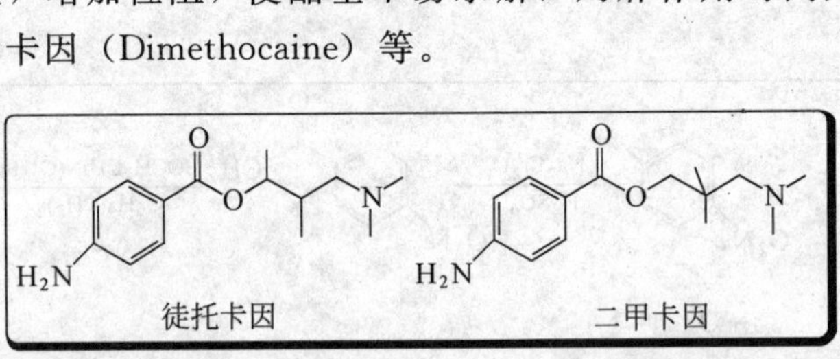
徒托卡因　　二甲卡因

(4) 将乙醇胺侧链延长，活性不会降低。如布他卡因（Butacaine）的局麻效力与普鲁卡因相当。将侧链中的氮原子包含在杂环中，活性也可保持不变。如哌罗卡因（Piperocaine）和环美卡因（Cyclomethycaine）。

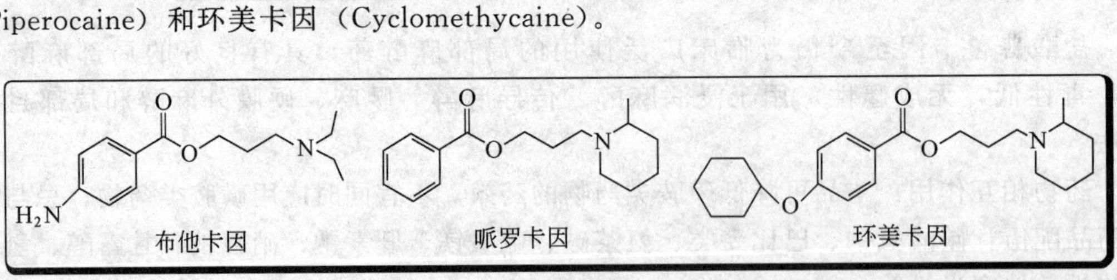
布他卡因　　哌罗卡因　　环美卡因

(5) 羧酸酯中的—O—以其电子等排体—S—代替，则脂溶性增大，显效快。如硫卡因（Thiocaine）的局麻作用较普鲁卡因强，毒性也增大，可用于浸润麻醉及表面麻醉。

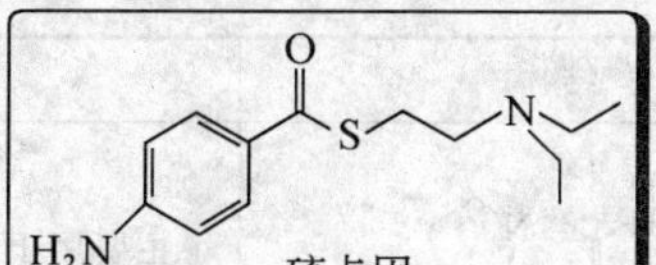

硫卡因

二、酰胺类

20 世纪 30 年代，人们合成了酰胺类局麻药利多卡因（Lidocaine）。其局麻作用比普鲁卡因强 2 倍，作用时间延长 1 倍，穿透力强，适用于各种局部麻醉，有全能麻醉药之称；此外还具有抗心律失常的作用，主治室性心律失常，作用时间短暂，无蓄积性，不抑制心肌收缩力，治疗剂量下血压不降低。故 1960 年以后，还以静脉注射的途径用于治疗室性心动过速和频发室性早搏。

盐酸利多卡因　Lidocaine Hydrochloride

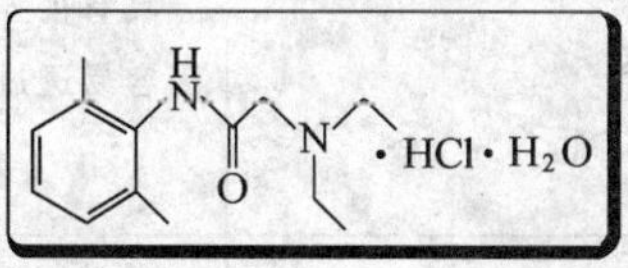

$\cdot HCl \cdot H_2O$

化学名：*N*-(2,6-二甲苯基)-2-(二乙氨基)乙酰胺盐酸盐一水合物。

本品为白色结晶性粉末，无臭，味苦，继有麻木感。mp. 75～79℃，无水物 mp. 127～129℃。本品易溶于水（1∶0.7）和乙醇（1∶1.5），在氯仿中溶解（1∶40），在乙醚中不溶。4.42%溶液为等渗溶液。本品在常温空气中比较稳定。

利多卡因结构中含有较酯基稳定的酰胺基，而且酰胺基的两个邻位均有甲基，空间位阻较大，故本品在生理环境中不易水解，体内酶解的速度也比较慢。这也是利多卡因比普鲁卡因作用强，维持时间长，毒性大的原因之一。

本品含叔胺结构，与苦味酸试液生成利多卡因苦味酸盐沉淀，mp. 228～232℃，熔融时分解。

本品可与一些金属离子生成有色配合物，如与氯化钴试液生成蓝绿色沉淀；与硫酸铜试液反应显蓝紫色，加氯仿振摇后，氯仿层显黄色。

自 20 世纪 40 年代利多卡因成功应用于临床，酰胺类局部麻醉药的发展进入快速期，至今已有多种药物在临床使用，并成为注射用局部麻醉药的重要组成部分（见表 3-6）。

表 3-6　部分酰胺类局部麻醉药

药物名称	化学结构	特点及用途
丙胺卡因 Prilocaine	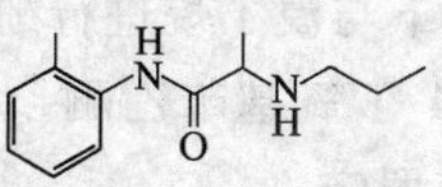	麻醉时间较利多卡因长而毒性较低，用于硬脊膜外麻醉、阻滞麻醉和浸润麻醉等

续表

药物名称	化学结构	特点及用途
吡咯卡因 Pyrrocaine	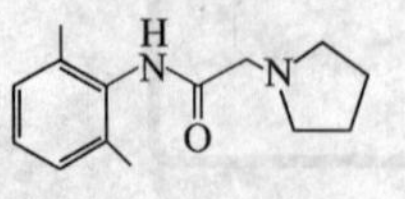	主要用于牙科
甲哌卡因 Mepivacaine	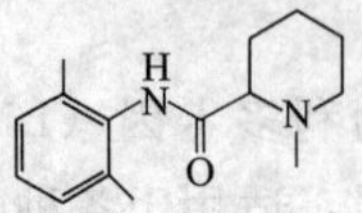	麻醉作用比普鲁卡因强约 2～5 倍，作用发生较利多卡因快且较持久，毒副反应较低，适用于腹部手术、四肢及会阴部手术等
布比卡因 Bupivacaine	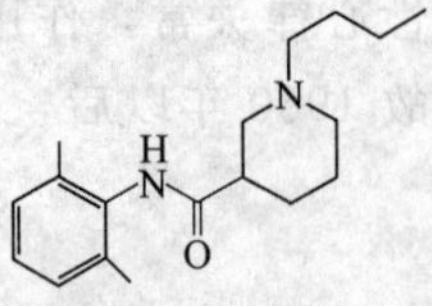	麻醉作用比利多卡因强约 4 倍，在血液内浓度低，但作用时间长，为强效局麻药
辛可卡因 Cinchocaine	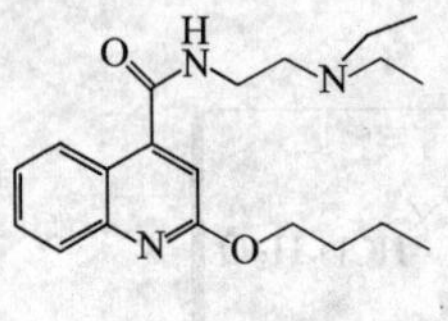	具有很强的局部麻醉作用，但也有相当强的毒性，因容易透过黏膜，临床上多用于角膜麻醉
依替卡因 Etidocaine	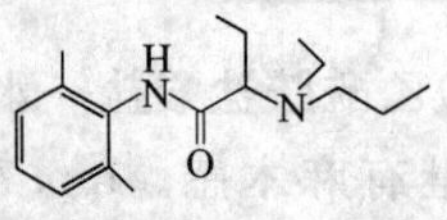	作用与布比卡因相似，亦为长效局麻药，主要用于硬膜外麻醉、神经阻滞麻醉和浸润麻醉

三、其他类

以电子等排体—CH_2—代替酯基中的—O—，得到氨基酮类化合物，如达克罗宁(Dyclonine Hydrochloride)。

盐酸达克罗宁 Dyclonine Hydrochloride

·HCl

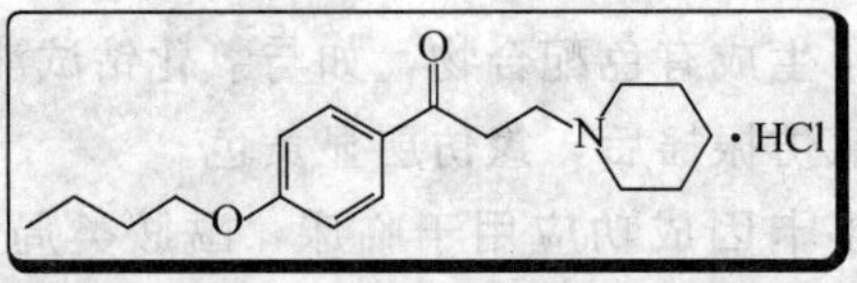

化学名：1-(4-丁氧苯基)-3-(1-哌啶基)-1-丙酮盐酸盐。

本品为白色结晶或白色结晶性粉末，略有气味，味微苦，随后有麻痹感。易溶于氯仿（1∶2.3），溶于乙醇（1∶24），略溶于水（1∶60），微溶于丙酮，几不溶于乙醚和正己烷。mp. 172～176℃。需隔绝空气、避光保存。

本品的化学合成可用苯酚在氢氧化钠存在下与溴丁烷进行酚羟基的烷基化反应，在无水氯化锌催化下与醋酐进行傅-克反应生成 4-丁氧基苯乙酮，再与多聚甲醛和盐酸哌啶发生 Mannich 反应，经成盐后即得盐酸达克罗宁。

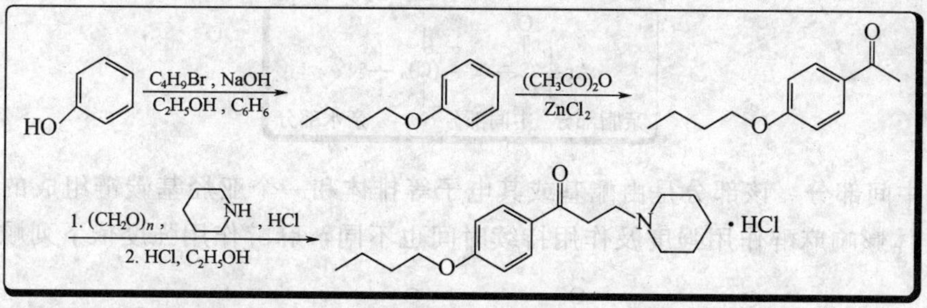

本品具有很强的表面麻醉作用，对黏膜穿透力强，见效快，作用较持久，毒性较普鲁卡因低。作为表面麻醉药使用。

以醚键代替局麻药结构中的酯基或酰胺基，则得到氨基醚类化合物，如二甲异喹（Dimethisoquin）和普莫卡因（Pramocaine），均用作表面麻醉药。其中二甲异喹表现出的麻醉作用比可卡因强约 1000 倍，毒性仅为后者的 2 倍。

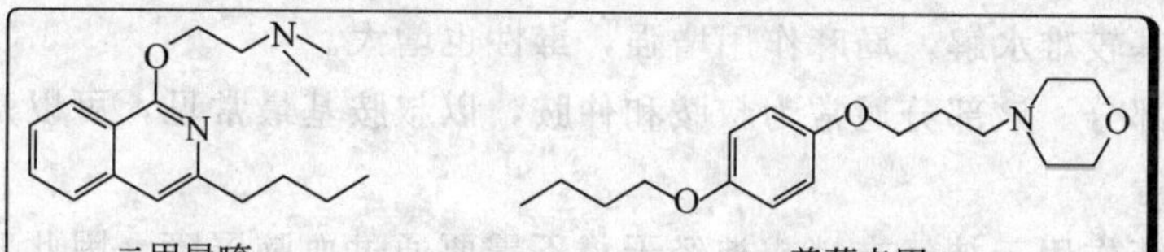

二甲异喹　　普莫卡因

氨基甲酸酯类有地哌冬（Diperodon）和卡比佐卡因（Carbizocaine）。卡比佐卡因表面麻醉作用比可卡因强 251 倍，浸润麻醉作用比普鲁卡因强 416 倍，还可用于炎症组织的麻醉。

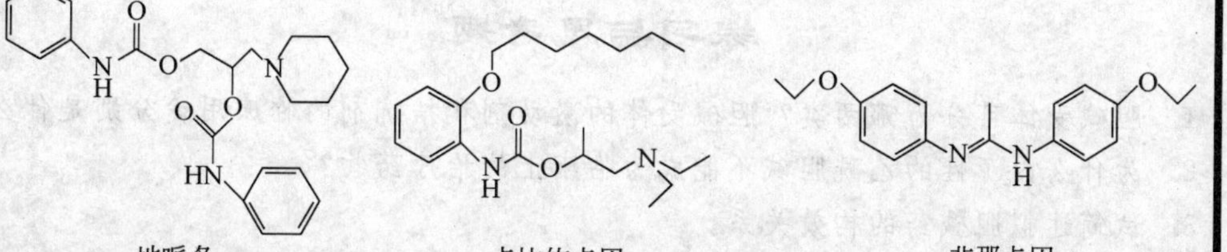

地哌冬　　卡比佐卡因　　非那卡因

脒类中的非那卡因（Phenacaine）用于眼科表面麻醉，起效快，5～10min 内发生作用，持续作用约 1h。

四、局麻药构效关系

局部麻醉药的化学结构类型很多，其麻醉作用与化学结构之间存在一定的关系。绝大多数局部麻醉药可以概括出如下结构骨架：

（1）亲脂部分　该部分可改变的范围较大，可以是芳烃及芳杂烃，必须有一定的亲脂性，以苯的衍生物作用较强。苯环上引入给电子取代基，如氨基、烷氧基等，通过诱导效应，使羰基的极性增加，局麻作用增强。反之，吸电子取代基则作用减弱。

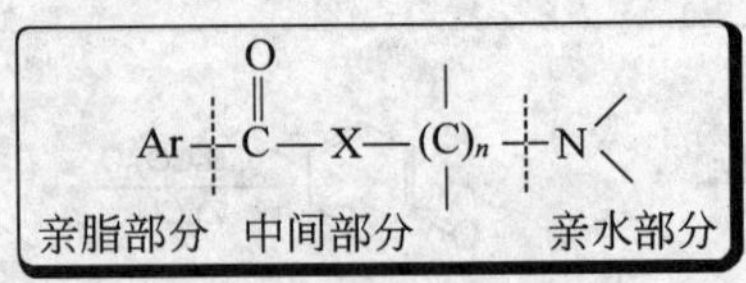

（2）中间部分　该部分是由酯基或其电子等排体和一个亚烃基碳链组成的。不同的电子等排体影响麻醉作用强度及作用持续时间也不同，麻醉作用强度依下列顺序降低：

$$-\overset{O}{\overset{\|}{C}}-S- > -\overset{O}{\overset{\|}{C}}-O- > -\overset{O}{\overset{\|}{C}}-CH_2- > -\overset{O}{\overset{\|}{C}}-NH-$$

作用持续时间为：

$$-\overset{O}{\overset{\|}{C}}-CH_2- > -\overset{O}{\overset{\|}{C}}-NH- > -\overset{O}{\overset{\|}{C}}-S- > -\overset{O}{\overset{\|}{C}}-O-$$

亚烃基链的碳原子数 n 以 2～3 为好，麻醉作用较强，支链在酯基的 α 位时，由于位阻增加，酯基较难水解，局麻作用增强，毒性也增大。

（3）亲水部分　该部分通常为叔胺和仲胺，以叔胺基最常见，可以是二乙胺基、哌啶基或吡咯基等。

局部麻醉药作用于神经末梢或神经干，不需要通过血脑屏障，因此对脂溶性的要求与全身麻醉药不同。局部麻醉药必须有一定的脂溶性才能穿透神经细胞膜到达作用部位。而为了保持较高的局部浓度，维持相当长的作用时间，药物的脂溶性又不能太大，否则将易于穿透血管壁，被血流带走，使局部浓度很快降低。因此，局部麻醉药的亲脂性部分和亲水性部分必须有适当的平衡，即应有一定的油-水分配系数，才利于发挥其麻醉活性。

练习与思考题

1. 胆碱受体可分为哪两类？胆碱受体的激动剂和拮抗剂的临床用途分别是什么？
2. 为什么内源性的乙酰胆碱不能成为临床上的治疗药物？
3. 试简述拟胆碱药的构效关系。
4. 试比较阿托品、东莨菪碱、山莨菪碱及樟柳碱的化学结构差异，并说明与生理活性大小的关系。
5. 阿托品有哪些理化性质？
6. 试从化学结构分析溴丙胺太林的稳定性。
7. 试写出拟肾上腺素药的结构通式，并简述其构效关系。
8. 从结构特点分析为什么麻黄碱的作用较弱，但作用较持久，而且可口服。
9. 用化学方法区别肾上腺素和麻黄碱。
10. H_1 受体拮抗剂主要有哪些结构类型？各举一例药物。

（韦淑梅）

第四章 循环系统药物

循环系统药物主要包括心血管系统药物和利尿药。本章主要介绍心血管系统药物，利尿药见第十章。心血管系统是维持生命最重要的系统，而心血管系统疾病又是危害人类健康及生命的严重疾病，这类疾病一般伴有“三高”即高血压、高血脂和高血黏度症状，表现为动脉粥样硬化，血栓形成，心律失常，直至发展成为冠心病、脑卒中和心肌梗死，严重患者将危及生命。由于心血管疾病的高发生率与高死亡率，心血管系统药物一直是药物研制与生产的重要方向，在世界药品市场中，该类药物备受关注。

心血管系统药物主要是指作用于心脏或血管系统的药物。中枢神经系统的作用，神经末梢释放的化学递质，与心血管系统相关的受体、酶、离子通道、脂质代谢、血小板的生成以及各种内源性调节因子等因素都直接与心血管疾病发生联系，因而心血管药物的内容极为丰富与广泛。

根据心血管系统药物的作用或作用原理，本章主要介绍β受体阻滞剂，钙通道阻滞剂，钠、钾通道阻滞剂，血管紧张素转化酶抑制剂及血管紧张素Ⅱ受体拮抗剂，NO供体药物，强心药，调血脂药及抗血栓药等。

第一节 β受体阻滞剂

> β受体阻滞剂可用于治疗心绞痛、心肌梗死、高血压、心律失常等，通过此节的学习，读者将会在此类药物的结构特点、合成、性质等方面有新的收获。

β受体是肾上腺素能β受体的简称，当神经递质肾上腺素与肾上腺素β受体结合时，有引起血压升高、加快心率甚至引起心律失常的作用。β受体阻滞剂通过阻断β受体与神经递质的结合，可降低血压和治疗心律失常。

β受体阻滞剂是一类新的4-取代苯氧丙胺类药物，如普拉洛尔（Practolol）具有选择性抑制交感性心脏兴奋的作用。在20世纪70年代到80年代，本类药物的研究得到飞速发展，出现了许多有价值的β受体阻滞剂，临床广泛用于心绞痛、心肌梗死、高血压、心律失常等的治疗。根据药物对β_1和β_2受体选择性的不同，可分为：①β_1、β_2受体阻断剂，也称为非选择性β受体阻滞剂，如普萘洛尔（Propranolol）、阿普洛尔（Alprenolol）、吲哚洛尔（Pindolol）等；②β_1受体阻断剂，也称为选择性β_1受体阻滞剂，如：普拉洛尔（Practolol）、阿替洛尔（Atenolol）、美托洛尔（Metoprolol）等；③非典型β受体阻滞剂，如拉贝洛尔（Labetalol），塞利洛尔（Celiprolol）。各类药物的结构式见表4-1。

表 4-1 各种β受体阻滞剂

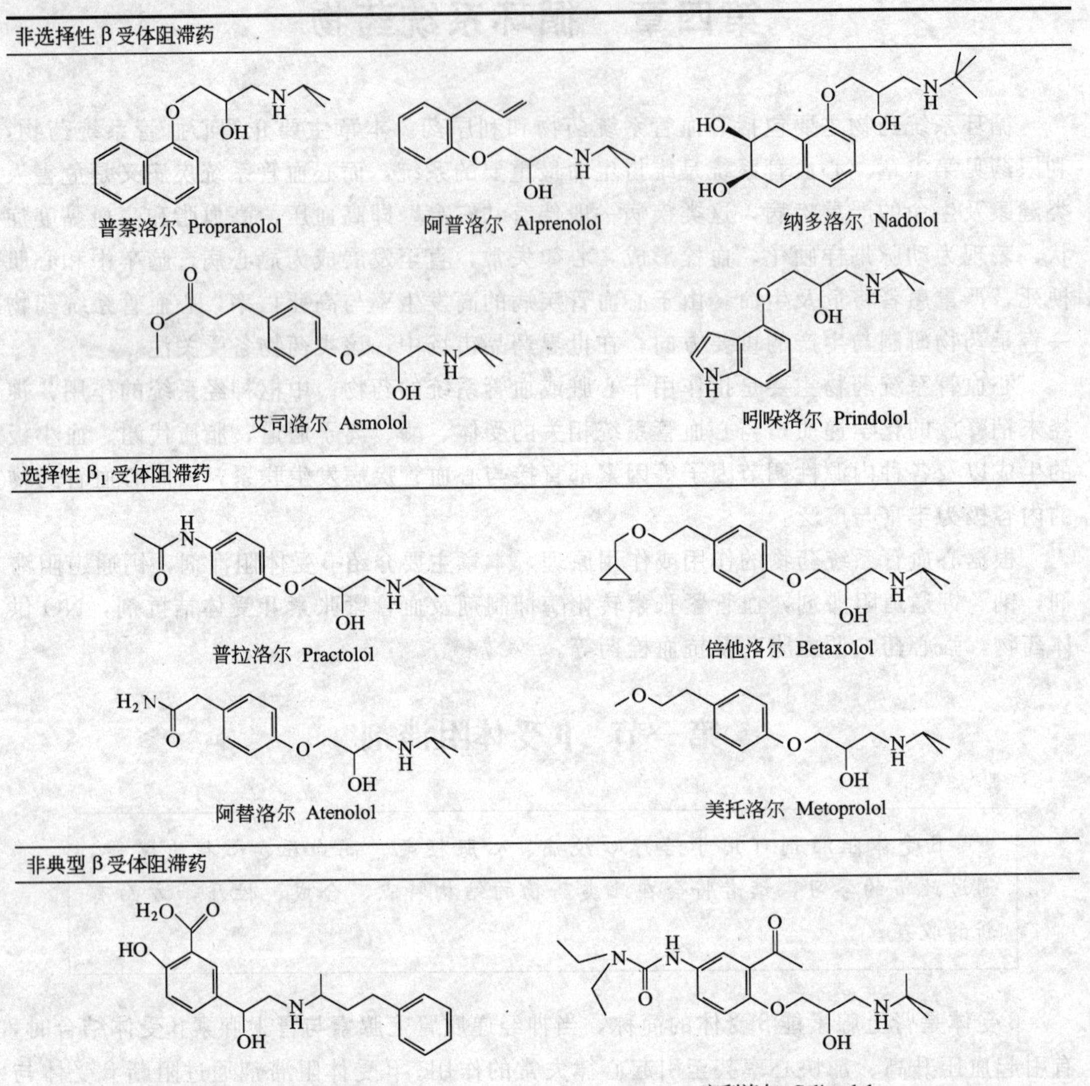

一、非选择性β受体阻滞剂

异丙肾上腺素（Isoprenaline）是一个较强的β受体激动剂，当苯环上的羟基移位后，其β受体激动作用减弱数十倍。1950年，将异丙肾上腺素的两个酚羟基用氯原子置换后得到3,4-二氯肾上腺素（DCI），具有阻断拟交感神经递质引起的支气管扩展、子宫兴奋、心脏兴奋的效应，是一个β受体阻滞剂（具有部分激动作用），进一步用碳桥取代两个氯原子，得到丙萘洛尔（Pronethalol），该药在动物实验中发现有致癌的倾向。当在丙萘洛尔的芳基乙醇胺结构中引入一个氧次甲基 OCH_2 基团后，β受体阻滞剂的芳基氧丙醇胺的基本结构形式被肯定下来，其阻断β受体作用比芳基乙醇胺类强，同时诞生了第一个获得临床成功的药物普萘洛尔。该药是临床常用的β受体阻滞剂，对 β_1、β_2 受体的选择性很低。

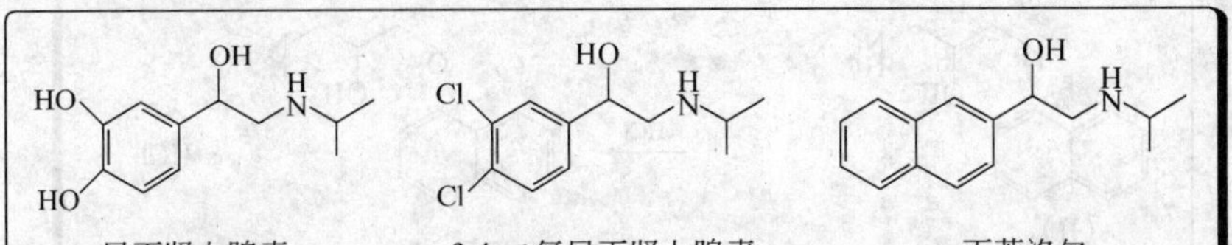

异丙肾上腺素　　3,4-二氯异丙肾上腺素　　丙萘洛尔

其后，涌现出大量有临床使用价值的β受体阻断剂，在这些药物的结构中，均具有异丙肾上腺素的骨架，通常为两种类型，由三部分结构组成：①取代芳环或杂环；②乙醇型，或氧代丙醇型，醇羟基均为仲醇结构；③含有较大的两个以上碳原子取代基仲胺，见图 4-1。

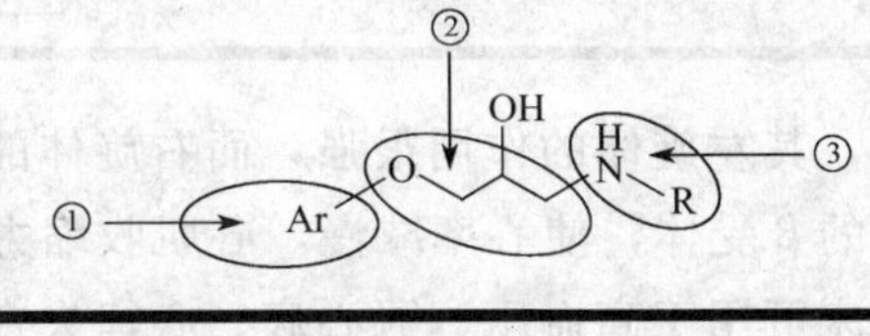

图 4-1　β受体阻滞剂的基本结构

盐酸普萘洛尔　Propranolol Hydrochloride

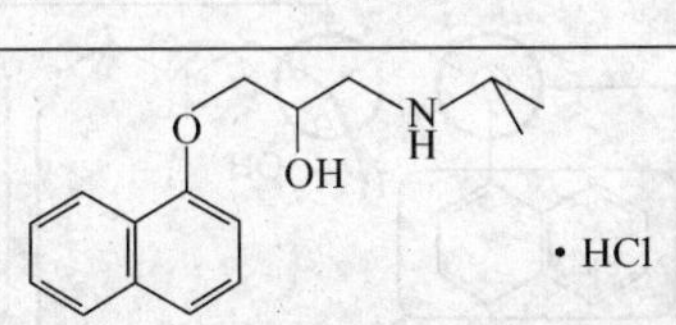

化学名：1-异丙氨基-3-(1-萘氧基)-2-丙醇盐酸盐。又名心得安、萘心安 。

本品为白色或类白色结晶性粉末，无臭，味微甜后苦。其 mp. 161～165℃。可溶于水或乙醇，微溶于氯仿，水溶液为弱酸性。其游离碱的 mp. 为 93～94℃。其 0.002%甲醇溶液在 290nm 处有最大吸收，吸收系数（$E_{1cm}^{1\%}$）约为 210。

本品对热稳定，光对其有催化氧化作用。在酸性条件下，其侧链可被空气氧化分解。在碱性条件下则较稳定。应避光贮存。

其水溶液与硅钨酸试液反应产生淡红色沉淀，另外，其水溶液显氯化物的鉴别反应。

本品的合成是用α-萘酚与 3-氯-1,2 环氧丙烷反应得 1,2-环氧-3-(α-萘氧)(Ⅰ)，再与 1-异丙胺缩合得 1-异丙氨基-3-(α-萘氧)-2-丙醇(Ⅱ)，最后通氯化氢成盐即得本品。

未反应完的α-萘酚混入产品中，会影响其质量。利用α-萘酚与对重氮苯磺酸盐反

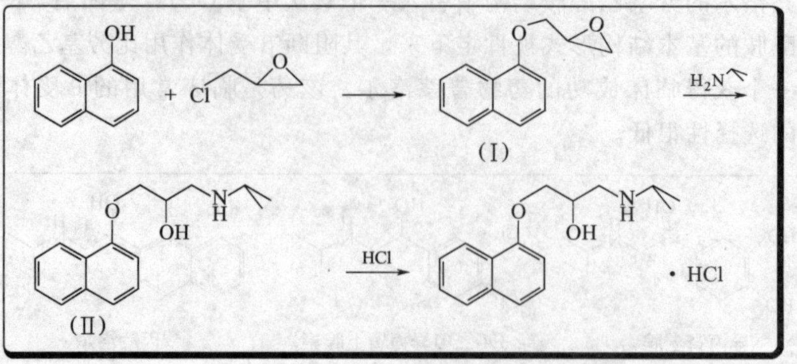

应显橙红色来进行检查。反应如下：

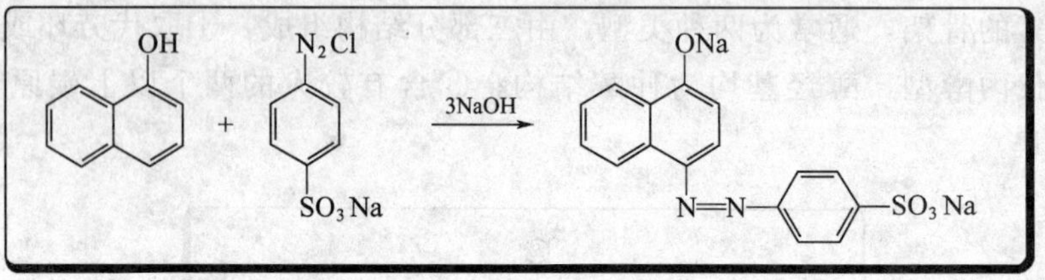

本品分子中有手性中心，其左旋体的作用很强，而右旋体的作用却很弱，药用品为外消旋体。本品能阻断心肌的β受体，使心率减慢，心肌收缩力减弱，从而减少循环血流量，降低心肌耗氧量。临床可用于高血压、冠心病、心律失常等疾病的治疗，由于对 β_1 和 β_2 受体的选择性较差，故支气管哮喘患者忌用。β受体阻滞剂的具体构效关系如图 4-2 所示。

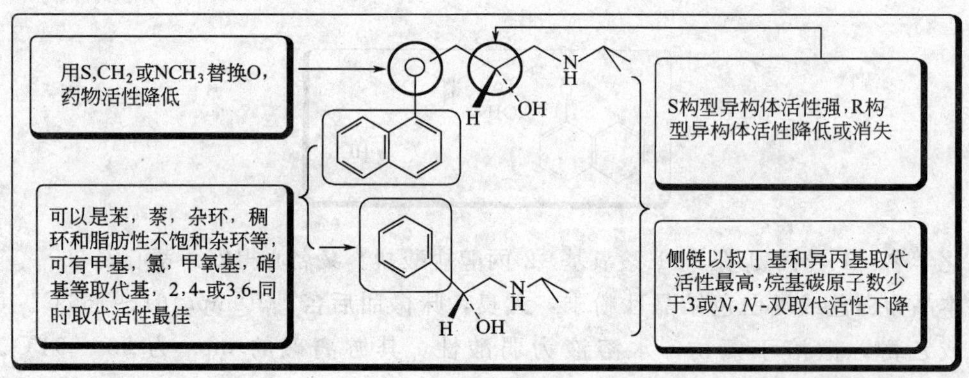

图 4-2　β受体阻滞剂的构效关系

二、选择性 β_1 受体阻滞剂

酒石酸美托洛尔　Metoprolol Tartrate

化学名：1-[4-(2-甲氧基乙基)苯氧基]-3-(1-甲基乙基胺基)-2-丙醇 L-(+) 酒石酸盐 (2∶1)。又名美多心安，甲氧乙心安，倍他乐克。

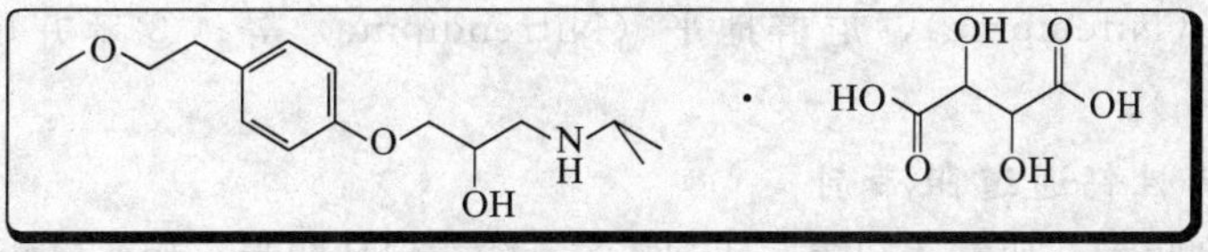

本品为白色结晶性粉末，无臭，味苦。易溶于水，可溶于乙醇或氯仿，几乎不溶于乙醚或丙酮。mp. 120～124℃，10％水溶液 pH6.2～6.5。本品固体很稳定，室温下化学性质稳定。

本品分子中具有手性中心，但通常用其消旋体，本品对 β_1 受体有较强的选择性，可以降低药物的不良反应，较少发生支气管痉挛，适宜于哮喘病人使用。另外，胰岛细胞上的β受体属于 β_2 型，非选择性β受体阻滞剂会延缓低血糖的恢复，糖尿病人也应使用选择性 β_1 受体阻滞剂。

本品主要用于心绞痛、心律失常、高血压、心肌梗死等疾病的治疗。

第二节　钙通道阻滞剂

钙通道阻滞剂是当前药物研究的热点之一。通过本节的学习，读者将进一步明确钙通道阻滞剂类药物的结构类型、合成、性质、鉴别等方面的知识。

钙通道阻滞药（Calcium Channel Blokers）也称慢性通道阻滞药，是近 20 年来治疗心脑血管疾病的重要药物。虽然这类药物的基本作用在于阻滞 Ca^{2+} 经钙通道进入细胞内，而不是直接拮抗钙，但临床仍有习用“钙拮抗剂”（Calcium Antagonist）这个术语。

Ca^{2+} 对细胞活动起着极重要的作用。许多刺激所引起的反应都是通过增加细胞内游离 Ca^{2+}（激动钙）的浓度而实现。在心肌内，Ca^{2+} 与钙调蛋白结合启动心肌收缩过程；在平滑肌、血小板及神经元中，Ca^{2+} 与相应的蛋白质结合产生血管收缩、分泌等效应。因而 Ca^{2+} 对心脏病和高血压有着重要的影响。

钙通道阻滞药通过阻滞细胞膜上的钙离子通道，阻止 Ca^{2+} 进入细胞内，或妨碍 Ca^{2+} 在细胞内到达结合部位呈现钙拮抗作用。通过降低心脏及血管平滑肌细胞内钙离子数量，使心肌收缩力减弱，心率减慢，同时松弛血管，降低外周阻力，因而减少心脏工作负荷与耗氧量。

钙通道阻滞药具体作用有：①对心脏的作用，首先是抑制心肌收缩力（负性肌力作用），其次是减慢心率及延缓传导；②对平滑肌的松弛作用，使血管平滑肌舒张、扩张脑血管，改善脑血流；③钙通道阻滞药能抑制血小板聚集，防止血栓的形成；④抗动脉粥样硬化作用。因此，钙通道阻滞药除具有抗心绞痛、心肌梗死作用外，还兼有抗心率失常和抗高血压作用，是一类治疗缺血性心脏病的重要药物。

1987 年，世界卫生组织（WHO）根据药物的选择性及化学结构的不同，将钙通道阻滞药分为选择性和非选择性两大类，即：

（一）选择性钙通道阻滞剂

包括①苯烷胺类，如维拉帕米（Verapamil）、噻帕米（Tiapamil）等；②二氢吡啶类，如硝苯地平（Nifedipine）、尼群地平（Nitrendipine）等；③苯并硫氮杂类，如地尔硫䓬（Diltiazem）。

（二）非选择性钙通道阻滞剂

包括①氟桂利嗪类，如氟桂利嗪、桂利嗪等；②普尼拉明类，如普尼拉明、芬地林等。

各类具体药物的结构式见表 4-2。

表 4-2 各类钙通道阻滞药

二氢吡啶类

尼莫地平 Nimodipine

尼卡地平 Nicardipine

尼索地平 Nisoldipine

尼群地平

苯烷胺类

噻帕米

维拉帕米

苯并硫氮䓬类

地尔硫䓬

氟桂利嗪类

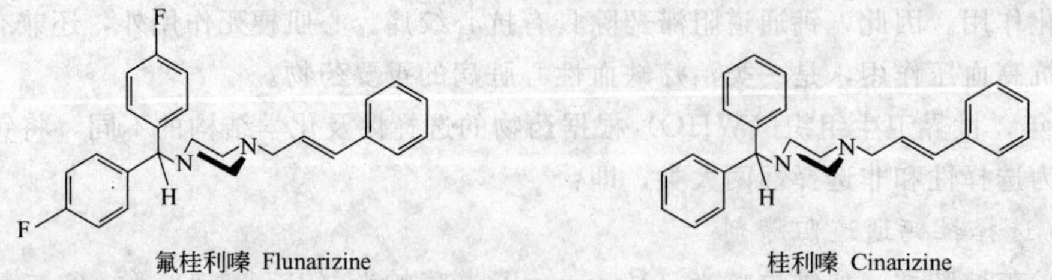

氟桂利嗪 Flunarizine　　桂利嗪 Cinarizine

续表

普尼拉明类	
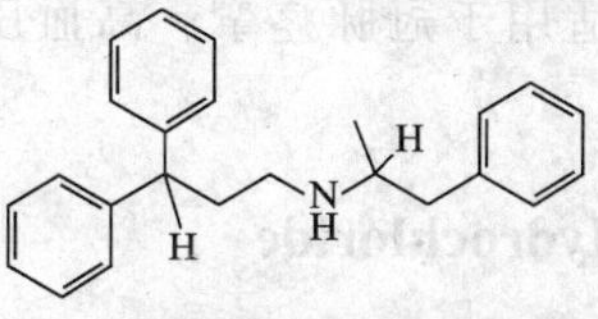 普尼拉明 Prenylamine	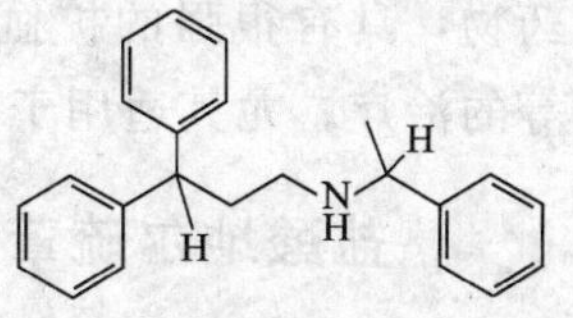 芬地林 Fendiline

在以上各类药物中，二氢吡啶类最为重要，因为钙离子通道存在多种亚型，其中 L 亚型最为重要，存在于心肌、血管平滑肌和其他组织中，是细胞兴奋时钙内流的主要途径。二氢吡啶类钙通道阻滞药具有 L 亚型钙通道特殊的选择性，故 L 亚型钙通道又称为二氢吡啶敏感钙通道。

硝苯地平 Nifedipine

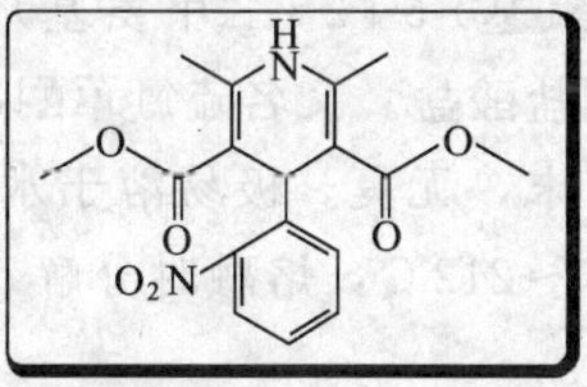

化学名：2,6-二甲基-4-(2-硝基苯基)-1,4-二氢吡啶-3,5-二甲酸二甲酯。又名硝苯吡啶、硝苯啶、心痛定、利心平。

本品为黄色结晶性粉末，无臭，无味。mp. 172～174℃，极易溶于丙酮、氯仿，微溶于乙醇，几乎不溶于水。

本品遇光极不稳定，发生分子内部光化歧化反应，这些与本品的稳定性有关系。因此生产与贮存中应注意避光。反应过程见下式。

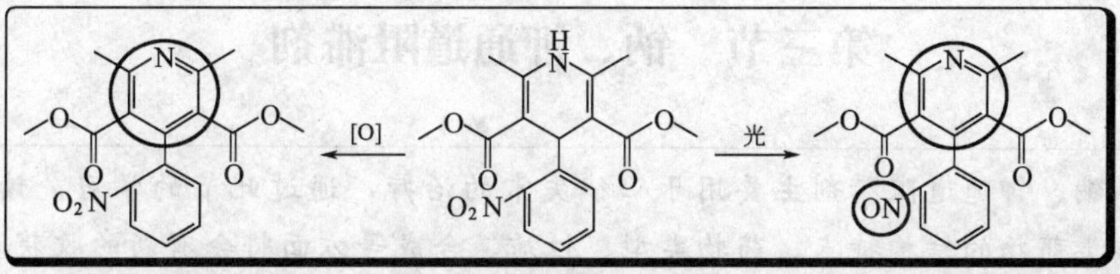

[O]　　光

取本品少许，加丙酮溶解，加 20%氢氧化钠溶液几滴，振摇，溶液显橙红色，可用于本品的定性鉴别。

本品为一对称分子，是 1,4-二氢吡啶二羧酸酯的衍生物，可由一分子邻硝基苯甲醛、两分子乙酰乙酸甲酯和过量氨水在甲醇中回流得到。

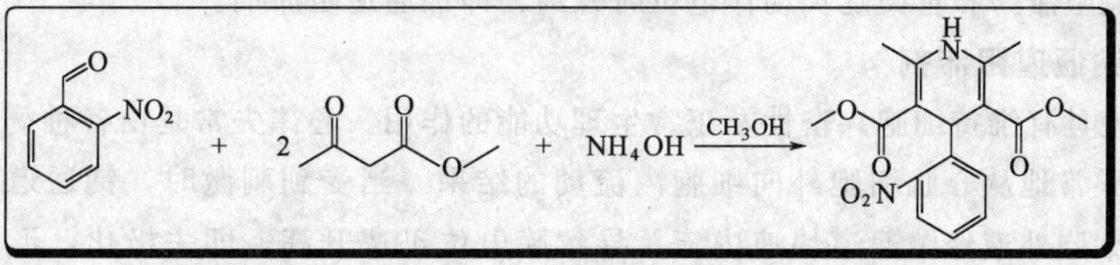

$+\ 2\ \ +\ NH_4OH \xrightarrow{CH_3OH}$

本品通过抑制细胞外 Ca^{2+} 流入细胞内，而使心肌细胞内 Ca^{2+} 浓度降低，导致小动脉扩张，总外周阻力下降而降低血压。属于二氢吡啶类钙通道阻滞药，这是一类特异性高、作用强的药物，具有很强的扩血管作用，临床适用于冠脉痉挛、高血压、心肌梗死、心律失常等的治疗。尤其适用于变异型心绞痛。

盐酸地尔硫䓬 Diltiazem Hydrochloride

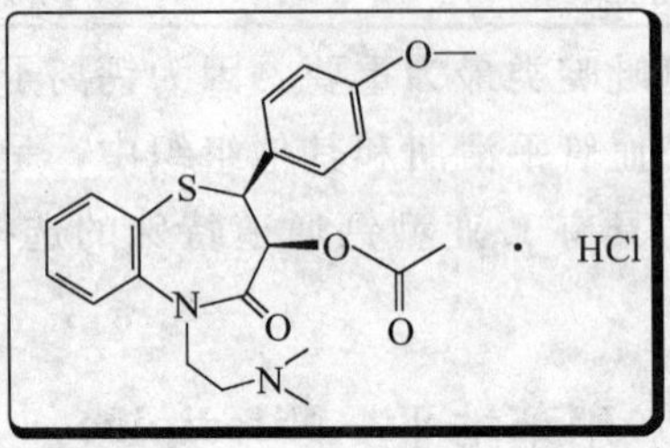

· HCl

化学名：(2*S*-顺)-3-(乙酰氧基)-5-[2-(二甲氨基)乙基]-2,3-二氢-2-(4-甲氧基苯基)-1,5-苯并硫氮杂䓬-4(5*H*)-酮盐酸盐。又名硫氮䓬酮，哈氮䓬，合心爽，恬尔心。

本品为白色结晶或结晶性粉末，无臭。极易溶于水、甲醇、氯仿，难溶于无水乙醇，不溶于乙醚和苯。mp. 207.5～212℃，熔融时分解，有旋光性，$[\alpha]_D^{25}$ +98.3°(C=1.002 甲醇)。

取一定量的本品，加盐酸溶解后，加一定量的硫氰酸铵试液、2.8%的硝酸钴溶液、氯仿，充分振摇，静止，氯仿层显蓝色，可用于本品的定性鉴别。

本品属于苯并硫氮杂䓬类，也是一个高选择性的钙通道阻滞剂，具有扩张血管作用，特别是对冠状动脉和侧支循环均有较强的作用，临床常用于治疗包括变异心绞痛在内的各种缺血性心脏病，也可用于心律失常等。

第三节 钠、钾通道阻滞剂

钠、钾通道阻滞剂主要用于心律失常的治疗，通过此节的学习，读者在该类药物的结构特点、药物类型、性质、合成等方面将会有新的收获。

钠、钾通道阻滞剂主要用于抗心律失常。常用的抗心律失常药一般分为四类：Ⅰ类是钠通道阻滞药；Ⅱ类是β受体阻滞药；Ⅲ类是延长动作电位时程药；Ⅳ类是钙通道阻滞药。其中Ⅱ类β受体阻滞药与Ⅳ类钙通道阻滞药在前面已经做了介绍，本节主要介绍Ⅰ类钠通道阻滞药和Ⅲ类延长动作电位时程药，即钾通道阻滞剂。

一、钠通道阻滞剂

钠通道具有维持细胞兴奋性及正常生理功能的作用。心律失常是由各种病理性诱因引起 Na^+ 异常地从心肌细胞外向细胞内流动的结果。当受到刺激时，钠通道开放，大量 Na^+ 从细胞外液经钠通道快速内流，导致膜电位迅速升高，即去极化，形成动作电位的 0 相。

钠通道阻滞剂又称为膜稳定剂或快通道阻滞剂，其作用机制主要是抑制 Na^+ 内流，抑制心肌细胞动作电位振幅，减慢其传导速度，延长有效不应期（ERP）及动作电位时程（APD）。根据作用特点又分为 A、B、C（I_A、I_B、I_C）三类，本节主要讨论 I_A、I_B 两类。常见的钠通道阻滞剂见表 4-3。

表 4-3 常见的钠通道阻滞剂

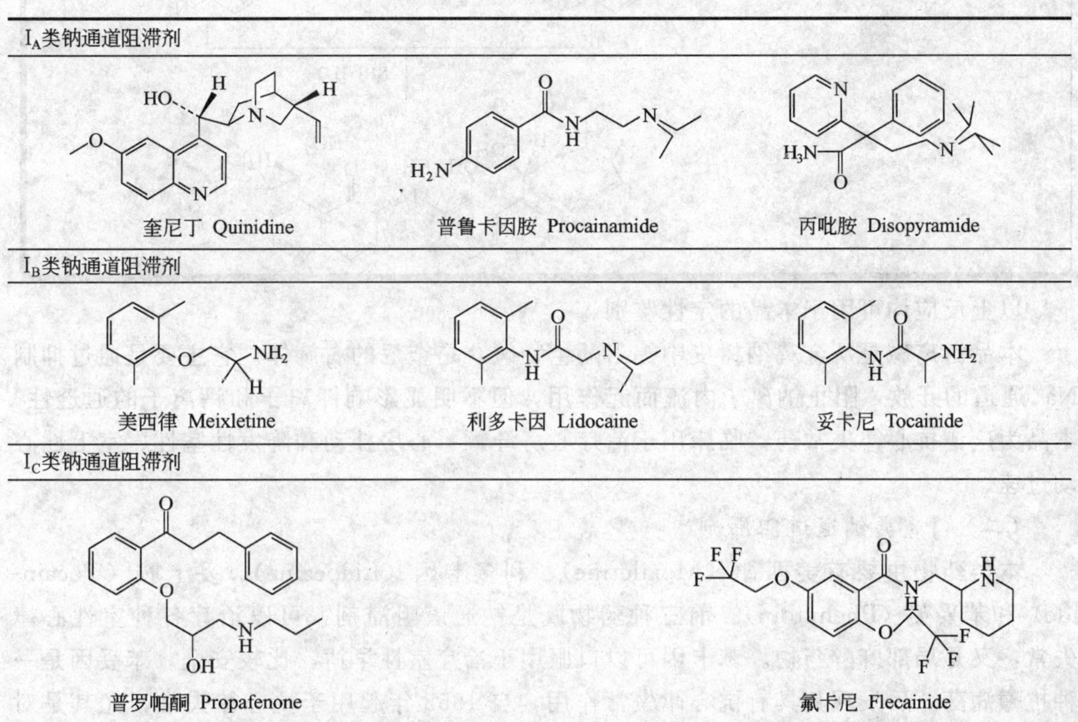

（一）I_A 类钠通道阻滞剂

硫酸奎尼丁 Quinidine Sulfate

$[\ \ ]_2 \cdot H_2SO_4 \cdot 2H_2O$

化学名：(9*S*)-6-甲氧基-脱氧辛可宁-9-醇硫酸盐二水合物。

本品游离碱为无色无定形粉末，无臭，味苦。可溶于乙醇、乙醚、氯仿，微溶于水。Quinidine 硫酸盐为白色细针状结晶，遇光渐变色；可溶于水、沸水、乙醇、氯仿，不溶于乙醚。比旋度 $[\alpha]_D^{25}$ $+212°$（95%乙醇），其游离碱的 pK_{a_1} 5.4，pK_{a_2} 10.0。应避光贮存。

本品在硫酸中显蓝色荧光，加几滴盐酸，荧光即消失。

本品能产生典型的绿奎尼反应（Thalleioquin 反应），本品水溶液先与溴水作用，再加氨试液，溶液显翠绿色，此反应为奎尼生物碱的特征鉴别反应。

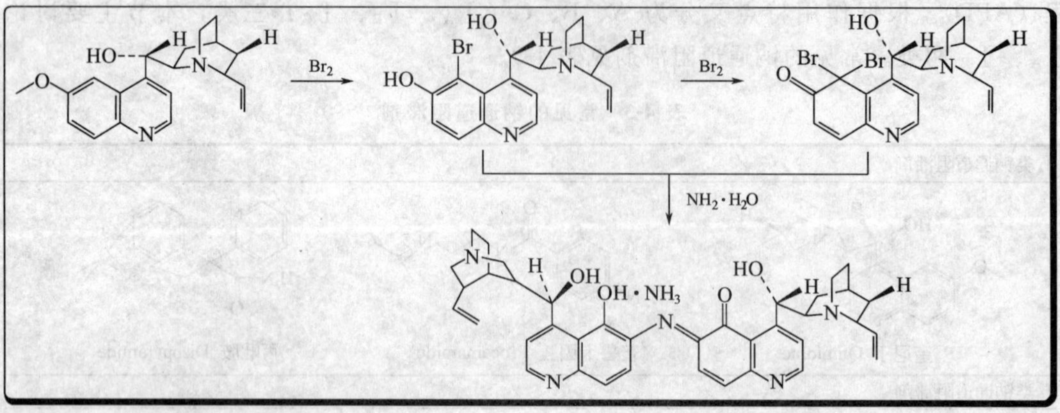

Br_2 $NH_2 \cdot H_2O$

以上反应均可用于本品的定性鉴别。

本品游离碱是从金鸡纳树皮中提出的生物碱，是奎尼的右旋体。它主要是通过抑制 Na^+ 通道的开放，阻止钠离子内流而起作用，但不明显影响钾离子和钙离子的通透性。本品为广谱抗心律失常药，临床用于治疗心房纤颤、心房扑动和阵发性室性、室上性心动过速。

（二）I_B 类钠通道阻滞剂

本类药物主要有美西律（Mexiletine）、利多卡因（Lidocaine）、妥卡胺（Tocainide）和苯妥英（Phenytoin）。前三种药物既是钠通道阻滞剂，可以治疗各种室性心律失常，又是局部麻醉药物。苯卡因可以口服用于治疗室性早搏，比较安全。苯妥因是一种抗癫痫药，后发现其具有抗心律失常作用，自 1958 年起用于抗心律失常，尤其是对强心苷中毒所致过速型心律失常效果明显，故成为首选药物。

盐酸美西律　Mexiletine Hydrochloride

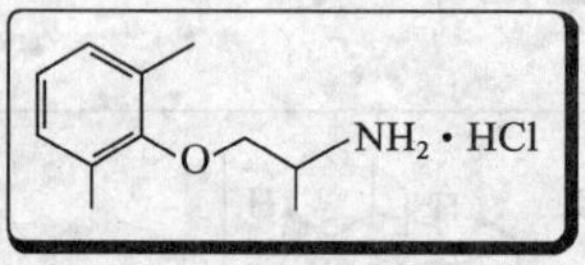

$NH_2 \cdot HCl$

化学名：1-(2,6-二甲基苯氧基)-2-丙胺盐酸盐。又名慢心律、慢心利、脉律定。

本品为白色或类白色结晶性粉末；几乎无臭，味苦。易溶于水和乙醇，几乎不溶于乙醚。mp. 200～204℃。

本品的水溶液与碘试液反应，即生成棕红色沉淀，此反应可用于本品的定性鉴别。

$NH_2 \cdot HCl + I_2 + KI \longrightarrow [\ NH_2\ ]\ HI \cdot I_2 \downarrow + KCl$

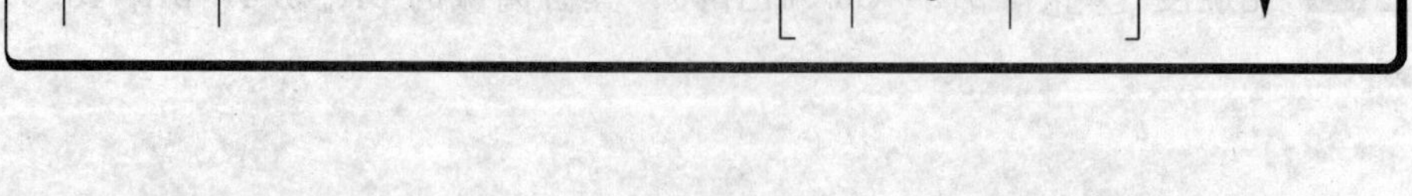

本品为含氮有机物，可与四苯硼钠反应生成白色四苯硼烃胺盐沉淀。

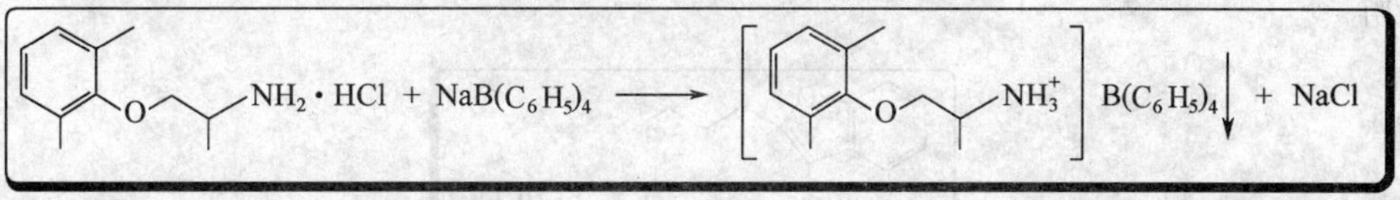

本品的合成可用二甲基苯酚与甲基环氧乙烷作用得1-(2,6-二甲基苯氧基)-2-羟基丙烷(Ⅰ)，然后氧化为1-(2,6-二甲基苯氧基)-丙酮（Ⅱ），进一步与盐酸羟胺成肟后再氢化，成盐即得本品。

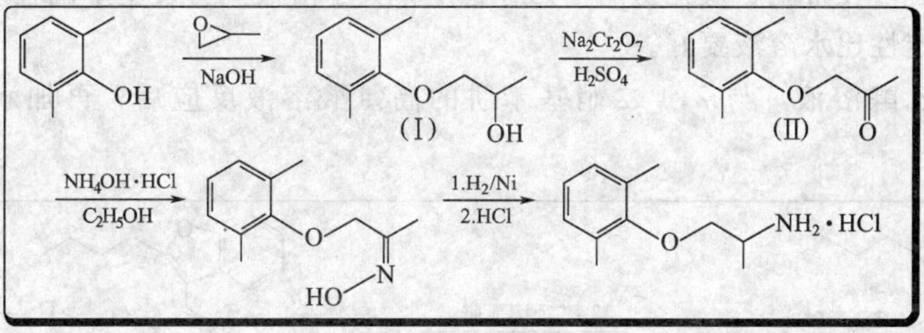

本品的化学结构与作用均与利多卡因相似，特点是口服有效，作用时间较长，可达6～8h以上，可用于治疗各种室性心律失常，如早搏、心动过速，尤其是对强心苷中毒、急性心肌梗死或心脏手术引起的过速型室性心律失常疗效好，尤其是在利多卡因治疗无效时，此药仍有效。

二、钾通道阻滞剂

这类药物亦称延长动作电位时程药，能通过抑制钾通道而选择性地延长动作电位时程（APD)，可使心房肌、房室结、心肌传导纤维及心室肌的有效不应期（ERP）延长，有利于消除折反，发挥抗心律失常作用。临床常用的钾通道阻滞剂见表4-4。

表4-4 常见的钾通道阻滞剂

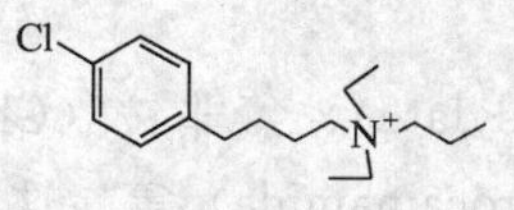

氯非铵 Clofilium 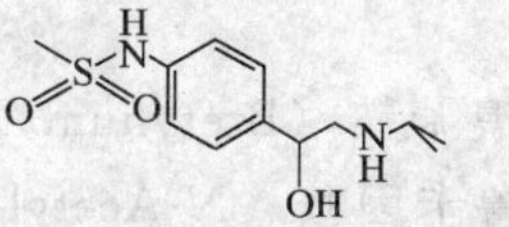　　索他洛尔 Sotalol 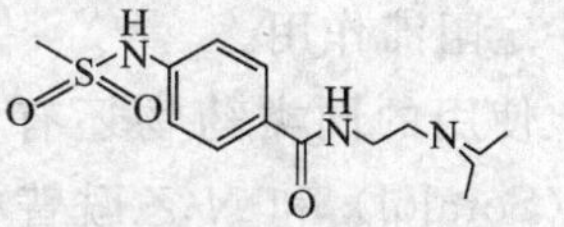　　司美利特 Sematilide

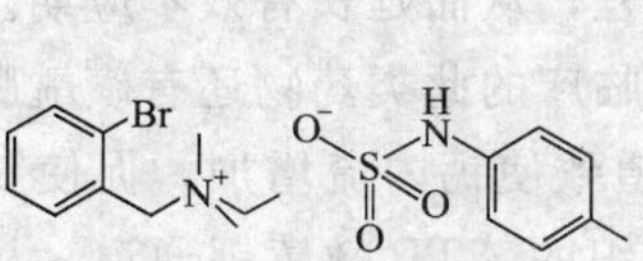

托西溴苄胺 Bretylium Tosylate 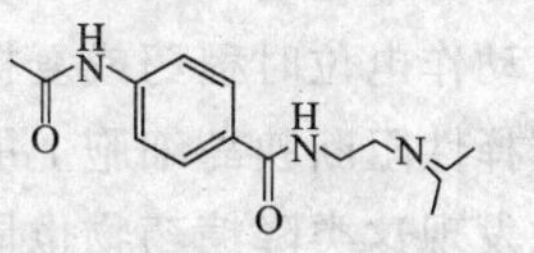　　*N*-乙酰普鲁卡因胺 *N*-Acetyl Procainamide

盐酸胺碘酮 Amiodarone Hydrochloride

化学名：(2-丁基-3-苯并呋喃基)[4-[2-(二乙氨基)乙氧基]-3,5-二碘苯基] 甲酮盐酸盐。又名乙胺碘呋酮，安律酮。

本品为白色或淡黄色结晶性粉末；无臭、无味。易溶于氯仿、甲醇，溶于乙醇，微溶于丙酮、四氯化碳、乙醚，几乎不溶于水。pK_a 6.56（25℃）。mp. 156～158℃。融熔时分解。

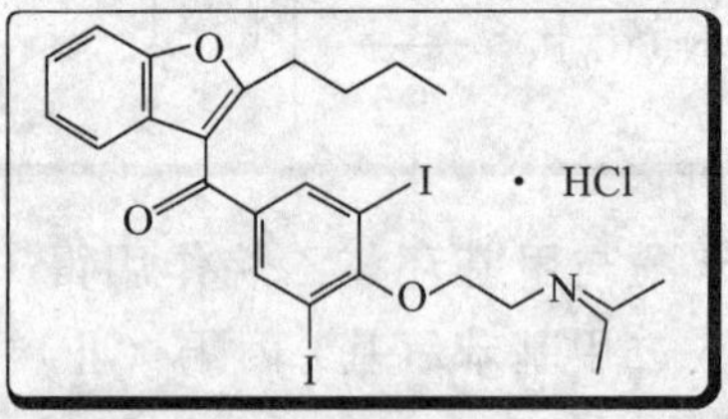

本品固态时在常温、避光密闭下贮存稳定，其水溶液则可发生不同程度的降解，有机溶液的稳定性比水溶液要好。

本品的乙醇溶液，与 2,4 二硝基苯肼的高氯酸溶液反应后，再加水，产生黄色沉淀。

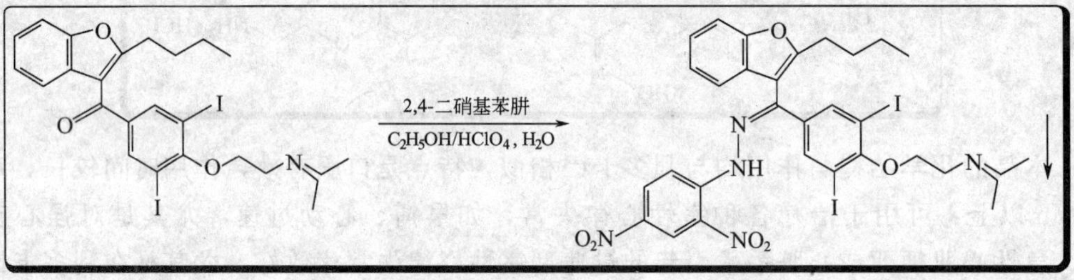

2,4-二硝基苯肼
$C_2H_5OH/HClO_4$, H_2O

本品加硫酸，微热，即产生碘的紫色蒸气。另外，本品的乙醇溶液还显氯化物的鉴别反应。

以上反应均可鉴别本品。

本品的化学结构类似甲状腺素，它能阻滞钾通道，明显抑制心肌复极过程，延长动作电位时程及有效不应期。20 世纪 60 年代用于治疗心绞痛，70 年代用于治疗心律失常，为一广谱抗心律失常药。本品对 α、β 受体也有非竞争性阻断作用。本品对钠、钙通道均有一定阻滞作用。

临床上使用的同类药物还有溴苄铵（Bretylium Tosylate）、氯非铵（Clofilium）、索他洛尔（Sotalol）和 *N*-乙酰普鲁卡因胺（*N*-Acetyl Procainamide）等。这类药物的作用机制是抑制钾通道，延长心肌细胞动作电位时程，从而延长有效不应期。这类药物也称为延长动作电位时程药或复极化抑制药。用于临床的此类药物还有磺酰脲类口服降糖药，能选择性阻断胰岛细胞上的 ATP 敏感钾通道致使钙内流增加，促使胰岛素的释放。近年来发现这类降糖药物也同样能阻滞心肌组织的 ATP 敏感钾通道，从而发展出具有苯磺酰胺基团的索他洛尔（Sotalol）等。

索他洛尔本是β受体阻滞剂，由于其结构含有磺酰胺基团，所以它还具有第Ⅲ类抗心律失常药物延长动作电位时程的功能。索他洛尔有 *d* 型和 *l* 型两种旋光异构体，其中 *d* 型只有延长动作电位时程的功能，而无阻滞β受体的活性，因而 *d* 型的不良反应较低。

甲磺酰胺基团是第Ⅲ类抗心律失常药物最常见的基团，所以这类药物大多是对索他洛尔和 *N*-乙酰普鲁卡因胺等进行结构改造的产物，所得化合物在有效性、选择性和生物利用度等方面均有所改善。

司美利特（Sematilide）具有索他洛尔和 N-乙酰普鲁卡因胺的结构特征，是二者结构的融合产物，试验证明，本品阻滞了延迟整流钾通道，延长了心肌细胞动作电位时程。药效学和药动学研究表明静脉注射与口服给药的耐受性都很好。

第四节　血管紧张素转化酶抑制剂及血管紧张素Ⅱ受体拮抗剂

> 血管紧张素是已知最强的升压活性物质，抑制其作用对降低血压有非常的临床意义。通过此节的学习，读者将进一步明确这类药物的结构特点、性质、鉴别、构效关系等方面的知识。

一、血管紧张素转化酶抑制剂

血管紧张素转化酶（ACE）是体内调节血压的肾素-血管紧张素系统的关键酶，在它的作用下，可使血管紧张素Ⅰ转化为血管紧张素Ⅱ（AngⅡ）。血管紧张素Ⅱ是已知最强的升压活性物质。血管紧张素转化酶抑制剂是抑制血管紧张素转化酶的活性，从而减少血管紧张素Ⅱ的形成，所以血管紧张素转化酶抑制剂是一类有效的抗高血压药物。近年来，先后合成了一系列血管紧张素转化酶抑制剂，如：卡托普利（Captopril）、依那普利（Enalapril）、赖诺普利（Lisinopril）、培哚普利（Perindopril）、福辛普利（Fosinpril）等。见表 4-5。

表 4-5　常见的血管紧张素转化酶抑制剂

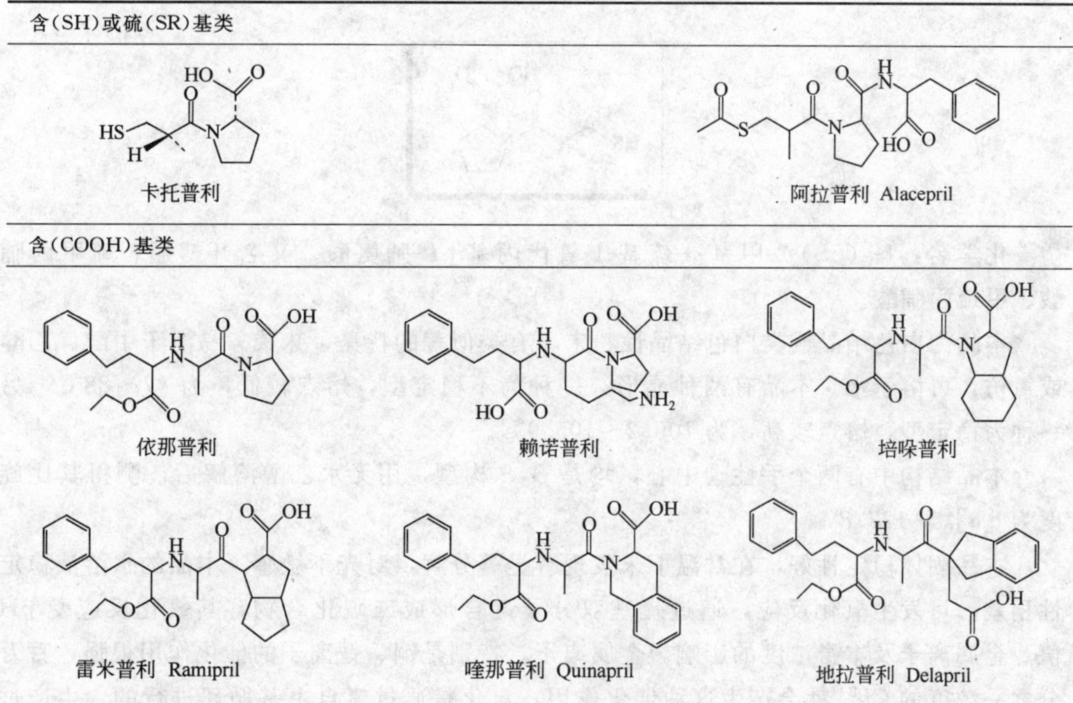

含（COOH）基类		
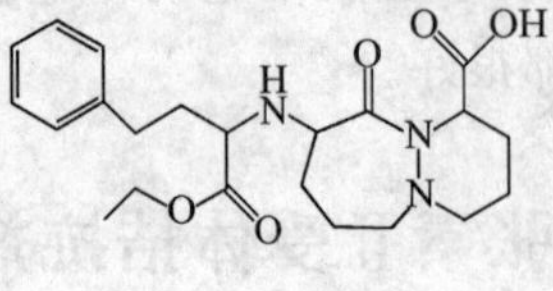 西拉普利 Cilazapril	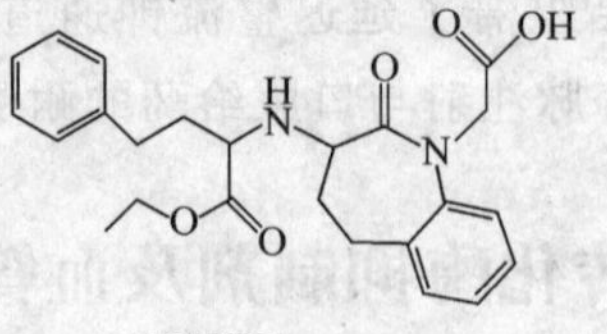 贝那普利 Benazepril	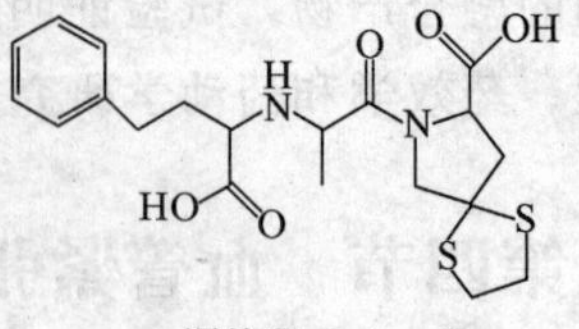 螺普利 Spirapril
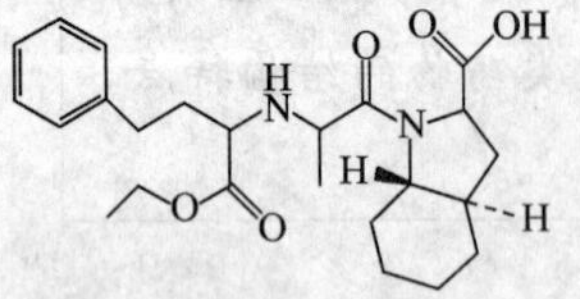 群多普利 Trandolapril	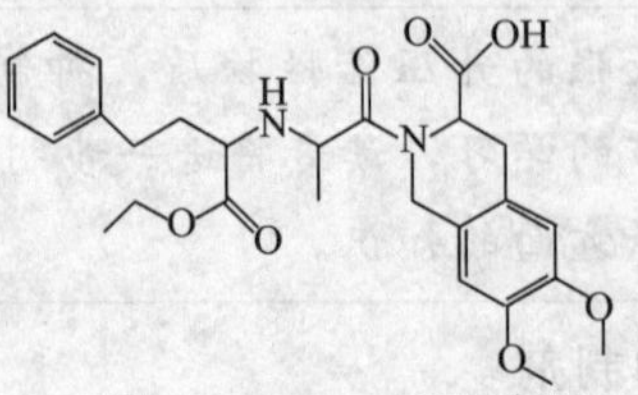 莫昔普利 Moexipril	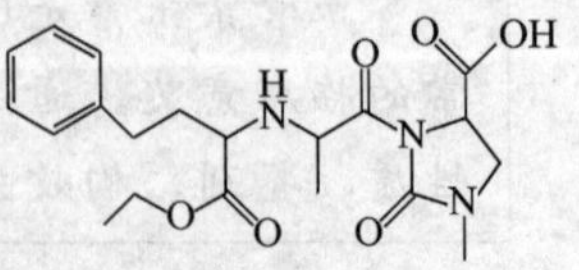 咪达普利 Imidapril
含次膦酸基（POO）类		
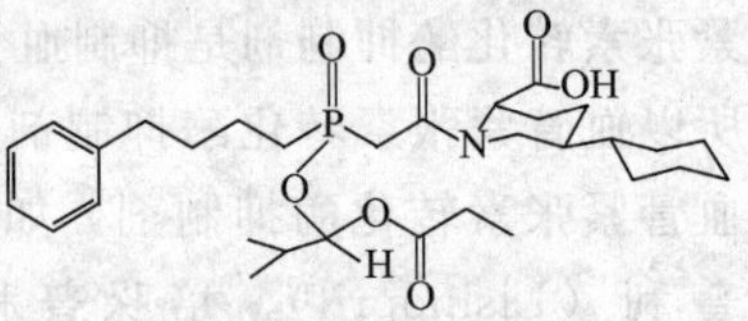 福辛普利 Fosinpril		

卡托普利 Captopril

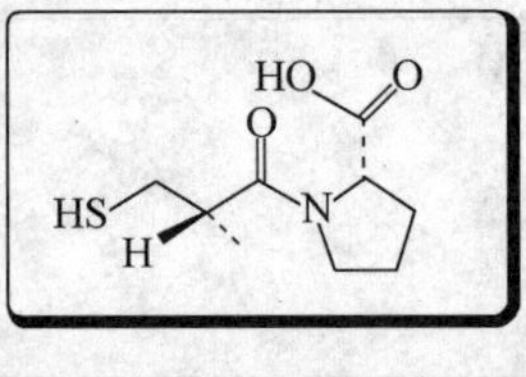

化学名：1-[(2*S*)-2-甲基-3-巯基-1-氧代丙基]-*L*-脯氨酸。又名开搏通、巯甲丙脯酸、甲巯丙脯酸。

本品为白色结晶或类白色结晶性粉末，有类似蒜的特臭，味咸。易溶于甲醇、乙醇或氯仿，可溶于水。本品有两种晶形，一种为不稳定型，熔点较低，为 87～88℃，另一种为稳定型，熔点较高，为 105.2～105.9℃。

本品结构中有两个手性碳中心，均是 *S*,*S* 构型，用无水乙醇溶解后，测得其比旋度为 $[\alpha]_D^{25}-127.8°$。

本品固体稳定性好，在常温下未发现有显著分解，对光不敏感。本品的水溶液稳定性稍差，可发生氧化反应，通过巯基双分子键合形成二硫化合物，其氧化反应受 pH 值、金属离子及本身浓度的影响。金属离子，特别是铜、铁离子的催化作用很强，百万分之一浓度的 Cu^{2+} 就会产生这种催化作用，氧化是通过氧自由基循环进行的。生产过程中尽量避免接触或带入过渡金属离子，以增强药物的稳定性。

另外，在强烈条件影响下，酰胺也可发生水解。所以本品的贮存应注意密封防潮。

本品的乙醇溶液，加亚硝酸钠结晶和稀硫酸，振摇，生成的亚硝基化合物使溶液显红色。此可用于本品的定性鉴别。

本品含有还原性的—SH，在碘化钾和硫酸溶液中，被碘酸钾定量氧化，可以用于含量测定。

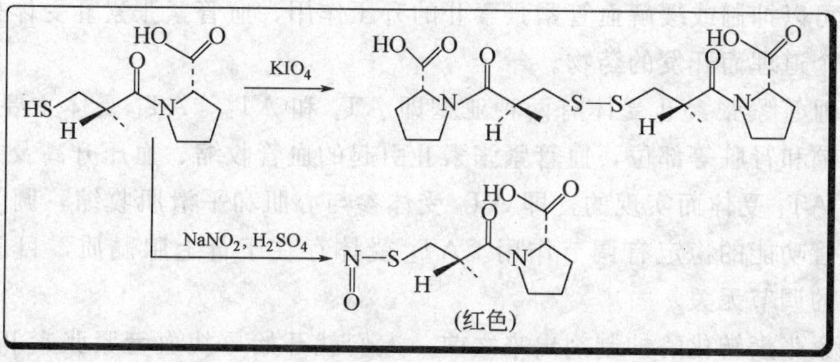

KIO_4

$NaNO_2$，H_2SO_4

(红色)

本品的合成是用2-甲基丙烯酸和硫羟乙酸加成，得到外消旋2-甲基-3-乙酰巯基丙酸，此酸经氯化反应为酰氯后与L-脯氨酸反应生成*R*,*S*异构体的乙酰卡托普利。加入二环已基胺成盐，因此盐的两个光学异构体在硫酸氢钾溶液中的溶解度不同而用物理方法拆分成单体，最后碱水解除去保护基得到*S*,*S*-卡托普利。

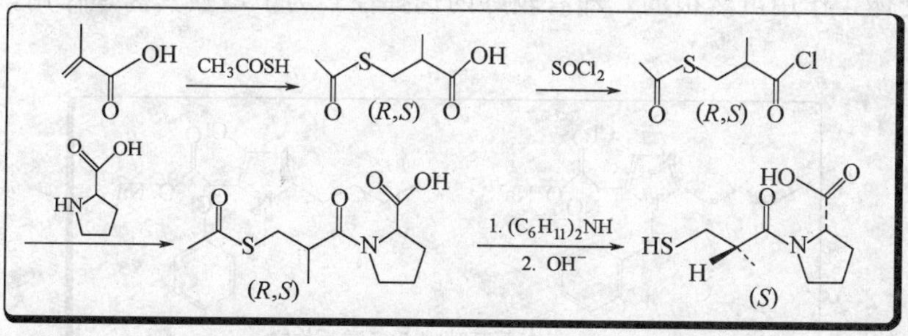

CH_3COSH　(*R*,*S*)　$SOCl_2$　(*R*,*S*)

(*R*,*S*)　1. $(C_6H_{11})_2NH$　2. OH^-　(*S*)

卡托普利Captopril是血管紧张素转化酶抑制剂的代表药物，也是第一个可以口服的血管紧张素转化酶抑制剂，它具有舒张外周血管，降低醛固酮分泌，影响钠离子重吸收，降低血容量的作用，临床上可单独用于各型高血压的治疗。配伍其他降压药物使用，可明显提高疗效。但它的不良反应如：皮疹、嗜酸性粒细胞增高、蛋白尿及味觉丧失，与其结构中的巯基（—SH）有关，因而合成出了不含巯基（—SH）的化合物，以减少这些不良反应。经对本品的构效关系进行研究发现：

（1）将本品结构中的—COOH换成—PO_3H_2、—CONHOH等基团，活性有所减弱，酯化后脂溶性增强，有利于吸收；

（2）本品结构中的四氢吡啶环以*L*-构型活性高，*D*-构型活性低，若为丙氨酸或苯丙氨酸，活性可能更高；

（3）在本品四氢吡啶环上引入亲脂取代基，增强活性，延长作用时间；引入双键后，成平面环，可保持活性。

(4) 本品分子中的—SH 酯化后活性更高；为减少不良反应也可用—COOH 替代—SH。

二、血管紧张素Ⅱ（AngⅡ）受体拮抗剂

血管紧张素Ⅱ受体拮抗剂的出现，使医疗上可以从另一个环节抑制血管紧张素Ⅱ的作用。

血管紧张素Ⅱ的强烈升高血压的作用是依靠与其受体作用来实现的，如果阻止其与受体结合也可以抑制或缓解血管紧张素Ⅱ的升压作用，血管紧张素Ⅱ受体拮抗剂类药物就是基于这个道理而开发的药物。

现已知血管紧张素Ⅱ受体有两种亚型即 AT_1 和 AT_2。AT_1 受体主要分布于血管、心脏、肝、脑和肾脏等部位，血管紧张素Ⅱ引起的血管收缩、血压升高及并发症等，均是通过激活 AT_1 受体而实现的，即 AT_1 受体参与心肌和平滑肌收缩，调节醛固酮分泌等，对心血管功能的稳定有调节作用。AT_2 受体存在于肾上腺髓质，目前认为它与心血管稳定性的调节无关。

在血管紧张素转化酶抑制剂出来之前，人们就开始寻找血管紧张素Ⅱ受体拮抗剂。20 世纪 70 年代初发现了多肽类化合物沙拉新（Saralasin），与血管紧张素Ⅱ有相似的组成，但对 AT_1 受体的选择性较差，它对血管紧张素Ⅱ受体不但具有竞争性拮抗作用，而且还具有部分激动作用，所以未能推广使用。

1976 年发现 1-苄基咪唑-5-乙酸衍生物在体内、外能拮抗从大鼠、兔得到的血管紧张素Ⅱ的受体，作用虽然很弱，却有较好的选择性。为了增强其药理作用，对其结构进行了改造。

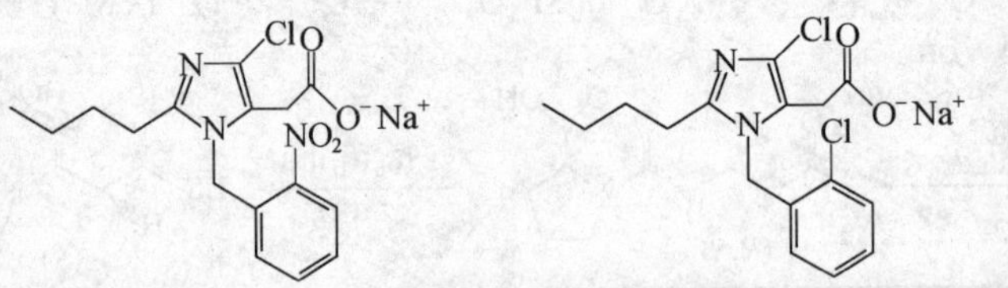

1-苄基咪唑-5-乙酸衍生物

1988 年，Wong 首先发现经这种衍生物改造而成的联苯四氮唑类化合物，能特异性地阻滞 AT_1 受体，对该类化合物进行筛选，从中寻找到了可以口服、选择性高的药物氯沙坦（Losartan），用于治疗高血压，是一个选择性强的血管紧张素Ⅱ受体拮抗剂。

氯沙坦 Losartan（LOS）

化学名：2-丁基-4-氯-1-[[2′-(1*H*-四唑-5-基)[1,1′-联苯]-4-基]甲基]-1*H*-咪唑-5-甲醇。又名洛沙坦、科素亚。

本品为淡黄色结晶，mp. 183.5～184.5℃，为中等强度的酸，其 pK_a 为 5～6，药用其钾盐。

本品为联苯四氮唑类化合物的衍生物，也是第一个口服有效的血管紧张素Ⅱ受体拮抗剂，疗效与血管紧张素转化酶抑制剂相似，具有良好的抗高血压、抗心肌肥厚、抗心衰、利尿等作用。口服吸收良好，不受食物影响，蛋白结合率达 99%，几乎不透过血脑屏障。

通过对氯沙坦构效关系的研究发现：①R_1 应是酸性的基团，如四氮唑基团，酸性越强，活性越高；若为三氮唑则需在苯环上引入吸电子基，如—CN、—CF_3 等；②R_2 若不为氢，则活性降低；③R_3 以能形成氢键的小基团为佳，如醇、醛、酸；④R_4 应为体积大、电负性高的亲脂性基团，如 Cl；⑤R_5 必须是 3～4 个碳原子的正烷烃基，分支烷烃、环烷烃、芳环均降低活性。其他常见的血管紧张素Ⅱ受体拮抗剂如下表 4-6。

表 4-6 常见的血管紧张素Ⅱ受体拮抗剂

依普沙坦 Eprosartan	替咪沙坦 Telmisartan
缬沙坦 Valsartan	厄贝沙坦 lrbesartan

第五节　NO供体药物

> 气体分子NO生物信使作用的发现，引起了对有机硝酸酯和亚硝酸酯类等NO供体药物的广泛研究，本节主要讨论有机硝酸酯和亚硝酸酯类药物的结构特点、命名和性质等方面的知识。

NO供体药物在体内能释放外源性NO分子，是临床上治疗心绞痛的主要药物。心绞痛的病理基础是心肌对氧的需求增加而冠状动脉痉挛造成供血不足，导致心肌耗氧与供氧失衡。心肌供氧量的多少是由冠状动脉血流量决定的，凡能扩张冠状动脉血管或促进侧支循环形成的药物，均可增加心肌供氧量，缓解心绞痛；此外，能降低心脏工作负荷而减少心肌耗氧量的因素，如减少回心血量或降低外周阻力（降低动脉血压）等，也减轻心绞痛。

一氧化氮（NO）是20世纪80年代发现的一种重要的执行信使作用的分子，又称内皮舒张因子，存在于人体组织当中，是一种活性很强的物质，它可有效地扩张血管，降低血压。

NO供体药物首先和细胞中的巯基（—SH）形成不稳定的亚硝基硫化合物，进而分解成不稳定的NO分子，导致血管平滑肌的松弛，血管的扩张。

NO供体药物在体内释放NO分子，使人体可以获得外源性NO，为治疗心绞痛的主要药物。除了有机硝酸酯和亚硝酸酯类外，还有吗多明（Molstdomine）和硝普钠（Sodium Nitroprusside）等。本节主要讨论有机硝酸酯和亚硝酸酯类。见表4-7。

表4-7　常见的NO供体药物

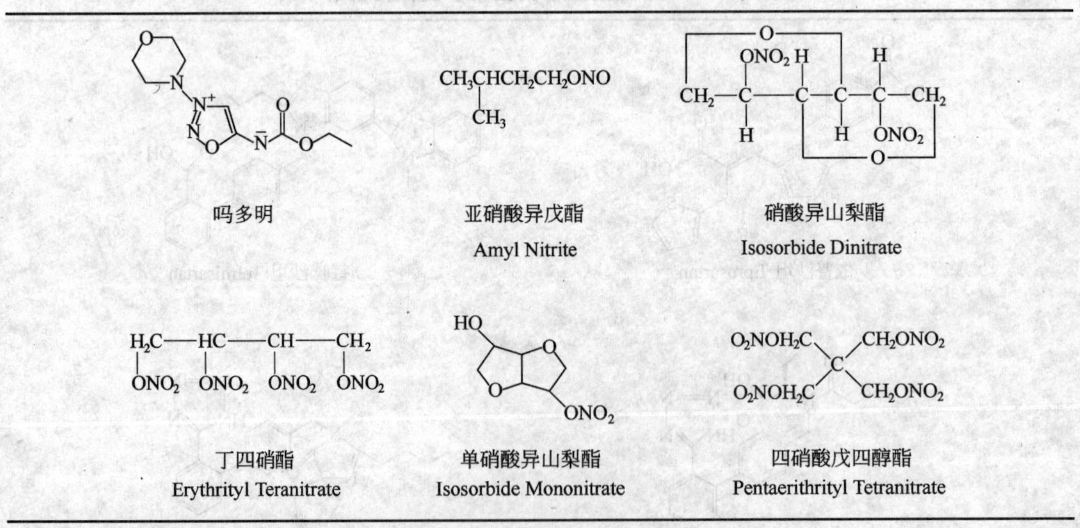

各种硝酸酯类药物的作用时效见表4-8。

表 4-8 亚硝酸酯和硝酸酯类药物作用时效

药　物	起效时间/min	作用强度最大时间/min	作用持续时间/min
亚硝酸异戊酯	0.25	0.5	1
硝酸甘油	2	8	30
硝酸异山梨酯	3	15	60
丁四硝酯	15	32	180
四硝酸戊四醇酯	20	70	330

硝酸甘油　Nitroglycerin

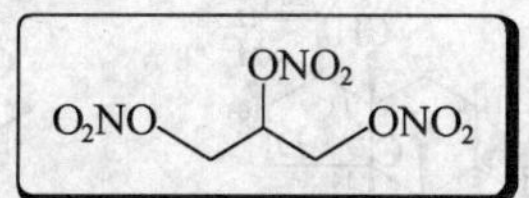

化学名：1,2,3-丙三醇三硝酸酯。又名三硝酸甘油酯。

本品为浅黄色无臭带甜味的油状液体，bp. 145℃，在低温条件下可凝固成为固体。本品可溶于乙醇，混溶于热乙醇、丙酮、乙醚、苯、氯仿，略溶于水。本品具有挥发性，也能吸收水分子成塑胶状，所以应在避光、密封、凉暗处保存。

本品在中性和弱酸性条件下相对稳定，但在碱性条件下水解迅速，并且由于其水解机制和途径不同，生成物也不一样。

另外，在本品中加入 KOH 或 NaOH 试液并加热，可水解生成甘油，加入硫酸氢钾，加热，生成具有恶臭的丙烯醛气体，此反应可用于本品的定性鉴别。

$$O_2NOCH_2CH(ONO_2)CH_2ONO_2 \xrightarrow{KOH} HOCH_2CH(OH)CH_2OH \xrightarrow{KHSO_4} CH_2{=}CHCHO$$

本品临床可用于各型心绞痛的防治，起效快，作用时间短，但由于口服首过消除率高，所以需舌下含服。

硝酸酯类药物与巯醇类药物有相互作用。硝酸酯类药物在体内需被巯基还原成亚硝酸酯类化合物，才能产生扩张血管作用。连续使用硝酸酯类药物，会降低组织中巯醇的含量，出现药物耐受性。利用硝酸酯类药物与巯醇类的相互作用，如同时给予可保护体内巯醇类的化合物 1,4-二巯基-2,3-丁二醇时，可降低耐受性。

第六节　强　心　药

强心药主要用于治疗慢性心功能不全。慢性心功能不全与冠心病和心肌梗死一样，严重威胁患者健康与生命。本节主要讨论这类药物的结构特点、命名、性质等方面的知识。把握这些内容有利于读者为解除患者的疾病服务。

强心药，又称正性肌力药，即加强心肌收缩力的药物。心肌收缩力的严重阻碍可引起慢性心功能不全，即充血性心力衰竭（CHF）。目前临床上对这类疾病的治疗药物有强心苷类、非强心苷类、扩张血管药及利尿药等。本节将重点介绍强心类药物。

强心苷存在于洋地黄、铃兰、黄花荚竹桃、毒毛旋花子等植物中。

强心苷苷元的基本结构是甾体的衍生物，在甾体 C_{17} 上连有不饱和内酯，C_3 上绝大多数为β-羟基，环系的空间排列大多数是 A/B 环为顺式，B/C 环为反式，C/D 环为顺式。C_{17} 不饱和内酯有五元环和六元环两种类型：

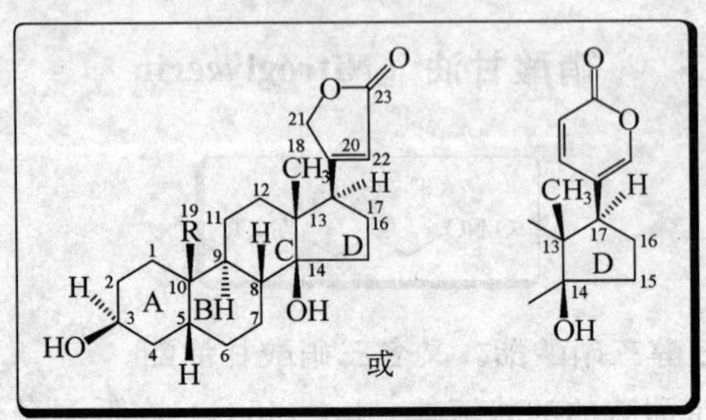

大多数天然强心苷都含有一个α，β-不饱和内酯环，并含有几个分子的糖，这些糖绝大多数都与苷元分子中的 C_3-OH 缩合，常见的有葡萄糖、鼠李糖和黄荚糖。

强心苷具有一些显色反应，如 Keller-Kiliani 反应，将强心苷溶解在含有微量三氯化铁的冰醋酸中，然后缓缓加入硫酸，使为二液层，在二液层交界面显棕色或其他颜色，这视苷元性质而定。此可用于强心苷的定性鉴别。

强心苷的种类很多，目前我国常用的有洋地黄毒苷（Digitoxin）、地高辛（Digoxin）、去乙酰毛花苷丙（Deslanoside 西地兰）和毒毛花苷 K（Deslanoside 西地兰 D）等。临床常见的强心药物如表 4-9 所示。

表 4-9　几种常见的强心药物

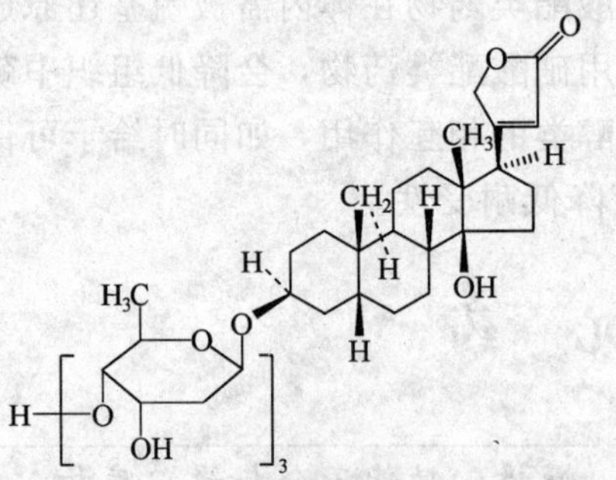

洋地黄毒苷 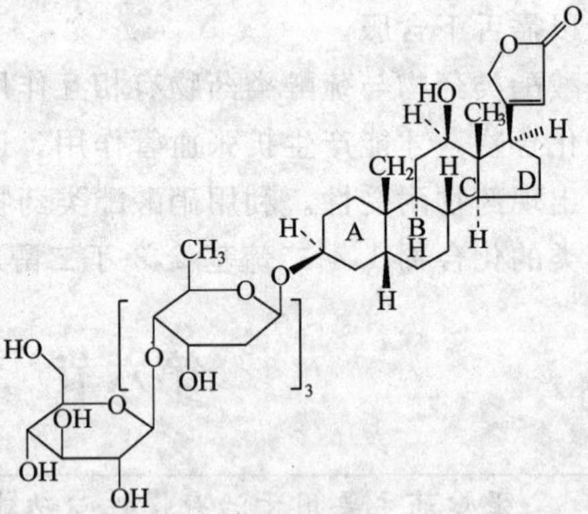　　　　去乙酰毛花苷丙

地高辛　Digoxin

化学名：3β-[[*O*-2,6-二脱氧-β-D-核-己吡喃糖基-(1→4)-*O*-2,6-二脱氧-β-D-核-己吡

喃糖基-(1→4)-2,6-二脱氧-β-D-核-己吡喃糖基]-氧代]-12β,14β-二羟基-5β-心甾-20(22)烯内酯。又名狄戈辛，异羟基洋地黄毒苷。

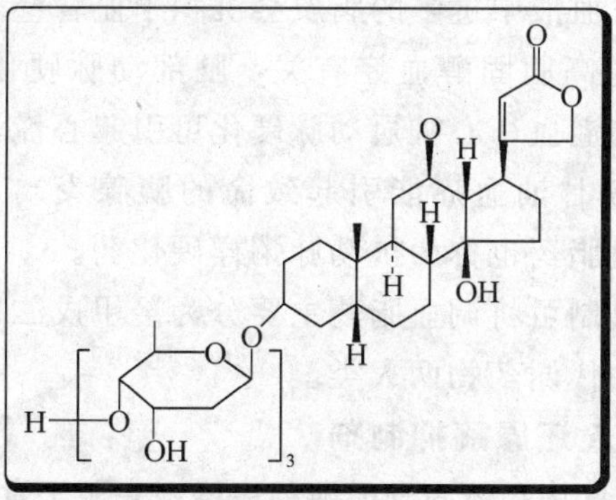

本品为毛花洋地黄苷C或西地兰的水解产物。

本品为白色结晶或结晶性粉末；无臭，味苦。mp. 235～245℃，融熔时同时分解。本品易溶于吡啶，微溶于乙醇，不溶于水、乙醚。$[\alpha]_D^{20}$ +9.5°～+12°（2%吡啶溶液）。Digoxin具有Keller-Kiliani反应，以此可对它进行鉴别。

本品属于中效强心苷类药物，加强心肌收缩力的作用比洋地黄毒苷强而迅速，临床使用比洋地黄毒苷要安全。本品可用于急性或慢性心功能不全，尤其对心房颤动及阵发性室上性心动过速者有效。

第七节 调血脂药

高脂血症是引起动脉粥样硬化的现代“富贵病”，动脉粥样硬化对健康和生命危害极大，请注意本节这类药物的类别、结构、命名、性质和应用等方面的知识。

血脂是指血浆或血清中的脂质，包括胆固醇、胆固醇酯、三酰甘油、磷酯以及它们与载脂蛋白形成的各种可溶性的脂蛋白。人体血浆中的脂蛋白又分为乳糜微粒（CM）、极低密度脂蛋白（VLDL）、中间密度脂蛋白（IDL）、低密度脂蛋白（LDL）、高密度脂蛋白（HDL）和脂蛋白（a）[Lp（a）]。

现代医学发现心血管某些疾病的产生与血液成分比例失调有很大关系。各种血脂及脂蛋白在血浆中有基本恒定的浓度以维持相互间的平衡，如果比例失调则表示脂代谢失常。脂质代谢紊乱、高血压、肥胖、血小板功能亢进等因素都能加速动脉粥样硬化，因而成为心脑血管疾病的主要病理基础。大量资料证明：①超过正常浓度的胆固醇、低密度脂蛋白、载脂蛋白B能促进动脉粥样硬化的形成和发展，超过正常浓度的三酰甘油和极低密度脂蛋白对此也有不良影响；②血浆中高密度脂蛋白HDL或HDL-胆固醇及载脂蛋白A低于正常浓度，也易发生动脉粥样硬化，因高密度脂蛋白对外周组织的胆固醇能逆行转运，呈抗动脉粥样硬化的效应。所以调整血浆脂蛋白比例，消除动脉粥样硬化在治疗动脉心脑血管疾病方面占有重要地位。高脂血症对身体的损害是隐匿、逐渐、进行性和全身性的，没有明显的临床症状，许多人往往在不知不觉中，已经造成了血黏稠度增高，血流缓慢，血液中过多的脂质会沉积于血管壁，形成粥样斑块，导致动脉粥样硬化的发生（主要与高胆固醇血症有关，脑部动脉硬化可引起头晕、记忆力减退，甚至痴呆、脑血栓或脑溢血；心脏冠动脉硬化可引起心慌、胸闷、气短，严重者可导致心肌梗死；极端高三酰甘油血症能引起致命的胰腺炎）。可以说高脂血症是一个“沉默的健康杀手”。故调血脂药也称为抗动脉粥样硬化药。

根据此类药物的作用机制可将调血脂药主要分为羟甲戊二酰辅酶 A 还原酶抑制剂，以及影响胆固醇和三酰甘油代谢药物两大类。

一、羟甲戊二酰辅酶 A 还原酶抑制剂

血浆中胆固醇的来源有食物和体内合成两种途径。来源于食物的，可由减少含胆固醇高的食品的摄入量来控制；在肝脏合成的可由阻断其合成过程来控制。在肝细胞的细胞质合成胆固醇的过程中，3-羟基-3-甲基戊二酰辅酶 A（简称羟甲戊二酰辅酶 A，或 HMG-CoA）还原酶是该合成过程中的限速酶，能催化羟甲戊二酰辅酶 A 还原为甲羟戊酸，是内源性胆固醇合成过程中的关键一步。通过抑制此酶的作用，减少内源性胆固醇的合成。

1976 年，日本学者 Endo 首次从霉菌培养液中提取分离得到美伐他汀（Mevastatin），并发现它对羟甲戊二酰辅酶 A 还原酶具有竞争性抑制作用，从而开辟了降胆固醇药物研究的新领域。经过研究，开发了洛伐他汀（Lovastatin）、辛伐他汀（Simvastatin）、普伐他汀（Pravastatin）、及全合成药氟伐他汀（Fluvastatin）等。该类药物通过抑制羟甲戊二酰辅酶 A 还原酶，而降低体内的内源性胆固醇水平，选择性高，疗效确切，对原发性高胆固醇及异常高血脂症都有显著疗效，可明显降低冠心病的发病率和死亡率。洛伐他汀和辛伐他汀为前药，在体内水解为β-羟基酸后有效。临床常见的他汀类药物见表 4-10。

羟甲戊二酰辅酶A还原酶

表 4-10　常见的他汀类药物

美伐他汀	洛伐他汀	普伐他汀

续表

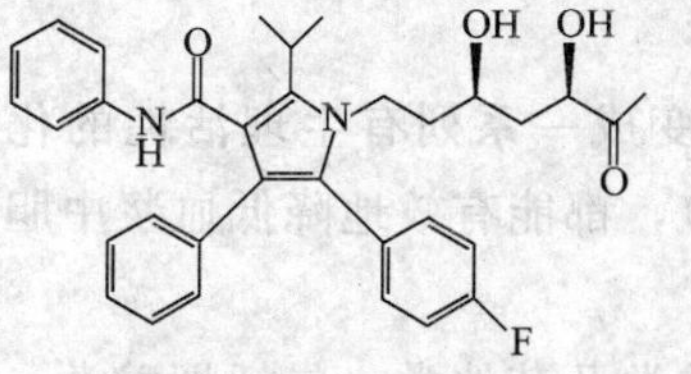 阿托伐他汀 (Atorvastatin)	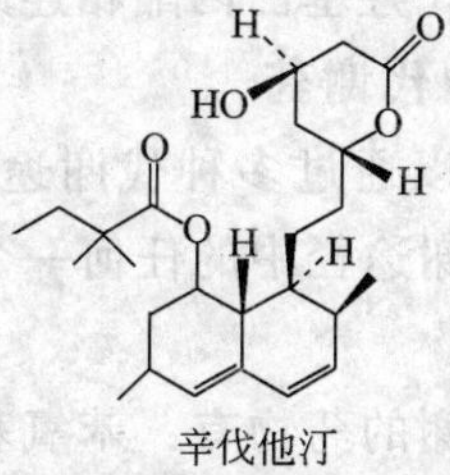 辛伐他汀	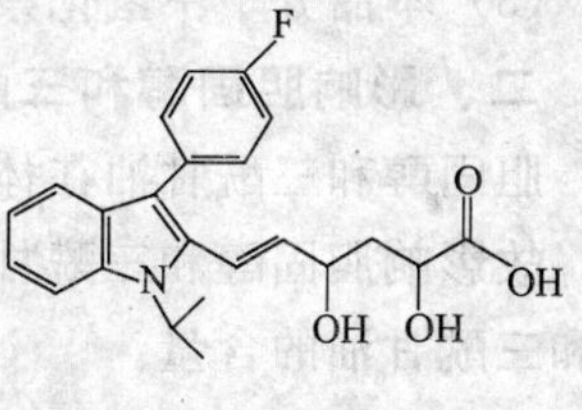 氟伐他汀

洛伐他汀 Lovastatin

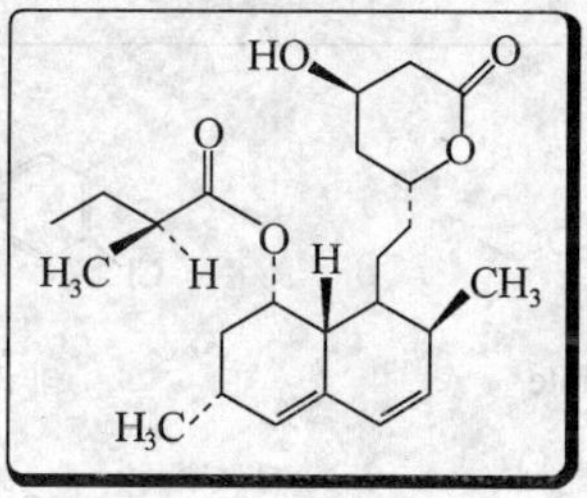

化学名：[1*S*-[1α(*R**)，3α,7β,8β(2*S**,4*S**)8aβ]]-2-甲基丁酸1,2,3,7,8a-六氢-3,7-二甲基-8-[2-(四氢-4-羟基-6-氧-2*H*-吡喃a-2-)乙基]-1-萘酯。

本品为白色结晶性粉末，不溶于水，易溶于氯仿、DMF、丙酮、乙腈，略溶于甲醇、乙醇、异丙醇、丁醇等。mp. 174.5℃，$[\alpha]_D^{25}$ +32.3°（乙腈）。

本品分子结构中不稳定部分是其六元内酯环上的羟基和酯键。固体状态时羟基可被空气氧化，生成二酮吡喃衍生物。本品水溶液，特别在酸、碱催化下，其内酯环能迅速水解。以上均与本品的稳定性有关，故本品的贮存应注意防潮、密闭。

本品为一内酯类降胆固醇药，本身并无降脂活性，其在体内水解产生的代谢产物即β-羟基酸，为3-羟基-3-甲基戊二酰辅酶A结构类似物，3-羟基-3-甲基戊二酰辅酶A还原酶不能有效辨别β-羟基酸与3-羟基-3-甲基戊二酰辅酶A，致使β-羟基酸占据还原酶的活性中心，而使还原酶失去对3-羟基-3-甲基戊二酰辅酶A还原反应的催化作用，胆固醇生物合成的过程由此受到抑制。它可使低密度脂蛋白合成减少及低密度脂蛋白分解代谢增加，并使高密度脂蛋白-胆固醇增加。能减少肝脏生成的胆固醇量，并使血液和组织中胆固醇的转化分解发生某些变化。临床主要用于原发性高胆固醇症，是伴有胆固醇升高的Ⅱ、Ⅲ型高血脂症的首选药物。但洛伐他汀有他汀类药物共有的溶解横纹肌的不良反应。

洛伐他汀等作为羟甲戊二酰辅酶A还原酶抑制剂，分子中的部分结构—3-羟己内酯和其开环衍生物与羟甲戊二酰辅酶A还原酶的底物—羟甲戊二酰辅酶A的戊二酰部分具有结构相似性，所以对该酶具有高度亲和性并产生抑制作用，最终具有明显的降低胆固醇的作用。经过大量构效关系分析确认：

（1）本品分子中的3-羟基己内酯是活性所必需的基团。

（2）本品分子中的氢化萘环可由苯环、萘环、茚环、吡咯、咪唑、吡啶、吲哚、喹啉等置换。

(3) 本品分子中氢化萘环与3-羟基己内酯相连的基团以乙基为好，也可为乙烯基。

二、影响胆固醇和三酰甘油代谢药

胆固醇和三酰甘油在体内可以通过多种代谢途径转变成一系列有生理活性的化合物，故影响胆固醇和三酰甘油代谢途径中的任何一个环节，都能有效地降低血浆中胆固醇和三酰甘油的含量。

能影响胆固醇和三酰甘油代谢的药物有：苯氧基烷酸类及其他类，包括烟酸类、胆汁酸结合树脂类、甲状腺素类等，见表4-11。

表 4-11 常见的影响胆固醇和三酰甘油代谢的药物

苯氧基烷酸类			
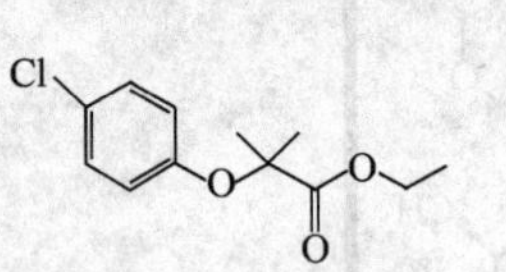 氯贝丁酯 Clofibrate	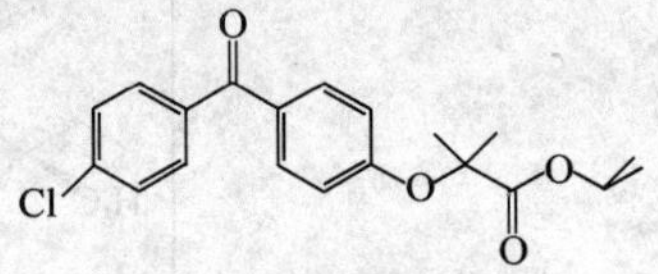 非诺贝特 Fenofibrate		
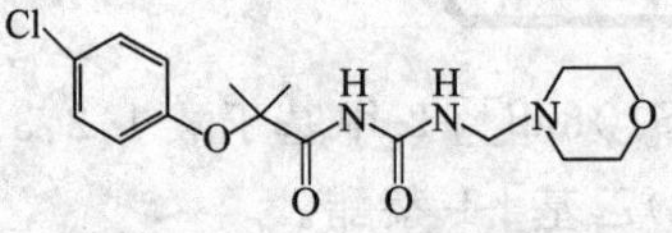 普拉贝脲 Plafibride	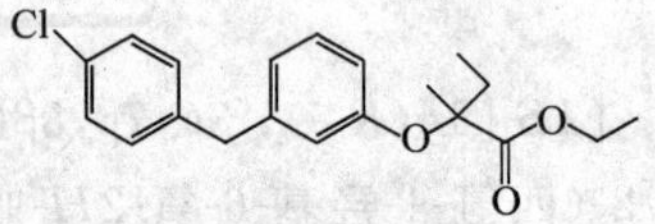 苄氯贝特 Beclobrate		
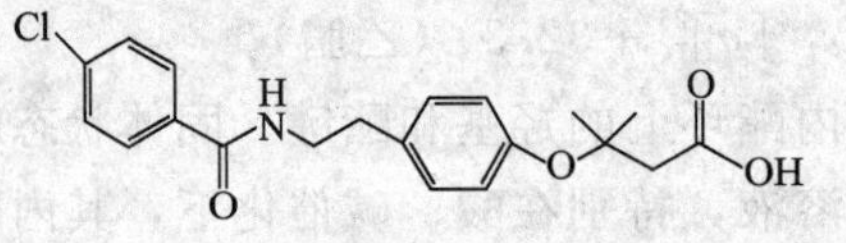 苯扎贝特 Benzafibrate	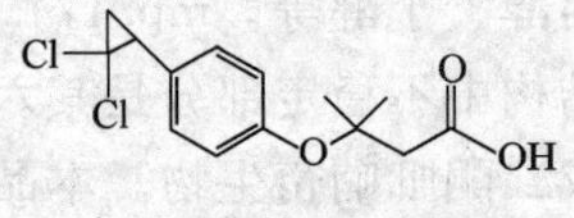 环丙贝特 Ciprofibrate		
烟酸类			
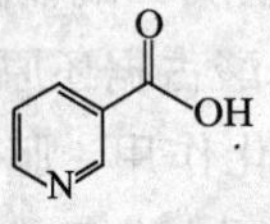 烟酸 Nicotinic Acid	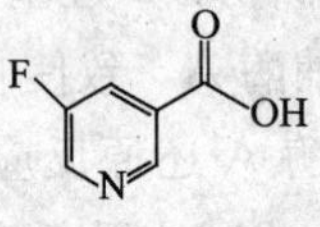 5-氟烟酸 5-Fluoronicotinic Acid	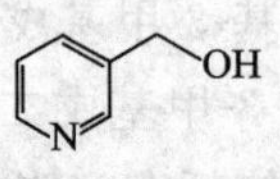 烟醇 Nicotinyl Alcohol	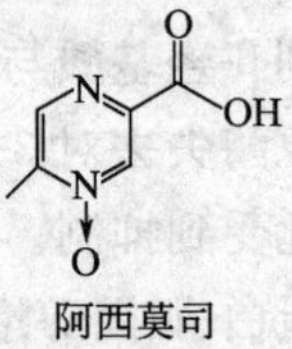 阿西莫司 Acipimox
其他类			
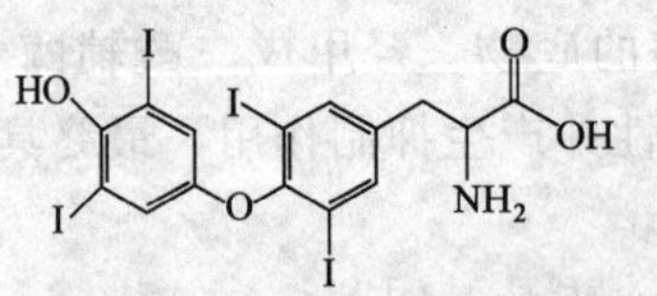 右旋甲状腺素 Dextrothyroxine	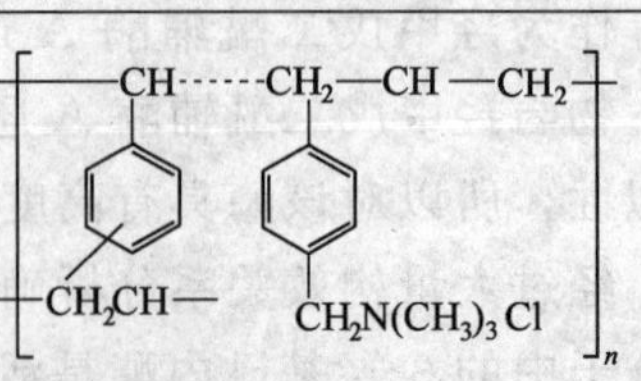 考来烯胺 Cholestyramine		

吉非贝齐　Gemfibrozil

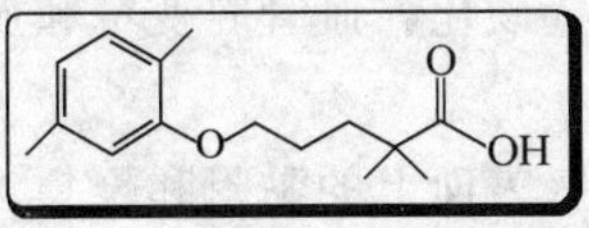

化学名：2,2-二甲基-5-(2,5-二甲苯基氧基）-戊酸。又名吉非罗齐、诺衡、二甲苯氧庚酸。

本品为白色结晶性粉末；无臭，无味。本品在氯仿中极易溶解，在甲醇、乙醇、丙酮及乙烷中易溶，在水中不溶；在氢氧化钠试液中易溶。mp. 58～61℃。

本品的乙醇溶液，加 2%的碘化钾溶液与 4%的碘酸钾溶液，置水浴中加热 1min，冷却，加淀粉指示液，即显蓝色。此可用于本品的定性鉴别。

本品的合成可以 1-(2,5-二甲基苯氧基)-3-溴丙烷（Ⅰ）为原料与异丁二酸二乙酯（Ⅱ）反应生成（Ⅲ），（Ⅲ）用氢氧化钠水解再酸化得（Ⅳ），再用碘甲烷甲基化，酸化即可得。

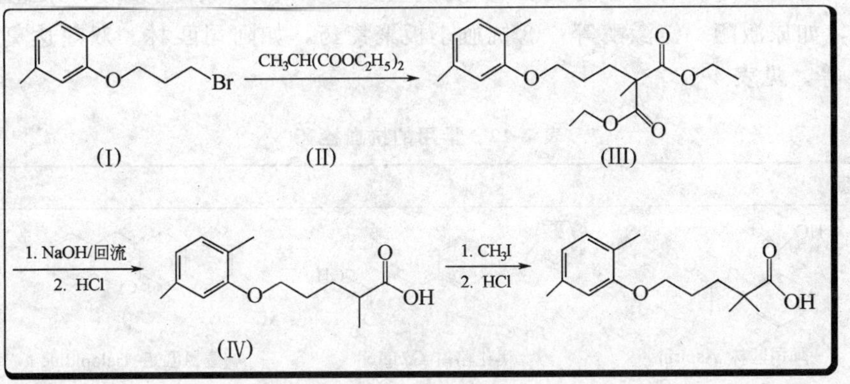

$CH_3CH(COOC_2H_5)_2$

(I)　(II)　(III)

1. NaOH/回流　2. HCl

(IV)

1. CH_3I　2. HCl

本品能明显降低富含三酰甘油的极低密度脂蛋白，轻度升高高密度脂蛋白-胆固醇（HDL-C），也可抑制肝分泌脂蛋白（尤其是极低密度脂蛋白）而抑制三酰甘油的合成。

第八节　抗血栓药

抗血栓药主要是通过影响血液凝固的不同环节，防止血栓的形成，临床主要用于血栓栓塞性疾病。本节主要讨论该类药物的分类及典型药物的结构、命名、合成和性质等方面的知识。

冠心病（冠脉血栓）和脑血栓是危害最大、致死、致残率最高的血栓性疾病。动脉粥样硬化是冠心病、心肌梗死和脑血栓的病理基础。高脂血症和高血压症又是动脉粥样硬化 、血栓形成的主要诱导因素。

在高脂血症和高血压等情况下，血管内皮细胞受损，使血管壁通透性增高，经氧化修饰的 LDL 通过其过氧化脂质直接损害血管内皮细胞，刺激内皮细胞和血小板合成、释放生长因子，并诱发血管脂纹病变（这是动脉粥样硬化的重要病理改变），继而形成纤维斑块和粥样斑块，引起血管壁硬化，血管腔变窄和血栓形成。因此，降血压药和降血脂药也有抗血栓作用。

另外，血小板在损伤的血管壁表面上的黏附和聚集、血流淤滞、凝血因子的激活促使凝血酶的生成、纤溶活性低下等，都是血栓形成促进因素。

血小板是血栓形成的必需物质，故抑制血小板聚集药，在血栓病的预防和治疗中发挥着重要的作用；而凝血因子及凝血酶在血栓形成过程则起着核心作用，因而凝血酶和凝血因子抑制剂也成为有效的抗血栓药；纤维蛋白溶酶能降解血栓中的纤维蛋白，使血栓溶解，故只要能直接或间接激活纤维蛋白溶酶原的药物，则可成为溶栓药。所以，抗血栓药主要是通过影响血液凝固的不同环节，防止血栓的形成，临床主要用于血栓栓塞性疾病。

本节介绍的抗血栓药物，主要集中在预防血栓形成的药物和血栓形成后的溶栓药。溶栓药对挽救冠心病和脑血栓患者的生命及减少致残率有着特殊的意义。

根据药物的作用，可将其分为：① 抗凝血药，如肝素、香豆素类、水蛭素等；② 溶血栓药，如尿激酶、链激酶等；③抗血小板聚集药，如阿司匹林、双嘧达莫（Dipyridamole）等。见表 4-12。

表 4-12 常用的抗血栓药

抗血小板药

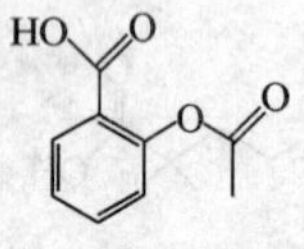

阿司匹林 Aspirin 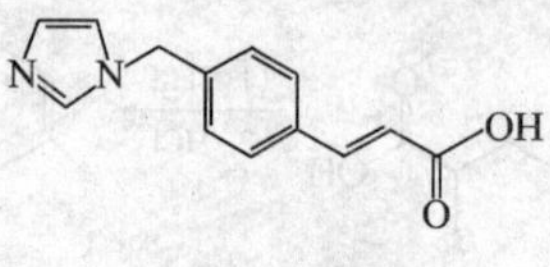　　奥扎格雷 Ozagrel 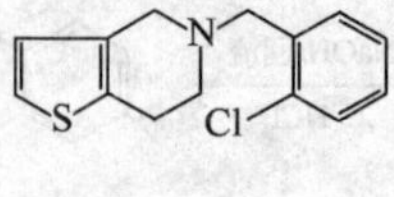　　塞氯匹定 Ticlopidine

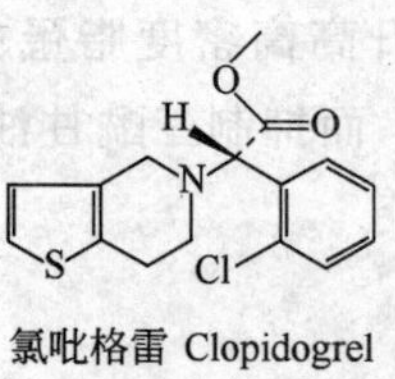

氯吡格雷 Clopidogrel 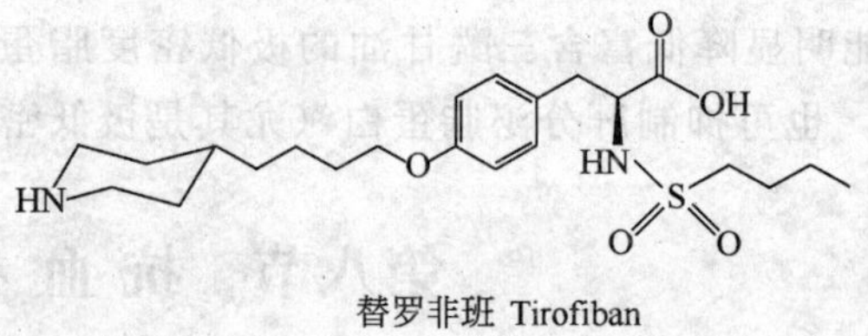　　替罗非班 Tirofiban

抗凝血药

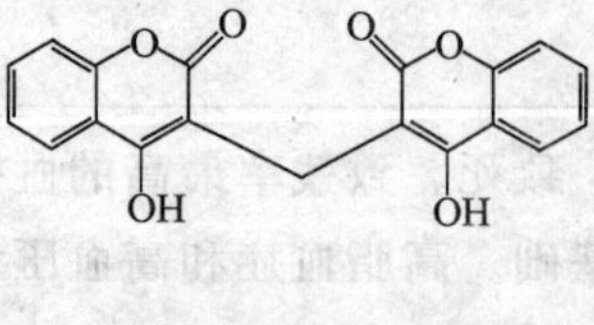

双香豆素 Dicumarol 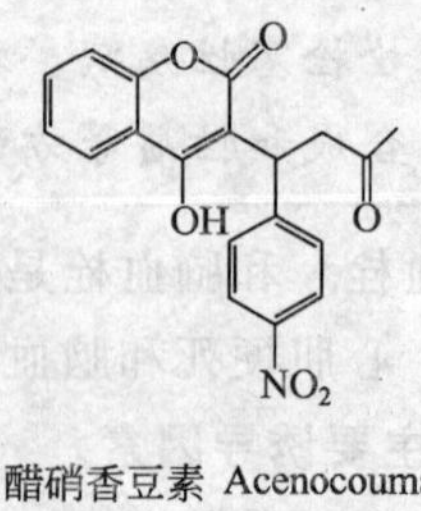　　醋硝香豆素 Acenocoumarol

华法林钠 Warfarin Sodium

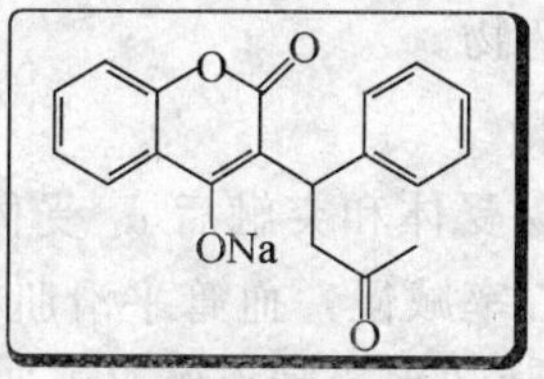

化学名：3-(3-氧代-1-苯基丁基)-4-羟基-2*H*-1-苯并吡喃二酮钠盐。

本品为白色结晶性粉末，无臭，味微苦；极易溶于水，易溶于乙醇，几乎不溶于氯仿和乙醚。

本品的水溶液，加稀盐酸，中和酚钠游离出酚型，即生成白色沉淀，mp. 162℃。

本品的水溶液，加硝酸，过滤，在其滤液中加重铬酸钾试液，振摇，数分钟后溶液显绿蓝色。

本品的水溶液显钠盐的鉴别反应。

以上三反应均可用于本品的定性鉴别。

本品固体稳定，但其水溶液可发生水解反应，且水解产物可进一步被氧化，此氧化与光、金属离子等因素有关，故本品的贮存应注意干燥、避光、密封。

本品的合成是用水杨酸甲酯与醋酐进行酰化反应得邻乙酰氧基苯甲酸甲酯（Ⅰ），再在碳酸钠存在下环合得 4-羟基香豆素钠（Ⅱ），经盐酸酸化得 4-羟基香豆素（Ⅲ），最后与苯亚甲基丙酮缩合即得（Ⅳ）。

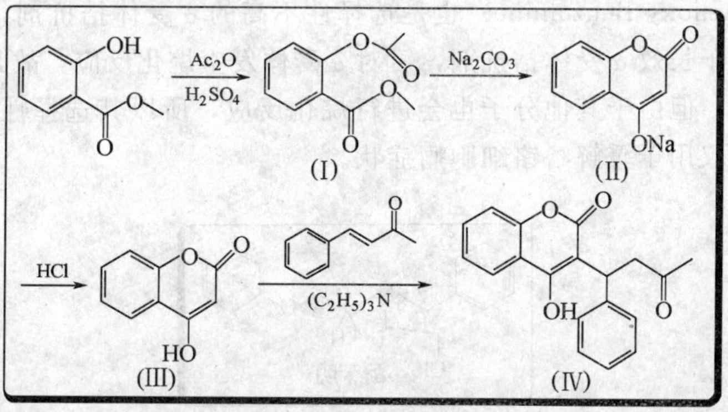

$\xrightarrow[H_2SO_4]{Ac_2O}$ (Ⅰ) $\xrightarrow{Na_2CO_3}$ (Ⅱ) $\xrightarrow{HCl}$ (Ⅲ) $\xrightarrow{(C_2H_5)_3N}$ (Ⅳ)

本品属于香豆素类抗凝血药，用途与肝素相同，可防止血栓形成与发展，也可作为心肌梗死辅助用药及风湿性心脏病等的治疗。

第九节 其他心血管系统药物

血管系统药物是一个较为庞大的体系，临床除了常用的防治药物以外，还包括作用于α受体的药物及作用于血管平滑肌和交感神经末梢的药物。本节主要介绍这一系列药物的基本情况和典型药物的结构、命名、性质和应用等方面的知识。

治疗心血管疾病的药物种类繁多，换代也快，因而除在临床上常用的防治药物以外，还有许多临床已不常用或较少使用的药物，它们包括作用于 α 受体的药物及作用于血管平滑肌和交感神经末梢的药物。

一、作用于 α 受体的药物

α 受体有两种，即突触前 α_2 受体和突触后 α_1 受体。α_2 受体兴奋的生理效应表现为使去甲肾上腺素的释放减少，心率减慢，血管平滑肌松弛，血压下降，对高血压患者有利；而阻滞 α_1 受体，可使小动脉和小静脉血管平滑肌舒张，外周阻力降低，血压下降，可以降低心脏负荷。所以作用于 α 受体的药物包括 α_1 受体拮抗剂和 α_2 受体激动剂。根据其作用，α 受体拮抗剂有非选择性 α 受体拮抗剂（α_1、α_2 受体拮抗剂）和选择性 α_1 受体拮抗剂。现将常见的 α 受体拮抗剂和 α_2 受体激动剂介绍如下。

妥拉唑啉（Tolazoline）和酚妥拉明（Phentolamine）都是选择性不高的 α 受体拮抗剂，也是咪唑类化合物。它们属于短效 α 受体拮抗剂，具有抗高血压活性，还具有刺激胃肠道平滑肌，释放组胺刺激胃酸分泌的不良反应。临床可用于治疗和诊断嗜铬细胞瘤。

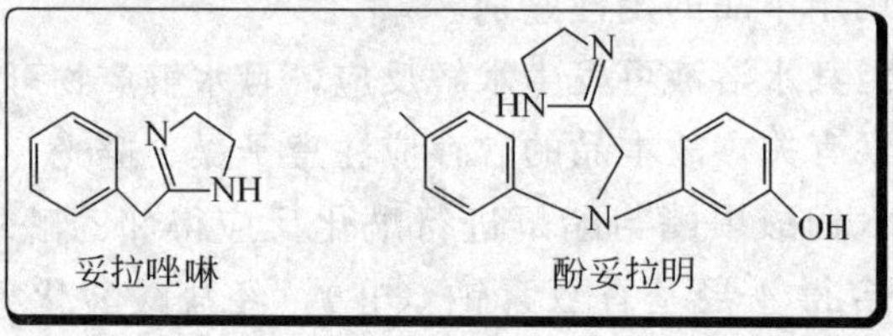

妥拉唑啉　　酚妥拉明

酚苄明（Phenoxy Benzamine）也是选择性不高的 α 受体拮抗剂，是一种 β 卤代烷胺类化合物，属于长效 α 受体拮抗剂，可对 α 受体发生烷化反应，故是一种具有高度反应活性的烷化剂，但由于其他分子也会进行烷化反应，所以其选择性很差、毒性很大，使用受到限制，仅用于缓解嗜铬细胞瘤症状。

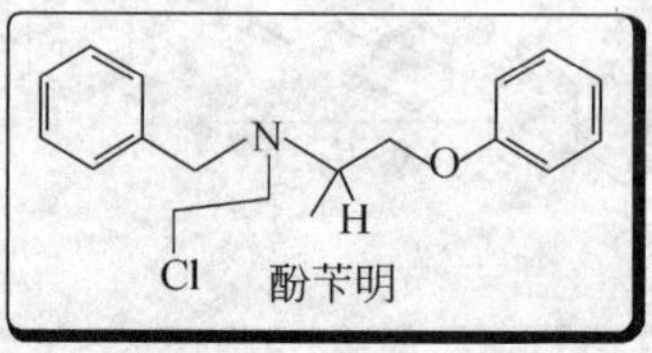

酚苄明

哌唑嗪（Prazosin）是第一个已知的选择性 α_1 受体拮抗剂，于 1960 年以后发现，其结构属于喹唑啉类，该类药物还包括特拉唑嗪（Terazosin）和多沙唑嗪（Doxazosin）等，都具有选择性阻断 α_1 受体的作用，而使血管扩张，小动脉和小静脉张力降低，血压下降。临床主要用于高血压病的治疗，也可用于充血性心力衰竭。

选择性 α_1 受体拮抗剂的其他结构类型有吲哚拉明（Indoramin），是一种吲哚衍生物。吲哚拉明除了对 α_1 受体具有选择性作用之外，还能阻断组胺 H_1 受体和 5-羟色胺受体，所以，临床用于治疗高血压时，常引起嗜睡、口干、头昏等不良反应。临床常用的 α_1 受体拮抗剂见表 4-13。

表 4-13 常用的 α_1 受体拮抗剂

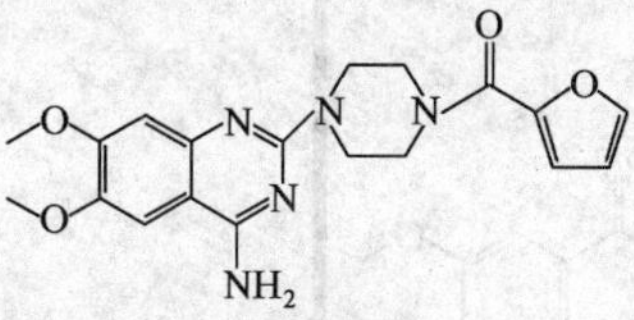

哌唑嗪 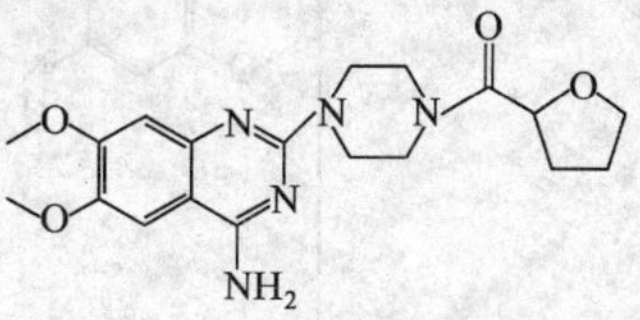　特拉唑嗪

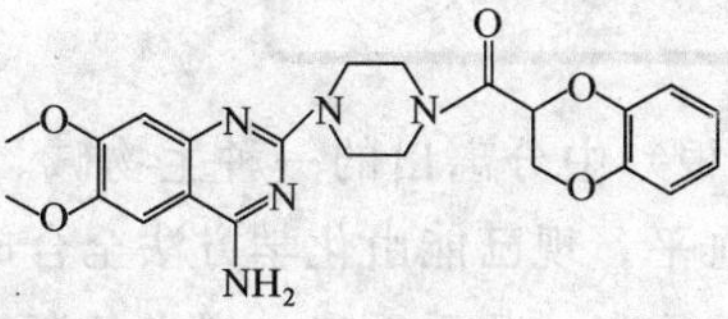

多沙唑嗪 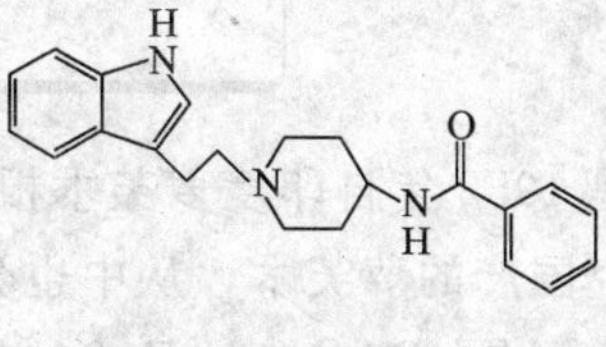　吲哚拉明

α_2 受体激动剂主要有可乐定（Clonidine）、甲基多巴（Methydopa）、利美尼定（Rilmenidine）等药物见表 4-14。它们主要是通过兴奋中枢神经元突触前膜上的 α_2 受体，使血管扩张，血压下降。

表 4-14 常用的 α_2 受体激动剂

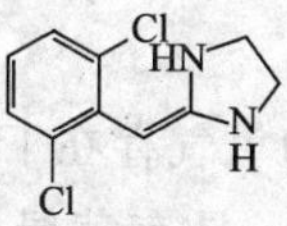

可乐定 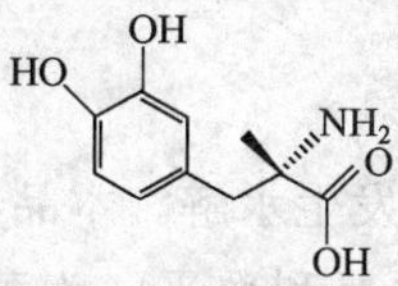　甲基多巴 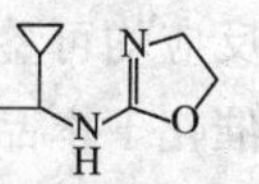　利美尼定

二、作用于血管平滑肌的药物和作用于交感神经末梢的药物

（一）作用于血管平滑肌的药物

这类药物可直接松弛血管平滑肌，降低外周阻力，使血压下降。临床可用于高血压的治疗。这类药物主要有肼屈嗪（Hydralazine）、双肼屈嗪（Dihydralazine）、布屈嗪（Budralazine）等。见表 4-15。

表 4-15 常用的作用于血管平滑肌的药物

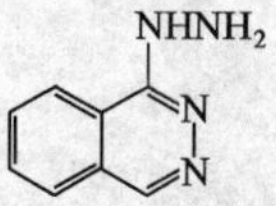

肼屈嗪 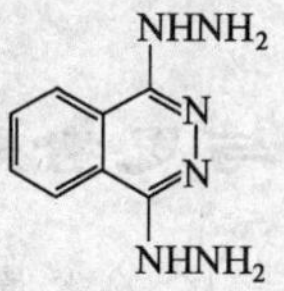　双肼屈嗪 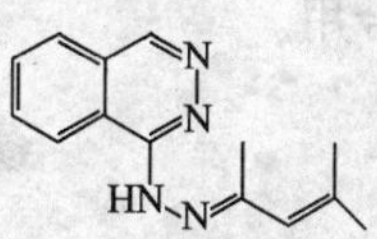　布屈嗪

（二）作用于交感神经末梢的药物

利血平 Reserpine

化学名：11,17α-二甲氧基-18β-[3,4,5-三甲氧苯甲酰]氧-3β,20α-育亨烷-16β-甲酸甲酯。又名蛇根碱、血安平、利舍平。

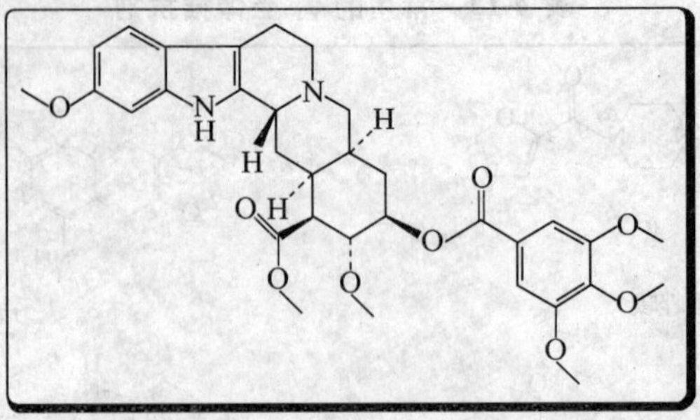

本品是1952年自印度萝芙木根（也称蛇根）中分离出的一种生物碱。我国于1956年开始研究国产的萝芙木，从中也分离出利血平。现已能由化学方法全合成得到。

本品为白色或淡黄色结晶或结晶性粉末；无臭，几乎无味。遇光色渐变深。几乎不溶于水、甲醇、乙醇和乙醚，易溶于氯仿，微溶于丙酮、苯。本品具有旋光性，弱碱性，pK_b6.6。mp.264～265℃。

本品为吲哚衍生物，具有吲哚的显色反应，加钼酸钠的硫酸溶液立即显黄色，约5min后转变为蓝色。若加新制的香草醛试液，约2min后，显玫瑰红色。本品与对二甲氨基苯甲醛也有反应，当与少量冰醋酸与硫酸溶液混匀后显绿色，再加冰醋酸则转变为红色。

以上化学反应均可鉴别本品。

在酸、碱催化下本品水溶液可发生水解。本品在光照和氧气存在下极易氧化，酸也能促进氧化，氧化产物为3,4-二去氢利血平，为黄色物质，具有黄绿色荧光。进一步氧化生成3,4,5,6-四去氢利血平，有蓝色荧光，再进一步氧化则生成无荧光的褐色和黄色聚合物。故本品的贮存应注意遮光、密闭。

利血平能抑制去甲肾上腺素、肾上腺素、多巴胺以及5-羟色胺进入神经细胞内囊泡中储存，使这些神经递质不能被重新吸收、储存以及再次利用，很快被单胺氧化酶破坏失活，导致神经末梢递质耗竭，肾上腺素能传递受阻，降低交感的紧张性，引起血管的舒张，产生温和而持久的降压作用。本品用于早期轻、中度治疗高血压，作用缓慢、温和而持久。因具有安定作用，故对老年和有精神病症状的患者尤为适用。本品也可与其他抗高血压药物合用。

练习与思考题

1. 心血管系统药物如何分类？每类举1～2个常用药物。

2. 以α-萘酚等为主要原料合成盐酸普萘洛尔，并说明如何检查其中的杂质α-萘酚？

3. 如何用化学方法鉴别下列药物？

(1) 盐酸普萘洛尔

(2) 盐酸地尔硫䓬

(3) 硫酸奎尼丁

(4) 盐酸胺碘酮

(5) 卡托普利
(6) 硝酸甘油
(7) 地高辛
(8) 吉非贝齐
(9) 华法林钠
(10) 利血平
4. 分别说明下列药物应如何储存?
(1) 卡托普利
(2) 华法林钠
(2) 利血平
(4) 硝酸甘油

(叶云华)

第五章　消化系统药物

消化系统疾病是临床常见病、多发病。因此，临床上作用于消化系统的药物占有很重要的地位。治疗消化系统疾病的药物主要有抗溃疡药、助消化药、止泻药、缓泻药、止吐药、促动力药、肝病辅助用药以及利胆药等。本章主要介绍抗溃疡药、止吐药、促动力药。

第一节　抗溃疡药

> 你的家人、朋友中是否有人时常感到胃疼，甚至发生胃溃疡？你知道什么药可以治疗？你想了解这些药的结构和性质吗？

消化性溃疡多发生在胃幽门及十二指肠处，是由于胃酸分泌过多引起的胃黏膜损伤。一般的治疗方案是采用中和胃酸、抑制胃酸及胃蛋白酶的过度分泌，保护胃黏膜溃疡面，使用抗菌药杀灭幽门螺旋杆菌等措施。目前临床使用的抗溃疡药种类很多，如抗酸剂、H_2 受体拮抗剂、前列腺素类胃黏膜保护剂、质子泵抑制剂等。用抗酸剂中和胃酸为早期的治疗方法，副作用大，疗效不确切，现已少用。因此，本节主要介绍 H_2 受体拮抗剂和质子泵抑制剂。

一、H_2 受体拮抗剂

人体内的组胺通常是以非活性的结合态存在于肥大细胞的颗粒中。当发生变态反应或在其他因素的刺激下，组胺被释放出来，从而产生病理反应。20 世纪 70 年代科学家提出，组胺存在两种受体，即 H_1 受体和 H_2 受体。当 H_2 受体兴奋时，则胃酸及胃蛋白酶分泌增加。胃酸分泌过度极易导致消化性溃疡。

H_2 受体拮抗剂是通过与组胺竞争 H_2 受体，阻断组胺触发 H_2 受体激发 cAMP（引起胃酸分泌的生物信使）的产生，最终达到抑制胃酸的作用。科学家从组胺结构出发，试图对咪唑环进行结构改造，以期能够找到抑制胃酸分泌的化合物。最终还是通过改造组胺侧链，得到了有效物质。1975 年终于合成出了西咪替丁（Cimetidine）。之后又用呋喃环代替西咪替丁中的咪唑环，导致雷尼替丁（Ranitidine）的出现。继雷尼替丁之后，1986 年又一 H_2 受体拮抗剂法莫替丁（Famotidine）上市。此药与西咪替丁相比，作用强，不良反应少。法莫替丁的作用比西咪替丁强 30～100 倍，比雷尼替丁强 6～10 倍，被称为第三代 H_2 受体拮抗剂。

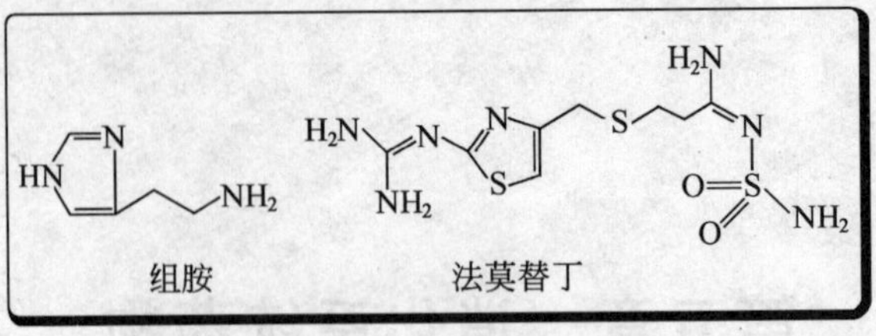

组胺　　　法莫替丁

西咪替丁 Cimetidine

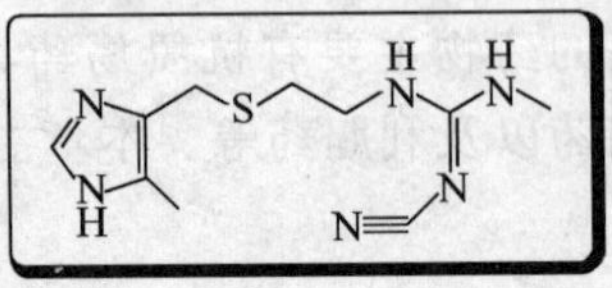

化学名为 *N*-氰基-*N*′-甲基-*N*″-[2[[(5-甲基-1*H*-咪唑-4-基)甲基]硫代]-乙基]胍。又名甲氰咪胍，泰胃美。

本品为白色或类白色结晶性粉末，味微苦涩；mp. 140～146℃。在水中微溶，乙醇中溶解，在乙醚中不溶。

本品有咪唑环和胍基，呈弱碱性，能溶于稀盐酸中。但在过量的酸中，氰基水解生成氨甲酰胍，加热进一步水解成胍类化合物。

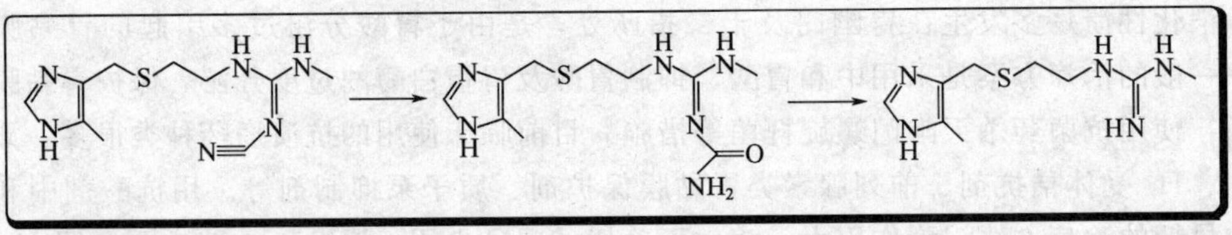

本品的水溶液，加氨试液，再加硫酸铜试液生成蓝灰色沉淀，此反应可用于与一般胍类化合物相区别；本品经灼烧放出硫化氢气体，该气体能使醋酸铅试纸显黑色，这是含硫化合物的鉴别反应。

本品可采用以下方法合成：

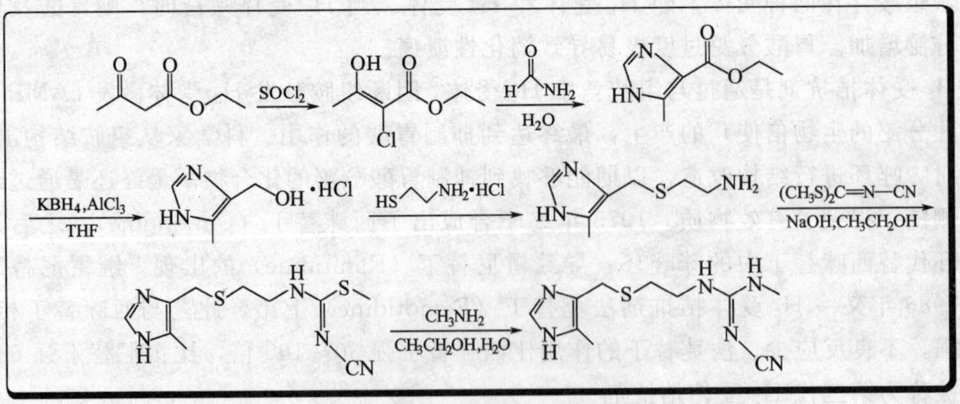

$SOCl_2$　　$HCONH_2$，H_2O

$KBH_4,AlCl_3$，THF　　·HCl　　$HS\diagup\diagdown NH_2\cdot HCl$　　$(CH_3S)_2C{=}N{-}CN$，$NaOH,CH_3CH_2OH$

CH_3NH_2，CH_3CH_2OH,H_2O

本品通过拮抗 H_2 受体而减少胃酸分泌。

本品主要用于治疗十二指肠溃疡，预防溃疡发生。对胃溃疡、反流性食管炎等均有效。本品与雌激素受体有亲和作用，长期应用可导致男子乳腺发育和阳痿，妇女溢乳等不良反应。

本品与甲氧氯普胺合用时能减少在胃内停留时间，影响其吸收，疗效降低；与阿司匹林合用时使该药的溶解度增大，分解减少，吸收增多，血药浓度明显升高，作用增强；含铝、镁的抗酸药能减少本品的吸收，降低生物利用度。

盐酸雷尼替丁 Ranitidine Hydrochloride

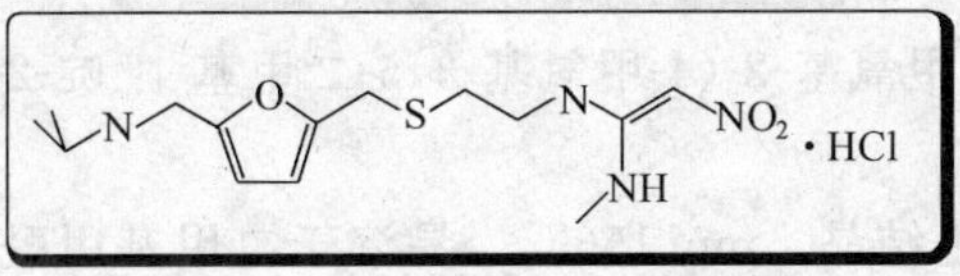

化学名为 N'-甲基-N-[2[[5-[(二甲氨基)甲基-2-呋喃基]甲基]硫代]乙基]-2-硝基-1,1-乙烯二胺盐酸盐。又名甲硝呋胍，呋喃硝胺。

本品为类白色至浅黄色结晶性粉末，有异臭，味微苦带涩。易溶于水，极易潮解，吸潮后颜色变深。mp. 137～143℃，熔融时分解。应防潮贮存。

本品受温度、湿度影响较大。其盐酸盐在温度 40℃，50%～60%的相对湿度下放置 5 天，有 5%降解；若温度为 60℃，相对湿度为 100%，放置 5 天后，有 11.5%降解；在室温、干燥条件下稳定。

本品经灼热，产生硫化氢气体，能使湿润的醋酸铅试纸显黑色。此性质与西咪替丁类似。其水溶液显示氯化物的鉴别反应。

本品通过抑制 H_2 受体而减少胃酸分泌。临床上主要用于治疗十二指肠溃疡、良性胃溃疡、反流性食管炎等，具有高效、速效、长效的特点，其不良反应较西咪替丁小。

二、质子泵抑制剂

质子泵即 H^+/K^+-ATP 酶。该酶催化胃酸分泌，使氢离子与钾离子交换，氢离子分泌于胃中成为胃酸。质子泵抑制剂比 H_2 受体拮抗剂的作用面广，对组胺、乙酰胆碱或胃泌素刺激 H_2 受体、乙酰胆碱受体、胃泌素受体引起的胃酸分泌均可抑制。质子泵抑制剂是已知的对胃酸分泌抑制作用最强的抑制剂。质子泵仅存在于胃壁细胞表面，故质子泵抑制剂的作用较 H_2 受体拮抗剂专一，选择性高，不良反应较小。

奥美拉唑（Omeprazole）是第一个上市的质子泵抑制剂，对各种原因引起的胃酸分泌过多有强而持久的抑制作用。对奥美拉唑进行结构改造又得到了兰索拉唑（Lansoprazole）、泮托拉唑（Pantoprazole）等一系列质子泵抑制剂。兰索拉唑的作用比奥美拉唑强 2～10 倍，泮托拉唑在疗效、稳定性、对胃壁细胞的选择性上比兰索拉唑更优。

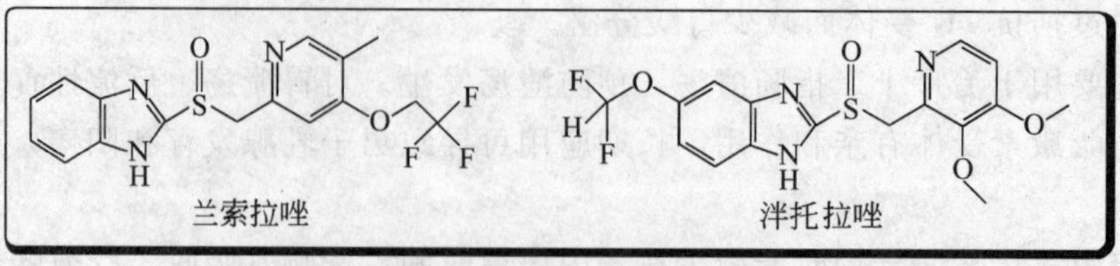

兰索拉唑　　　　泮托拉唑

奥美拉唑　Omeprazole

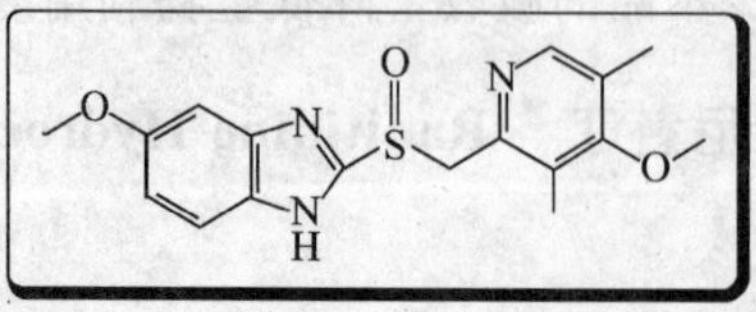

化学名为 (R,S)-5-甲氧基-2-(4-甲氧基-3,5-二甲基-吡啶-2-基-甲基亚磺酰基)-苯并咪唑。商品名为洛塞克。

本品为白色或类白色结晶，mp. 156℃。易溶于二甲基甲酰胺（DMF），溶于甲醇，难溶于水。

本品具有酸、碱两性。本品在水溶液中不稳定，对强酸也不稳定，应低温避光保存。因此本品口服制剂为有肠溶衣的胶囊。

本品合成采用以下路线：

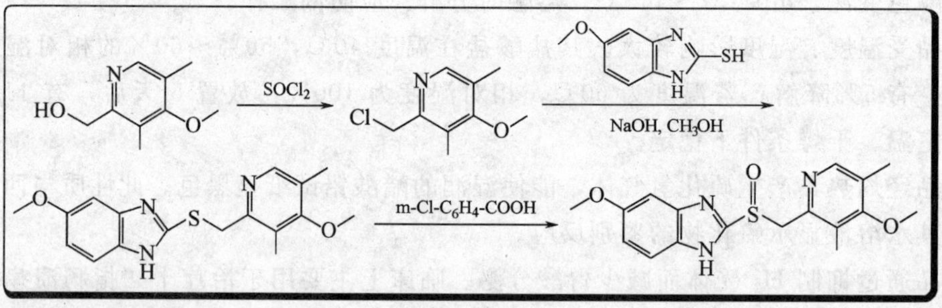

$SOCl_2$　　NaOH, CH_3OH　　m-Cl-C_6H_4-COOH

本品在体外无活性，进入胃后，在酸性环境下产生有活性的代谢物次磺酰胺，该物质与 H^+/K^+-ATP 酶结合，使 H^+/K^+-ATP 酶失活，从而产生抑制作用。

本品口服后在十二指肠吸收，可选择性地聚集在胃壁细胞的酸性环境中，其抑制胃酸的作用强而持久，是目前最强的抑制胃酸药物。奥美拉唑还能使十二指肠溃疡较快愈合，治愈率较高，比传统的 H_2 受体拮抗剂作用更好。

显著升高胃内 pH，可能影响许多药物的吸收。

第二节　止　吐　药

胃肠道疾病、晕动症、妊娠反应、放射线治疗、外科手术及某些药物治疗引起恶心、呕吐时该用哪些药？通过这一节的学习，读者将了解这类药的结构、理化性质、作用机制等内容。

恶心、呕吐是胃运动和排空紊乱的特征。胃肠道疾病、晕动症、妊娠反应、放射线治疗、外科手术及某些药物治疗均可引起恶心、呕吐。常用的止吐药按作用原理可分为抗胆碱药（如东莨菪碱）、抗组胺药（如苯海拉明）、抗多巴胺药（如多潘立酮）、5-羟色胺（5-HT）拮抗剂（如昂丹司琼）等。本节重点介绍 5-HT_3 拮抗剂。

5-HT_3 受体是 5-HT 受体的一个亚型，主要分布在肠道。化疗药物引起的恶心、呕吐主要由这些药物导致消化道黏膜损伤引起，尤其是回肠黏膜的损伤。黏膜损伤导致肠上皮嗜铬细胞释放 5-HT，刺激迷走传入神经的 5-HT_3 受体，从而兴奋呕吐中枢引起呕吐反应，或通过兴奋化学感受器传递至呕吐中枢引起呕吐。5-HT_3 受体拮抗剂主要通过竞争性地阻断消化道黏膜释放出的 5-HT 与 5-HT_3 受体结合，从而具有抗呕吐的作用。

昂丹司琼　Ondansetron

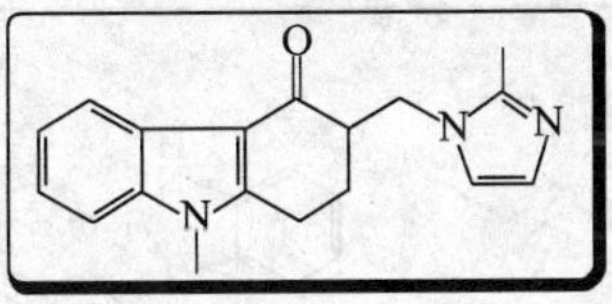

化学名为(±)-1,2,3,9-四氢-9-甲基-3-[(2-甲基-1*H*-咪唑-1-基) 甲基] 咔唑-4-酮。

本品熔点为 231～232℃；其盐酸二水合物为白色结晶性固体，mp. 178.5～179.5℃。

本品为一种高度选择性的 5-HT_3 拮抗剂，能抑制由化疗和放疗引起的恶心、呕吐。一般认为，化疗和放疗可引起小肠的嗜铬细胞释放 5-HT_3，并通过 5-HT_3 受体引起迷走传入神经兴奋从而导致呕吐反射，而昂丹司琼可阻断这一反射发生。本品适用于治疗由化疗和放疗引起的恶心、呕吐，也可用于预防和治疗手术后引起的恶心、呕吐。

本品是用于放、化疗呕吐的第一个 5-HT_3 受体拮抗剂，该药的上市开创了放化疗呕吐治疗的新纪元。由于确切的疗效，较低的不良反应，各种新的 5-HT_3 受体拮抗剂陆续推出，其中托烷司琼（Tropisetron）、格拉司琼（Granisetron）经长期的临床应用，已被广泛肯定。

第三节　促动力药

功能性消化不良、功能性便秘等影响人的正常生理功能，需要用促动力药治疗。本节介绍了这类药的结构、理化性质及药物的用途等。

功能性胃肠病也是目前常见的消化系统疾病，如功能性消化不良、功能性便秘等。这些功能性胃肠病的症状大部分和胃肠动力障碍有关，表现为胃排空延缓，胃窦、幽门和十二指肠协调异常或肠内容物通过过慢，患者有腹胀、恶心、便秘等症状，为解决胃肠动力障碍需要促动力药，以增强胃肠收缩力和加速胃肠运转及减少胃肠内容物通过时间。目前临床上常用的促动力药已发展到第三代。

第一代如甲氧氯普胺（Metoclopramine），又名胃复安。它可作用于胃肠道和中枢神经系统，兼有促动力和止吐的功效，临床上可用于治疗功能性消化不良、糖尿病性胃滞留（胃轻瘫）、胃食管反流病等，由于其有中枢作用，可用于治疗和预防恶心、呕吐。但其中枢神经系统的反应也是最常见的不良反应，可出现嗜睡、倦怠、疲劳，较大剂量时可有锥体外系反应，如静坐不能、焦虑、激动、肌张力障碍、下肢肌肉抽搐等，在老年病人，可有帕金森病反应。另外，对女性来说还可出现乳房增大、溢乳、月经不规则等。停药后这些不良反应可逐渐消失。

第二代促动力药是多潘立酮（Domperidone），商品名为吗丁啉。它主要作用于胃肠道，对脑的影响很小。主要是增加胃的收缩和蠕动，加强胃内固体和液体的排空，还可协调胃窦和十二指肠运动，它的适应证和甲氧氯普胺大致相同，也可治疗恶心、呕吐。常见的不良反应有口干、头痛、高泌乳素血症引起的乳房增大、疼痛、溢乳等。由于不易通过血脑屏障，极少引起锥体外系的不良反应。

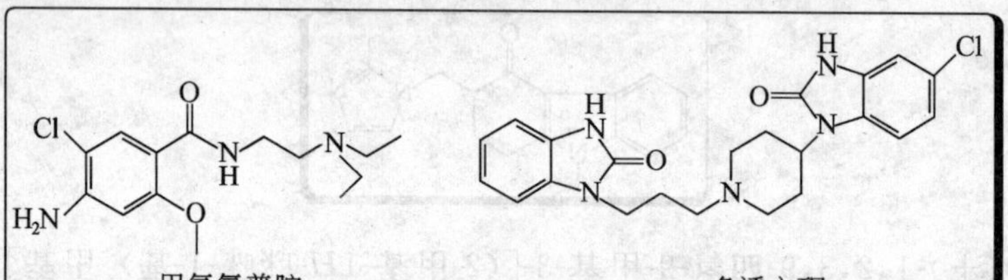

甲氧氯普胺　　多潘立酮

第三代促动力药是西沙必利（Cisapride）。它对整个胃肠道包括从食管到肛门括约肌均有促动力作用，能增强生理反应，恢复正常的动力模式。

另一种促动力药为红霉素，在胃和十二指肠部位有明显的促动力效应，但对食管和远端小肠、大肠无明显促动力作用。由于其导致强烈的胃窦、十二指肠收缩，伴有明显不良反应如上腹痛、恶心、呕吐等，这些不良反应限制了其临床应用。因此，红霉素作为促动力药使用时，主要是当胃轻瘫用西沙比利、吗丁啉或甲氧氯普胺治疗无效或不能耐受时才采用。

西沙必利　Cisapride

$\cdot H_2O$

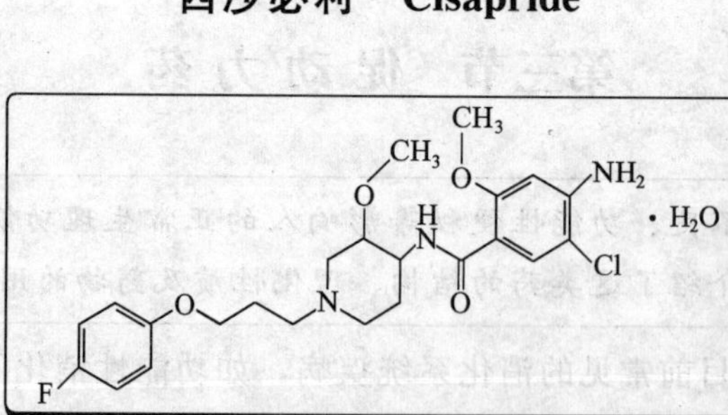

化学名为（±）顺式-4-氨基-5-氯-*N*-[1-[3-(4-氟苯氧基)丙基]-3-甲氧基-4-哌啶基]-2-甲氧基苯甲酰胺水合物。又名普瑞博思。

本品为白色或类白色结晶性粉末，无臭；易溶于冰醋酸或二甲基甲酰胺，溶于二氯甲烷，难溶于乙醇和乙酸乙酯，几乎不溶于水；mp. 140℃。结晶时有多晶现象，注意把握结晶条件。

西沙必利是多巴胺 D_2 受体拮抗剂，可选择性地刺激肠道，产生乙酰胆碱，通过胆碱能神经系统起作用，促进食管、胃、肠道的运动。它广泛用于胃食管反流病、功能性消化不良、胃轻瘫、功能性便秘等，它还是治疗假性肠梗阻有效的促动力药。

本品使用时可发生严重不良反应，甚至死亡。因此，使用时应严格注意，必须经医生开具处方，并由药房出售。

练习与思考题

1. 常用的抗溃疡药有哪些类型？各举一例，并说明其作用机制。

2. 用化学方法鉴别下列药物：

(1) 西咪替丁

(2) 盐酸雷尼替丁

（张　莉）

第六章　解热镇痛药和非甾体抗炎药

本章介绍的解热镇痛药物大多数都兼有治疗风湿及风湿性关节炎的抗炎作用，少数药物只有解热镇痛作用，而无抗炎效果。

第一节　解热镇痛药

> 你知道为什么人体在疾病状态下有时会发热、解热镇痛药物如何起作用及有关这方面药物的生产、贮存、检验与使用的知识吗？请留意相关知识点。

发热与疼痛是人们常常感受到的疾病症状，只有明了其发生的缘由才可合理用药治疗。

人们日常所用的解热镇痛药主要作用于下丘脑的体温调节中枢，使发热的体温降至正常，但不影响正常人的体温。发热多见于感染性疾病。入侵体内的病原体及其内毒素刺激人体中性粒细胞或其他细胞合成并释放内热原。内热原通过血脑屏障进入中枢，引起丘脑下部合成并释放大量致发热的物质前列腺素（PG），其作用于中枢使体温节点提高到正常水平之上，人体发热。解热镇痛药可能的作用机制之一是抑制 PG 在下丘脑的生物合成。发热过程也可能有外周作用参与，即在细胞内的内源性白细胞致热原被各种刺激因子刺激后，释放出来，形成刺激 PG 合成的诱因，因此解热镇痛药的作用机制之二可能是阻止细胞受外源性致热原刺激的激活，或抑制其在外源性致热原刺激下释放内源性白细胞致热原。

解热镇痛药的镇痛作用与吗啡类镇痛药不同，作用部位主要是在外周，因此不能代替吗啡类镇痛药使用。它只对牙痛、头痛、神经痛、肌肉痛、关节痛等常见的慢性钝痛有良好的作用，而对创伤性剧痛和内脏痛无效。这类药物不易产生耐受性及成瘾性。

解热镇痛药从化学结构上主要可分为水杨酸（Salicylic Acid）类、苯胺类及吡唑酮类。

阿司匹林　Aspirin

化学名为 2-（乙酰氧基）苯甲酸。又名：乙酰水杨酸。

本品为白色结晶或结晶性粉末；无臭或微带醋酸臭，味微酸，遇湿气即缓慢水解。在乙醇中易溶，在氯仿或乙醚中溶解，在水或无水乙醚中微溶，在碱溶液中溶解，但同时水解。mp. 135～140℃。

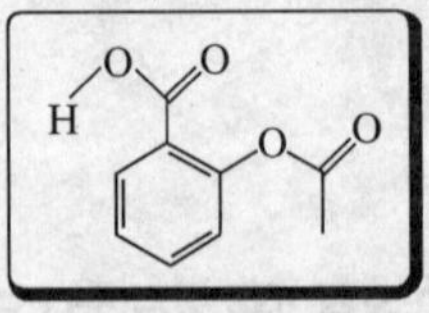

本品的水溶液加热放冷后，与三氯化铁溶液反应，呈紫堇色。

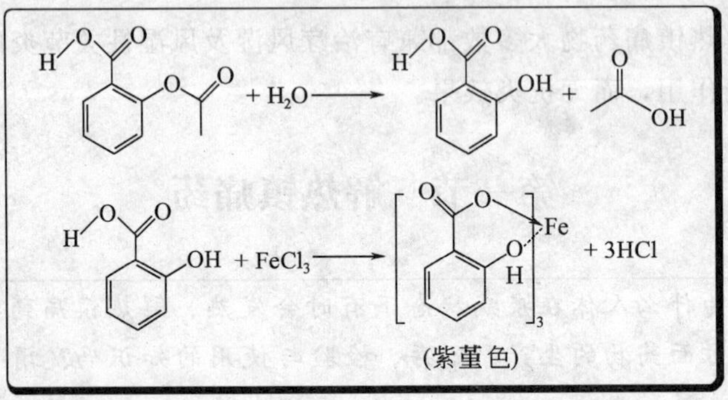

(紫堇色)

本品的碳酸钠溶液加热放冷后，与稀硫酸反应，析出白色沉淀，并发出醋酸臭气。可用于鉴别。

本品分子中含有游离羧基，可采用直接中和滴定法测其含量。为防止水解，温度不要超过 10℃。

因为本品可以水解生成水杨酸，后者较易为空气氧化，所以药物在空气中可逐渐变为淡黄、红棕甚至深棕色。水溶液水解氧化变色更快。其原因是由于分子中酚羟基被氧化成醌型有色物质。碱、光线、升高温度及微量铜、铁等离子可促进反应进行。因此要注意成品的贮温、湿度等条件。

在生产中，本品结晶中可能残留未反应的水杨酸，可采用与铁盐产生紫堇色检查其存在。本反应可以作为中间体质量控制的方法。

本品可以和某些碱性药物如碳酸氢钠发生作用。口服时，常与碳酸氢钠或乙胺酸铝同服，以减低其酸性，降低胃肠道的不良反应，并能增进吸收和排泄。

本品的制备是以水杨酸为原料，在硫酸催化下经醋酐乙酰化制得。具体合成方法见实验三。在合成过程中，应防止铁质掺入，否则产品带有颜色，还要注意严格控制反应温度，以防生成乙酰水杨酸酐等杂质，含量在 0.003%（*W*/*W*）以上的乙酰水杨酸酐将引起哮喘、荨麻疹等变态反应。

原料水杨酸中可能带入脱羧产物苯酚及水杨酸苯酯。在反应过程中可能生成不溶于碳酸钠的乙酸苯酯、水杨酸苯酯和乙酰水杨酰苯酯，按照药典规定应检查碳酸钠中的不溶物。

经过长期的临床应用，证明本品为有效的解热镇痛药，现仍广泛用于治疗感冒引起的发热、头痛、神经痛、关节痛、急性和慢性风湿痛及类风湿痛等。研究表明，本品为不可逆的 PG 合成酶即花生四烯酸环氧合酶的抑制剂，而环氧合酶是合成 PG 不可缺少的催化剂，本品通过选择性地使环氧合酶乙酰化，抑制环氧合酶的活性而阻断致热物质PG的合成。

本品还具有强效的抗血小板凝聚作用，因此，小剂量给药本品可以防治冠脉血栓和心肌梗死。本品的不良反应主要有对胃黏膜的刺激作用，甚至可引起胃及十二指肠出血等症。这主要是由于游离羧基存在的缘故，因此可将阿司匹林制成盐、酰胺或酯供临床使用，见表 6-1。

表 6-1　阿司匹林衍生物

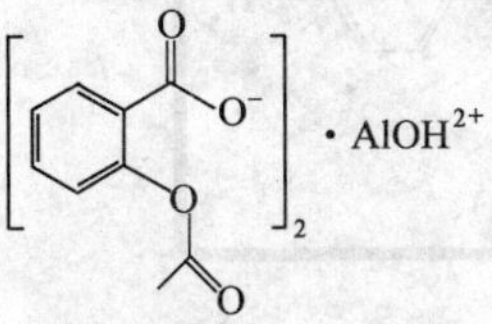 阿司匹林铝盐 Aluminium Acetyl Salicylate	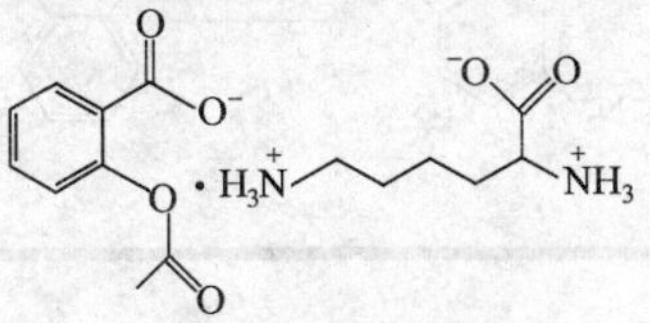 赖氨匹林 Aspirin-Lysine	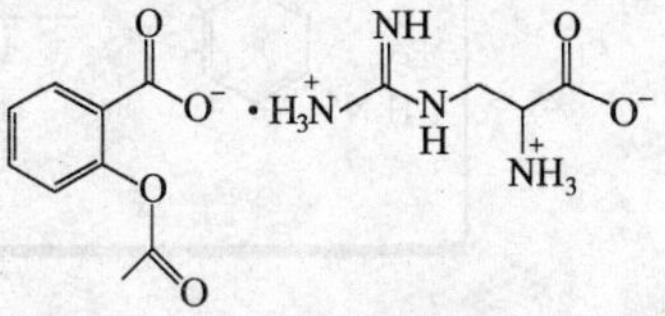 阿司匹林精氨酸盐 Aspirin-Arginine
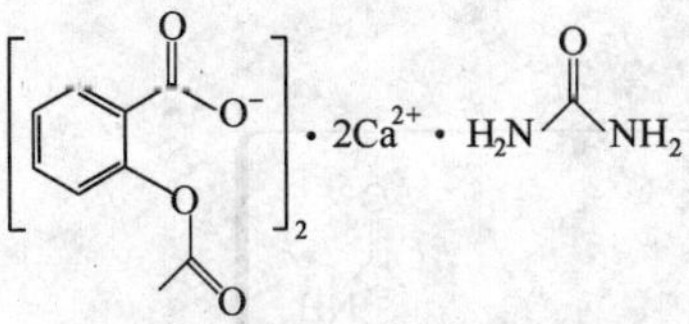 卡巴比林钙 Carbasalate Calcium	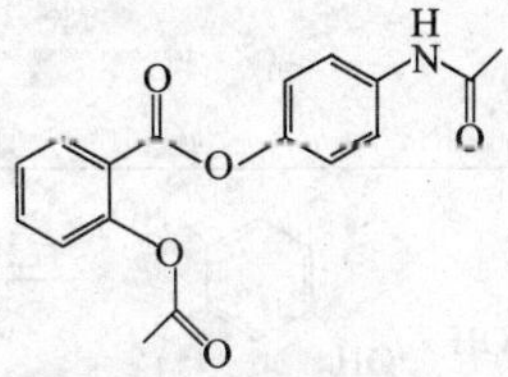 贝诺酯（扑炎痛） Benorilate	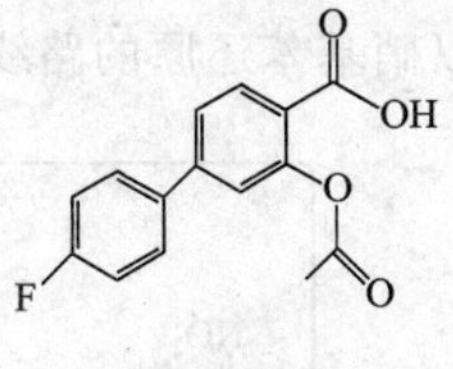 氟苯柳 Flufenisal

对乙酰氨基酚　Paracetamol

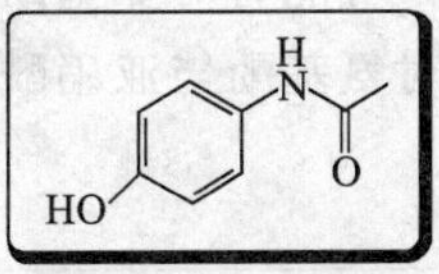

化学名为 *N*-(4-羟基苯基）乙酰胺。又名：扑热息痛。

本品为白色结晶或结晶性粉末；无臭，味微苦。在热水或乙醇中易溶，在丙酮中溶解，在水中略溶。mp. 168～172℃。

本品为酰胺类化合物，固体在空气中稳定，水溶液中的稳定性与溶液的 pH 有关，在 pH6 时最为稳定，在酸性及碱性条件下酰胺可发生水解，稳定性较差。

本品含有游离羟基，其水溶液与三氯化铁溶液反应，呈蓝紫色，是用于鉴别的法定方法。

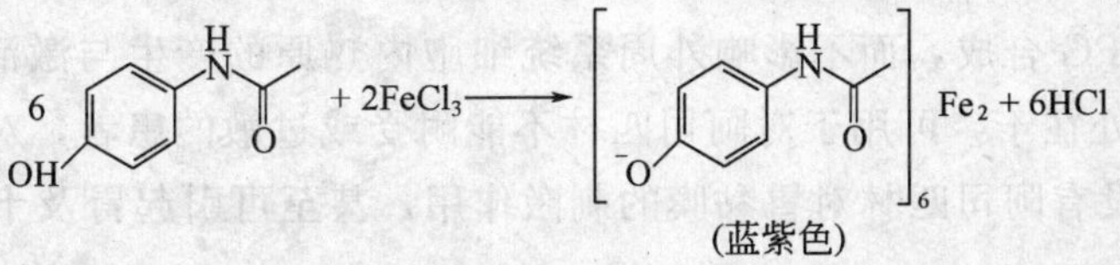

$$6\ \text{HO-C}_6\text{H}_4\text{-NHCOCH}_3 + 2FeCl_3 \longrightarrow [{}^{-}\text{O-C}_6\text{H}_4\text{-NHCOCH}_3]_6 Fe_2 + 6HCl$$

（蓝紫色）

其稀盐酸溶液与亚硝酸钠反应后，再与碱性β-萘酚反应，呈红色。此为产物对氨基酚的重氮化偶合反应。

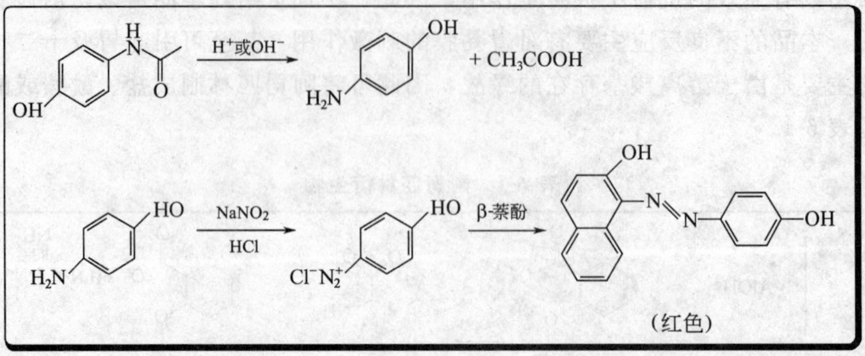

H^+或OH^-　+ CH_3COOH

$NaNO_2$　HCl　$Cl^-N_2^+$　β-萘酚

（红色）

上述两个方法均可作为本品鉴别反应。

本品的合成为对硝基苯酚或硝基苯经还原得对氨基酚，再经醋酸酰化后即得本品。其中以硝基苯还原的路线为优。

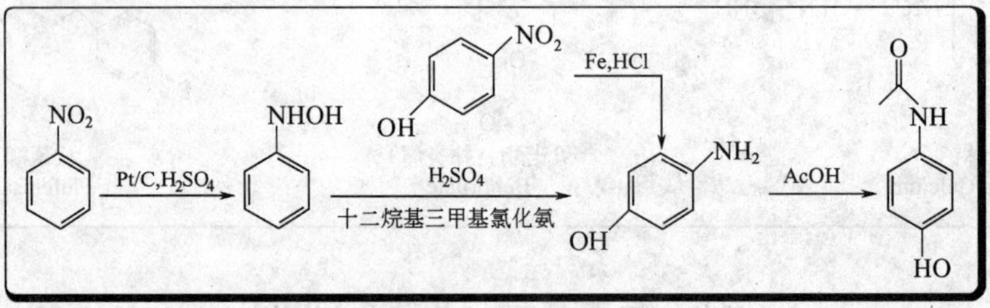

NO_2　Pt/C,H_2SO_4　NHOH　H_2SO_4　十二烷基三甲基氯化氨　Fe,HCl　NH_2　AcOH

反应过程中乙酰化反应不完全，可能有对氨基酚带入到成品中，半成品质量控制及成品都规定应检查对氨基酚。可用对氨基酚与亚硝酰铁氰化钠试液作用呈色的反应验证其是否存在。

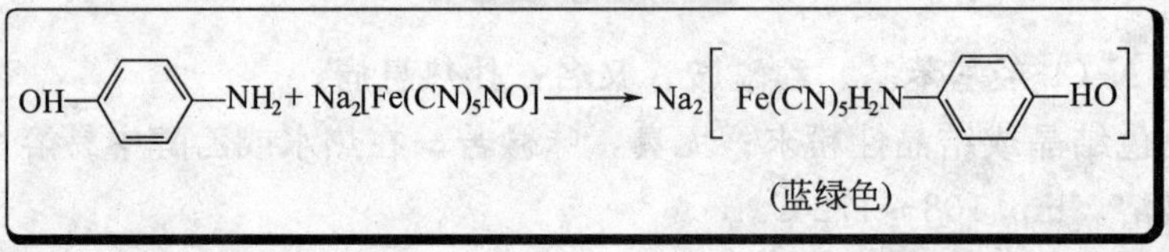

$HO-C_6H_4-NH_2 + Na_2[Fe(CN)_5NO] \longrightarrow Na_2[Fe(CN)_5H_2N-C_6H_4-OH]$

（蓝绿色）

本品的常用剂型有片剂和胶囊。

本品为一良好的解热镇痛药，临床上用于发热、头痛、风湿痛、神经痛及痛经等。它的解热镇痛作用与阿司匹林相当或略低，但无抗炎作用，这可能归因于该药只能抑制中枢神经系统的PG合成，而不影响外周系统细胞内热原的产生与激活。对乙酰氨基酚优于阿司匹林之处在于，可用于对阿司匹林不能耐受或过敏的患者，对对乙酰氨基酚有很好的耐受性，没有阿司匹林对胃黏膜的刺激作用，甚至可引起胃及十二指肠出血等不良反应。

第二节　非甾体抗炎药

本节介绍的这类药物在解热、镇痛、抗炎药物中最具发展潜力，品种具有多样性，请读者关注有关药物生产、检验与使用等部分内容。

炎症是人们极其熟悉的词汇，是机体对抗感染的一种防御性病理反应，主要表现为红肿，疼痛等。本节所介绍的非甾体类抗炎药是一类具有解热、镇痛、抗炎与抗风湿作用的药物。由于各种原因，在临床上大多不做解热、镇痛药使用，而用于抗炎、抗风湿，本类药物的化学结构和抗炎作用机制又与甾体激素类（如可的松）药物不同，因此称为非甾体类抗炎药。主要用来治疗胶原组织疾病，如风湿、类风湿性、关节炎、风湿热、骨关节炎、红斑狼疮和强直性脊柱炎等疾病。本节重点介绍吡唑酮类、1,2-苯并噻嗪类、邻氨基苯甲酸类、吲哚乙酸类、芳基烷酸类及其他结构类型的非甾体抗炎药，见表 6-2。

表 6-2　非甾体抗炎药

吡唑酮类	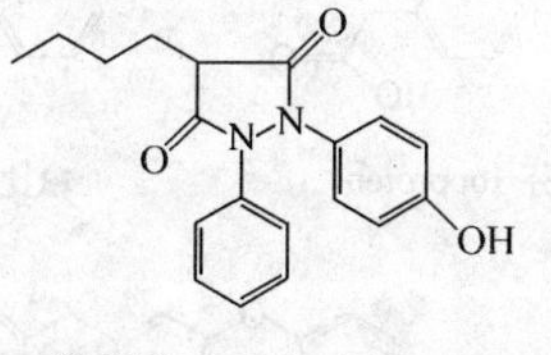 羟布宗 Oxyphenbutazone
1,2-苯并噻嗪类	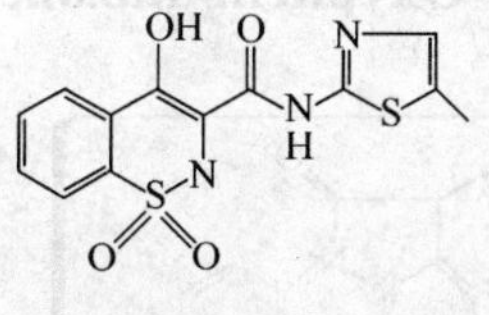 美洛昔康 Meloxicam 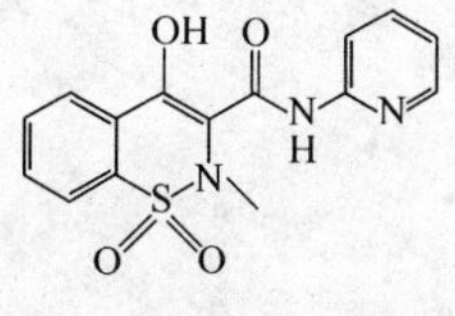 吡罗昔康 Piroxicam
邻氨基苯甲酸类	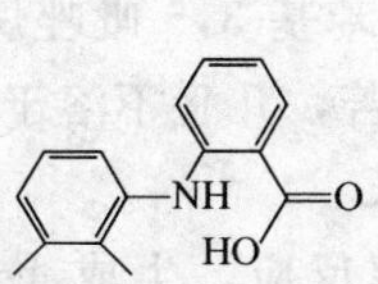 甲芬那酸 Mefenamic Acid 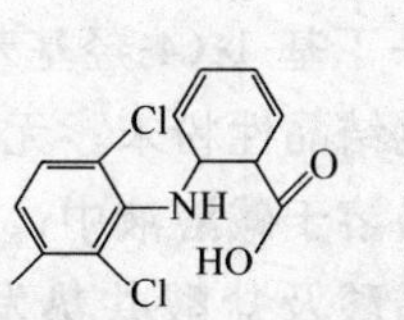 甲氯芬那酸 Meclofenamic Acid

续表

吲哚乙酸类	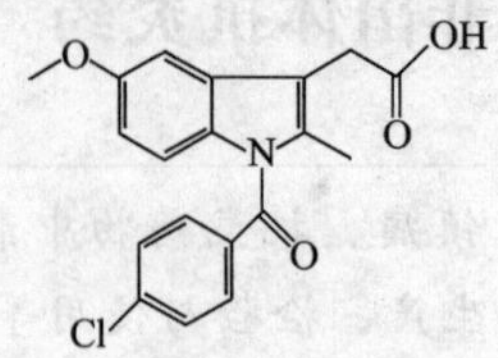 吲哚美辛 Indomethacin；舒林酸 Sulindac 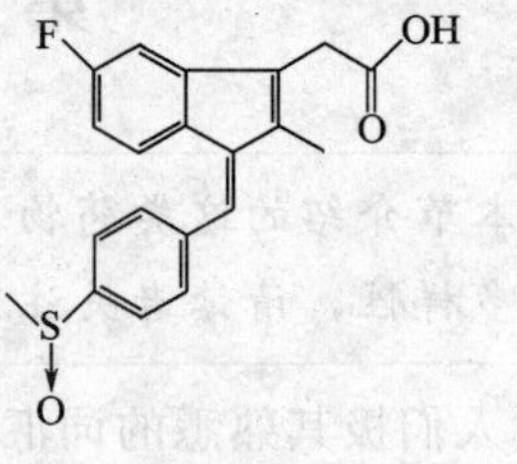
芳基乙酸类	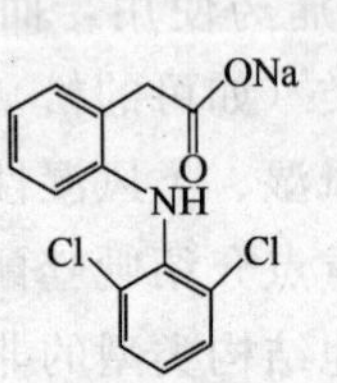 双氯芬酸钠 Diclofenac Sodium；托美丁 Tolmetin；氯那唑酸 Lonazolac 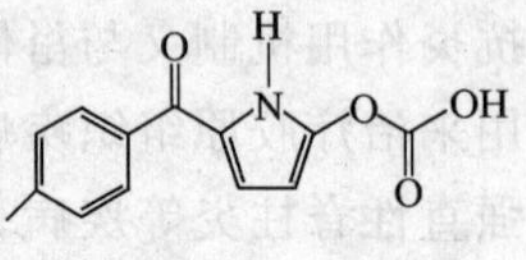 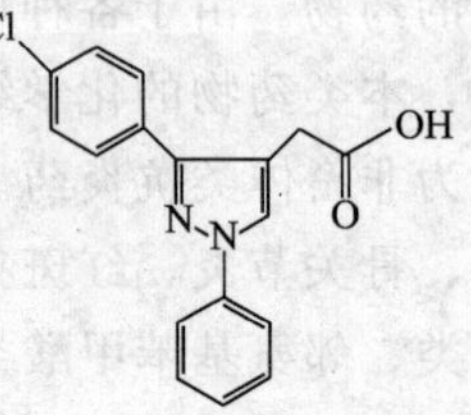
芳基丙酸类	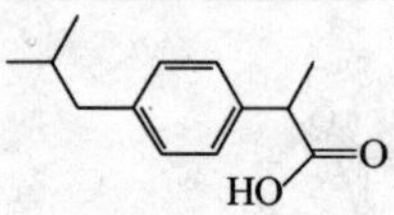 布洛芬 Ibuprofen；氟比洛芬 Flurbiprofen；萘普生 Naproxen；非诺洛芬 Fenoprofen；酮洛芬 Ketoprofen 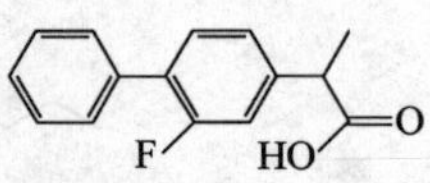 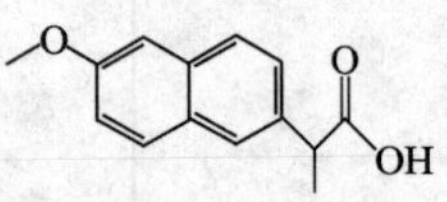 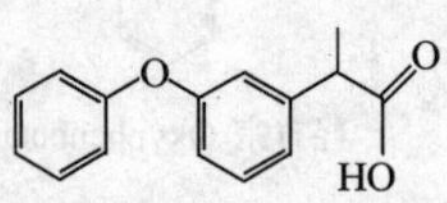 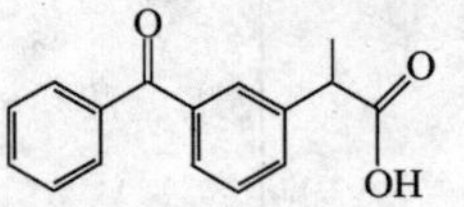

羟布宗 Oxyphenbutazone

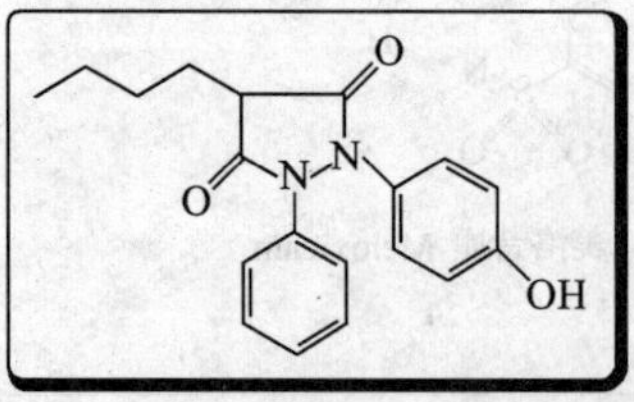

化学名为4-丁基-1-(4-羟基苯基)-2-苯基-3,5-吡唑烷二酮，又名羟基保泰松。

本品为白色结晶性粉末；无臭，味苦，几乎不溶于水，易溶于乙醇、丙酮，能溶于氯仿、乙醚，易溶于碱溶液中。mp. 96℃。

本品与冰醋酸及盐酸共热发生水解反应，生成4-羟基氢化偶氮苯，转位重排后，生成2,4-二氨基联苯酚和对羟基邻氨基苯胺。与亚硝酸钠试液作用均生成黄色重氮盐，再与β-萘酚偶合生成橙色沉淀。可作为本品的鉴别方法。

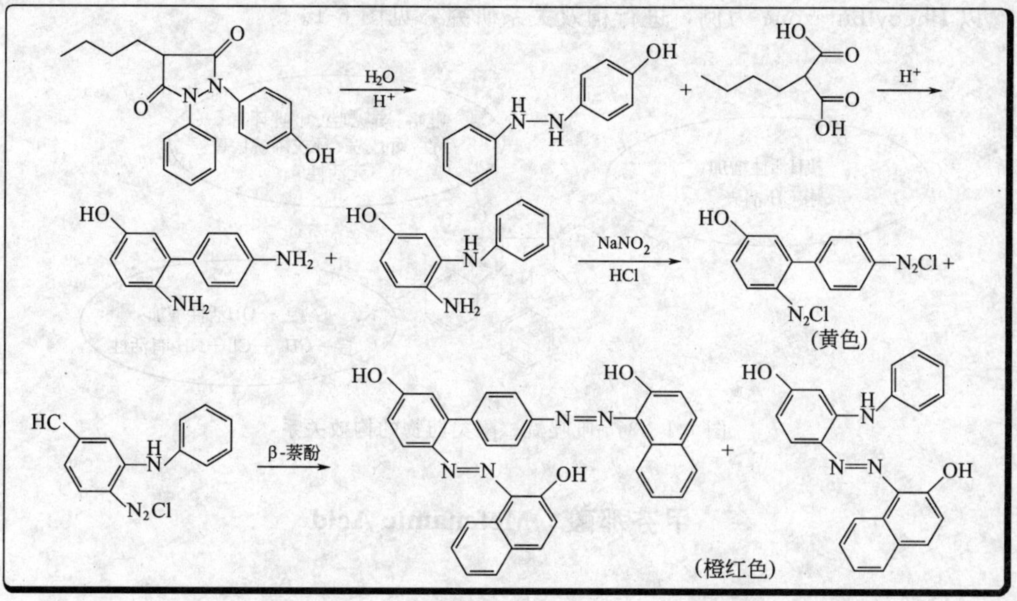

H₂O
H⁺
H⁺
NaNO₂
HCl
(黄色)
β-萘酚
(橙红色)

本品是在研究氨基比林系列药物的基础上发现的。其作用机制是抑制 PG 合成，同时抑制白细胞的活动与趋向，从而达到解热的与抗炎作用。

表 6-3 列出了几个先后出现的羟布宗的同类药物。这些药物的优点在于较氨基比林降低了引起白细胞、粒细胞减少等不良反应。

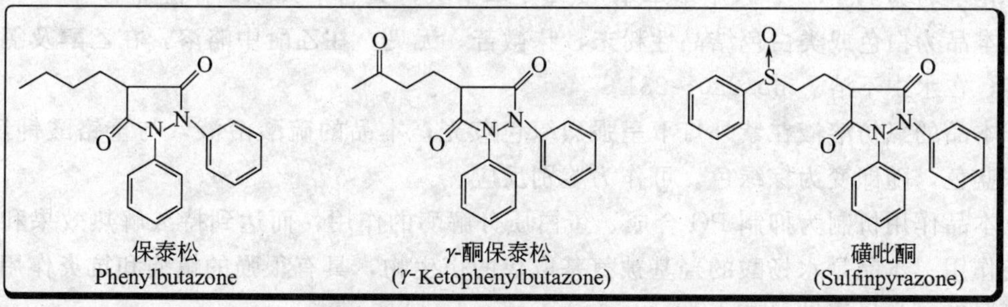

保泰松
Phenylbutazone
γ-酮保泰松
(γ-Ketophenylbutazone)
磺吡酮
(Sulfinpyrazone)

表 6-3　药物的作用与特点

药物名称	作用与特点
保泰松	抗炎作用较强，不良反应较多
磺吡酮	其消炎作用比较弱，但具有较强的排除尿酸作用，用于治疗痛风及风湿性关节炎
γ-酮保泰松	其作用与磺吡酮相似

3,5-吡唑烷二酮类药物的抗炎作用与化合物的酸性有密切关系，即与 4 位的氢原子酸性大小有关，凡能增强 4 位 H 酸性的因素都增加药物作用效果。

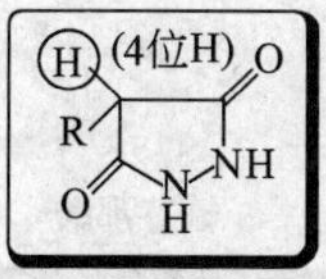

(4位H)

以 Phenylbutazone 为例，进行构效关系研究，见图 6-1。

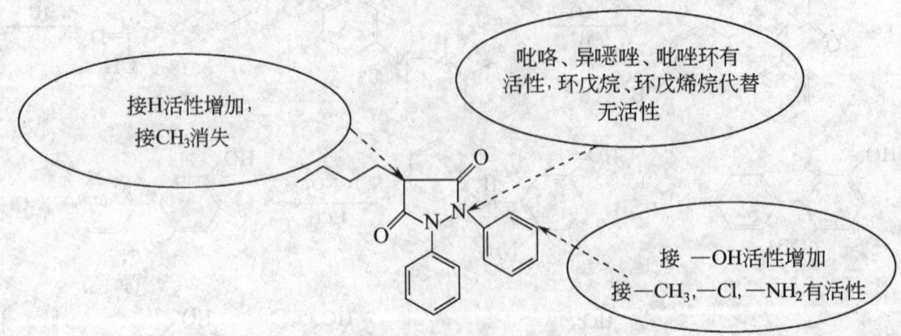

图 6-1 3,5-吡唑烷二酮类药物的构效关系

甲芬那酸 Mefenamic Acid

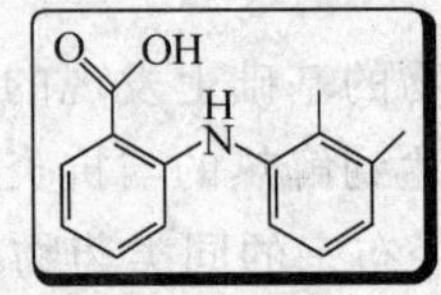

化学名为 *N*-[(2,3-二甲基苯基)氨基]-苯甲酸，又名甲灭酸或扑湿痛。

本品为白色或类白色结晶性粉末，味微苦，无臭。在乙醚中略溶，在乙醇及氯仿中微溶，在水中不溶。mp. 230～231℃。

本品的氯仿溶液在紫外灯下呈强烈绿色荧光；本品的硫酸溶液，与重铬酸钾反应，显深蓝色，随即变为棕绿色。可作为鉴别反应。

本品作用机制为抑制 PG 合成、蛋白质分解酶的作用，而达到持久解热效果和镇痛消炎作用。本品是水杨酸的羟基被氨基取代的衍生物，具有很强的镇痛和抗炎作用，用于风湿性、类风湿性关节炎。

甲芬那酸还有一系列的结构类似的药物。如甲氯芬那酸（Meclofenamic Acid）、氯芬那酸（Chlofenamic Acid）与氟芬那酸（Flufenamic Acid）等。

甲氯芬那酸　　氟芬那酸　　氯芬那酸

吲哚美辛 Indomethacin

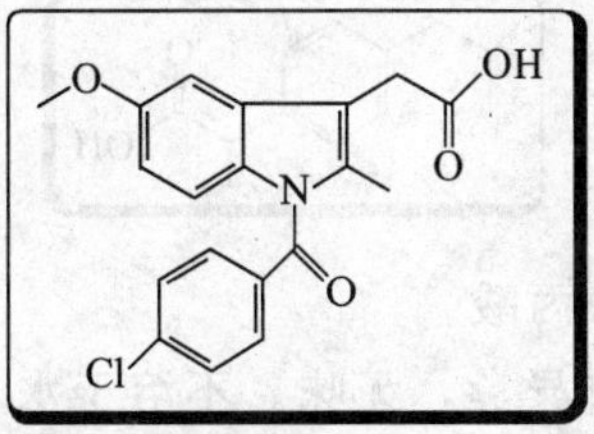

化学名为1-(4-氯苯甲酰基)-5-甲氧基-2-甲基-1*H*-吲哚-3-乙酸。又名消炎痛。

本品为类白色或微黄色结晶性粉末；几乎无臭，无味；溶于丙酮，略溶于乙醚，乙醇，氯仿及甲醇，微溶于苯，极微溶于甲苯，几乎不溶于水，可溶于氢氧化钠溶液。mp. 158～162℃。

本品固体在室温下空气中稳定，但对光敏感。注意避光贮存。水溶液在pH2～8时较稳定。由于分子中有芳酰胺结构，可被强酸或强碱水解，生成对氯苯甲酸和5-甲氧基-2-甲基吲哚-3-乙酸，后者脱羧生成5-甲氧基-2,3-二甲基吲哚，生成物均可被氧化成有色物质。

本品的氢氧化钠溶液与重铬酸钾溶液和硫酸反应，呈紫色；与亚硝酸钠和盐酸反应，呈绿色，放置后渐变黄色。可作为鉴别方法。

本品含有游离羧基，用中和滴定法可测其含量。

本品的合成是以对甲氧基苯胺为起始原料，经重氮化，还原反应得对甲氧基苯肼，再与乙醛缩合得乙醛缩对甲氧基苯肼。以对氯苯甲酰氯对其酰化，经水解后与乙酰丙酸环合得本品。

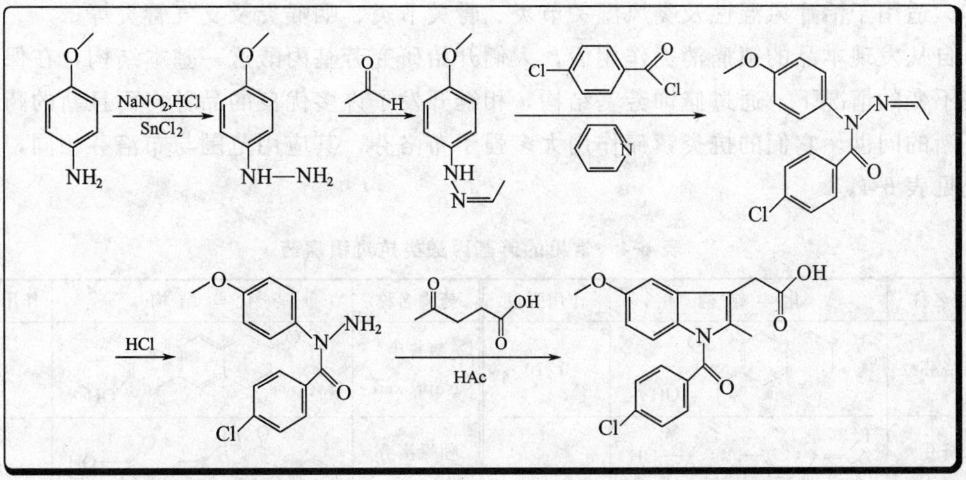

本品为一个强力的镇痛消炎药，是PG合成酶最强的抑制剂之一，抑制炎性反应，包括白细胞活动的抑制及限制溶酶体酶的释放，起到消炎、镇痛和解热作用。用于治疗风湿性和类风湿性关节炎，镇痛作用为阿司匹林的10倍，但其不良反应较严重。

布洛芬 Ibuprofen

化学名为2-(4-异丁基苯基)丙酸。

本品为白色结晶性粉末，有异臭，无味。不溶于水，易溶于乙醇、乙醚、氯仿及丙酮，易溶于氢氧化钠及碳酸钠溶液中。mp. 74.5～77.5℃。

本品与氯化亚砜、乙醇作用发生酯化反应，在碱性溶液中与盐酸羟胺作用生成羟肟酸，羟肟酸在酸性溶液中与三氯化铁作用，生成紫红色的羟肟酸铁。可作为鉴别方法。

$SOCl_2$, C_2H_5OH；NaOH, $NH_2OH \cdot HCl$；HCl, $FeCl_3$

本品含有游离羧基，用中和滴定法可测其含量。

本品的作用机制是抑制PGS的生物合成。其消炎作用与阿司匹林、保泰松、吲哚美辛相似，且不良反应较轻，为临床常用的镇痛消炎药。它具有光学活性，临床使用消旋体。适用于治疗风湿性及类风湿关节炎、骨关节炎、咽喉炎及支气管炎等。

自从发现本品的镇痛消炎作用后，人们开始研究芳基丙酸这一基本结构，在保持丙酸基不变的情况下，通过修饰芳基结构，相继开发了许多优良的品种，而且新的药物还在不断的问世。它们的抗炎镇痛作用大多强于布洛芬，其应用范围与布洛芬相同，详细情况见表6-4。

表6-4 常见的芳基丙酸类抗炎镇痛药

药物名称	化学结构	作用强度	药物名称	化学结构	作用强度
布洛芬		1/10	萘普生 Naproxen		1
氟洛芬 Fluprofen		5	吲哚洛芬 Indoprofen		2
酮洛芬 Ketoprofen		1.5	吡洛芬 Piprofen		1

将此类药物典型丙酸结构做修饰，丙酸换成丁酸，得到抗炎作用与布洛芬相似，而致溃疡作用较轻的布替布芬（Butibufen）。

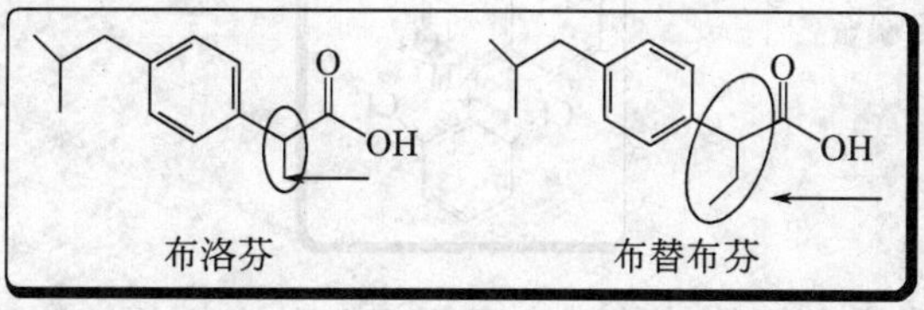

布洛芬　　布替布芬

本品的工业合成是由异丁基苯在无水三氯化铝催化下与乙酰氯作用，生成4-异丁基苯乙酮，再与氯乙酸乙酯进行达参反应，生成3-(4′-异丁基苯)-2,3-环氧丁酸乙酯，经水解、脱羧、重排、制得2-(4′-异丁苯基）丙醛，再于碱性溶液中用重铬酸钠氧化后即得本品。

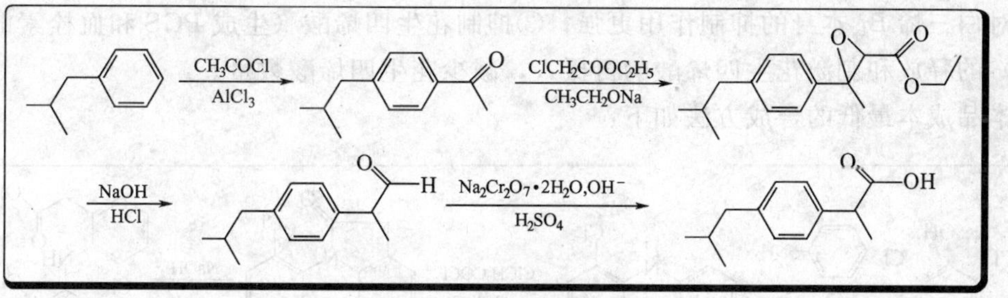

CH_3COCl, $AlCl_3$; $ClCH_2COOC_2H_5$, CH_3CH_2ONa; NaOH, HCl; $Na_2Cr_2O_7 \cdot 2H_2O, OH^-$, H_2SO_4

萘普生　Naproxen

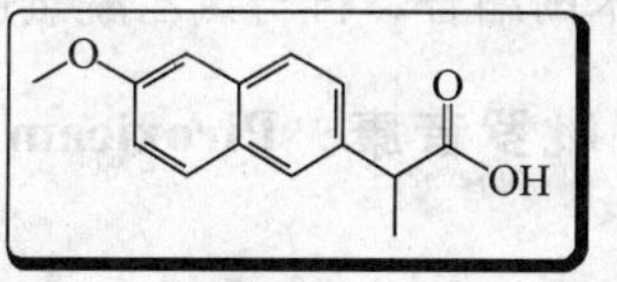

化学名为(＋)-α-甲基-6-甲氧基-2-萘乙酸。

本品为白色结晶性粉末，无臭或几乎无臭。本品在甲醇、乙醇、氯仿中溶解，在乙醚中略溶，水中几乎不溶。mp. 153～158℃。比旋度：＋63°～68.5°。

本品是一个具有光学活性的药物，合成时得到的是消旋体，经拆分后获得临床上使用的 *S*(＋）异构体。其抑制PGS生物合成的作用强度，是阿司匹林的12倍，是保泰松的10倍，布洛芬的3～4倍，但比吲哚美辛低，大约为1/300。

本品作用机制为抑制环氧合酶的活性，而阻断PG的合成，也抑制炎性介质的释放。消炎作用强于阿司匹林、保泰松、吲哚美辛等，也具有抑制血小板凝集作用。

双氯芬酸钠　Diclofenac Sodium

化学名为2-[(2,6-二氯苯基)氨基]苯乙酸钠。又名双氯灭痛。

本品为白色或类白色结晶性粉末，无臭，几乎无味，对舌稍有刺激。稍难溶于水，易溶于甲醇或乙醇，不溶于乙醚或甲苯。有吸湿性。水溶液pH为7.68，pK_a为4。注意防潮贮存。

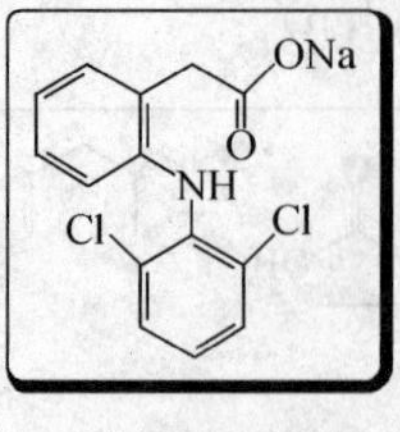

本品具有抗炎、镇痛和解热功能。主要用于各种炎症的治疗。其不良反应少，吸收迅速，长期使用无积蓄作用。本品的镇痛活性为吲哚美辛的 6 倍，阿司匹林的 40 倍。解热作用为吲哚美辛的 2 倍，阿司匹林的 350 倍。

本品具有三种作用机制：①抑制环氧合酶系统，减少 PGS 和血小板生成的合成；②抑制脂氧合酶，该酶能催化白三烯（引起变态反应、加强炎性症状的物质）的生成，特别对白三烯 B_4 本身的抑制作用更强；③抑制花生四烯酸（生成 PGS 和血栓素的前体物质）的释放和刺激花生四烯酸的再摄入，减少花生四烯酸数量。

本品成本最低的合成方法如下：

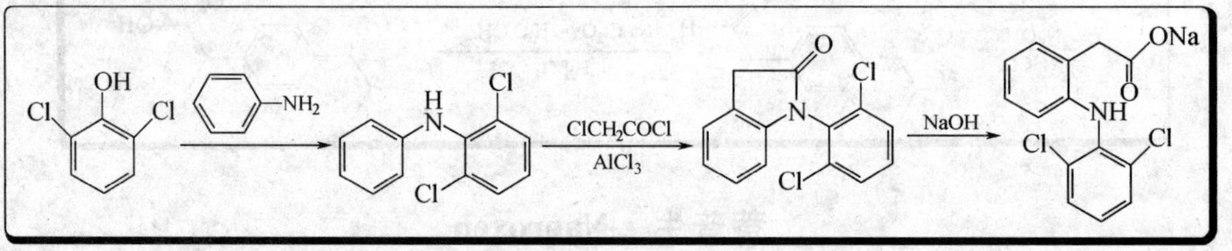

其中先以苯胺与 2,6-二氯苯酚缩合，再与氯乙酰氯进行缩合、水解得本品。

吡罗昔康　Piroxicam

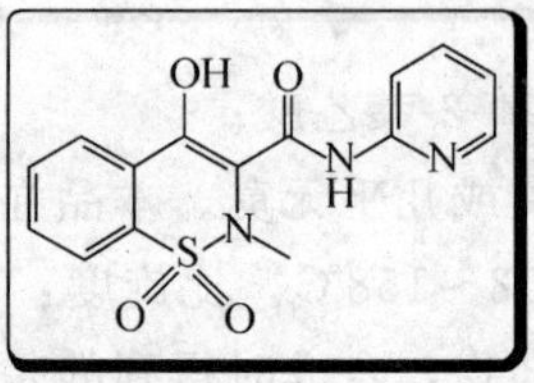

化学名为 2-甲基-4-羟基-*N*-(2-吡啶基)-2*H*-1,2-苯并噻嗪-3-甲酰胺-1,1-二氧化物。又名炎痛昔康。

本品为类白色或微黄绿色的结晶粉末；无臭，无味。在氯仿中易溶，丙酮中略溶，乙醇或乙醚中微溶，水中几乎不溶；在酸中溶解，碱中略溶。mp. 198～202℃。

本品的烯醇基团有酸性，在二噁烷-水介质中测得 pK_a 值为 6.3。

本品的氯仿溶液与三氯化铁反应，显玫瑰红色。可作为鉴别反应。

本品能抑制环氧合酶的活性，而阻断 PG 的合成，也抑制炎性介质（引起炎症部位化脓症状的）多核白细胞向炎症部位迁移和这些细胞中溶酶体酶的释放。

本品有较强的抗炎、镇痛和抗风湿作用。口服吸收迅速，完全。临床上主要用于类风湿关节炎、骨关节炎等。

本品是昔康类（Oxicams）药物的一员（见表 6-5），此类药物结构与活性关系如图 6-2 所示。

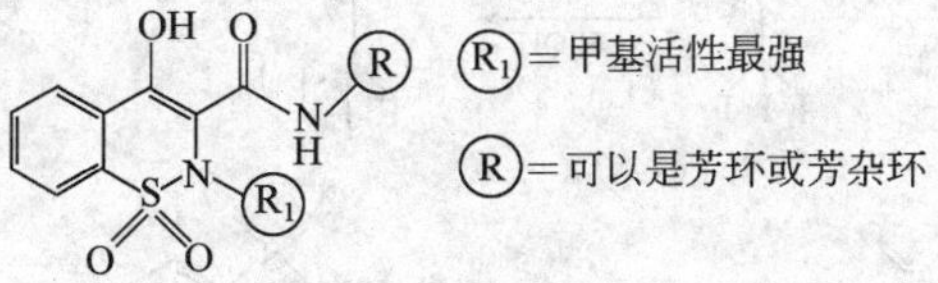
OH
O
N
H
R
S
N
R1
O
O
R1=甲基活性最强
R=可以是芳环或芳杂环

图 6-2　昔康类药物的构效关系

表 6-5　Oxicams 类药物

药 物 名 称	$R_1=CH_3$,R 基团如下	效　　果
舒多昔康 Sudoxicam	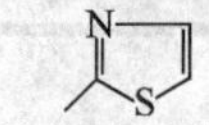	抗炎作用较吲哚美辛强，胃肠道的耐受性好
美洛昔康 Meloxicam	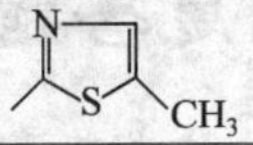	抗炎作用优于吲哚美辛
伊索昔康 Isoxicam	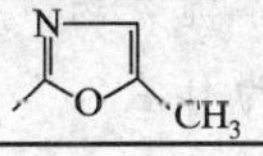	抗炎作用优于吲哚美辛

塞来昔布　Celecoxlb

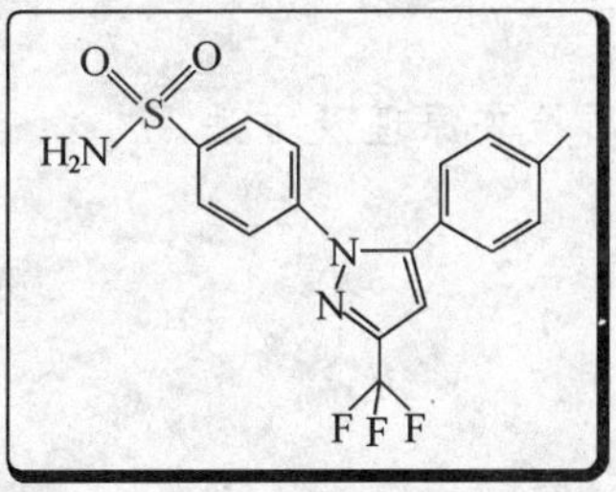
O
O
S
H2N
N
N
F F F

化学名为 4-[-5-(4-甲基苯基)-3-三氟甲基]-1*H*-吡咯-1-基苯磺酰胺。

本品为白色粉末，不溶于水。

非甾体抗炎药物作用的靶点为环氧合酶（COX）（分为COX-1和 COX-2 型，COX-1 酶存在于胃肠道、肾脏等，有保护胃肠道黏膜、调节肾脏血流和促进血小板聚集等内环境稳定作用）。传统的非甾体抗炎药是通过非选择性的抑制 COX，减少生理上的前列腺素的形成来产生抗炎作用。因此，它不可避免产生对胃肠道和肾脏的毒性。人们一直试图解决非甾体抗炎药的不良反应，直到后来才发现非甾体抗炎药的作用靶点为环氧合酶，根据其 COX-1 和 COX-2 酶的不同作用部位，运用现代药物设计方法设计了新药塞来昔布，它为一典型的 COX-2 抑制剂，而不是作用于胃肠道上 COX-1 酶，因此减少了胃肠道与肾毒性。

本品临床上用于治疗急性或慢性期骨关节炎和类风湿关节炎的症状。

本品的合成是以 4-甲基苯乙酮为原料，与三氟乙酸甲酯反应，再与 4-磺酰氨基苯肼缩合制得。

练习与思考题

1. 查阅资料，分析解热镇痛药与非甾体抗炎药、抗感冒药作用机制上的区别。

2. 阿司匹林、吲哚美辛应如何贮存？为什么？

3. 阿司匹林中的游离水杨酸杂质是怎样引入的？水杨酸限量检查的原理是什么？

4. 归纳本章各类药物的作用机制，找出异同点，说明在指导临床用药上的意义。

5. 胃肠道疾病的患者在选择非甾体抗炎药、解热镇痛药时要注意什么问题？最好选择什么作用靶点的药物？

6. 简述对乙酰氨基酚的杂质检查原理及方法。

（王质明）

第七章　抗肿瘤药

恶性肿瘤是一种由于组织细胞恶性增长而引起的疾病，人类恶性肿瘤患者的死亡率仅次于心脑血管疾病。肿瘤的治疗方法有手术治疗、放射治疗和药物治疗（化学治疗）等，但是很大程度上仍以抗肿瘤药物化学治疗为主。

细胞从一次分裂结束到下次分裂完成这一间隔，叫做细胞繁殖周期。按细胞DNA含量的变化把细胞周期分为四期：①G_1期，是DNA合成前期；②S期，是DNA合成期；③G_2期，是DNA合成后期；④M期，是分裂期。非繁殖状态的细胞处于G_0期。抗肿瘤药主要是抑制、杀死癌细胞，抑制其分裂繁殖。

按各期细胞对抗肿瘤药的敏感性，将抗肿瘤药分为：①周期非特异性药物，对各期肿瘤细胞都有效；②周期特异性药物，对某一期细胞作用显著。

抗肿瘤药物按作用靶点可以分为：①以DNA为作用靶点的药物，如烷化剂和抗代谢物；②以有丝分裂过程为作用靶点的药物，如某些天然活性成分；③破坏DNA的药物，如氮芥类和亚硝基脲类等；④影响转录过程的药物，如放线菌素D等；⑤影响蛋白质或其他细胞成分合成的药物。按其作用原理和来源可分为生物烷化剂、抗代谢物、抗肿瘤抗生素、抗肿瘤植物药有效成分、抗肿瘤金属化合物等。

第一节　生物烷化剂

> 恶性肿瘤严重威胁人们健康和生命。学习本节内容，可以了解到恶性肿瘤并非无药可治，抗肿瘤药生物烷化剂是肿瘤细胞杀手，但同时也给生长迅速的正常细胞带来危害，充分掌握其作用机制与特点，才能合理用药。请注意本节药物使用、生产等方面知识点。

生物烷化剂也称烷化剂，能使体内生物大分子发生烷化反应，在治疗肿瘤药物中占有重要地位。从有机化学的角度来看，这类药物杀伤肿瘤细胞的作用机制是烷化剂和肿瘤细胞中具有活性的生物大分子之间发生亲核取代反应，使生物大分子失去生物活性。烷化剂在体内能形成缺电子活泼中间体或其他具有活泼亲电性基团的化合物，进而与生物大分子（如DNA、RNA或某些重要的酶类）中含有丰富电子的基团（如氨基、巯基、羟基、羧基、磷酸基等）进行亲电反应共价结合，使DNA分子发生断裂或结构变化。其结果是体内生物大分子失去生物活性，造成肿瘤细胞死亡。

生物烷化剂主要抑制和杀伤增生活跃的肿瘤细胞，但其选择性较差，同时也对其他增生较快的正常细胞，如骨髓细胞、毛发细胞和生殖细胞同样产生抑制和杀伤作用，会引起许多严重不良反应，如恶心、呕吐、骨髓抑制、脱发等。另外，肿瘤细胞易产生耐药性而失去治疗作用。

按照化学结构，目前在临床使用的生物烷化剂药物可分为氮芥类、亚乙基亚胺类、磺酸酯及多元醇类、亚硝基脲类等。

盐酸氮芥　Chlormethine Hydrochloride

化学名为 *N*-甲基-*N*-(2-氯乙基)-2-氯乙胺盐酸盐。

本品为白色粉末，有吸湿性及对皮肤、黏膜有腐蚀性（作为注射液只能用于静脉注射，并防止其漏至静脉外，损伤其他组织）。在水中及乙醇中易溶，mp. 108～110℃。

本品在水溶液中很不稳定。在 pH7 以上的水溶液中将发生如右图所示的水解反应分解而失活。能保持本品的水溶液较为稳定的 pH 为 3.0～5.0，制备该药的水溶液注射剂时，pH 必须保持在 3.0～5.0。

本品作为抗肿瘤药物主要用于治疗淋巴肉瘤和霍奇金病。

本品与所有氮芥类化合物一样，分子由对肿瘤细胞产生杀伤作用的烷基化部分（双-β-氯乙氨基）及改善药物在体内吸收、分布等药动学性质的载体部分（本品的载体为甲基）组成，见图 7-1。

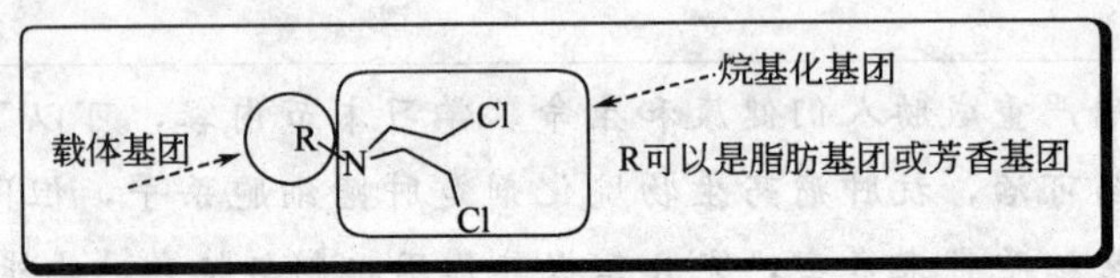

图 7-1　氮芥类化合物的结构

烷基化部分是起杀伤肿瘤细胞作用的功能基，载体部分起改善药物在体内动力学性质的辅助作用。当载体部分为脂肪烃基时，称为脂肪氮芥，载体为芳香基时叫芳香氮芥。脂肪氮芥比芳香氮芥是更强的烷化剂，极易与肿瘤细胞成分的亲核中心发生烷化作用。

盐酸氢芥这类脂肪氮芥属强烷化剂，对肿瘤细胞的杀伤力较大。但选择性很差，对正常细胞毒性也比较大。属于周期非特异性药物。

本品只对淋巴瘤有效，对其他肿瘤如肺癌、肝癌、胃癌等无效，不能口服，选择性差，不良反应大（特别是对造血器官）。

为了增加其对肿瘤细胞的选择性与作用，人们尝试用芳香基代替烷基形成了芳香氮芥，得到了苯丁酸氮芥（Chlorambucil），或瘤可宁（Leukeran）。芳香基上又可以连接不同的取代基团，由此而改善其选择性与作用，典型的例子是美法仑（溶肉瘤素，Melphalan）和中国研制的氮甲（Formy lmerphalan），见表 7-1。

表 7-1　部分芳香氮芥的结构和作用特点

药物名称	R—N(CH2CH2Cl)2 中的R基团	作用与特点
苯丁酸氮芥	HO, O	用于治疗慢性淋巴细胞白血病，对淋巴肉瘤、霍奇金病，卵巢癌等毒性最小
美法仑(溶肉瘤素)	O, HO, H, H_2N	对卵巢癌、乳腺癌、淋巴肉瘤和多发性骨髓瘤等恶性肿瘤有较好的疗效
氮甲	O, HO, H, NH, O	对卵巢癌、乳腺癌、淋巴肉瘤和多发性骨髓瘤等恶性肿瘤有较好的疗效。不良反应小
异溶肉瘤素 Isosarcolysin	O, H, NH, O, HO	对慢性粒细胞白血病、精原细胞瘤治疗效果显著
邻脂苯芥 Ocaphane	O, H, NH, O, HO	对癌性胸水效果较好，对颈部癌、脑癌、肺癌、乳腺癌、肝癌、淋巴肉瘤癌等也有一定疗效

环磷酰胺　Cyclophosphamide

O, P, O, NH, N, Cl, Cl, $\cdot H_2O$

化学名为 *P*-[*N*,*N*-双(-氯乙基)]-1-氧-3-氮-2-磷杂环己烷-*P*-氧化物一水合物，又名癌得星。

本品含有一个结晶水时为白色结晶或结晶性粉末。在乙醇中易溶，在水或丙酮中溶解，水溶液不稳定，遇热更易分解，故应在溶解后短期内使用。mp. 48.5～52℃。注意贮存温度与湿度要求，使用前调剂应掌握时间。

本品含不稳定的磷酰胺基，pH4.0～6.0（2%的水溶液），加热时极易分解，而失去生物烷化作用。

本品可以看成有一个环状的磷酰胺内酯载体的氮芥。在肿瘤组织中被磷酰胺酶催化裂解成活性的去甲氮芥［$HN(CH_2CH_2Cl)_2$］（既氮芥类药物起杀伤肿瘤细胞作用的活性部分）而发挥其效能。其性质活泼，能与 DNA 发生交叉联结，抑制其合成。本品在体外对肿瘤细胞无效，只有进入体内后，经过活化才能发挥作用。

本品的用途较为广泛，主要用于恶性淋巴瘤，急性淋巴细胞白血病，多发性骨髓瘤、肺癌、神经母细胞瘤等治疗，对乳腺癌、卵巢癌、鼻咽癌也有效。毒性比其他氮芥小，偶见患者发生膀胱毒性反应。

塞替派　Thiotepa

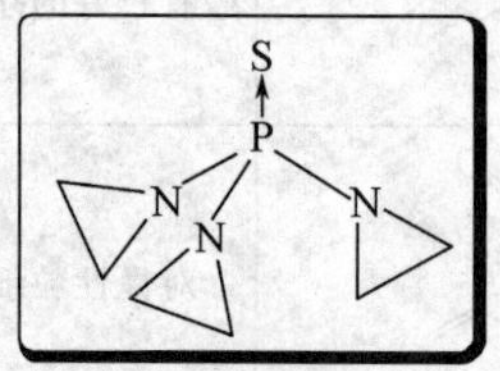

化学名为 1,1′,1″-硫次膦基三氮丙啶，又名：Thiophosphoramide。

本品为白色结晶性粉末、无臭或几乎无臭。易溶于水和乙醇中，mp. 52～57℃。

本品水溶液与硝酸及高锰酸钾试剂作用，分子中的硫被氧化成为硫酸盐，加氯化钡试剂后产生白色硫酸钡沉淀。

本品水溶液与硝酸共热后，分解成磷酸盐，加入钼试剂，产生淡黄色的磷钼酸铵沉淀［$(NH_4)_3PO_4 \cdot 12MoO_3$］，放置后变为绿色。这两个反应均可作为鉴别方法使用。

本品的硫代磷酰基使其具有较大脂溶性，对酸不稳定，遇酸亚乙基亚胺环易破裂，在胃肠道吸收较差，不能口服，须通过静脉注射给药。本品进入体内后，在肝中被肝 P450 酶系代谢生成替派（Tepa），本品自身及其代谢产物替派都会发生含氮环的质子化，亚乙基亚胺环打开而发挥作用。

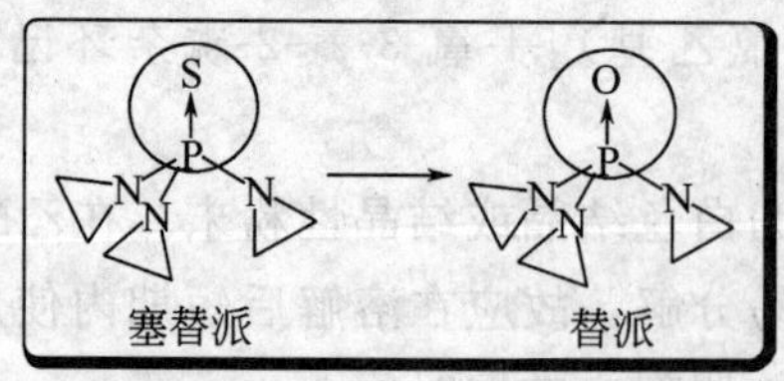

本品临床上主要用于治疗卵巢癌、乳腺癌、膀胱癌和消化道癌，是治疗膀胱癌的首选药物，可直接注射入膀胱，此时效果最好。

卡莫司汀　Carmustine

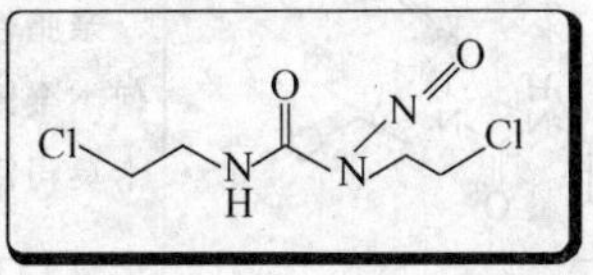

化学名为1,3-双(β-氯乙基)-1-亚硝基脲，又名：卡氮芥，BCNU。

本品为无色或微黄色结晶或结晶性粉末、无臭。mp. 30～32℃。溶于乙醇、聚乙二醇，不溶于水。由于本品不溶于水，一般制成聚乙二醇注射液使用。

本品所含脲及亚硝基结构表现出的活泼的化学性质，决定了其化学的稳定性差。含亚硝基脲结构的药物在酸性和碱性溶液中相当不稳定，易发生分解，放出氮气和二氧化碳。

由于其不稳定性，在生理pH环境下易发生分解，所以能有效地生成亲核性活性基团使DNA的组分发生烷基化，以杀伤肿瘤细胞达到治疗的作用。

本品合成是以氨基乙醇和脲反应、生成α-噁唑烷酮，再和相应的胺反应开环、氯代，最后亚硝化即得。

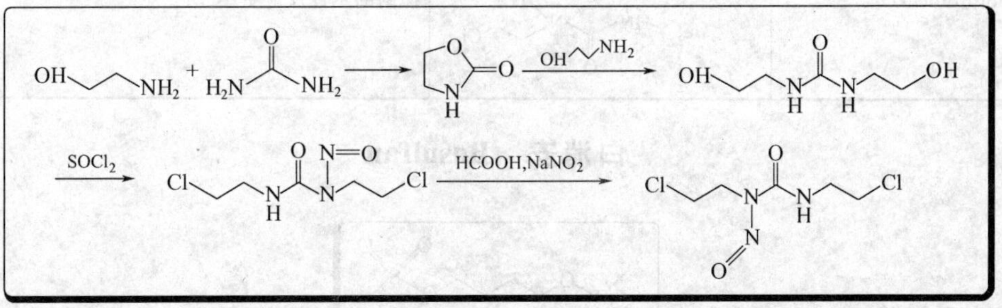

其他亚硝基脲类药物的合成也可用类似的方法。用不同的胺，将得到不同的产物。若反应中所用的胺为其他胺时，则得到不对称的开环产物，如用环已胺开环时，最终可得到洛莫司汀（Lomustine，CCNU）。

在卡莫司汀这类亚硝基脲类抗肿瘤药物中，结构特征含β-氯乙基亚硝基脲的结构单元，是药效的必须基团。由于β-氯乙基具有较强的亲脂性，易通过血脑屏障进入脑脊液中，因此，适用于脑瘤、转移性脑瘤及其他中枢神经系统肿瘤，恶性淋巴瘤等治疗。

在卡莫司汀的结构基础上若引入烷基、糖载体等取代一个β-氯乙基，可以改变其理化性质，降低亲脂性，提高对某些组织的亲和力，扩大作用范围和提高药物的选择性。

经结构修饰已获得了数个亚硝基脲类抗肿瘤药物，各具不同的特点和作用，见表7-2。

表 7-2　有关的亚硝基脲类药物

药物名称	结构	主要作用与特点
洛莫司汀	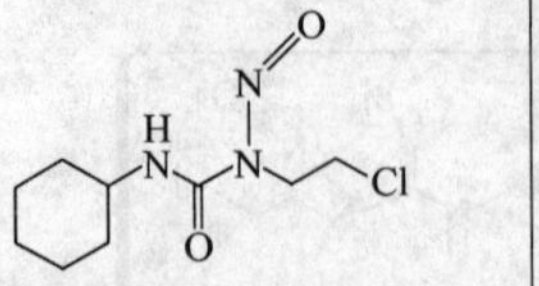	亲脂性较低，对脑瘤的疗效不及卡莫司汀，但对何杰金氏病、肺癌及若干转移性肿瘤的疗效优于卡莫司汀
司莫司汀，Me-CCNU (Semustine)	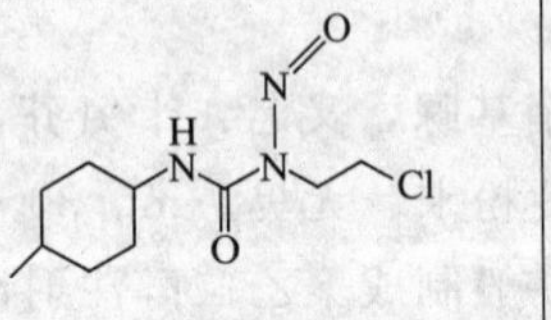	亲脂性较低，抗肿瘤疗效优于前者，毒性较低，临床用于脑瘤、肺癌和胃肠道肿瘤
链佐星 (Streptozocin)	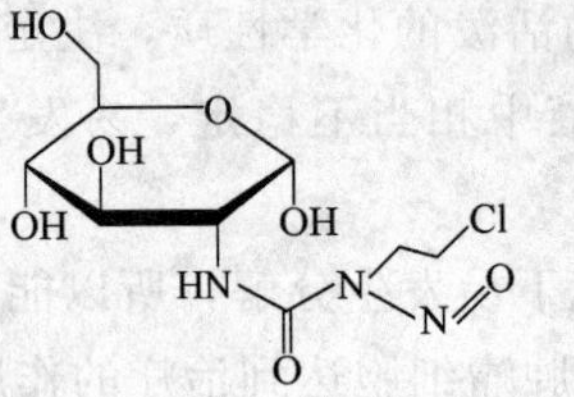	引入糖作为载体，其水溶性增加，毒副作用降低，尤其是骨髓抑制的不良反应比较低
氯脲霉素 (Chlorozotocin)	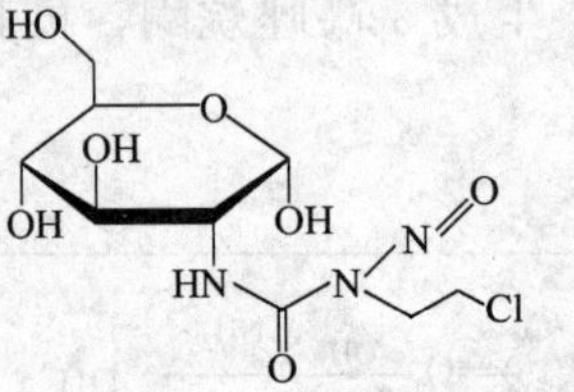	引入糖作为载体，毒副作用更小，特别是对骨髓抑制的不良反应更小

白消安　Busulfan

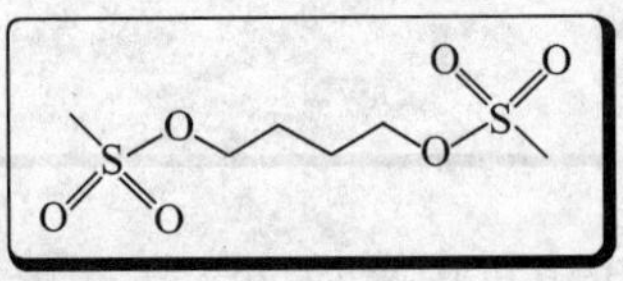

化学名为1,4-丁二醇二甲磺酸酯，又称为马利兰。

本品为白色结晶性粉末，几乎无臭，mp. 114～118℃。溶于丙酮，微溶于水和乙醇，在水中微溶。

本品在碱性条件下，可水解生成丁二醇等，丁二醇再脱水生成具有乙醚样特臭的四氢呋喃。水解液遇氯化钡试剂可产生白色钡盐沉淀。可以作为鉴别方法使用。

本品含量测定可依据下述反应：

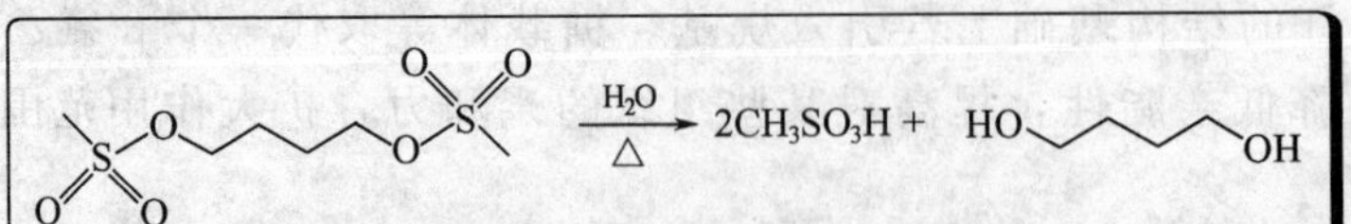

$$\text{白消安} \xrightarrow[\triangle]{H_2O} 2CH_3SO_3H + HO(CH_2)_4OH$$

$$CH_3SO_3H + NaOH \longrightarrow CH_3SO_3Na + H_2O$$

加热水解产生酸性的甲磺酸，而后用酚酞做指示剂，采用氢氧化钠标准溶液滴定。

本品口服吸收良好，吸收迅速。本品代谢速度比较慢，24h 排出不足 50%，反复用药可引起蓄积。因此注意用法与用量的控制。

临床上，白消安主要用于治疗慢性粒细胞白血病，其治疗效果优于放射治疗。主要不良反应为消化道反应及骨髓抑制。

本品的甲磺酸酯的化学结构不同于氮芥类药物，但作用机制是类似的。从化学角度上讲，白消安也是一个亲核试剂，可以像氮芥类一样发生亲核反应。凡是具有能发生亲核反应结构特征的有机化合物，均有可能发生对肿瘤细胞生物大分子的烷化作用，而成为具有抗肿瘤作用的生物烷化剂。甲磺酸酯及多元醇类化合物即属于非氮芥类的烷化剂。这样药物开发成功的例子有如下几个，见表 7-3。

表 7-3　多元醇类药物及其作用

药物名称	结构	主要作用与特点
二溴甘露醇（Mitobronitol，DBM）	Br, H, HO, H, OH, Br, H, OH, OH	主要用于治疗慢性粒细胞型白血病
二溴卫矛醇（Mitolactol，DBD）	Br, H, HO, H, OH, Br, H, HO, H, OH	抗瘤谱更广，对某些实体瘤，如胃癌，肺癌，结肠与直肠癌，乳腺癌等有一定的疗效
去水卫矛醇（Dianhydrogalactiol DAG）	O, H, OH, H, HO, O	对 L_{1210} 白血病的疗效比二溴卫矛醇强 3 倍，并能通过血脑屏障，对支气管肺癌、胃肠道及泌尿道肿瘤有效

第二节　抗代谢药物

> 肿瘤细胞代谢特征与正常细胞无明显差异，理解了人体正常细胞的代谢过程，将更有助于对本节内容的理解。

这类药是能干扰或通过阻断肿瘤细胞正常代谢过程而致其死亡的一类化合物，称为抗代谢药物。它们的化学结构大多与人体内代谢所必须的物质，如叶酸、嘌呤碱、嘧啶碱等相似。因此能竞争性地占据合成有关生物活性物质的酶类，而干扰核酸的代谢，尤其是 DNA 的生物合成，阻止肿瘤细胞的繁殖。因此，这类药主要杀伤 S 期肿瘤细胞，属周期特异性药物。

抗代谢药物通过抑制 DNA 合成中所需的叶酸、嘌呤碱及嘧啶核苷途径，从而阻断肿瘤细胞的生存和复制所必需的代谢途径，按拮抗上述三个不同活性物质的合成途径分类，常用抗代谢物的药物有三类：嘧啶拮抗剂，嘌呤拮抗剂及叶酸拮抗剂。

由于肿瘤组织与正常组织之间核酸合成代谢的无明显差异。故抗代谢物选择性较差，往往给人体增殖较快的正常细胞带来毒性。如出现骨髓、消化道黏膜毒副反应等。

因此，使用抗代谢物时要密切注意血象。

抗代谢药物在肿瘤的化学治疗上仍占有较大的比重，为40%左右。

抗代谢药物的抗瘤范围相对于烷化剂来说比较窄，临床上多用于治疗白血病、绒毛膜上皮癌，但对某些实体瘤也有效。由于抗代谢药物的作用点各异，交叉耐药性相对较少。

氟尿嘧啶 Fluorouracil

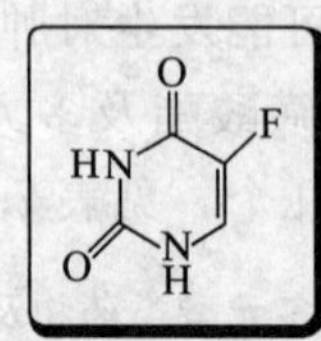

化学名为5-氟-2,4(1*H*,3*H*)-嘧啶二酮。简称5-FU。

本品为白色或类白色结晶或结晶性粉末，mp. 281～284℃（分解）。略溶于水，微溶于乙醇，不溶于氯仿。可溶于稀盐酸或氢氧化钠溶液。

本品与碱熔融破坏后的水溶液显氟化物的特征反应。可作为鉴别方法。

本品在空气及水溶液中都非常稳定，在亚硫酸钠水溶液中较不稳定。原因是亚硫酸钠可与其发生加成反应而使其分解。

从本品的化学结构看可以认为是尿嘧啶5位上H为F取代形成的。用氟原子取代尿嘧啶中的氢原子后，由于氟的原子半径和氢的原子半径相近，氟化物的体积与原化合物几乎相等，加之C—F键特别稳定，在代谢过程中不易断裂，在分子水平与正常代谢物竞争性占据胸腺嘧啶合成酶（TS），因此使酶失去生物活性，从而抑制DNA的合成；也可欺骗性地掺入生物大分子中，使其失去活性，导致肿瘤细胞的“致死合成”，最后肿瘤细胞死亡。

本品抗瘤谱比较广，对绒毛膜上皮癌及恶性葡萄胎有显著疗效，对结肠癌、直肠癌、胃癌和乳腺癌、头颈部癌等有效，是治疗实体肿瘤的首选药物。

本品疗效确切，但毒性反应较大，可引起严重的消化道反应和骨髓抑制等。因此降低毒性，提高疗效成为改造其结构的重点。根据本品的结构特点，其分子中的N′是主要的修饰部位，修饰后得到下列前体药物，见表7-4。

表7-4 嘧啶衍生物类嘧啶拮抗剂

药物名称	化学结构	主要作用
替加氟（Tegafur）	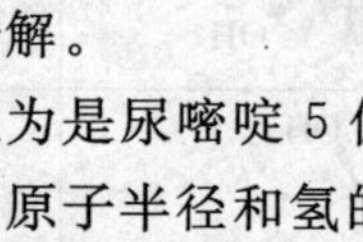	作用与氟尿嘧啶相似，但毒性较低
双呋氟尿嘧啶（Difuradin）	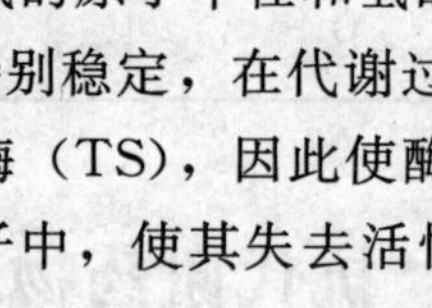	作用与氟尿嘧啶相似，但毒性较低

续表

药物名称	化学结构	主要作用
卡莫氟（Carmofur）	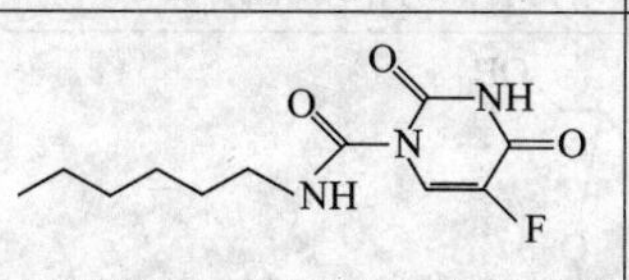	用于胃癌、结肠癌、直肠癌、乳腺癌的治疗
去氧氟尿苷（Doxifluridine）	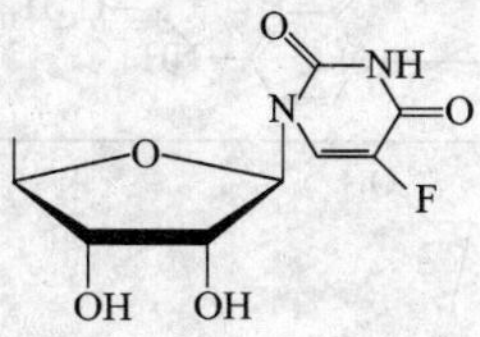	主要用于胃癌、结肠直肠癌、乳腺癌的治疗

盐酸阿糖胞苷 Cytarabine Hydrochloride

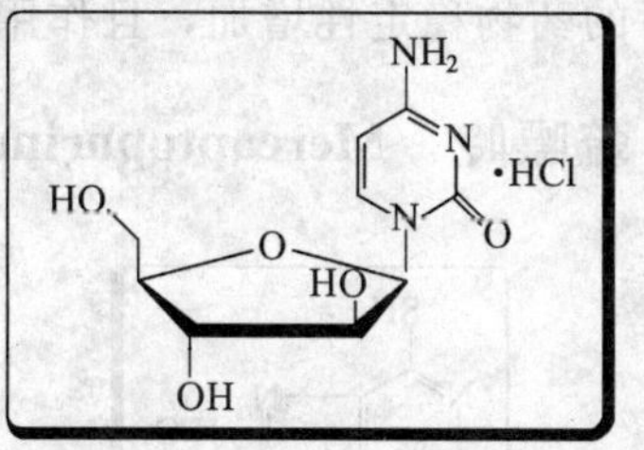

化学名为1-β-D-阿拉伯呋喃糖基-4-氨基-2(1*H*)-嘧啶酮盐酸盐。

本品为白色细小针状结晶或结晶性粉末。mp. 190～195℃，$[\alpha]_D^{25}$ +127°（H_2O）。极易溶于水，略溶于乙醇，不溶于氯仿。

本品是胞嘧啶类嘧啶拮抗剂，在体内经脱氧胞苷激酶催化磷酰化后，代谢成三磷酸阿糖胞苷（Ara-CTP）而发挥杀伤肿瘤作用。其作用机制是通过抑制DNA多聚酶及少量掺入DNA，阻止DNA的合成，起到抑制或杀伤细胞的作用。主要用于治疗急性粒细胞白血病。与其他抗肿瘤药合用可提高疗效。

本品分子中芳胺基不稳定，易被肝脏胞嘧啶脱胺酶脱胺而失效，为了解决本品的氨基稳定性问题，酰化氨基后合成了类似药物如依诺他滨（Enocitabine）和棕榈酰阿糖胞苷（*N*-Pamitoyl Arac），见表7-5。

表7-5 阿糖胞苷类嘧啶拮抗剂

名称	结构特点与作用机制	主要作用
依诺他滨(Enocitabine)	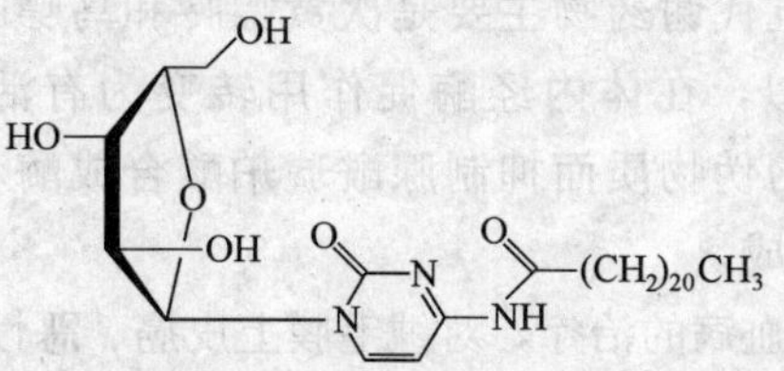	抗肿瘤作用比阿糖胞苷强而持久

续表

名　称	结构特点与作用机制	主　要　作　用
棕榈酰阿糖胞苷 (*N*-Palmitoyl Arac)	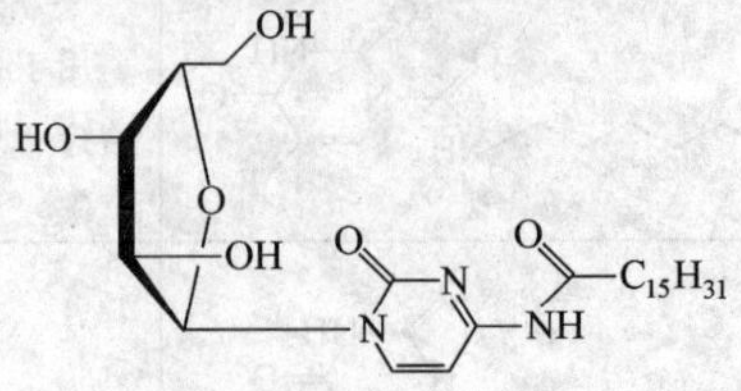 OH, HO, O, OH, O, N, N, O, NH, $C_{15}H_{31}$	抗肿瘤作用比阿糖胞苷强而持久
环胞苷 (Cyclocytidine)	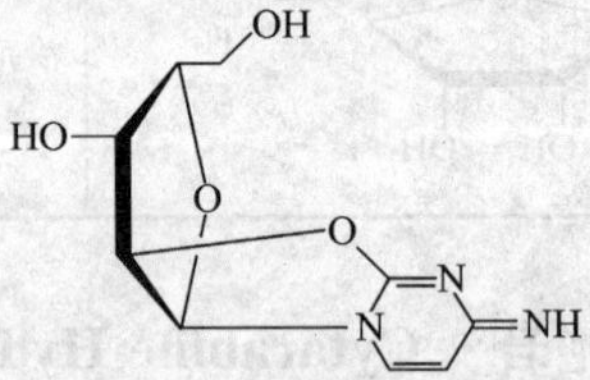 OH, HO, O, O, N, N, NH	用于各类急性白血病治疗，作用时间长，副作用较轻

从表中看出，结构改造后的药物稳定性增加，且作用时间有所延长。

巯嘌呤　Mercaptopurine

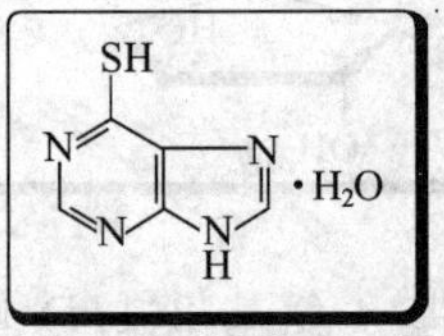

SH, N, N, N, N, H, $\cdot H_2O$

化学名为6-嘌呤硫醇一水合物。别名乐疾宁，简称6-MP。

本品为黄色结晶性粉末，无臭，味微甜。极微溶于水和乙醇，几乎不溶于乙醚。遇光易氧化变色。避光贮存。

本品溶于氨试液后，加入硝酸银试剂，即产生白色银盐沉淀。此沉淀不溶于硝酸。可用于本品的鉴别。

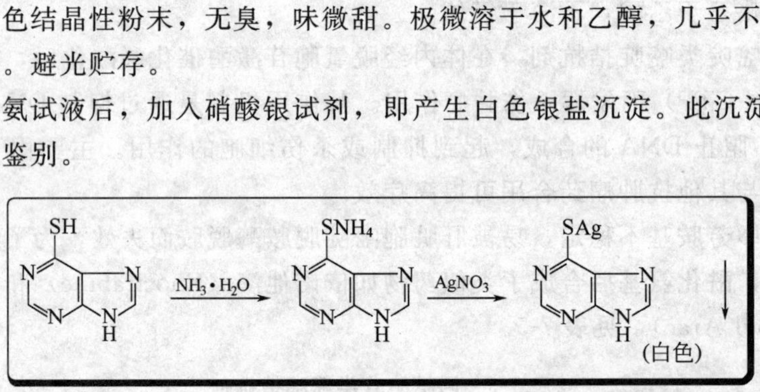

SH → ($NH_3 \cdot H_2O$) → SNH_4 → ($AgNO_3$) → SAg ↓ (白色)

腺嘌呤和鸟嘌呤是DNA和RNA的重要组分，次黄嘌呤是腺嘌呤和鸟嘌呤生物合成的重要中间体。嘌呤类抗代谢药物主要是次黄嘌呤和鸟嘌呤的衍生物。本品结构与细胞内活性物质次黄嘌呤相似，在体内经酶促作用转变为有活性的6-硫代次黄嘌呤核苷酸，作为次黄嘌呤核苷酸的伪物质而抑制腺酰琥珀酸合成酶和肌苷酸脱氢酶的作用，从而干扰DNA和RNA的合成。

本品可用于各种急性白血病的治疗，对绒毛膜上皮癌、恶性葡萄胎也有效。本品易产生耐药性，毒性大，且难溶于水，显效较慢。因而我国研制了水溶性衍生物溶癌呤，见表7-6。

表 7-6　嘌呤类嘌呤拮抗剂及其作用

名　称	特　点	主 要 作 用
磺巯嘌呤钠(溶癌呤) (Sulfomercapine Sodium)	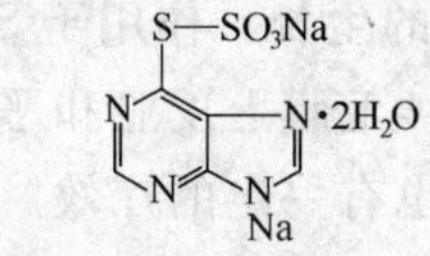 S—SO_3Na N N N N Na ·$2H_2O$	用途与 6-MP 相同
硫鸟嘌呤 (Thioguanine,6-TG)	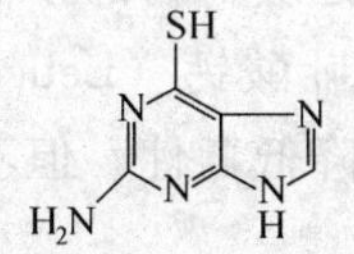 SH N N N N H_2N H	用于各类型白血病
喷司他汀 (Pentostatin)	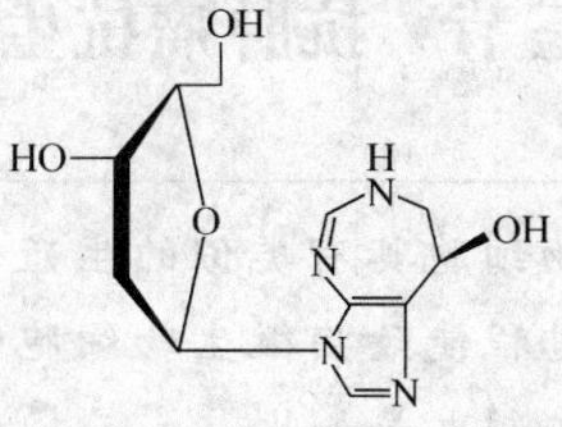 OH HO O H N OH N N N	主要用于白血病的治疗

甲氨蝶呤　Methotrexate

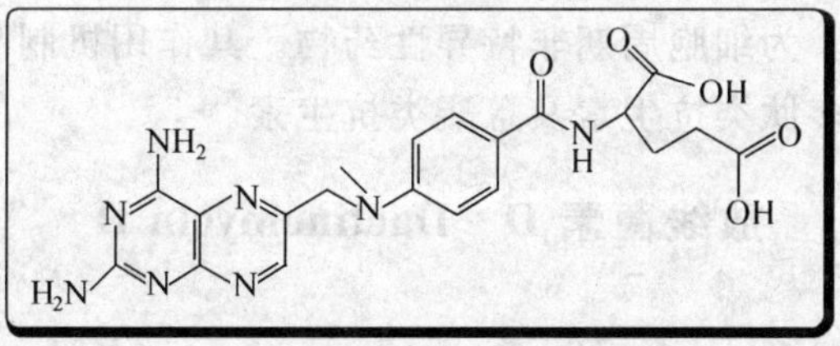

化学名为 L-(+)-*N*-[4-[[(2,4-二氨基-6-蝶啶基)甲基] 甲氨基] 苯甲酰基] 谷氨酸。

本品为橙黄色结晶性粉末。几乎不溶于水、乙醇、氯仿或乙醚，易溶于稀碱溶液，溶于稀盐酸。

本品含有酰胺基团，在强酸性溶液中酰胺基易水解，生成谷氨酸及蝶呤酸而失去活性。

本品可以看成是由叶酸蝶啶基中的羟基被氨基取代后的叶酸衍生物，见图 7-2。

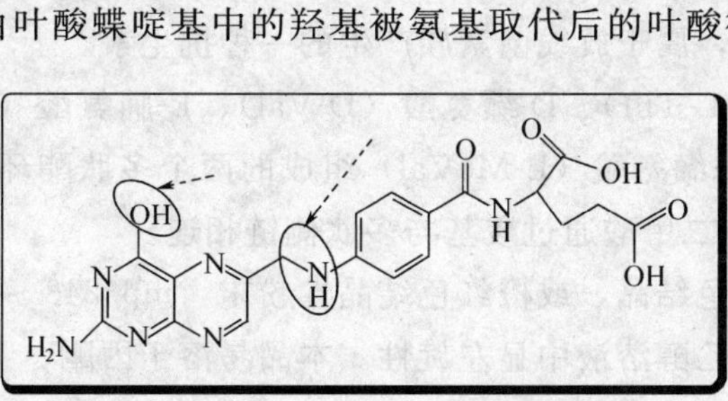

图 7-2　叶酸 Folic Acid

叶酸缺乏的直接结果之一是人体白细胞减少。

本品为叶酸拮抗剂，在体内以活性代谢物6-巯基嘌呤核苷酸而起抗肿瘤作用。本品有多种作用机制，其中一种是以引起“伪反馈抑制”而阻止嘌呤合成。最终影响DNA和RNA的合成，阻止肿瘤细胞的生长。作用于S期肿瘤细胞效果显著。

本品主要用于治疗急性白血病，绒毛膜上皮癌和恶性葡萄胎，对头颈部肿瘤、乳腺癌、宫颈癌、消化道癌和恶性淋巴癌也有一定的疗效。

本品与弱有机酸类药物合用，会延缓药物的排泄，导致严重的骨髓抑制。

本品大剂量引起中毒时，可用亚叶酸钙（Leucovofin Calcium）解救。甲酰四氢叶酸钙可提供四氢叶酸，与本品合用可降低毒性，但不降低抗肿瘤活性。

第三节　抗肿瘤抗生素

肿瘤细胞与致病微生物细胞具有类似的生殖、代谢过程。一般抗生素可以通过干扰生殖与代谢过程使致病微生物细胞受到抑制或死亡，抗肿瘤抗生素对肿瘤细胞的作用机制也是如此。

抗肿瘤抗生素与抗感染的抗生素来源类似，是由微生物产生的化学物质，也可申半合成得到。这些抗生素大多是直接作用于DNA或嵌入DNA，干扰转录过程，而具有抑制或杀伤肿瘤的作用。为细胞周期非特异性药物。其作用机制与某些普通抗感染抗生素相仿。本节重点介绍多肽类抗生素及蒽醌类抗生素。

放线菌素D　Dactinomycin D

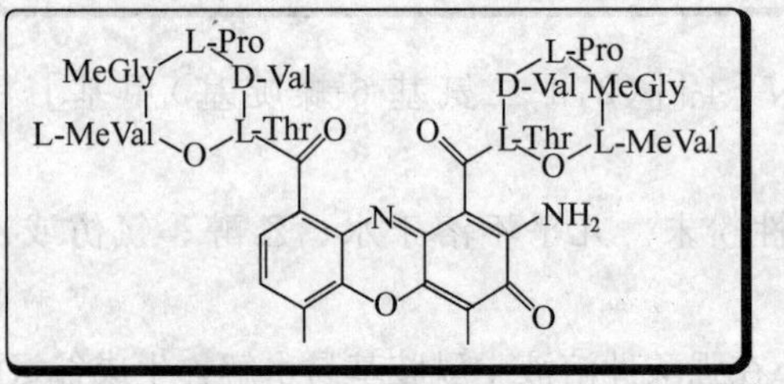

本品又称更生霉素，属于放线菌素族产生的一种抗生素。

本品由L-苏氨酸（L-Thr）、D-缬氨酸（D-Val）、L-脯氨酸（L-Pro）、*N*-甲基甘氨酸（MeGly）、L-*N*-甲基缬氨酸（L-MeVal）组成的两个多肽酯环，与母核3-氨基-1,8-二甲基-2-吩噁嗪酮-4,5-二甲酸通过羧基与多肽侧链相连。

本品为鲜红色或红色结晶，或橙红色结晶性粉末，mp. 243～248℃。无臭，有引湿性；遇光极不稳定；在乙醇溶液中显左旋性。本品易溶于丙酮、氯仿或异丙醇；略溶于甲醇，微溶于乙醇，在10℃热水中溶解。避光、防潮储存。

本品在肿瘤细胞内能插入DNA核碱基对（G-C）鸟嘌呤和胞嘧啶之间，与DNA结合成复合体，妨碍RNA多聚酶（转录酶）的功能，从而阻止mRNA合成，也干扰蛋白质合成，使肿瘤细胞生长受到抑制。对 G_1 期细胞作用明显，可阻止 G_1 期向 S 期转变。本品属周期非特异性药物。

本品主要用于恶性葡萄胎和绒毛膜上皮癌的治疗，对淋巴瘤、胚胎性肿瘤、肾母细胞瘤也有一定疗效。本品可对放疗起增敏作用，宜于合用。

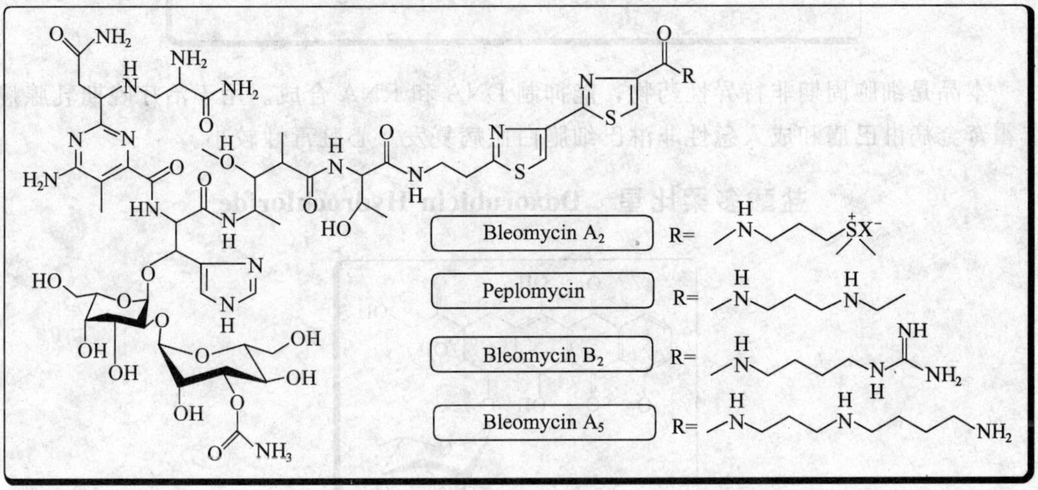

Bleomycin A_2 R=

Peplomycin R=

Bleomycin B_2 R=

Bleomycin A_5 R=

盐酸博来霉素 Bleomycin Hydrocloride

本品又称争光霉素。

本品为白色粉末，在水或甲醇中易溶，水溶液呈弱酸性，较稳定。

本品为放线菌培养液中分离出的一类水溶性碱性糖肽抗生素。用于临床的是以 Bleomycin A_5 为主要成分，含有一定量的 Bleomycin A_2、Bleomycin B_2 及培洛霉素（Peplomycin）的混合物。本品抑制胸腺嘧啶核苷酸合成，掺入 DNA，从而干扰 DNA 的合成。对鳞状上皮细胞癌、宫颈癌和脑癌都有效。与放射治疗合并应用，可提高疗效。

盐酸米托蒽醌 Mitoxantrone Hydrochlonde

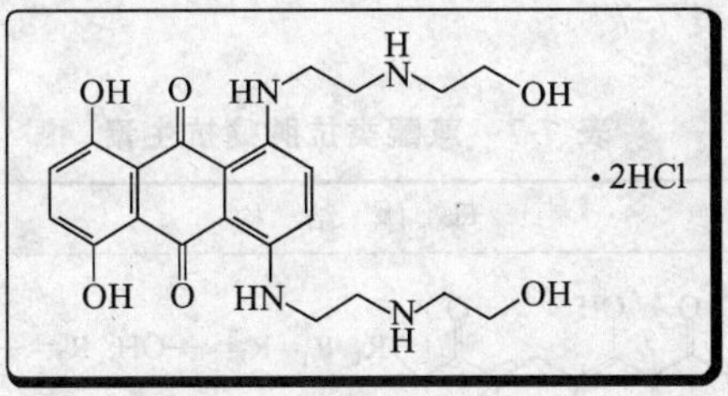

·2HCl

化学名为 1,4-二羟基-5,8-双[[2-[(2-羟乙基)氨基]乙基]氨基]-9,10-蒽醌二盐酸盐。

本品为蓝黑色结晶，无臭，有吸湿性，为三水合物或四水合物。mp. 203～205℃，其游离碱 mp. 162～164℃。本品在水中溶解，乙醇中微溶，氯仿中不溶。贮藏中注意防潮。

本品固体性质稳定，但在碱性水溶液中有可能降解，降解产物如下。

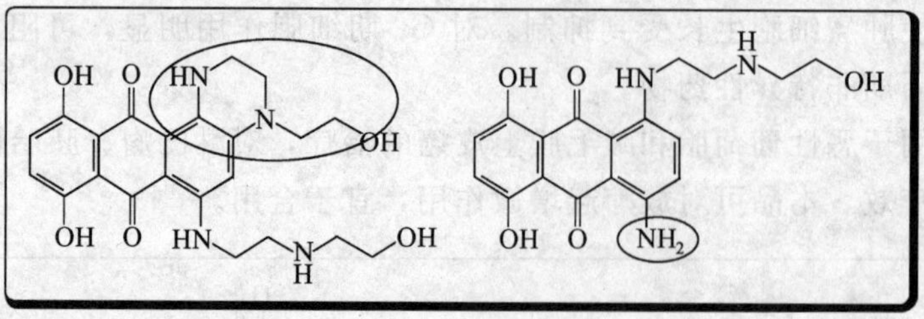

本品是细胞周期非特异性药物，能抑制 DNA 和 RNA 合成。用于治疗晚期乳腺癌，非霍奇金病淋巴瘤和成人急性非淋巴细胞白血病复发。心脏毒性较小。

盐酸多柔比星 Doxorubicin Hydrochloride

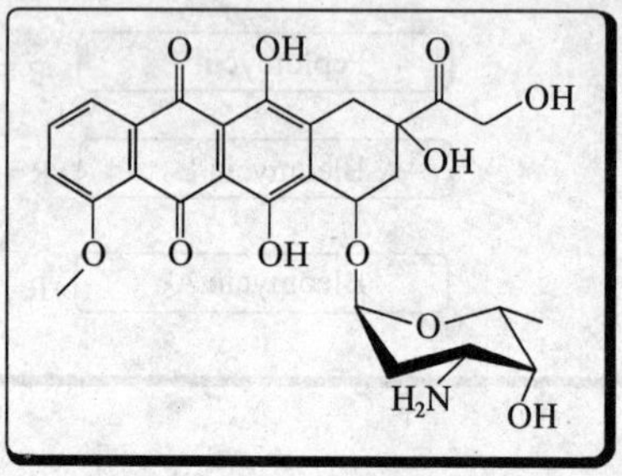

多柔比星又称阿霉素，是由微生物产生的蒽环糖苷抗生素，临床上常用其盐酸盐。为橘红色针状结晶。

本品易溶于水，在碱性水溶液中不稳定，易迅速分解。

本品的脂溶性蒽环配基和水溶性柔红糖胺使其具有较好的动力学性质，易通过细胞膜进入肿瘤细胞，又有酸性酚羟基和碱性氨基，因此有很强的药理活性。

本品抗肿瘤时可嵌入 DNA 中与其碱基对结合而抑制 mRNA 的合成，还可以使 DNA 断裂，阻止其复制。透入细胞内较快，抗瘤谱较广，除白血病外，对多种实体瘤，如肺癌、胃癌、肝癌等也有效。临床上主要用于治疗乳腺癌、甲状腺癌、肺癌、卵巢癌、肉瘤等实体瘤。

其他蒽醌类抗生素见表 7-7。

表 7-7 蒽醌类抗肿瘤抗生素

药 物	母 体 结 构	主 要 作 用
表柔比星 Epirubicin	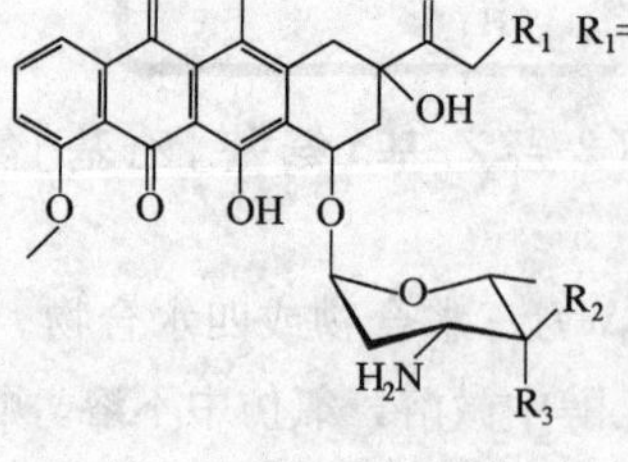 $R_1=R_2=$—OH, $R_3=$—H	对白血病和其他实体瘤有效
柔红霉素 Daunorubicin	$R_1=R_2=$—H, $R_3=$—OH	用于急性淋巴细胞白血病和急性粒细胞白血病

续表

药　物	母体结构	主要作用
阿柔比星 Aclarubicin	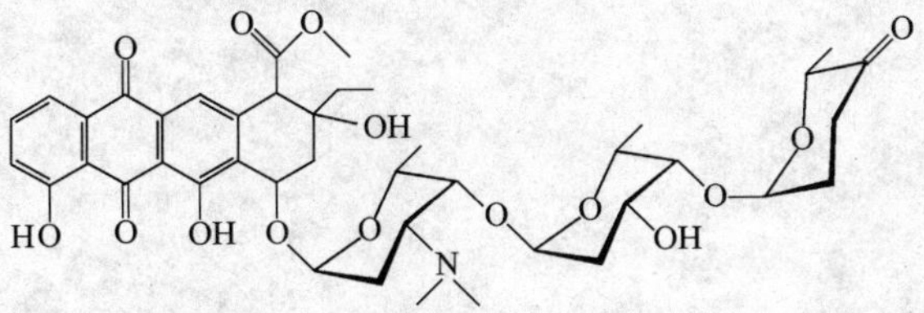	对子宫体癌、胃肠道癌、胰腺癌、肝癌有效
佐柔比星 Zorubicin	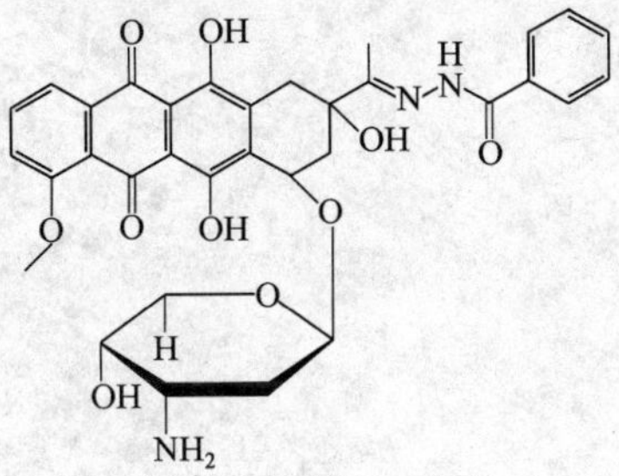	用于急性淋巴细胞白血病和原始粒细胞白血病

练习与思考题

1. 烷化剂类药物有哪些？其抗癌机制如何？

2. 试解释使用环磷酰胺前调剂时要注意什么问题？为什么？为什么其只有进入体内才能产生抗肿瘤作用？

3. 常用抗肿瘤抗生素有哪些？查阅资料说明其作用机制与某些杀死病原微生物的抗生素相似之处。

4. 用辩证的观点分析卡氮芥化学不稳定性的利与弊。

（王质明）

第八章 抗 生 素

抗生素是某些微生物的代谢产物或是合成、半合成的类似物，极微浓度即对特异的病原微生物具抑制或杀灭作用，而对宿主不会产生严重的不良反应。在临床上，大多数抗生素是用于抑制病原微生物的生长，治疗细菌感染性疾病。此外，某些抗生素还具有抗肿瘤、免疫抑制和刺激植物生长作用。因此抗生素的应用范围不仅限于医疗，而且还应用于农业、畜牧和食品工业方面。

抗生素的主要来源是生物合成（发酵），也可以通过化学合成和半合成方法制得。有些天然抗生素具有较强的抗菌作用，但在化学稳定性、不良反应、抗菌谱等方面存在缺陷，抗生素的半合成及结构修饰就是为了增加稳定性，降低不良反应，扩大抗菌谱，减少耐药性，改善生物利用度，提高疗效或改变用药途径。

半合成抗生素研究已得到较大的发展，取得了显著的成果。半合成抗生素的发展解决了天然抗生素的抗菌谱窄、稳定性差以及生物利用度低等问题，目前临床上使用的抗生素多为半合成抗生素。如：氨苄西林、阿莫西林、头孢克洛、头孢三嗪、强力霉素、罗红霉素等。

抗生素的种类繁多，结构比较复杂。本章按化学结构将其分类，重点介绍β-内酰胺类、四环素类、氨基糖苷类、大环内酯类、氯霉素类等抗生素。对于抗肿瘤抗生素在第七章中已介绍，抗真菌和抗结核的抗生素将在第九章中介绍。根据专业要求，抗生素的生物合成不属于本课程的内容，感兴趣的读者可参考有关专著。

每类抗生素均有其作用特点，其杀菌作用机制大致可归纳为以下四种。

(1) 抑制细菌细胞壁的合成　通过抑制细菌细胞壁的合成，导致细菌细胞壁缺损致使细菌死亡。哺乳动物的细胞没有细胞壁，不受这些药物的影响，故此类抗生素对哺乳动物的毒性较小。以这种方式作用的抗生素包括青霉素类和头孢菌素类。

(2) 对细胞膜的作用　通过与细菌的细胞膜相互作用而影响膜的渗透性，导致一些重要的生理物质外漏，引起细菌死亡。以这种方式作用的抗生素有多黏菌素和短杆菌素。

(3) 干扰蛋白质的合成　阻碍细菌蛋白质的合成，抑制合成所必需的酶。以这种方式作用的抗生素主要有四环素类、氨基糖苷类、大环内酯类和氯霉素等。

(4) 抑制核酸的转录和复制　阻止细胞分裂和（或）所需酶的合成，抑制核酸的功能，以这种方式作用的抗生素主要有利福霉素类。

世界范围内发生的细菌对抗生素的耐药性，中国是比较严重的地区之一。细菌的耐药性又称抗药性，一般是指细菌与药物多次接触后，对药物的敏感性下降甚至消失，致使药物对耐药菌的疗效降低或无效。病原微生物耐药性可分为天然和获得性耐药性两种，前者系遗传特征，一般不会改变，后者系由病原微生物体内脱氧核糖核酸（DNA）的改变而产生。

耐药性的发生机理有：①钝化酶或水解酶（如β-内酰胺酶、氨基糖苷类钝化酶、氯霉素乙酰转移酶）的形成，临床上抗感染药治疗失败也与此有关；②细菌细胞通透性改变，使抗生素无法进入细胞内，从而难以达到靶位；③靶位组成的改变，使抗生素不能与靶位结合而发挥抗菌效能。此外还可由于代谢拮抗剂的增加或细菌酶系的变化等而产生耐药性。

细菌耐药性的发生与发展是抗菌药物广泛应用，特别是无指征滥用的后果，因此临床上应特别注意合理用药。

第一节　β-内酰胺类抗生素

> 细菌感染性疾病是严重危害人类健康的疾病，如何合理的使用抗生素，在学习了本节内容后，读者将会有一定的了解

β-内酰胺类抗生素是指分子中含有β-内酰胺环的抗生素。β-内酰胺环是该类抗生素特征结构，在与细菌作用时，β-内酰胺环开环与细菌内部生物活性物质发生酰化作用，参与或影响细菌的代谢过程，进而杀伤或抑制细菌繁殖。由于β-内酰胺环既为酰胺又是分子张力较大的四元环，化学性质不稳定，易发生水解开环，导致失活。

根据β-内酰胺环是否连接有其他杂环以及所连接杂环的化学结构，β-内酰胺类抗生素又可被分为青霉素类、头孢菌素类以及碳青霉烯、青霉烯、氧青霉烷和单环β-内酰胺类等。见表 8-1。

表 8-1　各种β-内酰胺类抗生素的基本结构

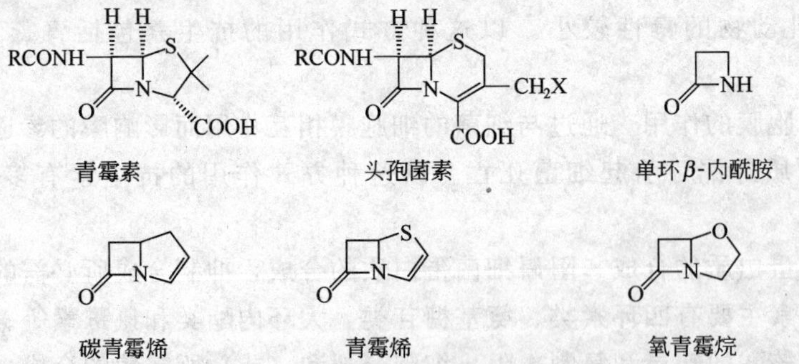

H H RCONH—, S, N, O, COOH 青霉素	H H RCONH—, S, N, O, CH_2X, COOH 头孢菌素	O, NH 单环β-内酰胺
O, N 碳青霉烯	S, O, N 青霉烯	O, O, N 氧青霉烷

在所有β-内酰胺类抗生素中，青霉素及头孢菌素两类占主导地位，其构效关系为：

(1) 两类化合物分子中均含有β-内酰胺环。青霉素为β-内酰胺环与氢化噻唑环并合，而头孢菌素则为β-内酰胺环和氢化噻嗪环并合。

(2) 两类药物分子中均含有羧基，其酸性足以与碱金属离子如钾、钠形成水溶性盐或与普鲁卡因等有机碱形成盐，使稳定性提高。

(3) 两类药物母核分子中均含有伯氨基，可与各种酰基侧链结合形成半合成β-内酰胺类抗生素，青霉素类在6位，而头孢菌素类在7位。母核分别为6-氨基青霉烷酸(6-APA)和7-氨基头孢烷酸（7-ACA）。

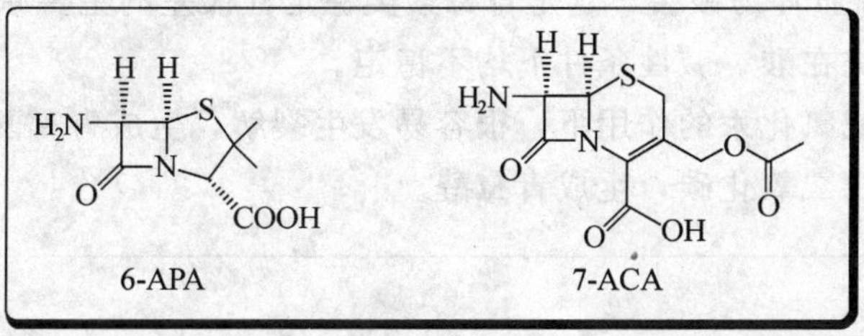

6-APA　　7-ACA

(4) 6-APA和7-ACA本身可以被看作是两个氨基酸所形成的肽。6-APA是由$(CH_3)_2C(SH)CH(NH_2)COOH$与$CH_3CH(NH_2)COOH$形成的二肽，而7-ACA则是由$CH_3C(CH_2OCOCH_3){=}C(NH_2)COOH$与$CH_3CH(NH_2)COOH$形成的二肽。

(5) 两类药物分子中均含有多个手性碳原子，如青霉素的2、5、6位和头孢菌素的6、7位，因而具有旋光性。

(6) 头孢菌素类抗生素的3位存在乙酰氧基甲基，其乙酰氧基为易离去基团，可被其他基团取代，而此部位的改变可增加抗菌活性和改变其药物代谢的动力学性质。

(7) 6-APA和7-ACA是β-内酰胺类抗生素保持其生物活性的基本结构，而侧链酰基的引入则可调节其抗菌谱和对酶的作用方式、抗菌作用的强度及理化性质。

一、青霉素及半合成青霉素类

青霉素是霉菌属的青霉菌所产生一类结构相似的抗生素的总称。天然的青霉素共有7种，临床上使用的是青霉素G和青霉素V。

青霉素钠 Benzylpenicillin Sodium

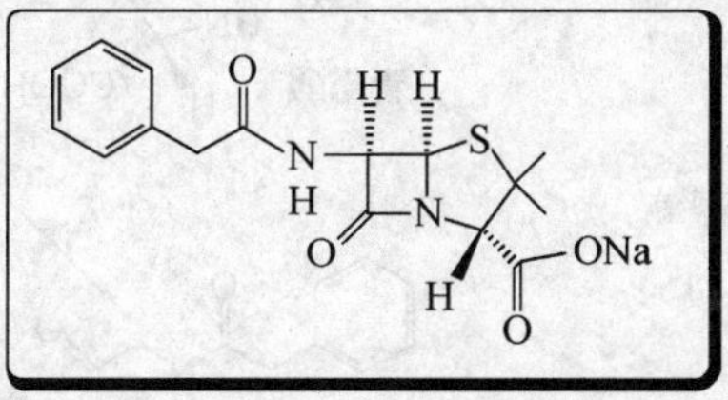

化学名为(2*S*,5*R*,6*R*)-3,3-二甲基-6-(2-苯乙酰氨基)-7-氧代-4-硫杂-1-氮杂双环[3,2,0]庚烷-2-甲酸钠盐。又称青霉素钠、苄青霉素钠，Penicillin。

本品为白色结晶性粉末；无臭或微有特异性臭；有吸湿性；本品在水中极易溶解，在乙醇中溶解，在脂肪油或液体石蜡中不溶。

本品是青霉素的钠盐，羧基成盐目的是增强其水溶性，钠盐的刺激性较钾盐小，故临床使用较多。

本品遇酸、碱或氧化剂等即迅速失效，水溶液在室温下不稳定，易水解，因此，临床上使用其粉针，注射前用注射用水现配现用。本品不能口服，因为胃酸会导致酰胺侧链水解和β-内酰胺环开环而失去活性。本品应密封或熔封、在阴凉干燥处保存。有效期3年。

青霉素类化合物的母核是由β-内酰胺环和五元的氢化噻唑环并合而成，二个环的张力都比较大，β-内酰胺环易破裂，这是青霉素类稳定性极差的主要原因。

大多数青霉素类在酸、碱性条件下均不稳定。

在强酸下加热或氯化汞的作用下，很容易发生裂解，生成青霉酸和青霉醛酸。青霉醛酸不稳定，可放出二氧化碳，生成青霉醛。

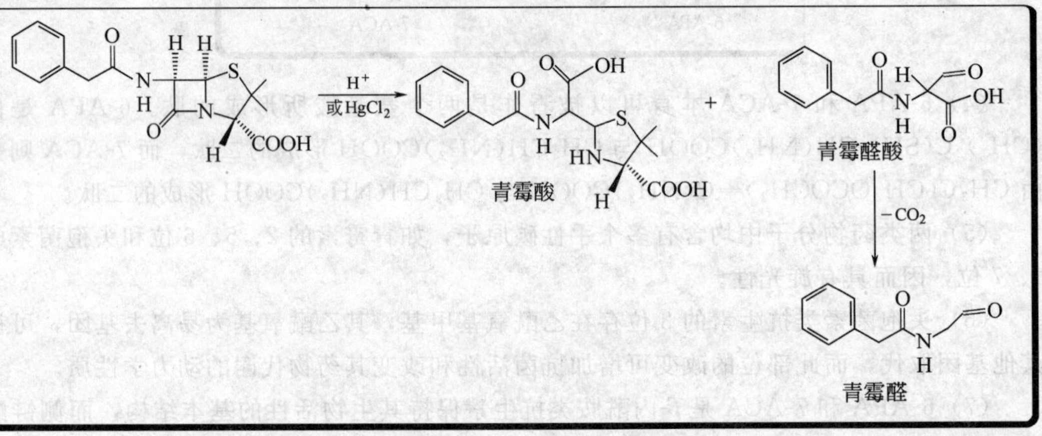

H^+ 或 $HgCl_2$

青霉酸　青霉醛酸　$-CO_2$　青霉醛

在室温条件下，于稀酸溶液中（pH4.0），则发生分子内亲核反应，产物经重排生成青霉二酸，青霉二酸可进一步分解生成青霉醛和青霉胺。

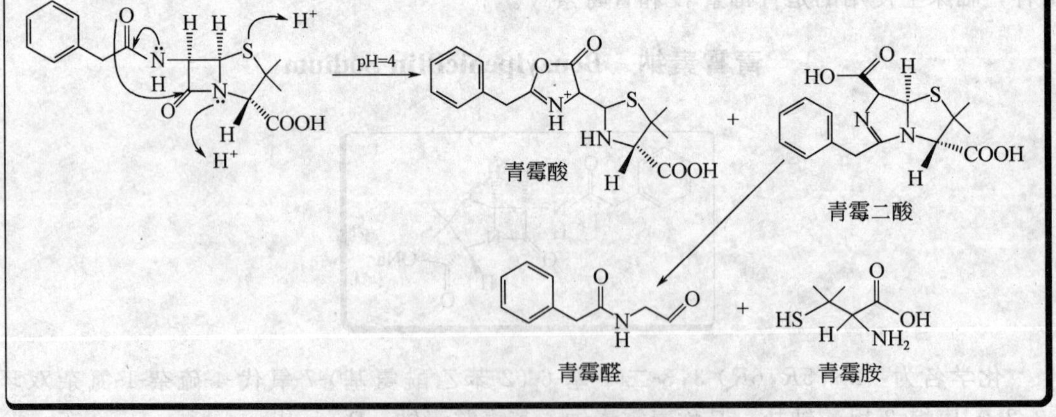

pH=4

青霉酸　青霉二酸　青霉醛　青霉胺

在碱性条件下，或在特异性酶（如细菌产生的耐药酶β-内酰胺酶）的作用下，发生碱性基团或酶中亲核性基团与青霉素的亲核反应，导致结构破坏生成青霉酸。这是细菌产生耐药性的机制之一。

青霉酸

青霉噻唑酸　　青霉醛　　青霉胺

青霉素遇到胺和醇类药物时，胺和醇中的胺基或羟基也同样会向β-内酰胺环进攻，生成青霉酰胺和青霉酸酯，使其开环。金属离子、温度和氧化剂均可催化上述反应。

本品水溶液加稀盐酸，即析出青霉素白色沉淀，此沉淀能溶于醋酸戊酯、乙醇、乙醚、氯仿或过量的盐酸中。游离的青霉素是一种有机酸（pK_a2.65～2.70），不溶于水。

本品在碱性条件下与羟胺作用，β-内酰胺环破裂生成羟肟酸，后者在酸性溶液中与三价铁离子生成酒红色配合物。

本品显钠盐的火焰反应。

青霉素对热敏感。在生产过程中，如制成钠盐、冷冻或喷雾干燥时，也易引起β-内酰胺环破环，发生分子间聚合反应，形成高分子聚合物等内源性致敏物质。此为青霉素引起变态反应的主要致敏原。pH、温度及浓度均可影响聚合反应。

临床上使用的青霉素，也称为苄青霉素，是第一个用于临床的抗生素，由青霉菌的培养液中分离而得。

青霉素及所有β-内酰胺抗生素的作用机制，一般认为是抑制细菌细胞壁的合成。细胞壁是包裹在微生物细胞外面的一层韧性膜，具有半透膜性质，既保护其不因内部高渗透压而破裂，还肩负各种生理生化功能。细菌细胞壁的主要成分是具有网状结构的含糖多肽——黏肽，在黏肽转肽酶的催化下，经转肽（交联）反应形成网状的细胞壁。β-内酰胺类抗生素可抑制黏肽转肽酶，使其催化的转肽反应不能进行，从而阻碍细胞壁的形成，导致细菌死亡。此外，革兰阳性菌的细胞壁黏肽含量比革兰阴性菌高，因此青霉素一般对革兰阳性菌的活性比较高，也是其抗菌谱比较窄的原因。

本品主要杀灭繁殖期的细菌，对大多数革兰阳性菌、革兰阴性球菌和某些革兰阳性杆菌、螺旋体及放线菌有强大的抗菌活性。某些葡萄球菌、肺炎球菌、链球菌、淋球菌、脑膜炎球菌等对本品高度敏感，白喉杆菌、炭疽杆菌、梭状芽孢杆菌、流感杆菌等对本品敏感，但对大肠杆菌、绿脓杆菌、痢疾杆菌等无效。梅毒螺旋体、回归热螺旋体、鼠咬热螺旋体和钩端螺旋体等均对本品敏感。主要用于各种敏感的球菌、革兰阳性杆及螺旋体等引起的各种感染，如呼吸系统感染、肺炎、支气管炎、心内膜炎、脑膜炎、中耳炎、菌血症、白喉、淋病、梅毒、鼠咬热、气性坏疽、炭疽等。但是对某些病人易引危及生命的变态反应，即青霉素过敏，在临床应用中需严格按规定进行皮试后再使用。

本品与其他药物的相互作用：① 青霉素不应与红霉素、万古霉素、林可霉素、两性霉素、头孢噻吩、去甲肾上腺素、间羟胺、氯丙嗪、异丙嗪、苯妥英钠、维生素 C、碳酸氢钠等同时混合于静脉输液中，以免降低效价、产生浑浊；②青霉素钾或钠与重金属，特别是铜、锌和汞呈配伍禁忌，因后者可破坏青霉素的氢化噻唑环。由锌化合物制造的橡皮管或瓶塞也可影响青霉素活力。呈酸性的葡萄糖注射液或四环素注射液皆可破坏青霉素的活性。青霉素也可为氧化剂或还原剂或羟基化合物灭活。

青霉素存在一些缺点，如对酸不稳定，不能口服给药；抗菌谱比较窄，对革兰阴性菌的效果差；有严重的变态反应；细菌易产生耐药性等。为了克服青霉素的诸多缺点，自 20 世纪 50 年代开始，对它的结构进行修饰，以改进其性能，成功解决了青霉素的不耐酸、不耐酶和抗菌谱窄的问题，在口服、广谱、耐酶等半合成青霉素研究上取得了重大进展。

1. 耐酸青霉素

侧链引入吸电子基，从而阻止了侧链羰基电子向 β-内酰胺环的转移，增加了对酸的稳定性。

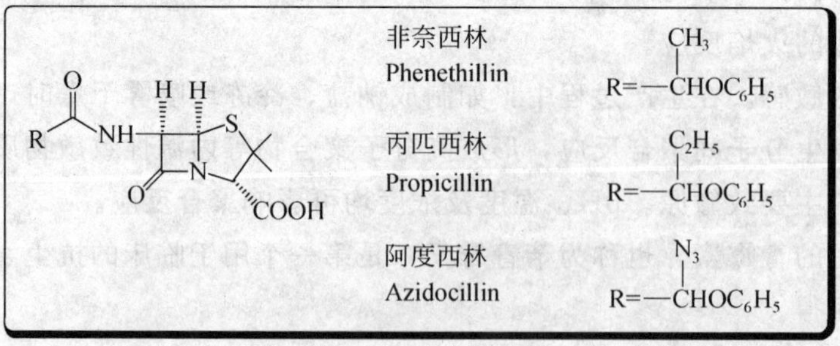

通式（R-CO-NH-青霉烷母核，含 S、N、COOH）	非奈西林 Phenethillin	R=—CH(CH_3)OC$_6$H$_5$
	丙匹西林 Propicillin	R=—CH(C_2H_5)OC$_6$H$_5$
	阿度西林 Azidocillin	R=—CH(N_3)OC$_6$H$_5$

2. 耐酶青霉素

在侧链酰胺上引入体积较大的基团，造成较大的空间位阻，阻止了药物与β-内酰胺酶活性中心的结合，又由于空间阻碍限制酰胺侧链 R 与羧基间的单键旋转，从而降低了青霉素分子与酶活性中心作用的适应性，加之 R 基比较靠近β-内酰胺环，也可能有保护作用，因此干扰了细菌体内的β-内酰胺酶与药物的作用。常见的耐酶青霉素请见表 8-2。

表 8-2 常见的耐酶青霉素

药物名称	化学结构	作用特点
奈夫西林 Nafcillin	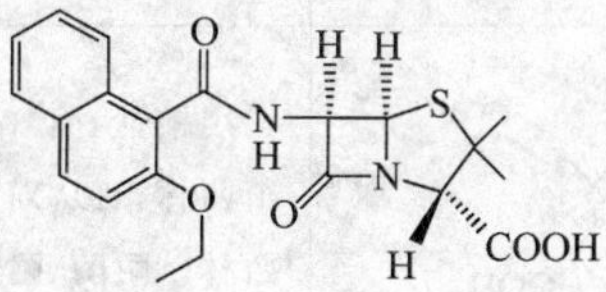	耐酸，耐酶，对耐药金黄色葡萄球菌作用比甲氧西林强 3 倍
氯唑西林 Cloxacillin	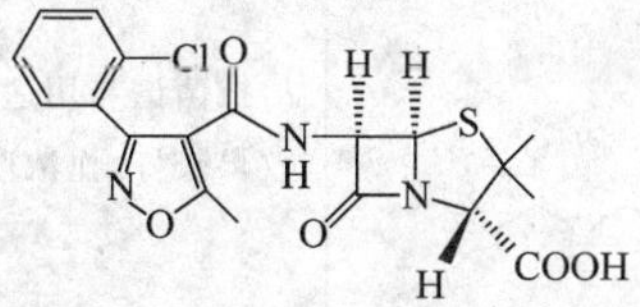	抗菌作用与苯唑西林相似，但血药浓度比苯唑西林高，对耐药金黄色葡萄球菌的作用比苯唑西林强 2 倍
双氯西林 Dicloxacillin	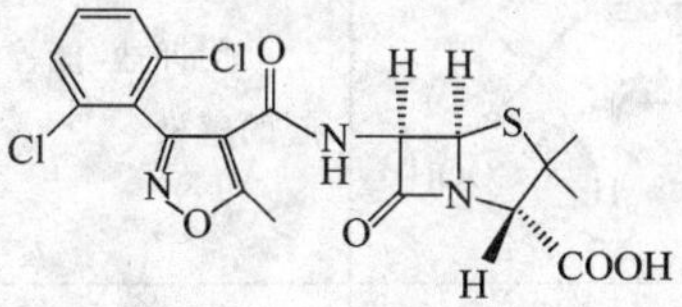	与氯唑西林相似，但血药浓度高
氟氯西林 Flucloxacillin	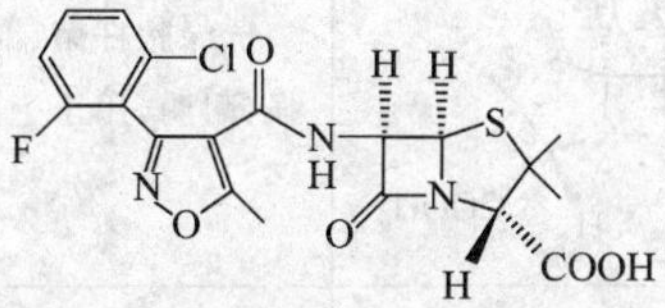	口服胃肠道吸收好，血药浓度高可维持 4h。对耐药金葡菌的作用是该类药物中最强的

3. 广谱青霉素

在侧链酰胺上引入一些极性基团，可增强抗革兰阴性菌的活性。在青霉素的侧链α位引入氨基，得氨苄西林（Ampicillin），具较好的广谱性质，因其口服吸收较差，又合成了它的衍生物如羟氨苄西林和酮氨苄西林，其能口服，吸收较好，提高了生物利用度。后又将羧基或磺酸基代替氨基引入侧链，得羧苄西林或磺苄西林，它们对绿脓杆菌和变形杆菌有较强作用；将氨苄或羟氨苄西林的侧链氨基，用脂肪酸、芳香酸、芳杂环酸酰化时，可显著扩大抗菌谱，尤其对绿脓杆菌有效。常见的广谱青霉素类请见表 8-3。

表 8-3 常见的广谱青霉素

药物名称	化学结构	作用和用途
羧苄西林 Carbenicillin	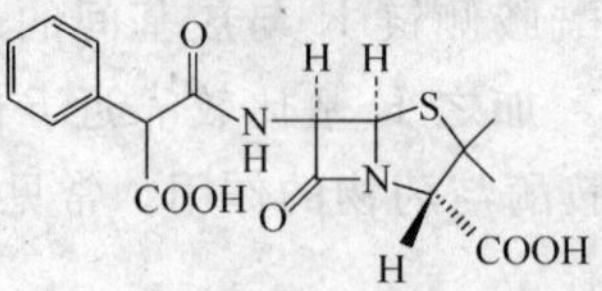	主要用于大肠杆菌、绿脓杆菌引起的感染，口服不吸收，需注射给药，毒性较低，体内分布广
磺苄西林 Sulbenicillin	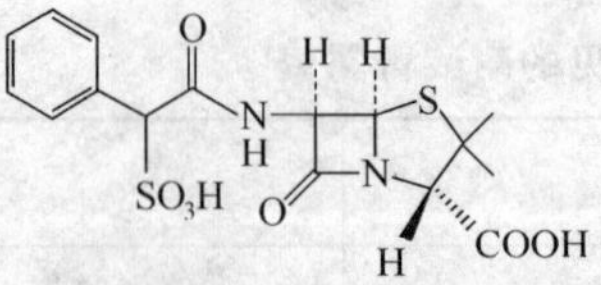	抗菌活性近似于羧苄西林，主要用于绿脓杆菌引起的感染，注射给药
依匹西林 Epicillin （Omnisan）	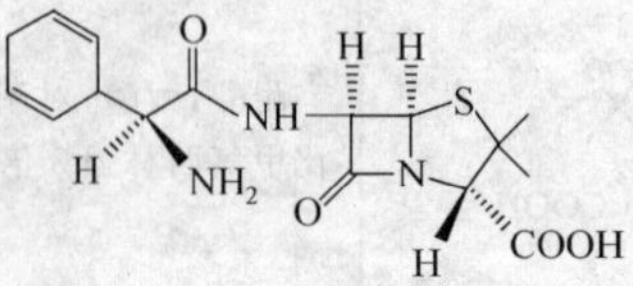	用钠盐，含 1/2 分子结晶水，抗菌谱与氨苄西林相似，对绿脓杆菌有效，但不及羧苄西林。耐酶、耐酸、可口服
匹氨西林 Pivampicillin	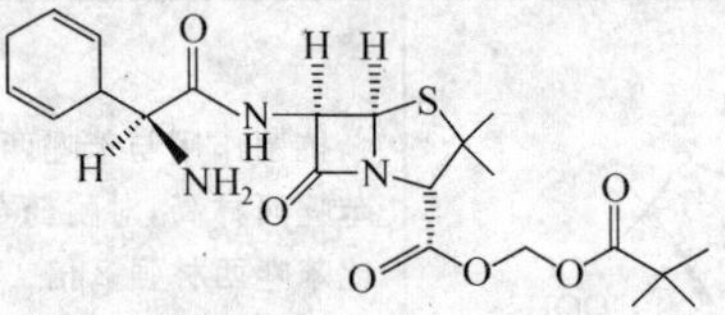	抗菌谱与用途与氨苄西林相似，口服吸收效果较好，血浓度较高，耐酸
呋布西林 Furbucillin	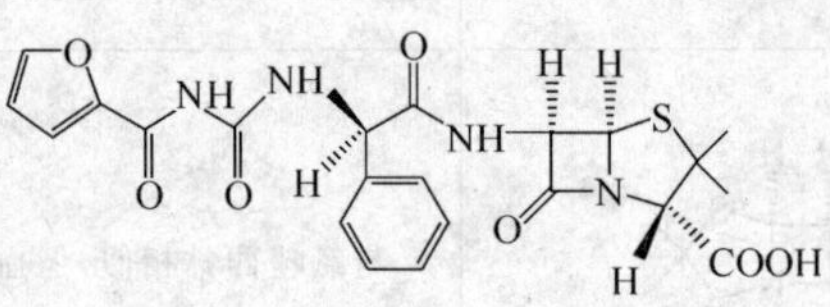	用钾盐，能控制绿脓杆菌和大肠杆菌引起的感染
哌拉西林 Piperacillin （氧哌嗪青霉素）	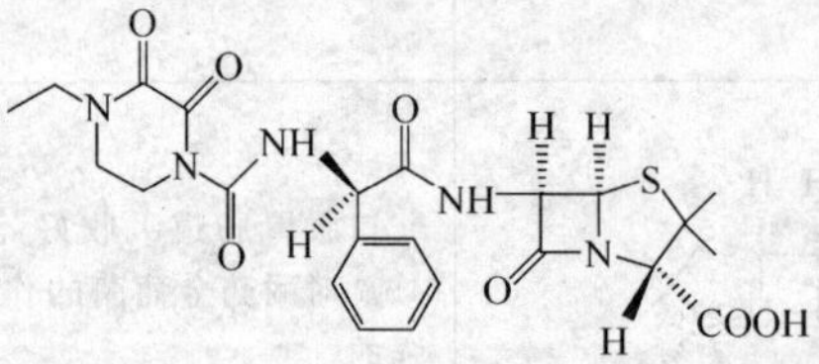	抗绿脓杆菌、变形杆菌、肺炎杆菌等，作用强，耐酶，用于上述细菌引起的感染
阿洛西林 Azlocillin	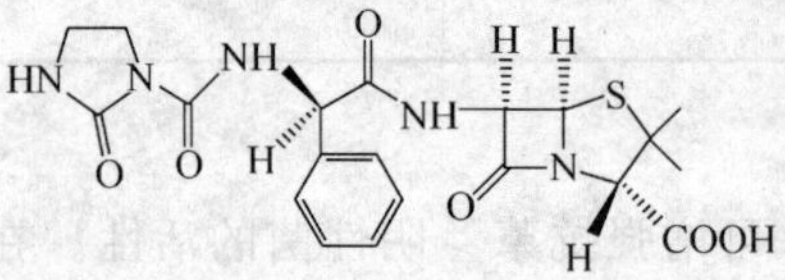	抗绿脓杆菌，奇异变形杆菌作用强，不耐酶
美洛西林 Mezlocillin	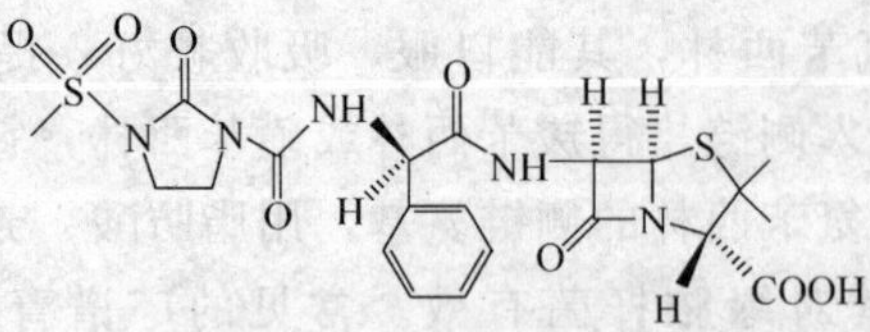	抗菌谱与阿洛西林相似，主要用于呼吸和泌尿系统感染

苯唑西林钠　Oxacillin Sodium

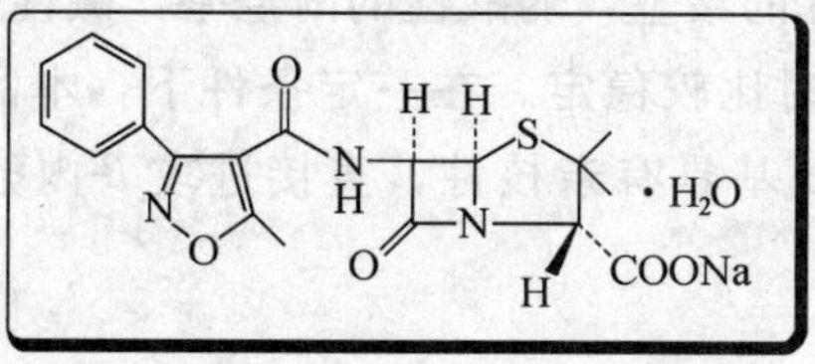

化学名为 (2*S*,5*R*,6*R*)-3,3-二甲基-6-(5-甲基-3-苯基-4-异噁唑甲酰氨基)-7-氧代-4-硫杂-1-氮杂双环[3,2,0]庚烷-2-甲酸钠盐一水合物。又称新青霉素Ⅱ、苯唑青霉素、苯甲异噁唑青霉素钠。

本品为白色粉末或结晶性粉末，无臭或微臭。在水中易溶，在丙酮或丁醇中极微溶解，在醋酸乙酯或石油醚中几乎不溶。

本品在弱酸条件，于微量铜离子的催化下，发生分子内重排反应，生成苯唑青霉烯酸。在 339nm 波长处有最大吸收峰。

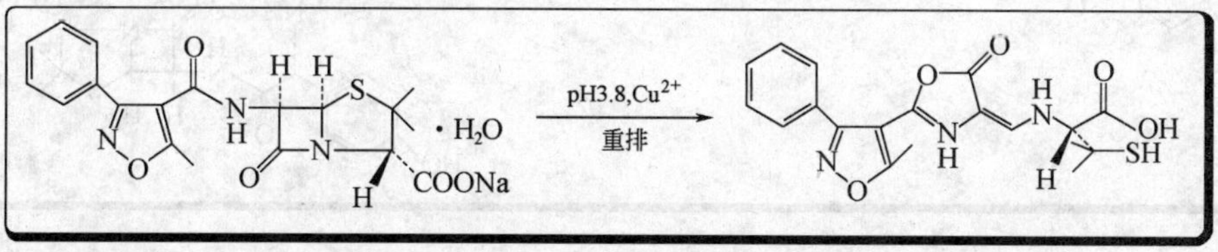

pH3.8, Cu^{2+}
重排

本品显钠盐的火焰反应。

本品不仅能耐酶，还能耐酸，抗菌作用也比较强。故本品可以口服和注射给药，主要用于对青霉素耐药的金黄色葡萄球菌和表皮葡萄球菌的感染。应在密封、干燥处保存。

本品与其他药物的相互作用：本品若静脉注射给药，不可与氨基糖苷类抗生素、多黏菌素 B、呋喃妥因、去甲肾上腺素、间羟胺、维生素 C 等同时混合，以免降低效价，产生混浊。

阿莫西林　Amoxicillin

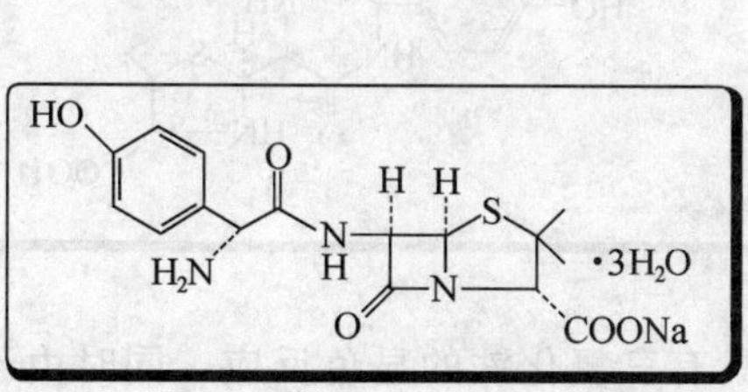

化学名为 (2*S*,5*R*,6*R*)-3,3-二甲基-6-[(*R*)-(-)-2-氨基-2-(4-羟基苯基)乙酰氨基]-7-氧代-4-硫杂-1-氮杂双环[3,2,0]庚烷-2-甲酸三水合物。又名羟氨苄西林。

本品为白色或类白色结晶性粉末，味微苦。在水中微溶，在乙醇中几乎不溶。在水中（1mg/ml）的比旋度为$+290°\sim+310°$。

本品的侧链为对羟基苯甘氨酸，有一个手性碳原子，临床用其右旋体，为*R*-构型。

本品的结构中含有酸性的羧基，弱酸性的酚羟基，碱性的氨基，故呈酸碱两性。

本品的水溶液在pH6时比较稳定。在一定条件下，本品也会发生青霉素的降解反应以及由于侧链上游离的氨基具有亲核性，直接进攻*β*-内酰胺环的羰基，引起的聚合反应。

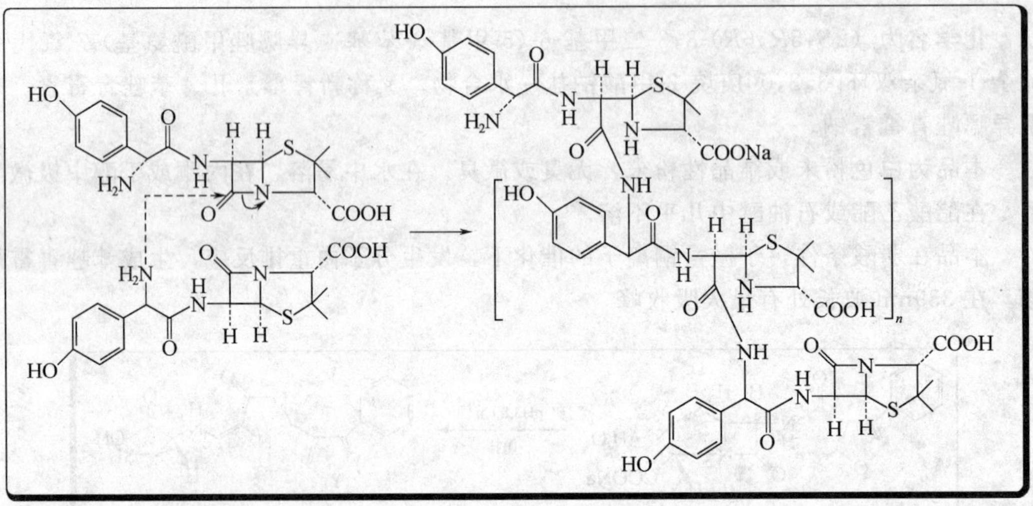

本品水溶液中若有磷酸盐、山梨醇、硫酸锌、二乙醇胺等存在时，则会发生分子内成环反应，生成2,5-吡嗪二酮。

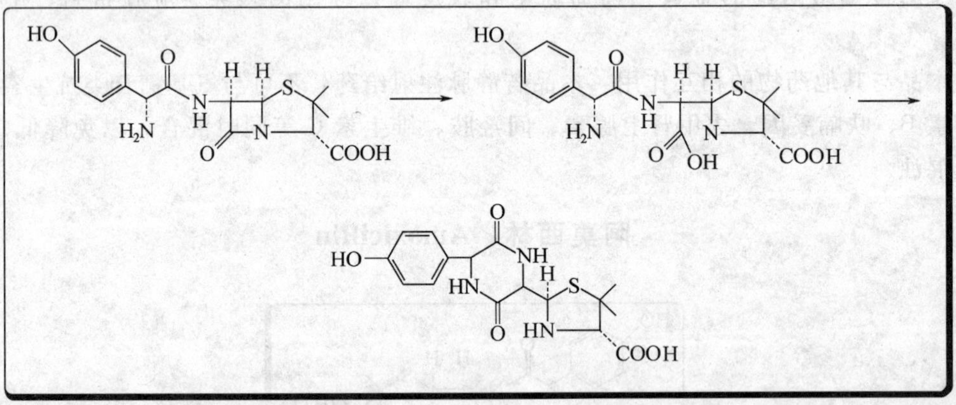

本品结构中的酚羟基具有三氯化铁的显色反应，同时由于酚羟基的存在，本品易发生自动氧化，在光、热及重金属催化下，氧化反应加速。因此，本品应遮光，密封保存。

本品的合成是以D-(－)-α-氨基对羟基苯乙酰氯为原料，与6-APA缩合得阿莫西林，再加2-乙基己酸钠的丁醇溶液使成钠盐。

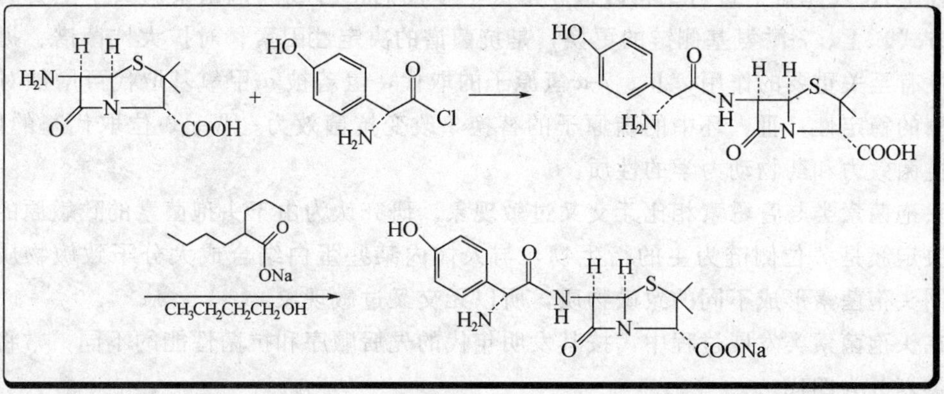

本品为氨苄西林的衍生物，和氨苄西林具有相同的抗菌谱，对革兰阳性菌的作用与青霉素相同或稍低，对革兰阴性菌如淋球菌、流感杆菌、百日咳杆菌、大肠杆菌、布氏杆菌等的作用较强，但是使用后易产生耐药性。临床上主要用于泌尿系统、呼吸系统、胆道等的感染，口服吸收较好。

二、头孢菌素类及半合成头孢菌素类

头孢菌素（Cephalosporins）早期又称先锋霉素。天然头孢菌素有头孢菌素 C 和头霉素 C，是由与青霉菌近缘的头孢菌属（*Cephalosporium*）的真菌所产生的天然头孢菌素，其抗菌效力较低，无临床使用价值，但让药学工作者看到了发展的潜力。

头孢菌素 C 及头霉素 C 对酸比较稳定，对 β-内酰胺酶也有一定稳定性，除对革兰阳性菌有作用外，对革兰阴性菌亦有活性，与青霉素相比，变态反应发生率较低，程度较轻。引起了人们的注意。因此对它们进行结构改造，以便提高其抗菌效力，扩大抗菌谱，已取得较好进展。现临床用药均为半合成头孢菌素。

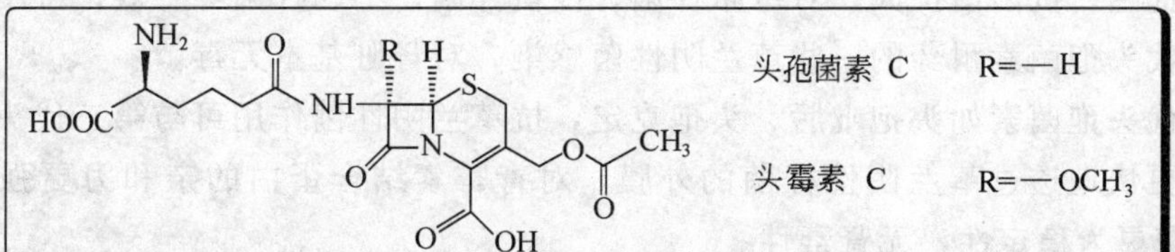

头孢菌素 C　R=—H

头霉素 C　R=—OCH_3

头孢菌素 C 的 7 位侧链去掉后，其余部分是母核 7-ACA。

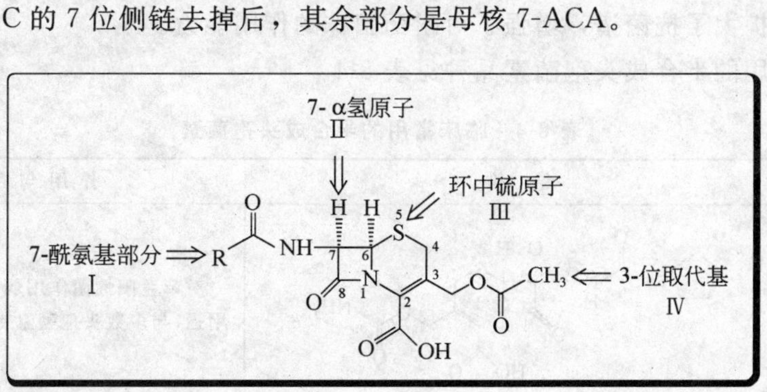

7-α氢原子 Ⅱ

环中硫原子 Ⅲ

7-酰氨基部分 Ⅰ

3-位取代基 Ⅳ

在 7-ACA 基础上进行结构改造，形成了不同的半合成头孢菌素。其中主要的结构改造方式：Ⅰ、7-酰氨基侧链的更换，是抗菌谱的决定性因素，对扩大抗菌谱、提高抗菌活性有至关重要的作用；Ⅱ、7-α 氢原子的取代，氢若被 α-甲氧基取代可增加对 β-内酰胺酶的稳定性；Ⅲ、环中的硫原子的替换，改变抗菌效力；Ⅳ、3-位取代基的修饰，改变抗菌效力和药物动力学的性质。

头孢菌素类与青霉素相比无交叉过敏现象。研究认为由于头孢菌素的致敏原的主要抗原决定簇是 7-位侧链为主的衍生物，与人体内某些蛋白结合成大分子致敏物质，由于不同头孢菌素形成不同的致敏物质，所以无交叉过敏现象。

在头孢菌素类发展过程中，按其发明年代的先后顺序和抗菌性能的不同，常将头孢菌素类划分为四代。

第一代头孢菌素如头孢噻吩、头孢唑啉、头孢氨苄、头孢拉定等对革兰阳性菌的作用较二、三代强，而对革兰阴性菌的作用较差。对破坏青霉素的 *β*-内酰胺酶稳定。但仍可为革兰阴性菌的 *β*-内酰胺酶所破坏，因此，革兰阴性菌对第一代头孢菌素较易产耐药性。主要用于耐药金葡菌感染，口服品种主要用于轻、中度感染和尿路感染。对肾脏有一定的毒性。

第二代头孢菌素如头孢呋辛、头孢丙烯、头孢克洛等，对革兰阳性菌的抗菌作用与第一代相近或较低，而对革兰氏阴性菌的作用较为优异。其特点为：抗酶性能强，可用于对第一代头孢菌素产生耐药性的一些革兰阴性菌；抗菌谱广，较第一代头孢菌素有所扩大，对萘瑟菌、部分吲哚阳性变形杆菌、部分肠杆菌属均有效；肾毒性较第一代有所降低。

第三代头孢菌素如头孢噻肟、头孢克肟、头孢甲肟、头孢曲松、头孢他啶等，对革兰阳性菌有抗菌活性，但不及第一、二代（个别品种相近），对革兰阴性菌的作用较第二代更为优越。抗菌谱扩大，对绿脓杆菌、沙雷杆菌、不动杆菌等有效；可用于对第一代或第二代头孢菌素耐药的一些革兰阴性菌感染，对肾脏基本无毒。

第四代头孢菌素如头孢吡肟、头孢克定，抗革兰阴性菌作用可与第三代头孢菌素比拟，但能更快地透过革兰阴性杆菌的外膜，对青霉素结合蛋白的亲和力更强，对某些 *β*-内酰胺酶更为稳定性，无肾毒性。

随着对头孢菌素研究的不断发展，第五代头孢菌素也相继问世，保持了第三代头孢菌素的特点，扩大了抗菌谱，增强了对耐药菌株的作用能力。

临床上常用的半合成头孢菌素品种见表 8-4。

表 8-4　临床常用的半合成头孢菌素

名　称	结　构	作用与用途
头孢西丁 Cefoxitin	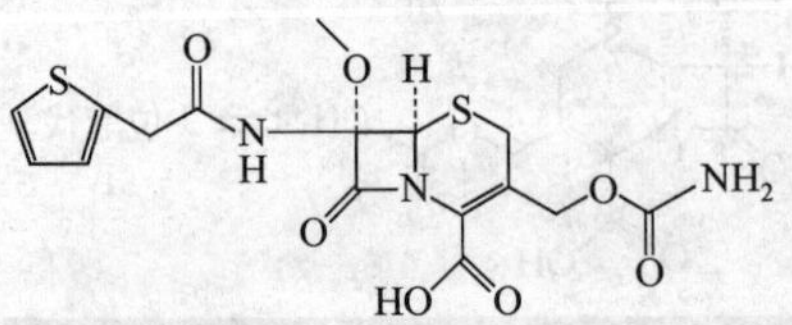	对革兰阳性菌作用弱，对革兰阴性菌作用强，与多数头孢菌素有拮抗作用

续表

名　称	结　构	作用与用途
头孢替坦 Cefotetan	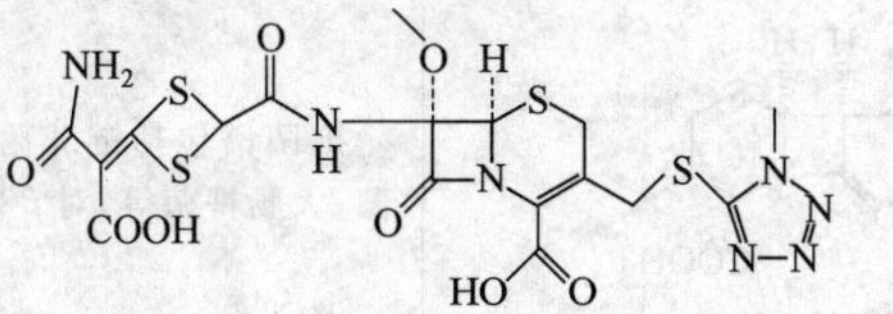	作用与第三代头孢类似，对革兰阴性菌和厌氧菌有较好作用
头孢孟多 Cefamandole	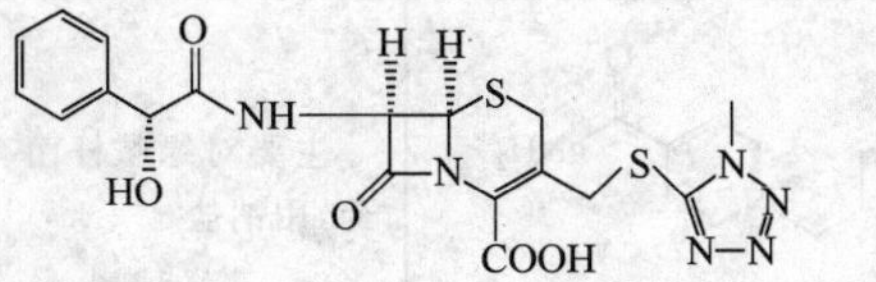	主要对革兰阴性菌有效，注射给药
头孢曲松 Ceftriaxone	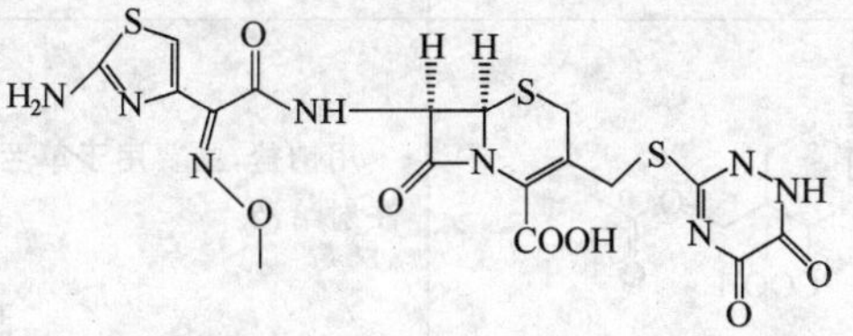	抗菌谱与头孢噻肟近似，对革兰阳性菌有中度的抗菌作用，对革兰阴性菌的作用强。在消化道不吸收
头孢呋辛 Cefuroxime	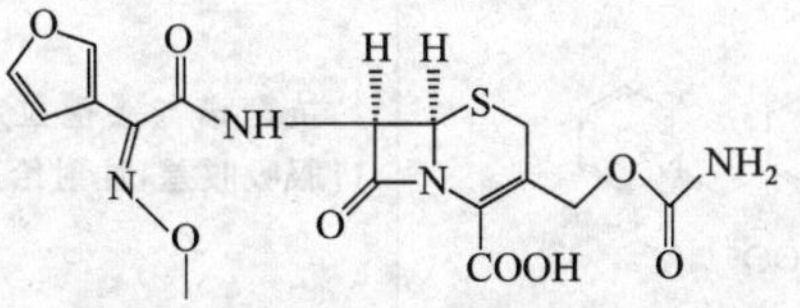	对革兰阴性菌活性较强，对β-内酰胺酶稳定，注射给药
头孢替安 Cefotiam	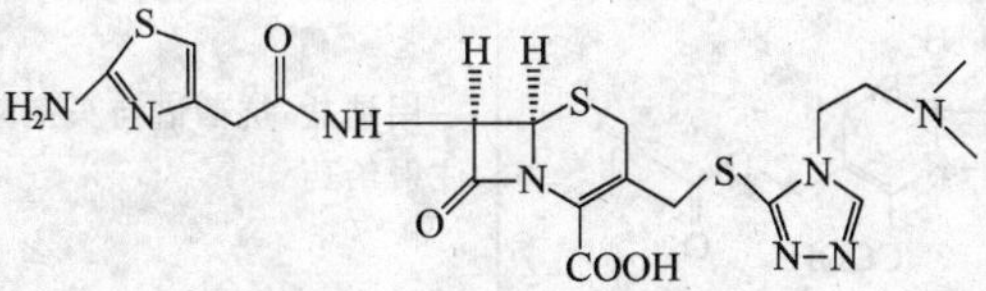	对革兰阳性菌的作用与头孢唑啉相近，而对革兰阴性菌的作用比较优良，只能注射给药
头孢甲肟 Cefmenoxine	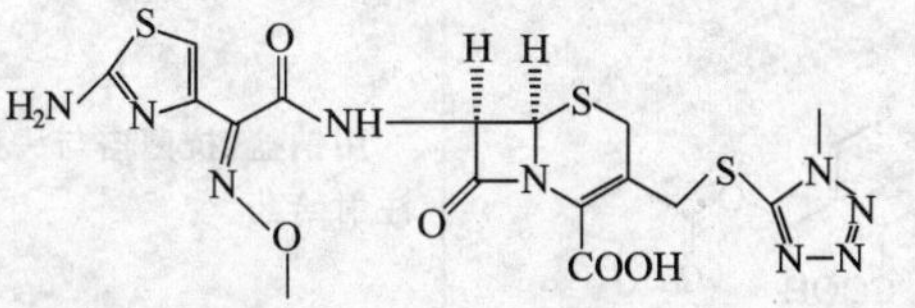	广谱，对革兰阴性菌活性强，对β-内酰胺酶很稳定，注射给药
头孢哌酮 Cefoperazone	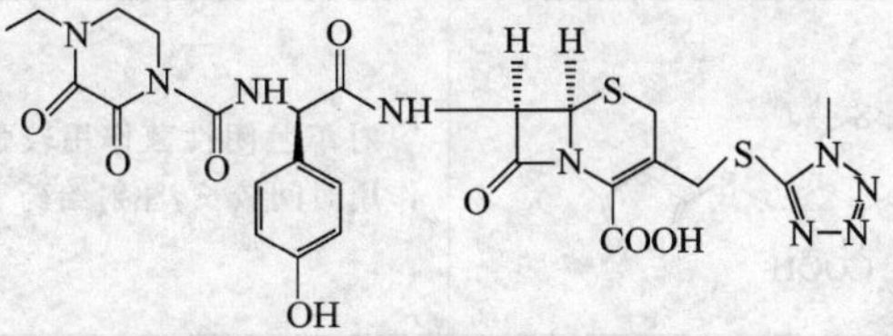	广谱，对绿脓杆菌活性优于其他头孢菌素类，对β-内酰胺酶很稳定，注射给药
头孢他定 Ceftazidime	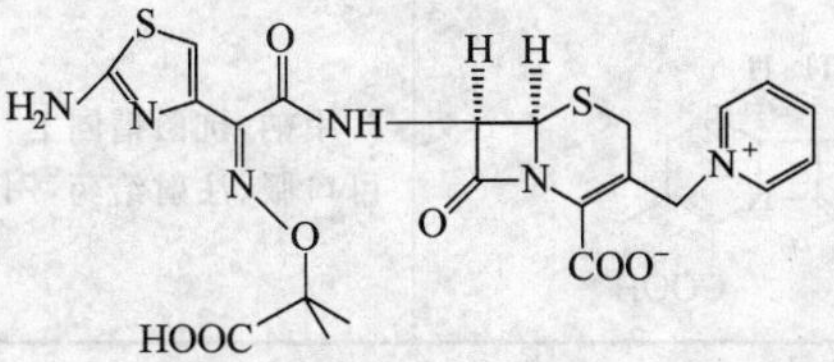	对革兰阳性菌的作用与第一代近似或较弱，对革兰阴性菌的作用突出，对绿脓杆菌作用强，超过其他抗生素

续表

名　称	结　构	作用与用途
头孢克肟 Cefixime	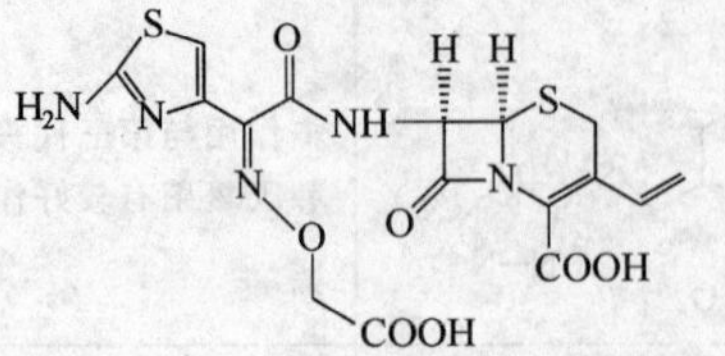	抗菌谱包括链球菌、肺炎链球菌、淋球菌、大肠杆菌等，对 β-内酰胺酶特别稳定
头孢磺啶 Cefsulodin	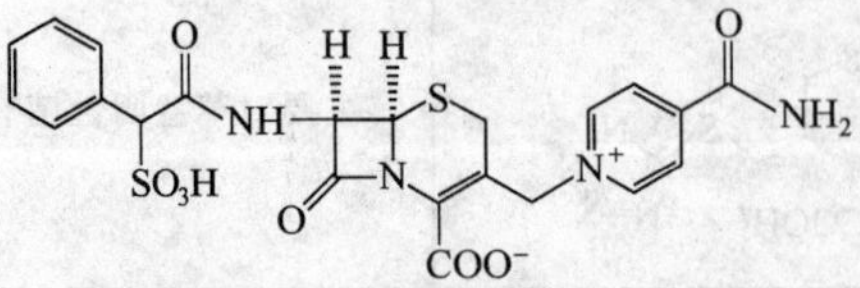	主要对绿脓杆菌有高效，耐酶，注射给药，用钠盐
头孢噻吩 Cefalotin	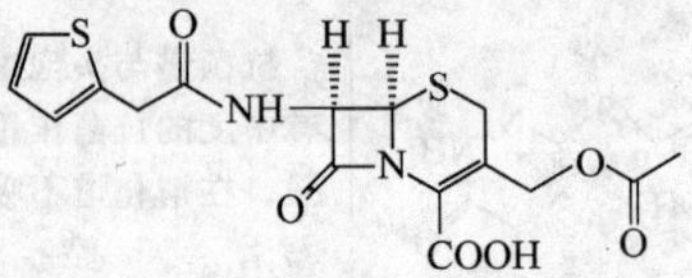	用钠盐，主要用于革兰阳性菌，耐酶，需注射给药
头孢噻啶 Cefaloridine	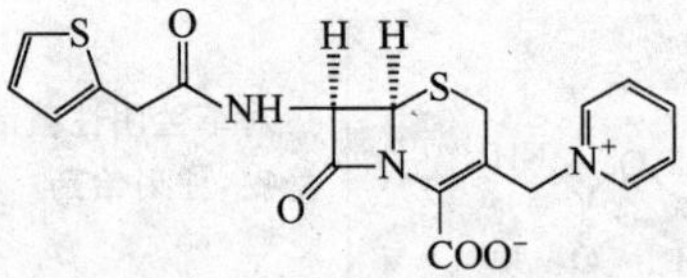	抗菌谱与头孢拉定相似，血浓度较高，口服吸收差，注射给药
头孢匹林 Cefapirin	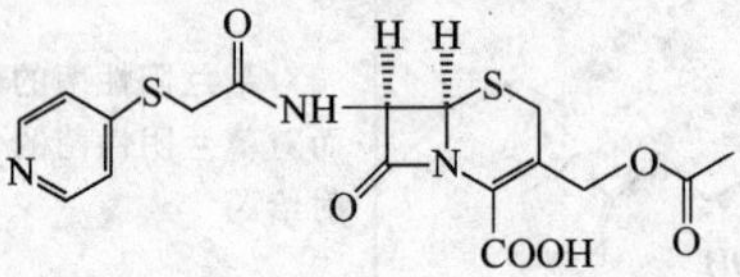	用钠盐，抗菌谱与头孢噻吩相似，耐酶，注射给药
头孢乙腈 Cefacetril	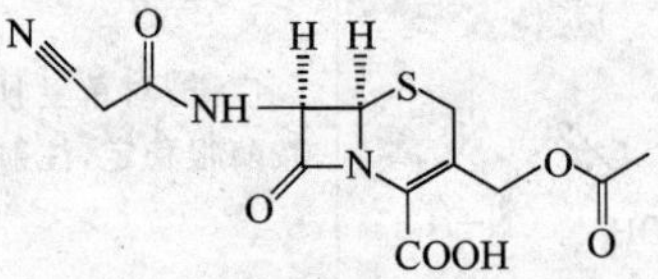	用钠盐，抗菌谱与头孢噻吩相似，耐酶，注射给药
头孢唑啉 Cefazolin	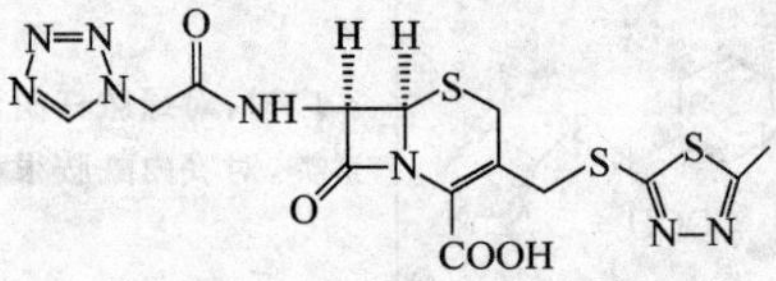	对革兰阴性菌作用较强，耐酸和耐酶，作用时间较长，注射给药
头孢羟氨苄 Cefadroxil	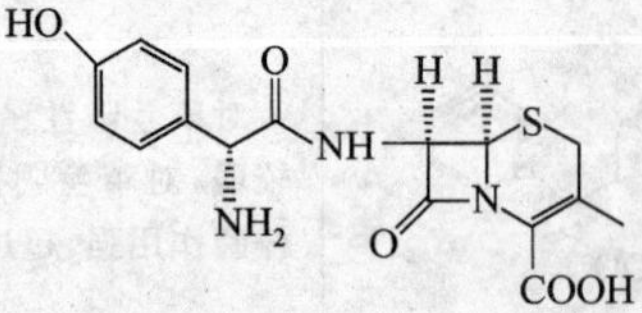	用钠，抗菌谱同上，血药浓度高而持久，可口服、注射给药，用钠盐

续表

名称	结构	作用与用途
头孢拉定 Cefradine	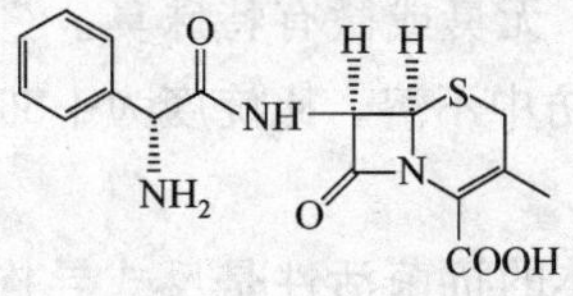	对耐药金葡菌和耐药杆菌均有效，可口服、注射给药
头孢克洛 Cefaclor	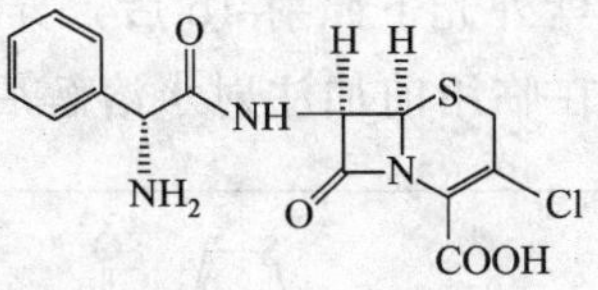	抗菌性能与头孢唑啉相似，但对胃酸稳定，可口服给药

头孢氨苄　Cefalexin

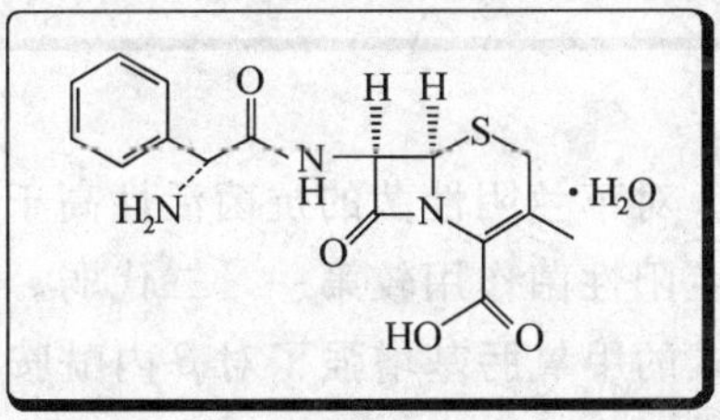

化学名为 (6R,7R)-3-甲基-7-[(R)-2-氨基-2-苯乙酰氨基]-8-氧代-5-硫杂-1-氮杂双环[4,2,0]辛-2-烯-2-甲酸一水合物。又称为先锋霉素Ⅳ，头孢力新。

本品为白色或微黄色结晶性粉末，微臭。在水中微溶，在乙醇、氯仿或乙醚中不溶。本品在固态时比较稳定，其水溶液在pH8.5以下较为稳定，但在pH9以上则迅速被破坏。本品的比旋度为+144°～+158°（5mg/ml 水溶液）。

本品具α-氨基酸结构，遇茚三酮显紫色。

本品有类似肽键的结构（—CONH—），可产生双缩脲反应，使碱性酒石酸铜显紫色。

本品与含硝酸的硫酸混合，可被氧化显黄色。

本品对革兰阳性菌效果较好，对革兰阴性菌效果较差，临床上主要用于敏感菌所致的呼吸道、泌尿道、皮肤和软组织、生殖器官等部位感染的治疗。

头孢噻肟钠　Cefotaxime Sodium

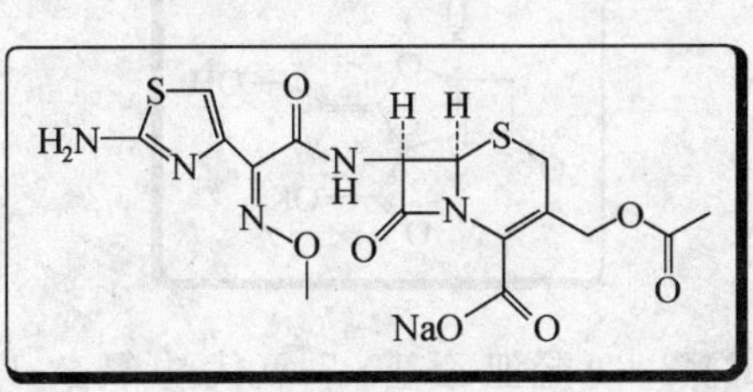

化学名为 (6*R*,7*R*)-3-[(乙酰氧基)甲基]-7-[(2-氨基-4-噻唑基)-(甲氧亚氨基)乙酰氨基]-8-氧代-5-硫杂-1-氮杂双环[4,2,0]辛-2-烯-2-甲酸钠盐。

本品为白色、类白色或微黄白色结晶；无臭或微有特殊臭。

本品在水中易溶，在乙醇中微溶，在氯仿中不溶。比旋度为+56°～+64° (10mg/ml 水溶液)。

本品甲氧肟基是顺式构型，顺式异构体的抗菌活性是反式异构体的 40～100 倍。光照引发顺-反异构化反应，其钠盐水溶液在紫外光下照射 4h 后，异构化反应的转化率可达到 95%。因此，本品通常需避光保存，在临用前加注射水溶解后立即使用。

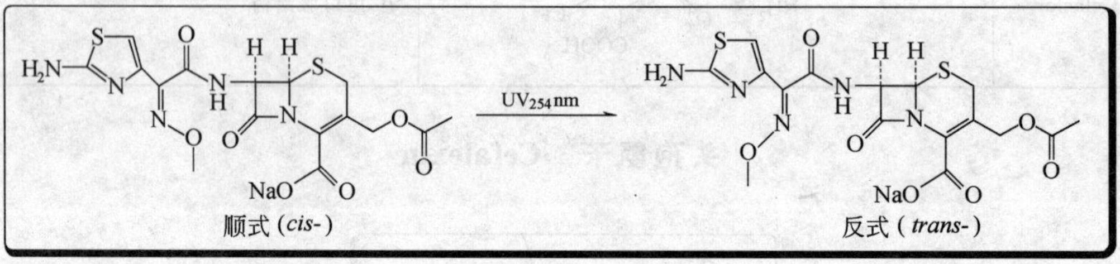

顺式 (*cis*-)　　$UV_{254}nm$　　反式 (*trans*-)

本品具钠盐的火焰反应。

本品为第三代头孢菌素。对革兰阴性菌的抗菌活性高于第一、二代头孢菌素类，尤其对肠杆菌作用强，但对革兰阳性菌作用较第一、二代弱。对大多数厌氧菌有强效抑制作用。其 7 位侧链上 α 位顺式的甲氧肟基增强了对 β-内酰胺酶的稳定作用，而 2-氨基噻唑基团可以增加药物与细菌青霉素结合蛋白的亲和力，这两个有效基团的结合使该药物具有耐酶和广谱的特点。

本品用于治疗敏感细菌所致肺炎等呼吸道感染、尿路感染、菌血症、胆道感染、腹腔感染及宫腔等妇科感染等。此外可用于免疫功能低下、抗体细胞减少等防御功能低下的感染性疾病的治疗。

本品与其他药物的相互作用：不可与氨基糖苷类抗生素混合在同一注射器内或输液瓶中，以免降效；也不可与碳酸氢钠注射液混合使用。

三、非经典的 β-内酰胺抗生素及 β-内酰胺酶抑制剂

碳青霉烯、青霉烯、氧青霉烷和单环 β-内酰胺抗生素通常称为非经典的 β-内酰胺抗生素，β-内酰胺酶抑制剂也属于此类。

克拉维酸钾　Clavulanate Potassium

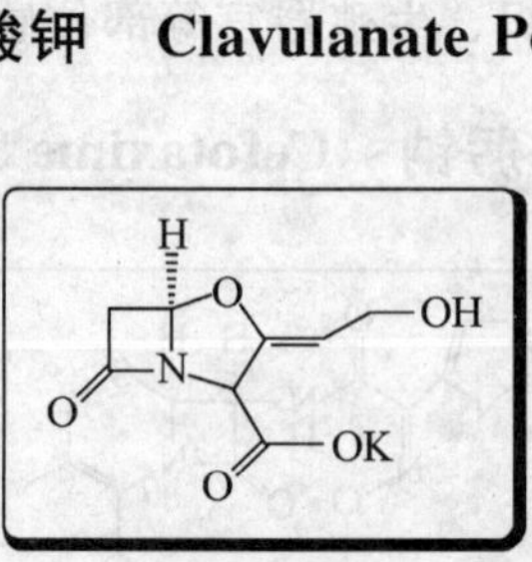

化学名为 (*Z*)-(2*S*,5*R*)-3-(2-羟亚乙基)-7-氧代-4-氧杂-1-氮杂双环[3,2,0]庚烷-2-

甲酸钾。又称为棒酸。

本品为白色或微黄色结晶性粉末；微臭；极易引湿。

本品在水中极易溶解，在甲醇中易溶，在乙醇中微溶，在乙醚中不溶。比旋度为＋55°～＋60°。

本品不稳定，一般不单独贮存，而是与其他药物混合，以提高其稳定性。本品水溶液不稳定，会分解变色，在碱性条件下极易降解，其降解速度比青霉素快5倍。

本品是第一个用于临床的β-内酰胺酶抑制剂，是从链霉菌发酵得到的，属非经典的β-内酰胺抗生素。β-内酰胺酶抑制剂是为了对抗细菌对β-内酰胺类抗生素的耐药性而研究发现的一类药物。它们对细菌的β-内酰胺酶有很强的抑制作用，与其他抗生素配合使用时，可以降低细菌耐药性，提高其作用效果，部分β-内酰胺酶抑制剂本身也具有一定的抗菌活性。

从化学结构上来看，克拉维酸属氧青霉烷类，它是由β-内酰胺环和氢化噁唑环并合而成。可作为β-内酰胺类抗生素的结构类似物与多数β-内酰胺酶活性中心牢固结合，生成不可逆的结合物，发挥强力而广谱的抑制β-内酰胺酶作用，对无论是革兰阳性菌还是革兰阴性菌产生的β-内酰胺酶均有效，是不可逆的β-内酰胺酶抑制剂。本品抗菌活性极低，单独应用无效，本品常与β-内酰胺类抗生素联合应用，以降低细菌耐药性，提高联合药物的疗效。如临床上使用克拉维酸和阿莫西林组成复方制剂（称为奥格门汀，Augmentin），用于治疗耐细菌所引起的感染。

舒巴坦钠（Sulbactam Sodium）为化学结构与克拉维酸相似的另一种β-内酰胺酶的不可逆抑制剂，属青霉烷砜类。与β-内酰胺类抗生素合用有明显的抗菌协同作用，可用于治疗耐药金葡菌、脆弱拟杆菌、肺炎杆菌、普通变形杆菌引起的感染。

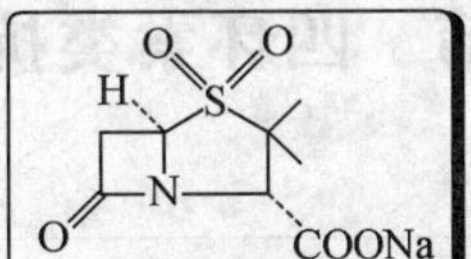

H O O S N O COONa

舒巴坦钠

舒巴坦钠口服吸收差。为了改变其口服吸收能力，常将其与氨苄西林以1∶1的比例通过次甲基相连形成双酯结构的前体药物，称为舒他西林（Sultamicillin），在体内水解为氨苄西林和舒巴坦而起效，其口服吸收迅速，生物利用度可达80％以上。

氨曲南 Aztreonam

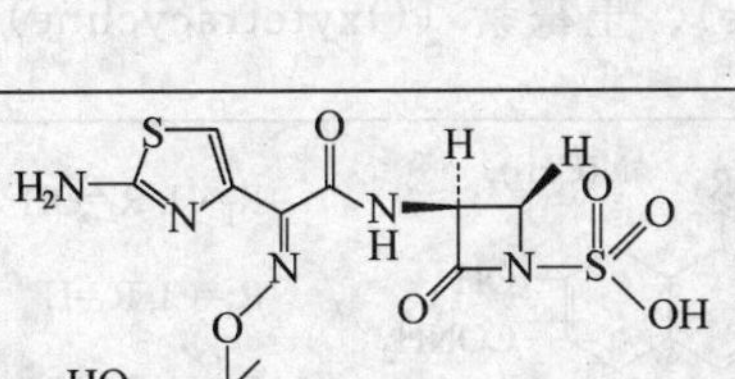

S H2N N O N H H N O N O S O OH O O HO O

化学名为［2*S*-［2α,3β-(*Z*)］］-2-［［［1-(2-氨基-4-噻唑基)-2-［(2-甲基-4-氧代-1-磺酸基-3-氮杂环丁烷基)氨基］-2-氧代亚乙基］氨基］氧代］-2-甲基丙酸。

本品为白色或类白色粉末，无臭。加水猛烈振摇溶解，生成无色或浅灰黄色溶液，放置时可显浅品红色，pH4.5～7.5。在DMF、DMSO中溶解，在甲醇中微溶，在乙醇中极微溶，在甲苯、氯仿、乙酸乙酯中几乎不溶。

本品为人工合成的单环*β*-内酰胺抗生素。对酸、碱都比较稳定，这与*β*-内酰胺类抗生素相比，是个很大的优点。

氨曲南是通过抑制细菌细胞壁形成而杀灭细菌的。对革兰阴性细菌外膜具有良好的穿透力。抗菌谱甚窄，只作用于革兰阴性需氧菌，对脑膜炎球菌、淋球菌和流感杆菌等及其产生*β*-内酰胺酶者皆高度敏感。对多数肠杆菌（如大肠杆菌、克雷伯菌、肠杆菌、变形杆菌、摩根菌、天命菌、枸橼酸菌、沙雷菌、沙门菌、志贺菌），包括对头孢菌素、青霉素类和氨基糖苷类抗生素耐药的菌株，亦有高效，效果可与第三代头孢菌素相当。对绿脓杆菌亦有效，但较头孢他啶略差。在酸性和无氧条件下，作用不减。本品对革兰阳性菌及厌氧菌作用甚弱，对不动杆菌无效。

本品临床用于呼吸道感染、尿路感染、软组织感染、败血症等，疗效良好。本品的耐受性好，不良反应发生机会少。此外，免疫反应、变态反应都比青霉素小得多，且无交叉变态反应，可用于对青霉素严重过敏的患者。为寻找真正无致变态反应的、高效、广谱的*β*-内酰胺抗生素提供了一个新的方向。

药物的相互作用：本品抗菌谱窄，与其他抗菌药物（如抗葡萄球菌的青霉素、万古霉素、克林霉素、甲硝唑等）合用，可扩大抗菌谱。本品与头孢西丁起拮抗作用。

第二节　四环素类抗生素

> 生活中我们见过四环素牙，你想知道四环素牙是怎样形成的吗？学习了本节内容后，你将会了解四环素类抗生素的作用特点以及与部分金属离子药物的相互作用。

四环素类抗生素是由放线菌产生的一类可以口服的广谱抗生素，其基本结构相似，均具有氢化并四苯的基本骨架。本类抗生素可分为天然品及半合成衍生物两类，天然品包括金霉素（Chlotetracycline）、土霉素（Oxytetracycline）和四环素等。

取代基	药物
R_1=H, R_2=OH	土霉素
R_1=Cl, R_2=H	金霉素
R_1=H, R_2=H	四环素

由于四环素类抗菌谱广、口服方便，在 20 世纪 60 年代和 70 年代临床广为应用，属无指征滥用者甚多，以致细菌对四环类抗生素耐药现象严重，大多常见革兰阳性和阴性菌对此类药物呈现耐药。四环素类尚有毒性反应的发生，如对新生儿、婴幼儿牙齿、骨骼发育的影响，对肝脏的损害以及加重氮质血症等。由于上述原因，目前四环素类已不再作为常见细菌感染的药物，而是发挥其优势，用在立克次体、布氏杆菌、支原体、衣原体、霍乱、回归热等引起的感染性疾病的治疗。其中金霉素盐酸盐的刺激性较强，较少内服或注射，现主要用于治疗结膜炎和砂眼（外用药）。由于土霉素和四环素抗菌谱广，曾广泛用于临床，但是近年来由于耐药菌株日益增多，疗效不够理想，其无机酸盐溶解度小，配制注射剂困难，血药浓度维持时间短，且不良反应较多，临床应用已不如以前。但作为兽药及饲料添加剂仍大量使用。

本类药物的抗菌谱相似，由于结构的共性较大，因此其理化性质也很相近。均为黄色结晶性粉末，味苦，在水中溶解度很小。

本类药物均具有酸、碱两性，分子中的酚羟基及烯醇式羟基为酸性基团，而二甲胺基为碱性基团，故即可溶于酸又可溶于碱。

本类药物结构中具酚羟基及烯醇式羟基，多数药物在近中性条件下能与多种金属离子形成配合物。可与钙或镁离子形成不溶性钙盐或镁盐，与铁离子形成红色配合物，与铝离子形成黄色配合物。由于四环素类药物能与钙离子形成配合物，该配合物在体内呈黄色，可沉积在婴幼儿的骨骼和牙齿上，因此小儿服用后牙齿会变黄，俗称“四环素牙”，骨骼生长受抑制，由于此类药物的毒性反应，8 岁以下小儿、孕妇均需避免应用四环素类。

本类抗生素在干燥条件下较稳定，但遇日光可变色，应避光保存。其水溶液则在酸性及碱性中均不稳定，变化如下：

R_1 OH R_2 N OH H H OH CONH$_2$ OH O OH O $\xrightarrow{H^+}$ R_1 OH_2^+ R_2 N OH H H OH CONH$_2$ OH O OH O $\xrightarrow{-H_2O}$

R_1 + R_2 N OH H H OH CONH$_2$ OH O OH O $\longrightarrow$ R_1 R_2 N OH H OH CONH$_2$ OH OH O O

脱水物

在酸性条件下，C_6 上的羟基发生消除反应，生成无活性的橙黄色脱水物。

在 pH2～6 时，C_4 上的二甲胺基发生差向异构化生成差向异构体活性降低，且毒性增大。

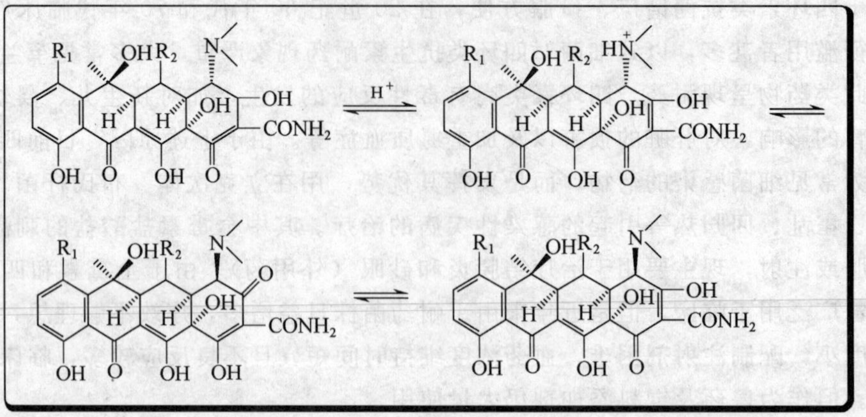

在碱性条件下，生成具内酯结构的异构体而丧失活性。

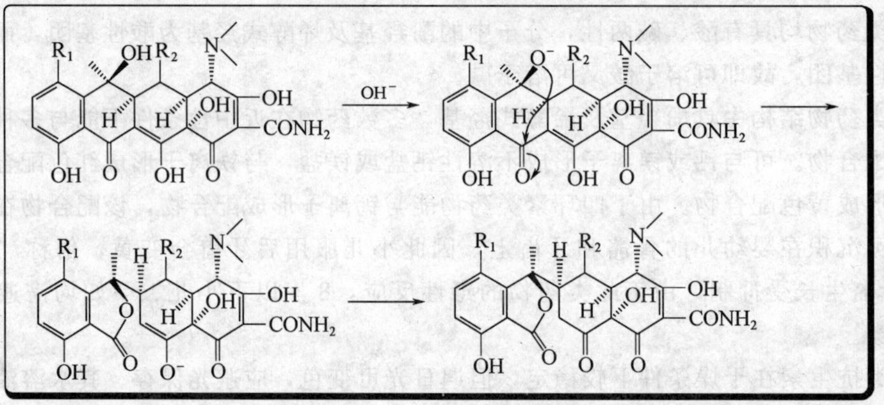

本品与某些含金属离子的药物同服，会形成难溶的配合物，影响药物的吸收与治疗效果。

对四环素类抗生素进行结构修饰，一方面可以增强其在酸性、碱性条件下的稳定性；另一方面可以解决这类抗生素的耐药问题。经构效关系研究表明，C_6 位羟基是结构中不稳定的因素，它的存在使脂溶性降低，影响体内吸收，且易发生消除和开环反应，活性丧失。将其除去，不仅不影响抗菌活性，而且提高了脂溶性，增加了稳定性。由此得到一系列半合成四环素如多西环素（强力霉素）、米诺环素（二甲胺四环素），均具有抗菌活性强，作用时间长的优点，已广泛用于临床，代替了土霉素和四环素。

盐酸多西环素 Doxycycline Hyclate

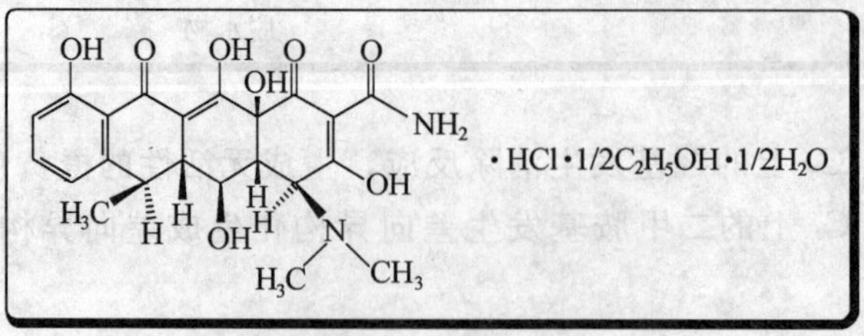

$\cdot HCl\cdot 1/2C_2H_5OH\cdot 1/2H_2O$

化学名为 6-甲基-4-(二甲氨基)-3,5,10,12,12a -五羟基-1,11-二氧代-1,4,4a,5,5a,6,11,12a-八氢-2-并四苯甲酰胺盐酸半乙醇半水合物。又名盐酸脱氧土霉素，强力霉素。

本品为淡黄色或黄色结晶性粉末；无臭，味苦。在水或甲醇中易溶，在乙醇或丙酮中微溶，在氯仿中几乎不溶。比旋度为－105°～－120°（10mg/ml 盐酸甲醇溶液）。

本品少许，加入适量硫酸即显黄色。

本品含结晶乙醇，其水溶液加重铬酸钾硫酸溶液一起加热，产生乙醛气味。

$$CH_3CH_2OH + K_2Cr_2O_7 + H_2SO_4 \longrightarrow CH_3CHO\uparrow + Cr_2(SO_4)_3 + K_2SO_4 + H_2O$$

本品的水溶液显氯化物的鉴别反应。

本品为半合成四环素类，结构与四环素相似，具有四环素类抗生素的通性反应，但由于其结构中无 C_6 位羟基，故无四环素类抗生素的脱水反应和生成内酯结构的开环反应，性质较稳定，因而效力较强。但对光仍不稳定，因此，宜遮光、密封保存。

本品具有广谱抗菌作用，抗菌谱与四环素、土霉素相似，但抗菌作用较四环素强数倍，具有长效、高效、速效的优点，主要用于治疗敏感菌所致的上呼吸道感染、急性扁桃体炎、慢性支气管炎、尿路感染、胆道感染和菌痢等。亦用于斑疹伤寒、支原体肺炎、钩端螺旋体感染等。本品的优点在于可以抑制或杀灭病菌以外的多种病原体。

本品与其他药物的相互作用：①若同服含 2 价或 3 价金属阳离子（如含钙、镁、锌、铁、铝、铋）的药物，可影响本品吸收，并使同服药物降效；②本品注射剂中加有稳定剂维生素 C 或枸橼酸，溶液偏酸性，不宜与其他抗生素（如红霉素、氯霉素琥珀酸钠、卡那霉素、多粘菌素 B、两性霉素 B 等）、磺胺嘧啶钠、胺茶碱、辅酶Ⅰ等配伍，亦不可与氢化可的松及氧化钙、葡萄糖酸钙等含金属阳离子的药物配伍，以免生成沉淀或降效。

米诺环素 Minocycline

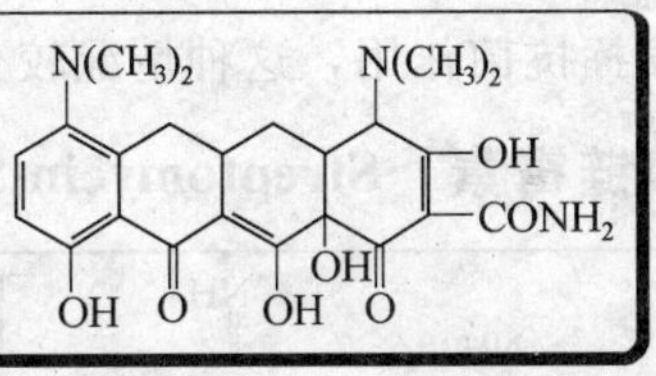

化学名为 7-二甲胺基-6-去甲基-6-去氧四环素。又名二甲胺四环素。

本品为半合成的四环素类抗生素，常用其盐酸盐，为黄色结晶性粉末，无臭，味苦。溶于水、乙醇、甲醇，不溶于苯或氯仿中。本品 1%水溶液 pH3.5～4.5。

本品的结构与四环素类相似，故具有四环素类抗生素的通性，如具酸碱两性；可与金属离子形成有色配合物等。由于具酚羟基，本品遇光可引起变质，应遮光，密封保存。

本品的抗菌谱也与四环素相似，具长效和高效的性质，在四环素类抗生素中，本品的抗菌活性最强。主要用于耐其他四环素类细菌所致的泌尿道、呼吸道、皮肤软组织感染以及胆囊炎、淋病及奴卡菌病等。

本品与其他药物的相互作用：参见多西环素。

第三节　氨基糖苷类抗生素

> 耳、肾毒性是本类药物的最大问题，要想合理的应用氨基糖苷类抗生素，不致造成毒性反应危害患者健康，那么就有必要学习本节内容，了解其结构与稳定性的关系，以及该类药物作用特点。

氨基糖苷类抗生素是由微生物产生或经半合成制取的一类由氨基环醇与氨基糖（单糖或双糖）形成的碱性苷。由于其结构上的共性，决定了这类抗生素的抗菌谱与化学性质均有共同之处。本类抗生素均具有碱性，可与酸形成可溶于水的盐类，临床常用其硫酸盐或盐酸盐，水溶性大，性质较稳定。均具有苷键，在酸性下可水解为原来的苷元和氨基糖。本类抗生素均含多个羟基，因此极性较大，而脂溶性较小，在胃肠道极少吸收，须注射给药。本类抗生素主要以原形经肾小球排出，对肾脏的毒性较大。此外，本类抗生素还对第八对脑神经有毒性作用，可造成永久性耳聋，尤其对儿童的影响较大。耳、肾毒性是本类药物的最大问题，但由于其对敏感革兰阴性菌和金黄葡萄球菌感染的疗效肯定，仍是目前抗生素的非常重要部分之一。

本类抗生素主要作用于细菌蛋白质合成过程，使蛋白质的合成异常，阻碍已合成的蛋白质的释放，使细菌细胞膜通透性增加而导致一些重要的生理物质外漏，引起细菌死亡。

本类抗生素对革兰阴性杆菌有较强活性，而对革兰阳性菌作用有限，在作用上与青霉素有互补性，但易产生耐药性。细菌对氨基糖苷类药产生耐药性的主要机理为：①耐药菌产生的一系列钝化酶能通过磷酰化、核苷酰化或乙酰化氨基糖苷类结构中的羟基或氨基而使抗生素失活；②细胞壁渗透性改变或细胞内运转异常，使药物不能进入细菌细胞内，临床所见对阿米卡星耐药的细菌大多缘于此；③作用靶位的改变，使抗生素进入细菌后不能与核糖体结合而发挥抗菌作用，这种情况较少见。

硫酸链霉素　Streptomycin Sulfate

化学名为 O-2-甲氨基-2-脱氧-α-L-葡吡喃糖基-(1→2)-O-5-脱氧-3-C-甲酰基-α-L-来苏呋喃糖基-(1→4)-N^1,N^3-二脒基-D-链霉胺硫酸盐。

链霉素是第一个发现的氨基糖苷类抗生素，是从放线菌属的灰色链丝菌的发酵液中分离得到。其结构是由链霉胍、链霉糖和 N-甲基葡萄糖胺组成的碱性苷。其结构中有三个碱性中心，可以和各种酸成盐，临床用其硫酸盐。

本品为白色或类白色的粉末，无臭或几乎无臭，味微苦。有引湿性，本品在水中易溶，在乙醇或氯仿中不溶。

本品的干燥品在室温下稳定，可长时间放置而不失效，潮解后则易变质。本品的水溶液则在 pH5.0～7.5 最稳定，过酸或过碱均能水解失效。其水解产物为链霉胍和链霉双糖胺，链霉双糖胺又可进一步水解为链霉糖和 N-甲基葡萄糖胺。因此，本品宜密封，在干燥处保存。

在碱性下，本品水解产生的链霉糖经脱水重排，产生麦芽酚，在酸性中可与三价铁离子形成紫红色的配合物。称为麦芽酚反应，可用于本品的定性鉴别。

O, OH, O, CH_3 —— Fe^{3+}, H^+ ——→ O----Fe/3, O, O, CH_3

本品在碱性下水解生成的链霉胍可与 8-羟基喹啉乙醇液和次溴酸钠试液反应显橙红色。

本品的水溶液显硫酸盐的鉴别反应。

本品分子中具有醛基，故既有氧化性又有还原性，遇氧化剂如高锰酸钾、过氧化氢等则被氧化生成链霉素酸而使其疗效丧失，遇还原剂如维生素 C 等则被还原为双氢链霉素，毒性增加。

本品在临床上用于治疗兔热证、鼠疫、严重布氏杆菌感染治疗。也用于结核病的二线治疗，多与其他抗结核药合用。主要不良反应是耳、肾毒性。婴幼儿禁止使用。

药物的相互作用：不可与还原性药物，如维生素 C，氧化性药物配伍使用；也不可与强碱性、强酸性药物配伍使用。

为了克服氨基糖苷类抗生素的耐药性及耳、肾毒性，对此类抗生素进行结构改造，得到了硫酸依替咪星（Etimicin)、硫酸奈替米星（Netilmicin)、西索米星（Sisomicin)、异帕米星（Isepamicin)、阿贝卡星（Arbekacin）等药物。针对耐药菌所产生的钝化酶的作用部位，对氨基糖苷类结构中的羟基或氨基进行化学改造，得到了对耐药菌有效的半合成氨基糖苷类抗生素，如将氨基羟丁酰基侧链引入卡那霉素分子的链霉胺部分得到阿米卡星。

硫酸阿米卡星 Amikacin Sulfate

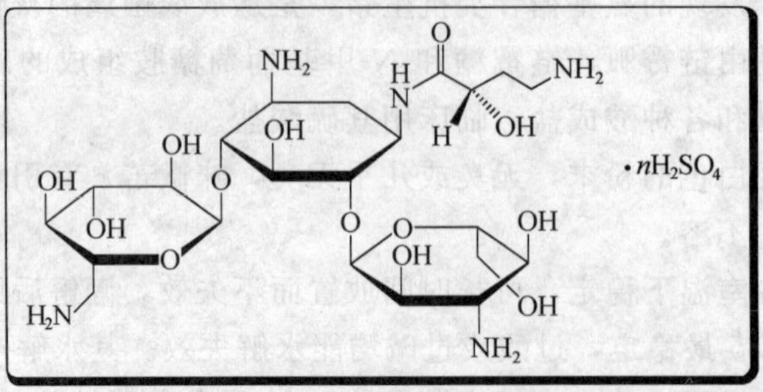

化学名为 *O*-3-氨基-3-脱氧-α-D-葡吡喃糖基-(1→6)-*O*-[6-氨基-6-脱氧-α-D-葡吡喃糖基-(1→4)]-*N*-(4-氨基-2-羟基-1-氧丁基)-2-脱氧-D-链霉胺硫酸盐。又 称丁胺卡那霉素。

本品为白色或类白色结晶性粉末；几乎无臭，无味。在水中极易溶解，在甲醇、丙酮、乙醚或氯仿中几乎不溶。比旋度为+72°～+85°（10mg/ml 水溶液）。

本品水溶液与蒽酮的硫酸溶液反应显蓝紫色。

本品可与茚三酮的水饱和正丁醇溶液显色。

在碱性下，本品可与硝酸钴试液生成紫蓝色絮状沉淀。

本品的水溶液显硫酸盐的鉴别反应。

本品主要用于对卡那霉素或庆大霉素耐药的革兰阴性杆菌所致的尿路、下呼吸道、腹腔、软组织、骨和关节、生殖系统等部位的感染，以及败血症等。本品应密封，在干燥处保存。

本品与其他药物的相互作用：参见链霉素。

本品不良反应与链霉素相似。

第四节 大环内酯类抗生素

> 本类药物毒性较低，无严重不良反应，那么是不是所有的细菌感染性疾病都可用呢？学习了本节内容后，你将会了解大环内酯类抗生素的结构、作用特点和结构与化学稳定性的关系以及药物相互作用的特点。

大环内酯类抗生素是由链霉菌产生的一类弱碱性抗生素，因分子中含有一个十四或十六元的大环内酯结构而得名。属十四元大环的有红霉素和竹桃霉素；属十六元大环的有吉他霉素（柱晶白霉素）、麦迪霉素、螺旋霉素和交沙霉素等；此外还有半合成的属十五元大环的阿齐霉素。这类药物均通过内酯环上的羟基和去氧氨基糖或 6-去氧糖以苷键结合而形成。

本类抗生素作用于细菌细胞核糖体 50S 亚单位，阻碍细菌蛋白质的合成，属于生长期抑菌剂。本类抗生素的抗菌作用、抗菌谱、作用机制、体内过程等均相似，均对革兰阳性菌和某些阴性菌、支原体等有较强抑制作用。近年来，由于对本类药物的滥用，造成耐药菌株日益增多，在本类抗生素之间有密切的交叉耐药性，但与临床常用的其他抗生素之间无交叉耐药性。本类药物毒性较低，无严重不良反应。

本类药物的抗菌谱和抗菌活性基本相似，其主要拮抗对象为革兰阳性菌、军团菌（首选药物）、衣原体属、支原体属、厌氧菌等。不易透过血脑屏障。

大环内酯类的主要适应证为：①对青霉素耐药革兰阳性球菌（特别是葡萄球菌属）所致的各种感染；②军团菌病；③支原体属感染；④衣原体属感染；⑤百日咳；⑥白喉带菌者；⑦风湿热和心内膜炎的预防，用于对青霉素过敏的患者等。口服用于轻、中度呼吸系统感染尤为适宜。

本类抗生素由于含有内酯结构以及苷键，故对酸、碱均不稳定，在体内也易被酶分解，不论发生苷键水解、内酯环开环还是脱酰基反应，都可降低或丧失抗菌活性。为了增加其稳定性，对这类抗生素的结构进行了研究和改造，得到一系列半合成衍生物，如克拉霉素，阿齐霉素等，增加了对酸的稳定性，改善了吸收。

红霉素　Erythromycin

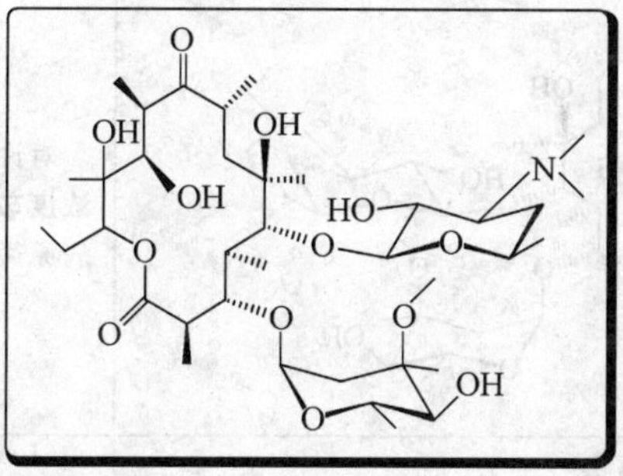

红霉素是由红色链丝菌产生的抗生素，包括红霉素 A、B 和 C。红霉素 A 为抗菌的主要成分，而 B 和 C 则被视为杂质，通常所称的红霉素即指红霉素 A。

本品为白色或类白色的结晶或粉末；无臭，味苦；微有引湿性。在甲醇、乙醇或丙酮中易溶，在水中极微溶解。本品存在含结晶水和不含结晶水两种形态，水合物熔点为 128℃，而无水物为 193℃。比旋度为 $-71°\sim-78°$（无水乙醇 20mg/ml）。

本品可看做是由红霉内酯与去氧氨基糖和红霉糖缩合而成的碱性苷。在碱性条件下内酯环水解开环，在酸性下苷键水解，并发生分子内脱水环合，故本品只在中性（pH 7）及室温下稳定。

本品加硫酸即显红棕色。

本品的丙酮溶液加入盐酸，即显橙黄色，渐变为紫红色，再加氯仿，振摇，氯仿层显蓝色。

本品对各种革兰阳性菌有很强的抑制作用，对革兰阴性如百日咳杆菌、流感杆杆菌、淋球菌、脑膜炎球菌等亦有效，而对大多数肠道革兰阴性杆菌则无效。本品为耐药的金黄色葡萄球菌和溶血性链球菌引起的感染的首选药物。

本品与其他药物的相互作用：①不宜与繁殖期杀菌剂（如内酰胺类抗生素）同时应用，因可相互拮抗；若确系必需，须相隔数小时；②本品注射剂不宜与复合维生素 B_{12}、维生素 C、头孢噻吩、四环素、多黏菌素 E、氯霉素、肝素、间羟胺、苯妥英等配伍，以免沉淀或降效。

由于红霉素在酸性下不稳定，易发生分子内脱水环合而失去抗菌活性，因此，将 C_6 羟基和 C_9 羰基进行保护，得到一系列红霉素的半合成衍生物。见表 8-5。

表 8-5　红霉素半合成衍生物

药物名称	化学结构	作用特点
地红霉素 Dirithromycin	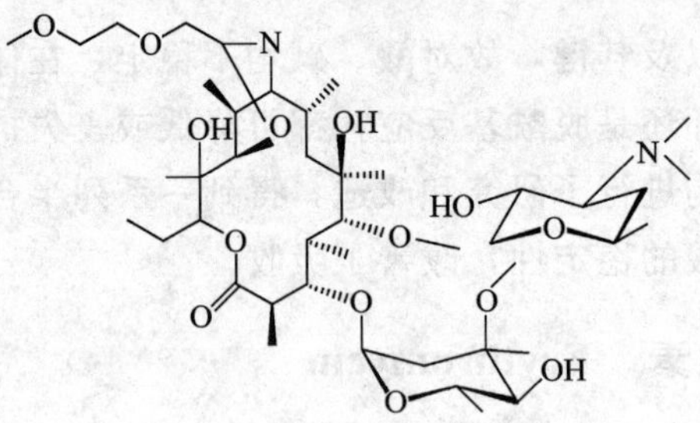	增加口服吸收后的生物转运，在细胞中可保持较高和较长时间的血药浓度，为长效药
阿齐霉素 Azithromycin	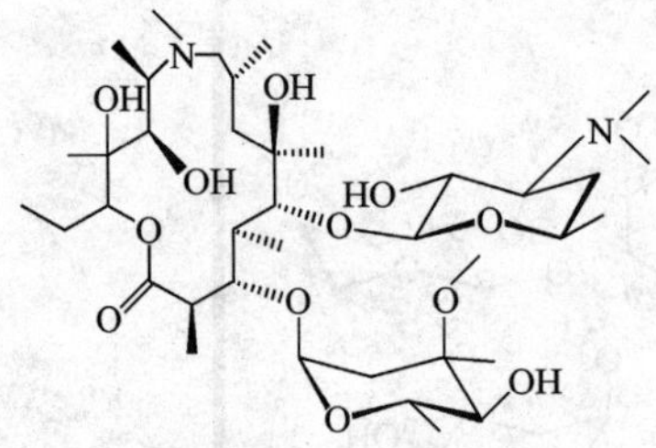	对许多革兰阴性菌活性较大，在组织中浓度较高，体内半衰期较长，可用于多种病原微生物感染
氟红霉素 Flunithromycin	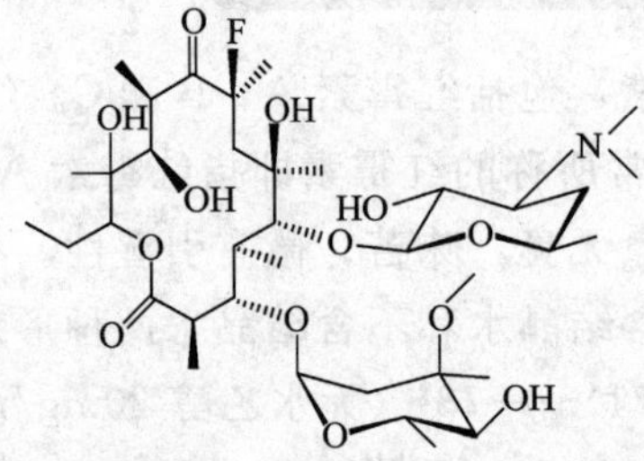	结构中引入了氟原子，使羰基的活性降低，同时也阻止了 C_8 和 C_9 之间不可逆的脱水反应，提高了药物的稳定性
克拉霉素 Clarithromycin	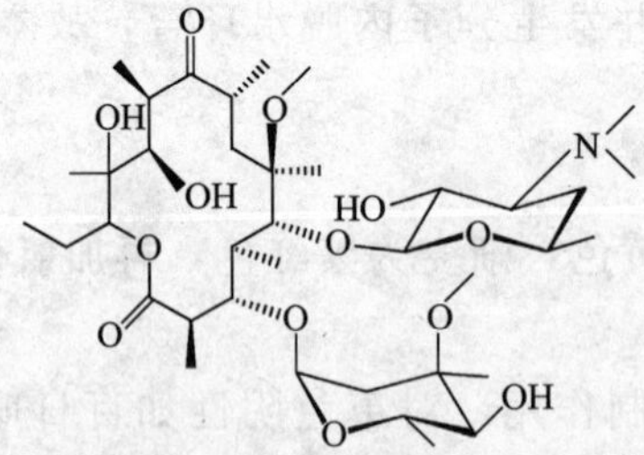	耐酸，血药浓度高而持久，体内活性较红霉素强 2～4 倍，毒性低 2～12 倍，用量也较红霉素小

由于本品极微溶于水，只能口服给药，但在酸中又不稳定，易被胃酸破坏。

为了增加红霉素的稳定性和水溶性，将5位的去氧氨基糖上的羟基成酯，得红霉素碳酸乙酯、红霉素硬脂酸酯、依托红霉素和琥乙红霉素。结构修饰见表8-6。

表 8-6 红霉素的成酯修饰

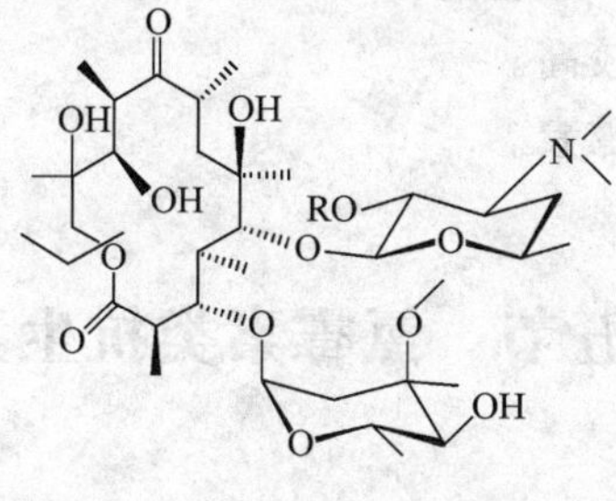

药物名称	R	作用特点
红霉素碳酸乙酯 Erythromycin Ethylcarbonate	$-COOCH_2CH_3$	可配混悬液，供儿童服用
红霉素硬脂酸酯 Erythromycin Stearate	$-CO(CH_2)_{16}CH_3$	不溶于水，在酸性中较红霉素稳定，适于口服
琥乙红霉素 Erythromycin Ethylsuccinate	$-CO(CH_2)_2COOCH_2CH_3$	无苦味，且在胃酸中稳定，为口服红霉素的替代品种
依托红霉素 Erythromycin Estolate	$-COOCH_2CH_3, C_{12}H_{25}SO_3H$	不溶于水，是十二烷基硫酸盐可口服，作用时间较红霉素长

为了增加其水溶性，将其制成乳糖酸红霉素，可供注射使用。

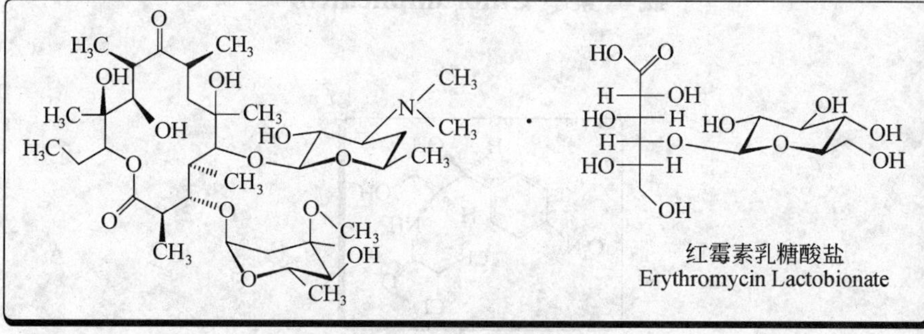

红霉素乳糖酸盐
Erythromycin Lactobionate

罗红霉素 Roxithromycin

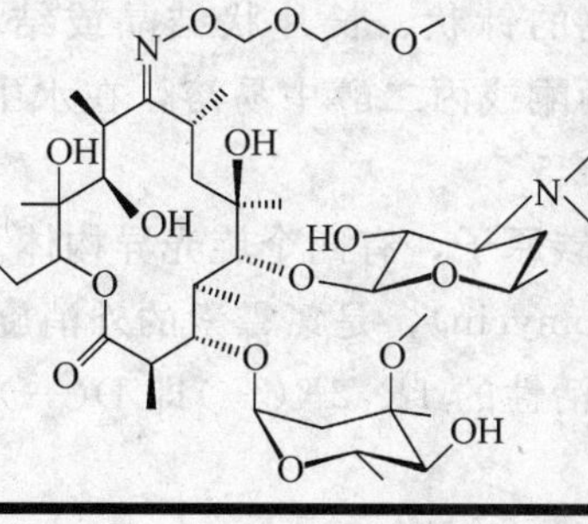

本品为白色或类白色的结晶性粉末，无臭，味苦；略有引湿性。本品在乙醇或丙酮中易溶，在甲醇或乙醚中溶解，在水中几乎不溶。比旋度为－82°～－87°。

本品为半合成红霉素类，是红霉素 C_9 位肟的衍生物，因而阻止了 C_6 羟基与 C_9 羰基的缩合，增加了稳定性，提高了生物利用度。

本品抗菌谱与红霉素相似，但稳定性好，抗菌作用较红霉素强 6 倍。在组织中分布较广，特别是在肺组织中浓度较高。

药物的相互作用：参阅红霉素。

第五节　氯霉素类抗生素

只有少数抗生素采用全合成的方法制备，氯霉素是其中一种，这类抗生素与其他抗生素的临床用途有何不同呢？学习了本节内容后你将会有所了解。

氯霉素是 1947 年由委内瑞拉链霉菌培养滤液中得到的一种广谱抗生素。由于其结构简单，目前所用的均为化学全合成品。其左旋体具生物活性。氯霉素类抗生素主要有氯霉素和甲砜霉素。

氯霉素　Chloramphenicol

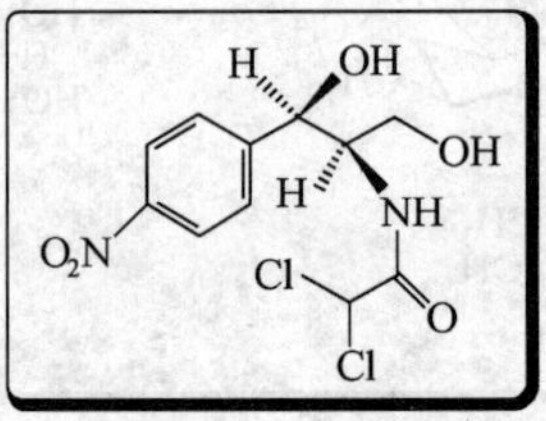

化学名为 D-苏式-(-)-*N*-［α-(羟基甲基)-β-羟基-对硝基苯乙基］-2,2-二氯乙酰胺。

本品为白色或微带黄绿色的针状、长片状结晶或结晶性粉末，味苦；mp. 149～153℃。本品在甲醇、乙醇、丙酮或丙二醇中易溶，在水中微溶。本品在无水乙醇中呈右旋性，比旋度＋18.5°～＋21.5°。

本品结构中含有两个手性碳原子，有四个旋光异构体。合成过程得到四个旋光异构体的混合物，即合霉素（Syntomycin)，是氯霉素的外消旋体，活性只有氯霉素的一半。经物理方法拆分后得到有抗菌活性的 1*R*,2*R*(－)即 D(－)-苏阿糖型，为临床使用的氯霉素。

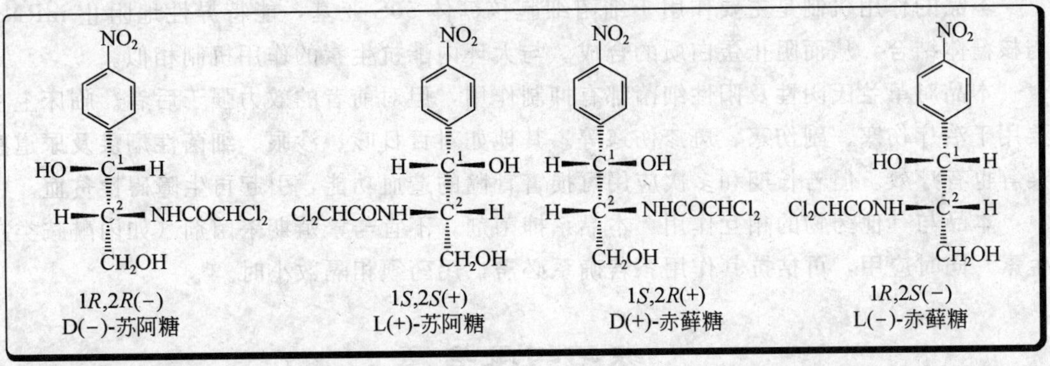

1R,2R(−)
D(−)-苏阿糖

1S,2S(+)
L(+)-苏阿糖

1S,2R(+)
D(+)-赤藓糖

1R,2S(−)
L(−)-赤藓糖

本品固体于常温干燥空气中性质稳定。水溶液能耐热、在弱酸性及中性条件下稳定。但在强碱性 pH＞9 或强酸性 pH＜2 溶液中，仍可引起水解而失效。

其在酸性中水解的产物可被高碘酸氧化，再与 2,4-二硝基苯肼缩合，生成苯腙。可用于鉴别。

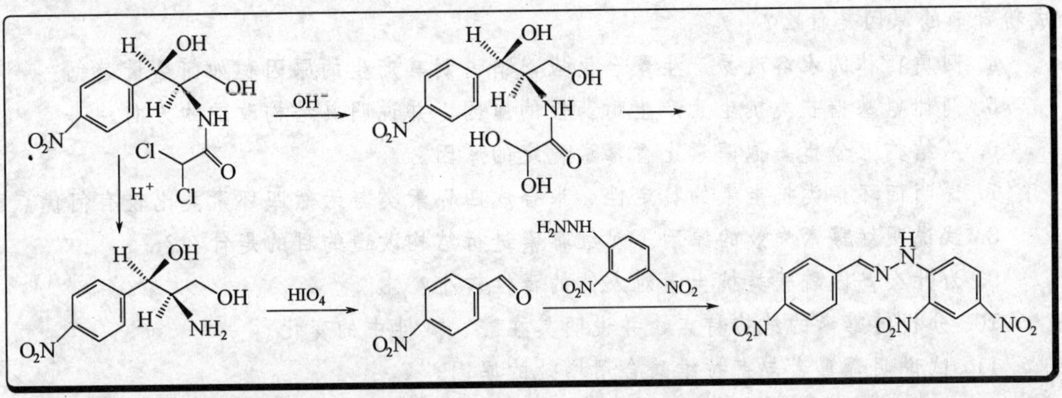

本品结构中具有硝基，可被铁粉或锌粉还原，随酸碱性条件不同，产物不同。若用铁粉或锌粉加盐酸还原，硝基被还原为芳伯氨基，可发生重氮化偶合反应；若用铁粉或锌粉加氯化钙进行还原，则硝基被还原为羟胺基，在醋酸钠存在下与苯甲酰氯进行苯甲酰化，再在弱酸性溶液中与三价铁离子生成紫红色的配合物。

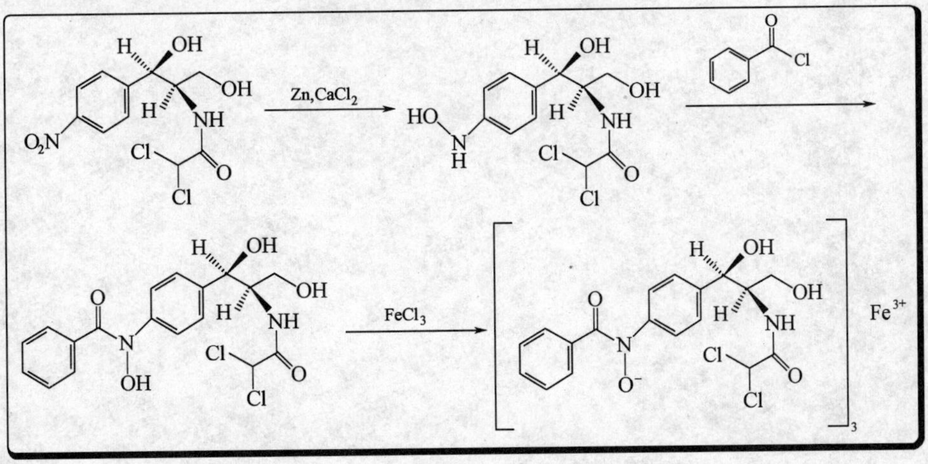

本品的作用机制是主要作用于细菌细胞核糖体 50S 亚基，能特异性地阻止 mRNA 与核糖体结合，从而阻止蛋白质的合成。与大环内酯抗生素的作用机制相似。

本品对革兰氏阴性及阳性细菌都有抑制作用，但对前者的效力强于后者。临床上主要用于治疗伤寒、副伤寒、斑疹伤寒等。其他如对百日咳、沙眼、细菌性痢疾及尿道感染等也有疗效。但若长期和多次应用可损害骨髓的造血功能，引起再生障碍性贫血。

本品与其他药物的相互作用：本品系抑菌剂，不宜与繁殖期杀菌剂（如内酰胺类抗生素）同时应用，可拮抗其作用。若确系必需，用药须相隔数小时。

练习与思考题

1. 阿莫西林如何半合成制备？说明成盐时为什么不能用强碱？
2. β-内酰胺类抗生素结构上有何共同点？其抗菌活性与其结构之间有何关系？
3. 临床使用青霉素时应避免和酸性药物一起混合使用，请说明理由。青霉素钠制成粉针剂的原因是什么？
4. 阿莫西林的水溶液易产生聚合反应，请说明其产生的原因和如何尽量避免。
5. 简述氨基糖苷类抗生素产生耐药性的原因，并说明其结构改造的方向。
6. 从结构上分析头孢菌素比青霉素稳定的原因。
7. 说明四环素类抗生素的稳定性。半合成四环素类与天然四环素类比较有何优点？
8. 试说明红霉素失效的原因。对红霉素进行结构改造的目的是什么？
9. 为什么 β-内酰胺类抗生素对人体的毒性较小？
10. 分析链霉素的结构特点，并说明其在酸、碱性中的变化。
11. 试说明青霉素与克拉维酸合用增效的原因。

（王　希）

第九章　化学治疗药

病原微生物、寄生虫所引起的感染性疾病，以及恶性肿瘤均是严重危害人类健康的常见病，通常采用化学药物进行治疗。用化学药物抑制或杀灭机体内的病原微生物（包括病毒、衣原体、支原体、立克次体、细菌、螺旋体、真菌）、寄生虫及恶性肿瘤细胞，消除或缓解由它们所引起的疾病的治疗称为化学治疗，简称化疗，所用的药物即化学治疗药。由于抗生素的广泛应用，而且很多疾病几乎都可以用化学药物来治疗，因而，化学治疗药的概念已发生了很大的变化。为此，除了用于微生物感染以外的化学治疗多冠以前缀，如肿瘤的化学治疗，糖尿病的化学治疗等，而除抗生素以外用于抗微生物感染的药物仍称之为化学治疗药。

本章只讨论喹诺酮类抗菌药、抗结核病药、磺胺类药物、抗真菌药及抗病毒药。

第一节　喹诺酮类抗菌药

> 喹诺酮类抗菌药为近年来发展较快的抗菌药，在临床应用相当广泛，所以读者了解这类药物的结构类型、构效关系、作用机制及典型药物，对今后工作会有帮助。

喹诺酮类药物是 20 世纪 60 年代开始用于临床的合成抗菌药，其作用靶点是抑制原核物 DNA 回旋酶。自 1962 年萘啶酸（Nalidixic Acid）被发现以来，此类药物发展极为迅速，其中一些药物的抗菌作用完全可与优良的半合成头孢菌素媲美，而且用合成方法取得的抗菌药物比用发酵法制备抗生素要价廉得多。因此该类药物在临床应用相当广泛。其发展大体分为三个阶段：

第一阶段：1962～1969 年。以萘啶酸、奥索利酸（Oxolinic Acid）、吡咯米酸（Piromidic Acid）为代表，是第一代喹诺酮类药。其特点是抗革兰阴性菌，抗菌谱窄，易形成耐药性，作用时间短，中枢不良反应较大，现已少用。

第二阶段：1970～1977 年。代表药物为吡哌酸（Pipemidic Acid）、西诺沙星（Cinoxacin），属于第二代喹诺酮类药。其抗菌谱扩大到对革兰阳性菌有效，其中一些对尿路感染及肠道感染也有作用，耐药性降低，不良反应较少，在体内较稳定，药物以原形从尿中排出。

第三阶段：1978 年至今。代表药物有诺氟沙星（Norfloxacin）、环丙沙星（Ciprofloxacin）、氧氟沙星（Ofloxacin）等，属于第三代喹诺酮类药。其药物分子中引入了氟原子，抗菌谱进一步扩大，除抗革兰阳性菌与阴性菌外，对支原体、衣原体、军团菌以及分支杆菌也有作用，药动学参数极佳，是目前最常用的合成抗菌药。

目前，已经到了第四代喹诺酮类药物陆续上市的阶段。加替沙星（Gatifloxacin）、帕珠沙星（Pazufloxacin）、巴洛沙星（Balofxacin）等优秀的药物是其代表。

按其化学结构特征，喹诺酮类药物可分为以下四类：

① 萘啶酸类（Naphthyridinic Acids）；

② 噌啉羧酸类（Cinnolinic Acids）；

③ 吡啶并嘧啶羧酸类（Pyridopyrimidinic Acids）；

④ 喹啉羧酸类（Quinolinic Acids）。

常用喹诺酮类药物见表 9-1。

表 9-1 常用喹诺酮类药

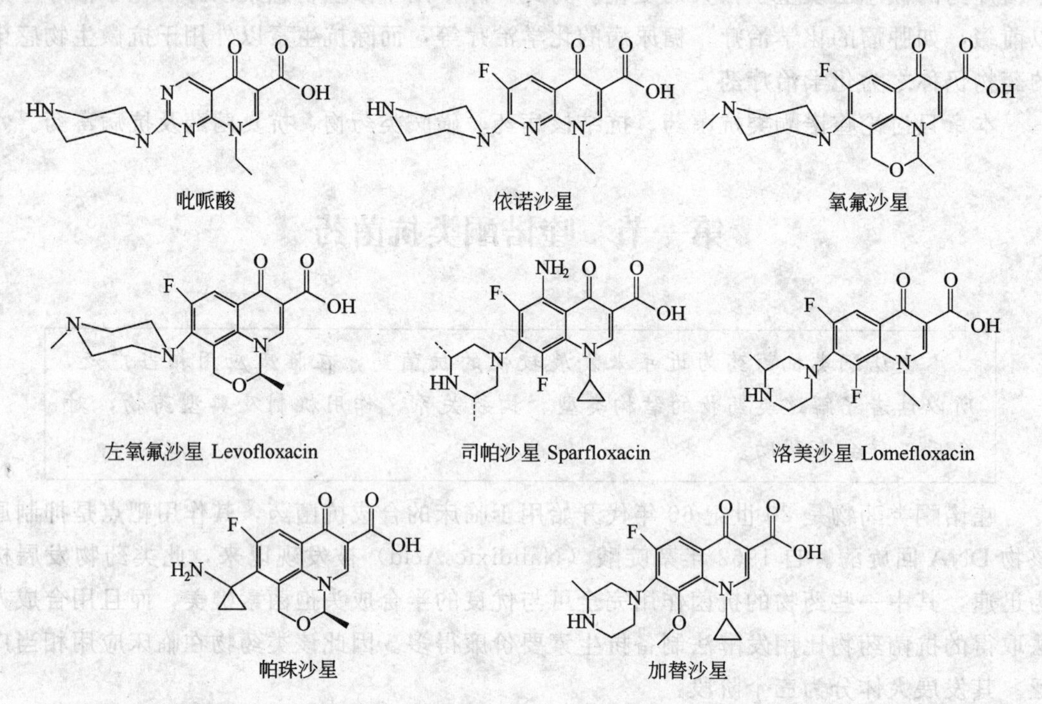

喹诺酮类药物的化学结构均有双环结构，其构效关系总结如下。

① 其双环结构的 A 环是抗菌作用的必需基团，变化较小。其中 3 位羧基和 4 位酮基与 DNA 回旋酶，为抗菌活性不可缺少的部分。

② B 环可作较大的改变，可以是苯环（X＝CH，Y＝CH）、嘧啶环（X＝N，Y＝N）等。

③ 1 位取代基为烃基或环烃基可增加活性，其中以乙基、氟乙基、环丙基取代活性较佳。此部分结构与抗菌强度相关。

④ 5 位可以引入氨基或甲基，抗革兰阴性菌活性增加，并可提高吸收能力或组织分布选择性。

⑤ 6 位引入取代基可使抗菌活性增大，增加了对 DNA 回旋酶的亲和性，改善了对细胞的通透性，活性顺序为 F＞Cl＞CN≥NH_2≥H，F 可比 H 大 30 倍。

⑥ 7 位侧链的引入可明显增强抗菌活性，其活性大小顺序为：哌嗪基＞二甲氨基＞甲基＞卤素＞氢，以哌嗪基最好。

⑦ 8 位以氯、氟、甲氧基取代可降低最低抑菌浓度，甲氧基取代抗厌氧菌活性均增加，但氟取代使光毒性增加，也可与 1 位氮形成环状取代基，如吗啉环，使活性增加。

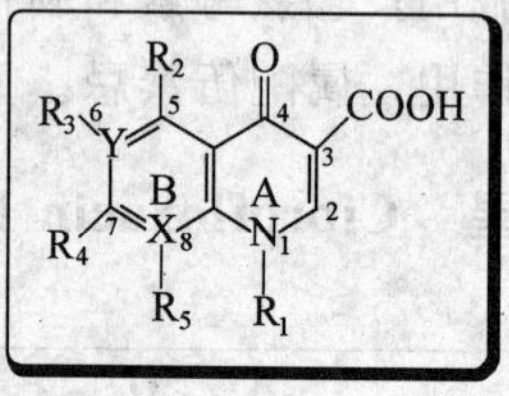

诺氟沙星　Norfloxacin

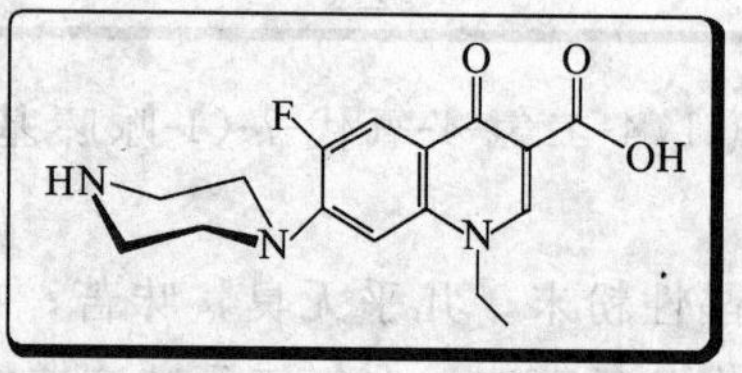

化学名为 1-乙基-6-氟-1,4-二氢-4-氧代-7-(1-哌嗪基)-3-喹啉羧酸。又名：氟哌酸。

本品为类白色至淡黄色结晶性粉末；无臭，味微苦；在空气中能吸收水分。本品在二甲基甲酰胺中略溶，在水或乙醇中微溶，在醋酸，盐酸或氢氧化钠溶液中易溶。mp. 218～224℃。

本品在室温、干燥条件下相对稳定，但在光照下可分解得到 7-哌嗪环开环产物，使其颜色变深。本品在酸性条件下回流可发生脱羧，生成 3-脱羧产物。故本品应遮光，密封，在干燥处保存。

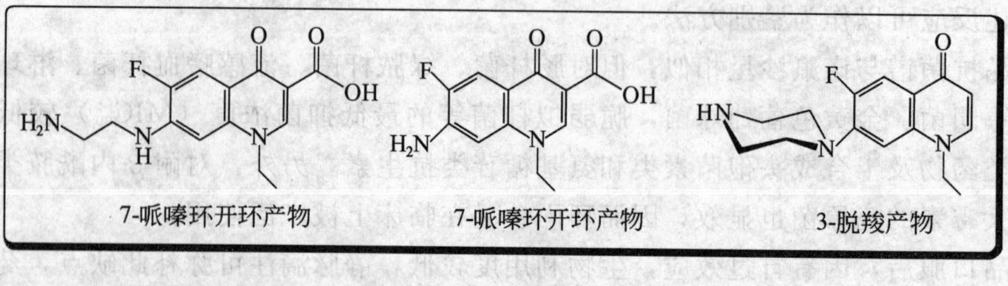

7-哌嗪环开环产物　　7-哌嗪环开环产物　　3-脱羧产物

本品与丙二酸和醋酐作用，显红棕色。可作为鉴别方法。

本品结构中 3 位羧基和 4 位酮羰基，极易和钙、镁 、铁、锌等金属离子形成配合

物，不仅降低药物的抗菌活性，同时也使体内的金属离子流失，尤其对妇女、老人和儿童引起缺钙、缺锌、贫血等不良反应。使用这类药物时，不宜和牛奶等含钙、铁的食物或药品同服，同时老人和儿童也不宜大剂量长时间使用。

本品为第三代喹诺酮类抗菌药。本品的问世是喹诺酮类抗菌药的重要进展。本品具有较好的组织渗透性，抗菌谱广，对革兰阳性菌与阴性菌均有较好的抑制作用，特别是对包括绿脓杆菌在内的革兰阴性菌作用比庆大霉素等氨基糖苷类抗生素还强，临床上主要用于治疗敏感菌所引起的感染。口服后部分吸收，血药浓度较低，但尿、肠道药物浓度高，广泛用于肠道和尿路感染。

药物的相互作用：① 与制酸药如氢氧化铝、三硅酸镁等含金属离子药物同服时，会影响本品的吸收，应避免一同服用；②氯霉素和利福平可拮抗本品的作用；呋喃坦丁因可对抗本品在泌尿道中的抗菌作用，属配伍禁忌。

盐酸环丙沙星　Ciprofloxacin Hydrochloride

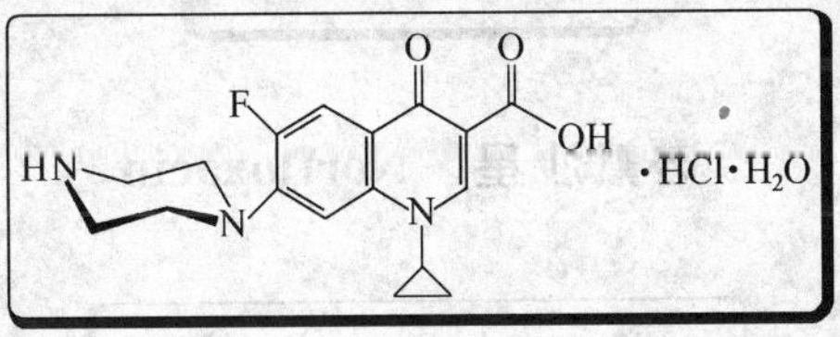

$\cdot HCl\cdot H_2O$

化学名为 1-环丙基-6-氟-1,4-二氢-4-氧代-7-(1-哌嗪基)-3-喹啉羧酸盐酸盐一水合物。又名：环丙氟哌酸。

本品为白色或微黄色结晶性粉末；几乎无臭，味苦；在水中溶解，在甲醇中微溶，在乙醇中极微溶解，在氯仿中几乎不溶，在氢氧化钠溶液中易溶。mp. 308～310℃。

本品极易和钙、镁、铁、锌、铝等金属离子形成配合物，降低药物的抗菌活性，使用时应注意。在生产中禁与金属容器接触，防止容器溶解的微量金属离子与药物形成配合物而引起变质。

本品稳定性好，室温下保存 5 年未见变化。但在酸性下加热或长时间光照下，可检出类似诺氟沙星的哌嗪环开环产物和脱羧产物。

本品可与丙二酸及醋酐反应显红棕色。

本品水溶液显氟化物的鉴别反应。

上述反应可以作为鉴别方法。

本品抗菌谱与诺氟沙星相似，但对肠杆菌、绿脓杆菌、流感嗜血杆菌、淋球菌、链球菌、军团菌、金黄色葡萄球菌，脆弱拟杆菌等的最低抑菌浓度（MIC_{90}）较低，优于其他同类药物及半合成头孢菌素类和氨基糖苷类抗生素。另外，对耐 β-内酰胺类抗生素或耐庆大霉素的病原菌也显效，因而环丙沙星在临床上被广泛使用。

本品口服后，因有首过效应，生物利用度较低，静脉滴注可弥补此缺点，药物吸收后体内分布广泛。因此本品静脉给药可用于较重的感染治疗，如肠杆菌所致的败血症、较重的肺部感染及腹腔、胆道系统的感染等。本品有口服制剂、针剂等多种剂型。

药物的相互作用：①本品不宜与氨茶碱、丙磺舒、阿霉素及呋喃妥因合用；②与制酸药如氢氧化铝、三硅酸镁等含金属离子的药物同服时，会影响本品的吸收，应避免一同服用。

第二节　抗结核药物

> 结核病是生活中常见的一种慢性传染病，读者想知道抗结核药物的特点与相关用药、生产等知识吗？学习本节后会有所收获。

结核病是由结核杆菌感染引起的一种常见的慢性传染病，可累及全身各个器官和组织，其中以肺结核最常见。结核杆菌在革兰阳性菌中属特殊的抗酸性菌，因其细胞上存在高度亲水性类脂，所以对醇、酸、碱和某些消毒剂具有高度的稳定性。由于结核杆菌较一般的细菌生长周期长，所以用药周期长，因而抗结核药物易产生耐药性。抗结核药物通常采用联合用药，以克服其耐药性，并增加疗效。

目前常用的抗结核药物根据化学结构可分为两大类：抗结核抗生素和合成抗结核药。抗结核抗生素主要有氨基糖苷类的链霉素（Streptomycin）、卡那霉素（Kanamycin）和利福霉素类的利福平（Rifampicin）等。合成抗结核药主要有异烟肼（Isoniazid）、对氨基水杨酸（Para-aminosalicylic Acid）、乙胺丁醇（Ethambutol Hydrochloride）等。

硫酸链霉素为抗结核病的常用药物，它通过与结核杆菌核蛋白30S亚基结合，使结核杆菌蛋白质合成受到抑制。临床上用于治疗各种结核病，对急、慢性浸润性肺结核有很好疗效。它常与对氨基水杨酸钠或异烟肼合用，以增加疗效和避免细菌产生耐药性。其结构、性质等详见本书第八章氨基糖苷类抗生素。

异烟肼　Isoniazid

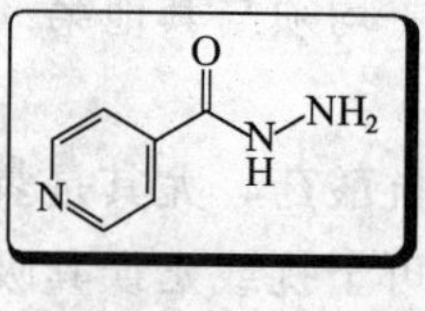

化学名为4-吡啶甲酰肼。又名：雷米封。

本品为无色结晶，或白色至类白色的结晶性粉末；无臭，味微甜后苦；遇光渐变质。本品在水中易溶，在乙醇中微溶，在乙醚中极微溶解。mp. 170～173℃。注意避光贮存。

异烟肼可与醛缩合生成腙，本品水溶液加香草醛的乙醇溶液，可析出黄色结晶。可用于鉴别。

异烟肼分子中含有肼的结构，具有较强还原性，可被多种弱氧化剂氧化。如在酸性

条件下可与溴、碘、硝酸银、溴酸钾等反应，生成异烟酸，同时放出氮气。如果与氨制硝酸银作用，即放出氮气并有银镜生成。本品碱性水溶液接触空气及金属离子易发生氧化反应而变质，注意遮光，密闭贮存。

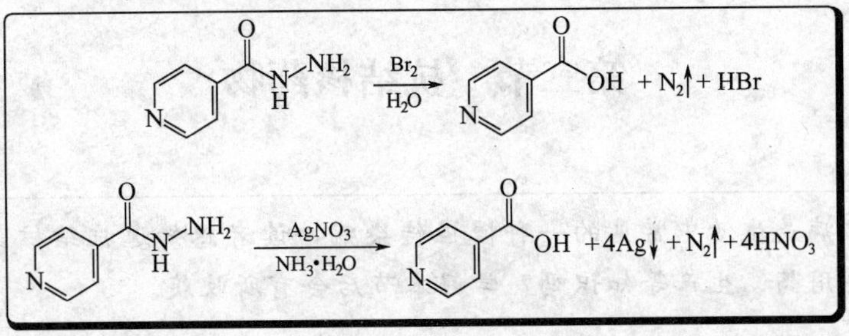

$$\xrightarrow[H_2O]{Br_2} \quad + N_2\uparrow + HBr$$

$$\xrightarrow[NH_3 \cdot H_2O]{AgNO_3} \quad + 4Ag\downarrow + N_2\uparrow + 4HNO_3$$

异烟肼可与铜离子、铁离子、锌离子等金属离子发生配位反应，形成有色的配合物，如与铜离子在酸性条件下生成一分子配合物显红色，在 pH7.5 时生成两分子配合物。因此微量金属离子的存在可使本品水溶液变色，故配制注射液时应避免与金属器皿接触。

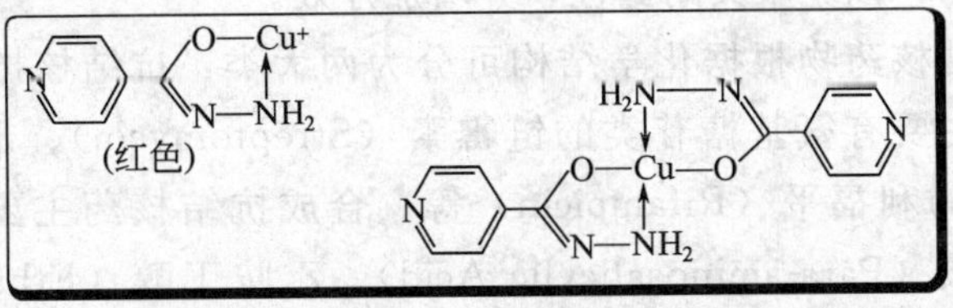

(红色)

本品含酰肼结构，在酸或碱存在下，水解生成异烟酸和游离的肼，后者毒性较大，故变质后的异烟肼不可再供药用。光、重金属离子、温度、pH 等因素均可加速本品水解，故常制成片剂或粉剂。

本品杀灭复制状态的病原微生物，抑制非复制状态的病原微生物。使用本品治疗后，结核杆菌失去了它的耐酸性，增加了细菌对药物的敏感性。异烟肼口服后迅速被吸收。大部分代谢物无活性。本品适用于各型肺结核及肺外结核，本品对结核杆菌有强大抑制和杀灭作用，对细胞内外的结核杆菌均有效，除预防用药时可单独使用外，对各种类型结核病治疗，作为首选药物之一均须与其他第一线药物联合应用，以增加疗效和避免细菌产生耐药性。

本品与其他药物的相互作用：抗酸药，尤其是氢氧化铝，可使本品的吸收减少，不宜同服食物和各种抗酸药物，否则可干扰或延误其吸收。因此，本品应空腹使用。也不宜与哌替啶合用。

异烟肼的构效关系研究表明，肼基上的质子可以被烷基或芳基取代，但只有 N_2 取代的衍生物具有抗结核活性，而 N_1 取代的衍生物则无抗结核活性。在吡啶环上引入取代基活性降低或消失，所有衍生物的活性均低于异烟肼。

另有一些腙类衍生物具有抗结核活性。见表 9-2。

这些衍生物的抗结核作用与异烟肼相似，但毒性略低，不损害肝功能，常与乙胺丁醇、乙硫异烟酰胺（Ethionamide）合用。

表 9-2 异烟肼腙类衍生物

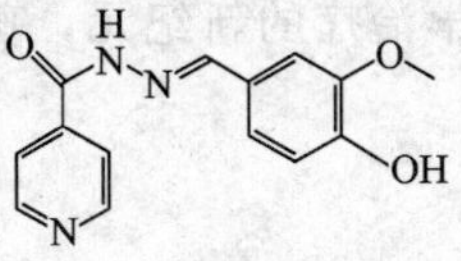 异烟腙 Isoniazone	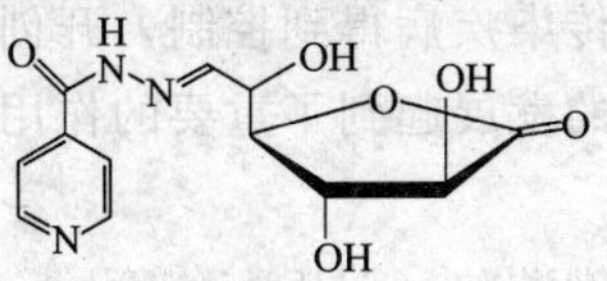 葡烟腙 Glyconiazone	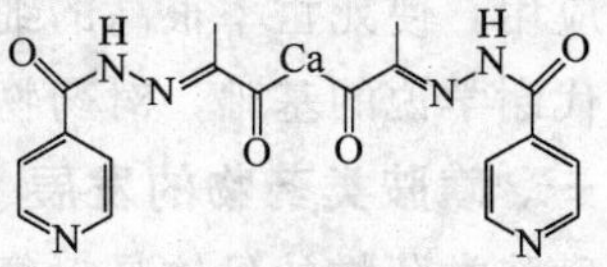 丙酮酸异烟腙钙 Pyruvic acid calcium isoniazone

利福平 Rifampicin

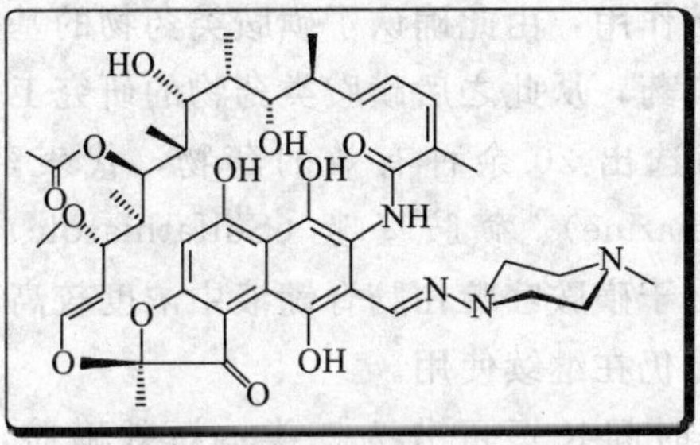

化学名为3-[[(4-甲基-1-哌嗪基)亚氨基]甲基]利福霉素。又名：甲哌利福霉素。

本品为鲜红色或暗红色的结晶性粉末；无臭，无味。在氯仿中易溶，在甲醇中溶解，在水中几乎不溶。本品遇光易变质。因此，本品宜密封，在干燥阴冻处保存。

本品分子中含萘酚结构，含多个酚羟基，在碱性条件下易被氧化成醌型衍生物，本品的盐酸溶液加亚硝酸钠，即由橙色变为暗红色，这是因为本品被亚硝酸氧化成醌型化合物所致。水溶液易被空气氧化降低效价；在强酸性条件下，其醛缩氨基哌嗪在C═N处分解，成为缩合前的醛基化合物和氨基哌嗪两个化合物，配制本品悬浮液时，酸度值应控制在 pH 4～6.5之间。

本品主要与其他抗结核药物合用，治疗各种结核病。还可用于麻风病及耐药金黄色葡萄球菌感染，局部应用治疗沙眼。本品因代谢物具有色基团，因而尿液、粪便、唾液、泪液、痰液及汗液常呈橘红色。

本品与其他药物的相互作用：本品与异烟肼联合用药，对抑制结核杆菌有协同作用，但可使异烟肼加速代谢为乙酰肼，对肝脏毒性增加。

第三节 磺胺类药物及抗菌增效剂

磺胺类抗菌药的发现，开创了化学治疗的新纪元，但目前大部分磺胺类药已被淘汰，只有少数磺胺类药物有自身的特点，在临床上仍占有一席地位，在医疗中不可缺少。

磺胺类药物为人工合成的防治全身性细菌感染的第一类有效的化学治疗药，它的发现和应用，使死亡率很高的细菌性传染疾病得到控制，开创了化学治疗的新纪元，奠定了抗代谢学说的基础，对药物化学的发展起到了重要的作用。

一、磺胺类药物的发展

磺胺类药物的母体是对氨基苯磺酸胺（Sulfonilamide)。

磺胺类药物是从 1932 年 Domagk 发现百浪多息（Prontosil)，可以使鼠、兔免受链球菌和葡萄球菌感染之后，才引起了世人的注意。其后发现百浪多息在体外无效，只有在动物体内显效，又从服药病人尿中分离得到对乙酰氨基苯磺酰胺，由于乙酰化是体内代谢的常见反应，因此推断百浪多息在体内代谢成对氨基苯磺酰胺，而产生抗菌作用，并确证它在体内外均有抑菌作用，由此确认了磺胺类药物的基本结构。

作为首先发现的抗感染药，从此之后磺胺类药物的研究工作发展极为迅速。大量磺胺类化合物被研究，并筛选出 20 余种有效的药物，代表药有磺胺醋酰（Sulfacetamide)、磺胺嘧啶（Sulfadiazine)、磺胺噻唑（Sulfathiazole）等。目前，虽然大部分磺胺类药已经被淘汰，但由于磺胺嘧啶在脑脊髓液中浓度较高，对预防和治疗流行性脑炎有突出作用，其在临床上仍在继续使用。

磺胺类药物按其作用时间长短可分为三类：短效磺胺，如磺胺异噁唑（Sulfafurazole)；中效磺胺，如磺胺嘧啶（Sulfadiazine)；长效磺胺，如磺胺地托辛（Sulfadimethoxine)。

二、磺胺类药物的构效关系

通过对大量磺胺类药物的结构与活性的研究，总结出其结构与药效的关系如下（图 9-1)：

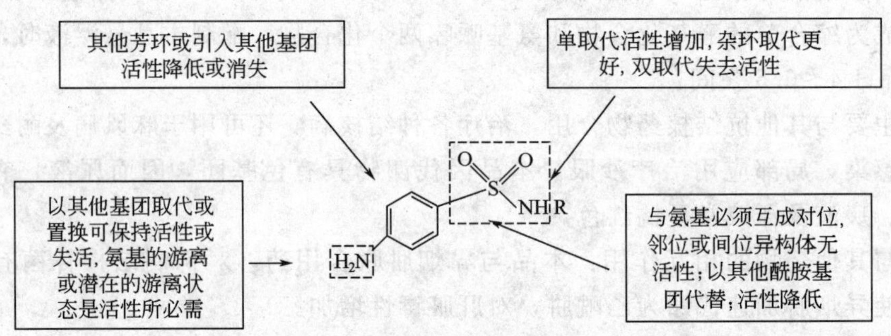

图 9-1　磺胺类药物的构效关系

(1) 对氨基苯磺酰胺基为必需结构，即苯环上两取代基彼此处在对位，在邻位或间位均无抑菌作用。

(2) 苯环若被其他芳环取代或在苯环上引入其他基团，抑菌作用降低或丧失。

(3) 磺酰胺基上 *N*-单取代化合物多使抑菌作用增强，以杂环取代作用较优；而 *N*，*N*-双取代物则活性丧失。

(4) 芳伯氨基为抑菌作用必要基团，若 N 上有取代基则必须在体内易被酶分解或还原为游离的氨基才有效。

三、磺胺类药物的作用机制

磺胺类药物作用的靶点是细菌的二氢叶酸合成酶（DHFAS），使其不能充分利用对氨基苯甲酸（*p*-Aminobenzoic Acid，PABA）合成叶酸。叶酸为细菌生长的必要物质，也是体内主要的辅酶。在二氢叶酸合成酶催化下，PABA、谷氨酸及二氢蝶啶焦磷酸酯或对氨基苯甲酰谷氨酸与二氢蝶啶焦磷酸酯合成二氢叶酸。再经二氢叶酸还原酶（DHFAR）还原为四氢叶酸，后者进一步合成叶酸辅酶F，该辅酶为细菌DNA合成中所需核苷酸的合成提供一个碳单位。

由于人体作为微生物的宿主，可以从食物中摄取二氢叶酸，因此，磺胺类药物不影响人体正常叶酸代谢，而微生物靠自身合成二氢叶酸，一旦叶酸代谢受阻，生命不能继续，因此微生物对磺胺类药物较敏感。见图9-2。

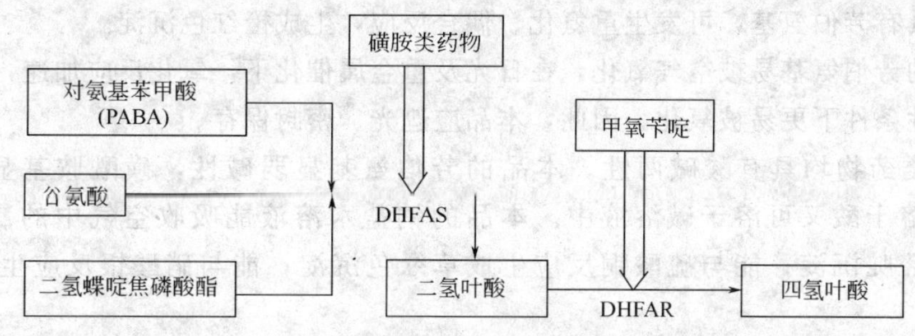

图9-2　磺胺类药物的作用机制

四、抗菌增效剂

抗菌增效剂是指与抗菌药配伍使用后，能增强抗菌药疗效的药物。

在研究抗疟药的过程中，发现5-取代苄基-2,4-二氨基嘧啶类药物对二氢叶酸还原酶具有抑制作用，也可以影响辅酶F的形成，达到化学治疗的目的。其中甲氧苄啶（Trimethoprim，TMP）对革兰阳性和阴性菌均具有广泛的抑制作用。它对二氢叶酸还原酶进行可逆性抑制，二氢叶酸还原为四氢叶酸，影响辅酶F的形成，从而影响微生物DNA、RNA及蛋白质的合成，抑制其生长繁殖。

磺胺类药物能阻断二氢叶酸的合成，而甲氧苄啶能阻断二氢叶酸还原成四氢叶酸。当二者合用后，可产生协同抗菌作用，使细菌体内叶酸代谢受到双重阻断，抗菌作用增强数倍至数十倍，同时，使细菌的耐药性降低，故甲氧苄啶又被称为磺胺增效剂。甲氧苄啶还可增强多种抗生素（如四环素、庆大霉素）的抗菌作用，故又称为广谱增效剂。

甲氧苄啶对人和动物的二氢叶酸还原酶的亲和力要比对微生物的二氢叶酸还原酶的亲和力弱10 000至60 000倍，所以，它对人和动物的影响很小，其毒性也较弱。

与甲氧苄啶不同的其他抗菌增效剂有丙磺舒（Probenecid），其作用机制为抑制有机酸的排泄，从而提高有机酸药物在血液中的浓度。丙磺舒与青霉素合用时，由于降低了青霉素的排泄速度，从而增强了青霉素的抗菌作用。

磺胺嘧啶　Sulfadiazine

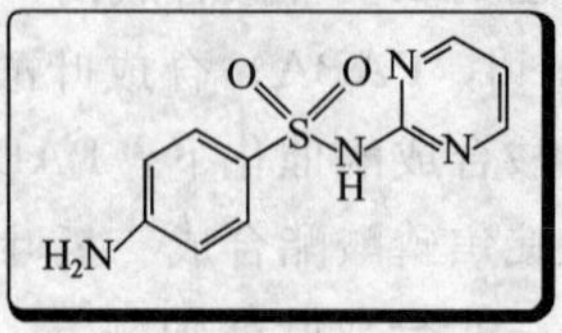

化学名为 *N*-2-嘧啶基-4-氨基苯磺酰胺。英文缩写为 SD。

本品为白色或类白色的结晶或粉末；无臭，无味；遇光色渐变暗。在乙醇或丙酮中微溶，在水中几乎不溶；在氢氧化钠试液或氨试液中易溶，在稀盐酸中溶解。mp. 255～256℃。

本品具有芳伯氨基，可发生重氮化、偶合反应，生成橙红色沉淀。

本品的芳伯氨基易被空气氧化，在日光及重金属催化下，氧化反应加速，特别是其钠盐在碱性条件下更易被氧化。因此，本品应遮光、密封保存。

磺胺类药物均具有酸碱两性。本品的芳伯氨基显弱碱性，磺酰胺基显弱酸性，所以既可溶于酸又可溶于碱溶液中。本品的钠盐水溶液能吸收空气中的二氧化碳，析出磺胺嘧啶沉淀；能与硫酸铜反应生成草绿色沉淀；能与硝酸银反应生成白色银盐沉淀。

本品与其他药物的相互作用：① 与甲氧苄啶合用，可产生协同作用而使抑菌作用增强。② 本品钠盐针剂为碱性（pH 为 8.5～10.5），与酸性药物如维生素 C 合用可析出结晶，特别是尿路结晶；暴露空气中时间过长因吸收空气中的二氧化碳气体，也会析出结晶，应予以重视。

本品抗菌作用和疗效均好，优点为血中有效浓度高，血清蛋白结合率低，药物易透过血脑屏障，为预防和治疗流行性脑炎的首选药物。

甲氧苄啶　Trimethoprim

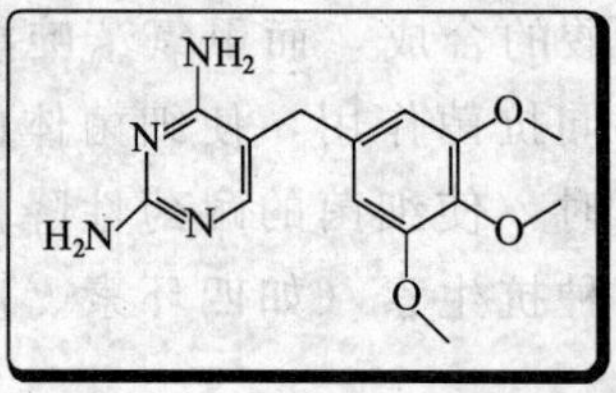

化学名为 5-[(3,4,5-三甲氧基苯基)甲基]-2,4-嘧啶二胺。又名：甲氧苄氨嘧啶、磺胺增效剂，英文名缩写为 TMP。

本品为白色或类白色结晶性粉末；无臭，味苦。在氯仿中略溶，在乙醇或丙酮中微溶，在水中几乎不溶，在冰醋酸中易溶。mp. 199～203℃。

本品具弱碱性，加稀硫酸溶解后，加入碘-碘化钾试液即生成棕褐色沉淀。

本品具芳伯氨基，在空气中易发生自动氧化，在日光及重金属催化下，氧化加速。因此，本品应遮光，密封保存。

由于本品几乎不溶水，故配制注射剂时一般制成乳酸盐而溶于水，其 pH 为3.5～5.5，为了保证其稳定性，当与碱性药物合用时，应注意配伍变化。

本品常与磺胺甲噁唑或磺胺嘧啶合用，治疗呼吸道感染、尿路感染，肠道感染、脑膜炎和败血症等。也可以与长效磺胺类药物合用，用于耐药恶性疟的防治。

本品不宜与抗肿瘤药及其他叶酸拮抗剂（如甲氨蝶呤）等同时服用。

第四节　抗真菌药物

生活中常见的癣病如脚癣、灰指甲等均是真菌感染引起的常见病，读者通过本节将了解到抗真菌抗生素和合成抗真菌药的作用特点、用途及其生产检验等方面的相关知识。

真菌又称霉菌，真菌感染性疾病是危害人类健康的重要疾患之一，真菌感染一般分为两大类：浅表真菌感染和深部真菌感染。发生在皮肤、黏膜、皮下组织的感染被称为浅表层感染；侵害人体黏膜深处、内脏、泌尿系统、脑和骨骼等的感染被称为深部真菌感染。浅表真菌感染为一种传染性强的常见病和多发病，占真菌病患者的 90%。近年来，由于抗生素的大量、长期使用或滥用，以及皮质激素作为免疫抑制剂的大量应用，破坏了细菌和真菌间的共生关系，全身性、深部脏器的真菌感染发病率愈来愈高，也愈来愈严重，给患者带来精神和身体上的极大痛苦，甚至危及生命。因而对抗真菌药物的研究与开发日益受到重视。

目前临床上使用的抗真菌药物按化学结构可分为：①抗真菌抗生素；②唑类抗真菌药物；③其他抗真菌药物。

一、抗生素类抗真菌药

抗真菌抗生素分为多烯和非多烯两类，多烯类主要对深部真菌感染有效，结构特点是含碳数目为 12～14 及 35～37 的大环内酯类，一般含有 4～7 个共轭双键，多烯类抗生素亲脂性较强，在水中的溶解度较小，因结构中含有共轭多烯基团，此类药物性质不稳定，可被光、热、氧等迅速破坏。主要药物有两性霉素 B（Amphotericin）、制霉菌素（Nystatin）、曲古霉素（Trichomycin）等。多烯类药物主要用于深部真菌感染，它们通过与真菌细胞膜上的甾醇结合，损伤细胞膜的通透性，导致真菌细胞内钾离子、核苷酸和氨基酸等外漏，破坏正常代谢而起抑菌作用。

非多烯类抗生素主要有灰黄霉素（Griseofulvin）和西卡宁（癣可宁，Siccanin）。虽然它们对深部真菌感染也有抑制作用，但其毒性较大，并且生物利用度低，故主要用于浅表真菌感染。常见的抗真菌抗生素见表 9-3。

表 9-3　常见抗真菌抗生素

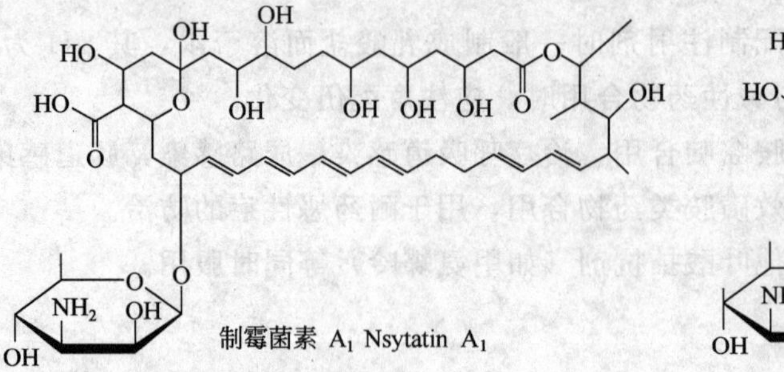

制霉菌素 A_1 Nsytatin A_1

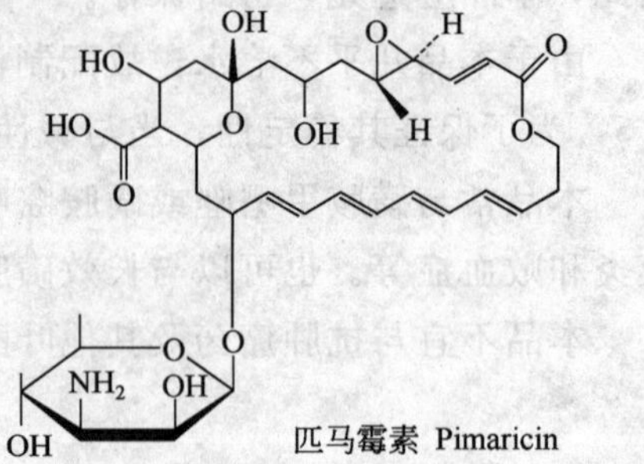

匹马霉素 Pimaricin

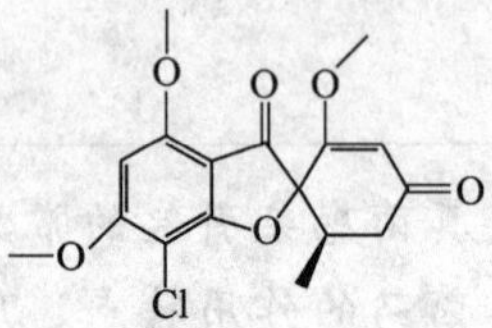

灰黄霉素 Griceofulvin

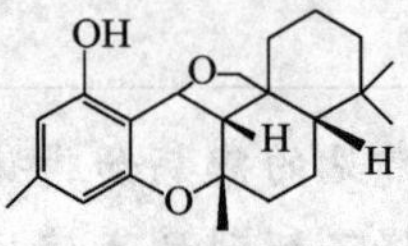

癣可宁 Siccanin

两性霉素 B　Amphotericin B

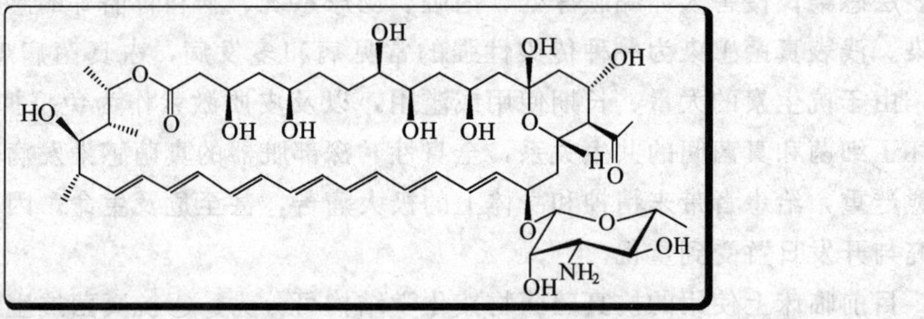

本品为黄色或橙黄色粉末，无臭或几乎无臭，无味；有吸湿性。本品在二甲基亚砜中溶解，在二甲基甲酰胺中微溶，在甲醇中极微溶解，在水、无水乙醇、氯仿或及乙醚中不溶。mp. ＞170℃（分解）。

本品结构中有氨基和羧基，故兼有酸碱两性。

本品遇光、热、强酸、强碱均不稳定，在日光下易被破坏失效，在 pH 4～10 时稳定。

本品主要用于深部真菌感染，也用于治疗皮肤和黏膜真菌感染。本品口服后在胃肠道的吸收少而不稳定，不良反应较多。本品通过对真菌细胞膜通透性的影响而导致一些药物易于进入细胞产生协同作用。

本品与其他药物的相互作用：本品与多种药物有配伍禁忌，如氯化钠、氯化钾、氯化钙、葡萄糖酸钙、依地酸钙钠、青霉素、羧苄西林、硫酸阿米卡星、硫酸庆大霉素、硫酸卡那霉素、硫酸链霉素、盐酸金霉素、盐酸土霉素、盐酸四环素、硫酸多黏菌素B、盐酸氯丙嗪、盐酸苯海拉明、盐酸多巴胺、盐酸利多卡因、盐酸普鲁卡因、重酒石酸间羟胺、盐酸甲基多巴、呋喃妥因和维生素类等。

二、唑类抗真菌药物

唑类抗真菌药为 20 世纪 60 年代以后发展起来的一类合成抗真菌药，其效果与抗菌素相比各具特色，其代表药有益康唑（Econazole）、咪康唑（Miconazole）、酮康唑（Kctoconazole）、氟康唑（Fluconazole）、噻康唑（Tioconazole）和伊曲康唑（Itraconazole）等。临床上常用的抗真菌药物见表 9-4。

表 9-4 唑类抗真菌药

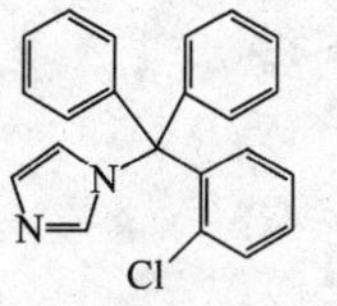

克霉唑
Chlotrimazole

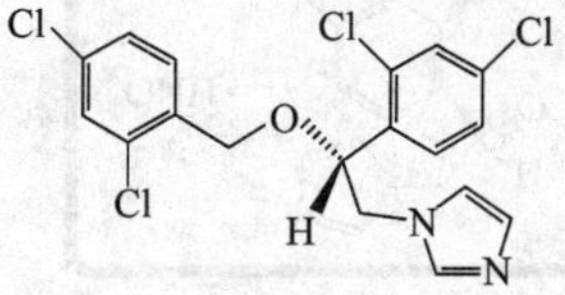

咪康唑
Miconazole

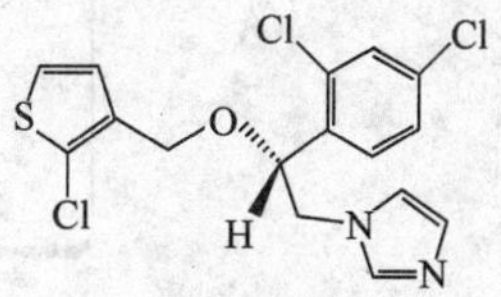

噻康唑
Ticonazole

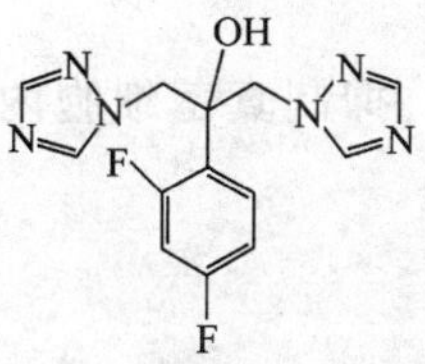

氟康唑
Fluconazole

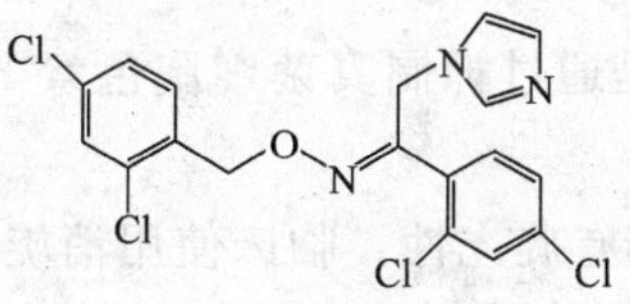

奥昔康唑
Oxiconazole

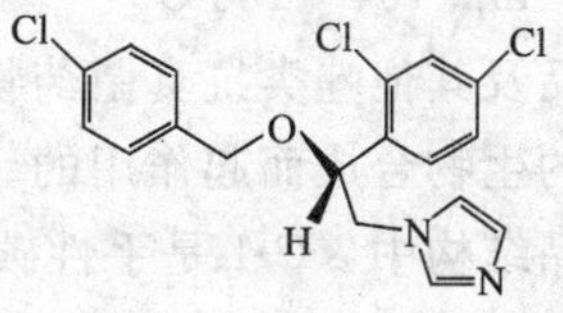

益康唑
Econazole

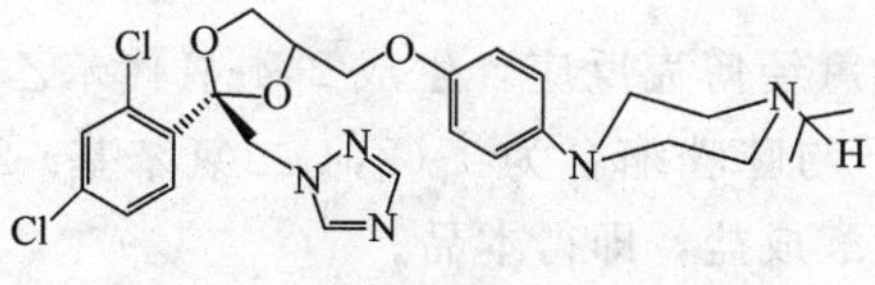

特康唑
Terconazole

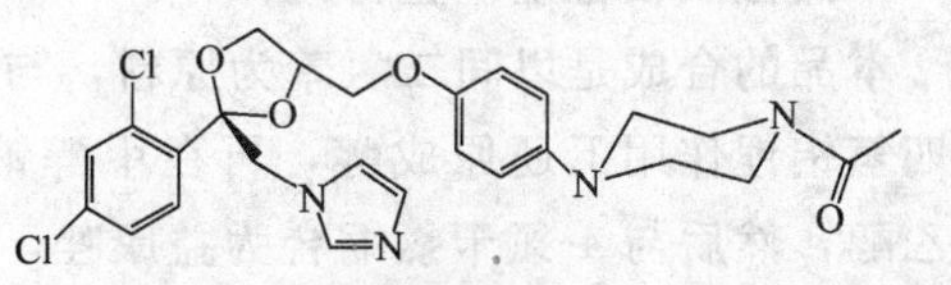

酮康唑
Ketoconazole

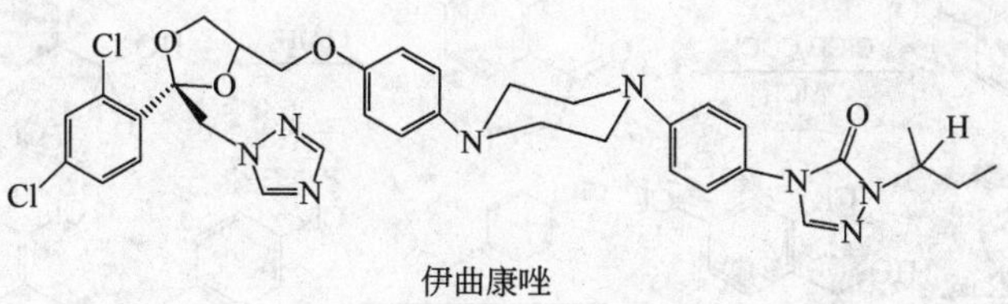

伊曲康唑
Itraconazole

克霉唑（Clotrimazole）为第一个在临床上使用的唑类抗真菌药物，虽然对深部真菌感染有作用，但由于吸收不规则，且毒性大而主要外用。硝酸咪康唑、益康唑和噻康唑其化学结构类似，为广谱抗真菌药物，其作用优于克霉唑。特别是硝酸咪康唑除可用于黏膜、阴道的白色念珠菌及皮肤真菌感染外，还可用于深部真菌感染，为临床上常见的抗真菌药物。酮康唑是第一个口服有效的咪唑类广谱抗真菌药物，对皮肤真菌及深部真菌感染均有效。伊曲康唑是1980年合成的三氮唑类药物，用三氮唑代替了咪唑环，该药具有广谱抗真菌作用，体内、外抗真菌作用比酮康唑强5～100倍。

唑类抗真菌药物的结构特点为：①分子中至少含有一个唑环（咪唑或三氮唑）；②都以唑环1位氮原子通过中心碳原子与芳烃基相连，芳烃基一般为一卤或二卤取代苯环。

硝酸益康唑 Econazole Nitrate

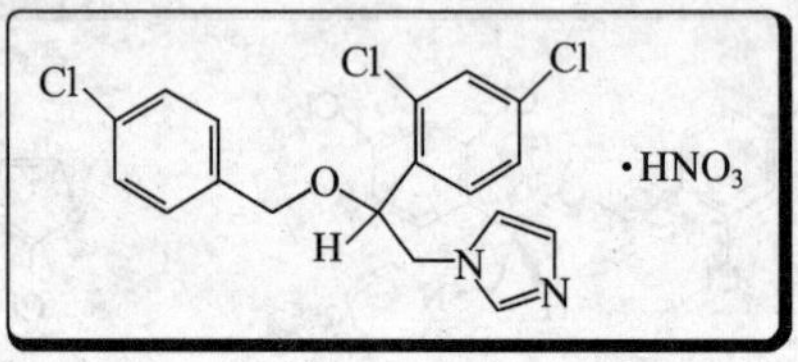

化学名为1-[2,4-二氯-β-(4-氯苄氧基)苯乙基]咪唑硝酸盐。

本品为白色或微黄色的结晶或结晶性粉末，无臭。易溶于甲醇，微溶于氯仿，极微溶于水。mp. 164～165℃。

本品及其他唑类抗真菌药物均是通过抑制真菌细胞色素P-450，抑制真菌细胞内麦角甾醇的生物合成而起作用的。

本品结构中，C-1是手性碳，具有旋光性，临床使用消旋体。

本品加硫酸及二苯胺，显深蓝色。

本品用氧瓶燃烧法进行有机破坏后，具氯化物的鉴别反应。

本品性质较稳定，宜密封保存。

本品的合成是以间二氯苯为原料，与氯乙酰氯经傅克反应，生成2,4-氯代苯乙酮，在四氢铝锂作用下还原成醇，再在甲醇钠存在下与咪唑缩合为1-(2,4-二氯苯基)-2-咪唑乙醇，然后与4-氯苄氯缩合为益康唑，再与硝酸成盐，即得本品。

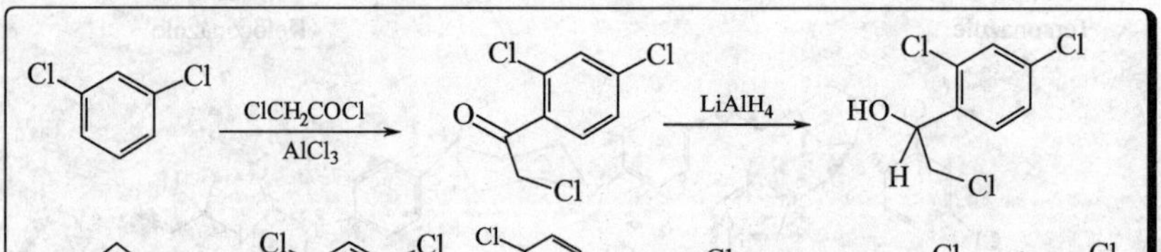

本品为广谱抗真菌药，疗效较好，不良反应小。主要局部应用治疗皮肤和黏膜真菌感染，如体癣、股癣、手足癣、花斑癣及念珠菌阴道炎等。

氟康唑　Fluconazole

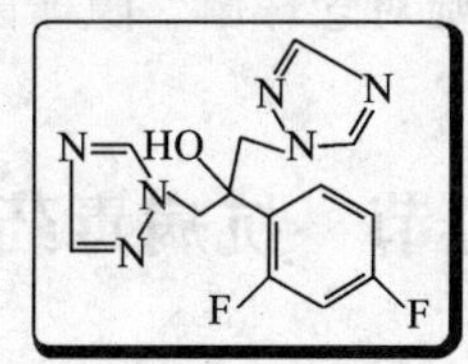

化学名为 α-(2,4-二氟苯基)-α-(1*H*-1,2,4-三唑-1-基甲基)-1*H*-1,2,4-三唑-1-乙醇。

本品为白色或类白色结晶或结晶性粉末；无臭或微带特异臭，味苦。本品在甲醇中易溶，在乙醇中溶解，在二氯甲烷、水或醋酸中微溶，在乙醚中不溶。mp. 137～141℃。

本品显有机氟化物的鉴别反应。

本品对真菌的细胞色素 P-450 有高度的选择性，可使真菌细胞失去正常的甾醇，而使 14α-甲基甾醇在真菌细胞内蓄积，起到抑制真菌的作用。

本品应密封，在干燥处保存。

本品是根据咪唑类抗真菌药物构效关系研究结果，以三氮唑替换咪唑环后得到的抗真菌药物。它的特点是可以口服，蛋白结合率较低，且生物利用度高，并具有穿透中枢的特点。本品对新型隐球菌、白色念珠菌及其他念珠菌、黄曲菌、烟曲菌、皮炎芽生菌、粗球孢子菌、荚膜组织胞质菌等均有作用。

三、其他抗真菌药物

1981 年发现了烯丙胺型化合物萘替芬（Naftifine），随后又发现抗真菌活性更高、毒性更低的特比萘芬（Terbinafine）和布替萘芬（Butenafine）。另外，还发现了胞嘧啶的衍生物氟胞嘧啶（Flucytosin）。见表 9-5。

表 9-5　其他抗真菌药物

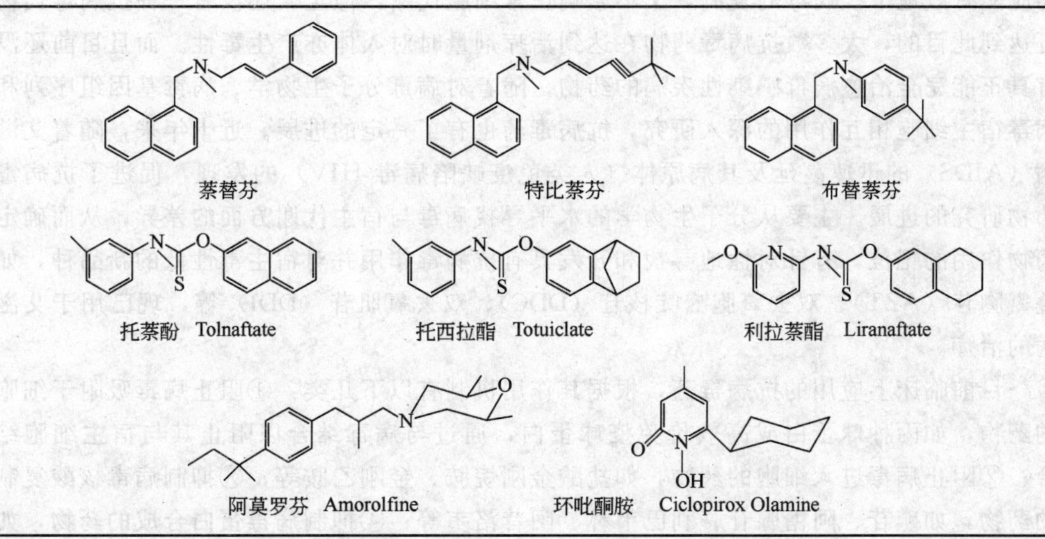

萘替芬类药物具有较高的抗真菌活性，局部外用治疗皮肤癣菌的效果优于益康唑，治疗白色念珠菌病的效果同克霉唑。因其良好的抗真菌活性和新颖的结构特征，而受到重视。另外，胞嘧啶衍生物氟胞嘧啶对念珠菌、隐球菌等疗效也较好。

第五节　抗病毒药物

> 临床传染性疾病大部分是由病毒感染引起的，如最近出现的SARS、禽流感等，其传染性极强，可以看出病毒感染性疾病的危害。请读者注意本类药物的作用特点及用途，了解抗病毒药物开发中的难点。

病毒性感染疾病是严重危害人类健康的传染病，临床传染性疾病约75%由病毒引起，某些病毒感染的致死率或致残率很高，并发症严重。最常见的病毒性疾病有流感、脑炎、病毒性肝炎、麻疹、水痘、流行性腮腺炎、脊髓灰质炎、狂犬病及最近出现的SARS、禽流感等。

病毒的结构不同于细菌，它没有细胞壁，病毒的中心是一种核酸（RNA或DNA），蛋白质包裹在外而组成的微小颗粒。它寄生在宿主（动物、植物或微生物）细胞内，靠宿主细胞的酶系统合成自身的核酸和蛋白质，完成繁殖过程，而使宿主细胞发生病变。

病毒没有自己的代谢系统，病毒只有在宿主细胞内才能进行生命过程，必须寄生在宿主活细胞内，利用宿主细胞的代谢系统进行增殖，病毒一旦进入宿主细胞立即开始循环式感染或停留在宿主细胞内。

因为病毒必须依靠宿主细胞进行复制，某些病毒又极易变异，所以理想的抗病毒药物应能有效地干扰病毒的复制，又不影响正常细胞代谢，但至今还没有一种抗病毒药物可达到此目的，大多数抗病毒药物在达到治疗剂量时对人体亦产生毒性。而且目前还没有真正能完全治愈病毒感染性疾病的药物。随着对病毒分子生物学、病毒基因组序列和病毒宿主细胞相互作用的深入研究，抗病毒药也有了一定的进展。近十年来，随着艾滋病（AIDS）的迅速蔓延及其病原体（人类免疫缺陷病毒HIV）的发现，促进了抗病毒药物研究的进展。主要从分子生物学的水平寻找病毒与宿主代谢方面的差异，从而确定药物作用的靶位，有针对性地寻找和开发具有抗病毒作用并对宿主毒性低的新品种，如叠氮胸苷（AZT）、双去氧胞嘧啶核苷（DDC）、双去氧肌苷（DDI）等，现已用于艾滋病的治疗。

目前临床上应用的抗病毒药，根据其作用机制有以下几类：①阻止病毒吸附于细胞的药物，如丙种球蛋白或高效价免疫球蛋白，通过与病毒结合以阻止其与宿主细胞结合；②阻止病毒进入细胞的药物，如盐酸金刚烷胺、金刚乙胺等；③抑制病毒核酸复制的药物，如碘苷、阿糖腺苷、利巴韦林、阿昔洛韦等；④抑制病毒蛋白合成的药物，如利福霉素类药物；⑤干扰素，能诱导宿主细胞产生一种抗病毒蛋白，抑制多种病毒繁殖。

根据结构，可将常用的抗病毒药物分为三类：三环胺类、核苷类和其他类。

一、三环胺类抗病毒药

盐酸金刚烷胺　Amantadine Hydrochloride

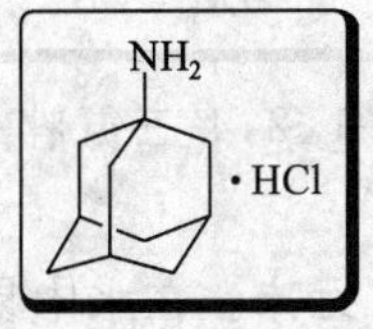

化学名为三环［3.3.1.$1^{3,7}$］癸烷-1-胺盐酸盐。

本品为白色结晶或结晶性粉末；无臭，味苦。本品在水或乙醇中易溶，在氯仿中溶解。

本品为一种对称的三环状胺化合物，本品能与生物碱沉淀剂作用产生沉淀，如与硅钨酸试液作用，产生白色沉淀。

本品显氯化物的鉴别反应。

本品宜遮光，密封保存。

本品的作用机制是抑制病毒颗粒穿入宿主细胞，也可以抑制病毒早期复制和阻断病毒的脱壳及核酸向宿主细胞的侵入。在临床上能有效预防和治疗所有A型流感毒株，尤其是亚洲流感病毒 A_2 型毒株，另外对德国水痘病毒、B型流感病毒、一般流感病毒、呼吸合胞体病毒和某些RNA病毒也具有一定的活性。

二、核苷类及其类似物

（一）非开环核苷类抗病毒药

该类药物主要有利巴韦林（Ribavirin）、齐多夫定（Zidovudine）、司他夫定（Stavudine）和拉米夫定（Lamivudine）等。

齐多夫定　　拉米夫定　　司他夫定

利巴韦林 Ribavirin

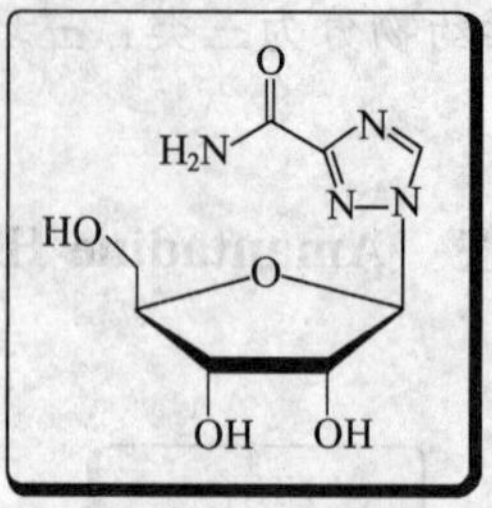

化学名为 1-β-D-呋喃核糖基-1*H*-1,2,4-三氮唑-3-羧酰胺。又称为三氮唑核苷，病毒唑。

本品为白色结晶性粉末，无臭，无味。在水中易溶，在乙醇中微溶，在乙醚或氯仿中不溶。本品有两种晶型：mp. 166～168℃和 mp. 174～176℃。两种晶型的生物活性相同。比旋度为－35°～－37°（40mg/ml 水溶液）。

本品水溶液加氢氧化钠试液，加热至沸，即产生氨气，能使湿润的红石蕊试纸变蓝。

本品常温下稳定，但光照下易变质，宜遮光，密封保存。

本品在体内经磷酸化，能抑制病毒的聚合酶和 mRNA，破坏病毒 RNA 和蛋白合成，使病毒复制与传播受到抑制。

本品可口服或注射给药，吸收迅速而完全，是一种效果良好的广谱抗病毒药物，不良反应小。可用于治疗麻疹、水痘、腮腺炎、新生儿鲁斯肉瘤病毒感染、小儿呼吸道合胞病毒感染。可用于艾滋病治疗，抑制 HIV 感染者出现艾滋病前期临床症状。可治疗甲型、乙型流感病毒和副流感病毒所致的严重感染。可治疗疱疹病毒引起的角膜炎、结膜炎、口炎、带状疱疹。可治疗早期流行性出血热、急性甲型肝炎、慢性丙型肝炎。对乙型肝炎的治疗有争议。

（二）开环核苷类抗病毒药

开环核苷类抗病毒药物有阿昔洛韦（Acyclovir）、更昔洛韦（Ganciclovir）、喷昔洛韦（Penciclovir）和法昔洛韦（Famciclovir）等。

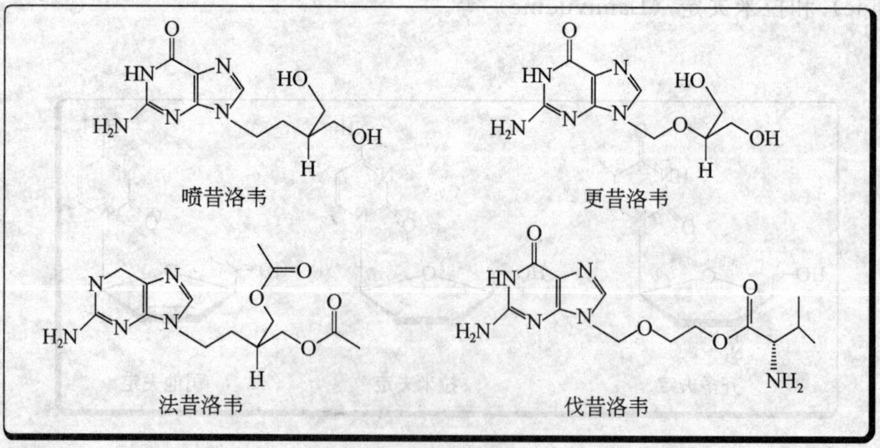

喷昔洛韦　　更昔洛韦

法昔洛韦　　伐昔洛韦

阿昔洛韦 Acyclovir

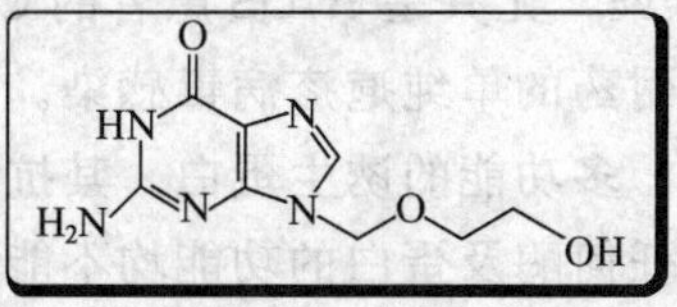

化学名为9-(2-羟乙氧基甲基)鸟嘌呤。又名无环鸟苷。

本品为白色结晶粉末，无臭，无味。本品在冰醋酸或热水中略溶，在水中极微溶解，在乙醚或氯仿中几乎不溶，在稀氢氧化钠溶液中溶解。mp. 256～257℃。

本品1位氮上的氢有酸性，故可制成钠盐供配制注射剂用。

本品宜遮光，密封保存。

本品为去氧鸟苷的类似物，由于与其他核苷类抗病毒药物结构不同，因此具有独特的作用机制。本品可选择性地被感染细胞摄取，进入细胞后被病毒的胸苷激酶磷酸化成单磷酸或二磷酸核苷（在正常细胞中不被细胞胸苷激酶磷酸化），而后在细胞酶系中转化为三磷酸形式，进而抑制病毒的DNA多聚酶，并将自身掺入到正在延伸的病毒DNA链中，从而抑制病毒DNA的复制和生长。

本品为开环的核苷类抗病毒药物，系广谱抗病毒药物，毒性低，几乎无全身毒性。现已作为抗疱疹病毒首选药物，广泛用于治疗疱疹性角膜炎、生殖器疱疹、全身性带状疱疹和疱疹性脑炎及治疗病毒性乙型肝炎。本品除局部给药外，还可口服及静注。

本品与其他药物的相互作用：本品应避免与氨基糖苷类、环孢菌素等肾毒性药物合用。

阿昔洛韦的合成是由鸟嘌呤与硅烷化试剂在高温和无水条件下反应3～5h得硅烷化保护的鸟嘌呤，再与乙酰氧乙氧卤代甲烷在9位进行烷基化后，经乙醇脱保护基得9-乙酰氧乙氧甲基鸟嘌呤，再经水解，重结晶得阿昔洛韦。

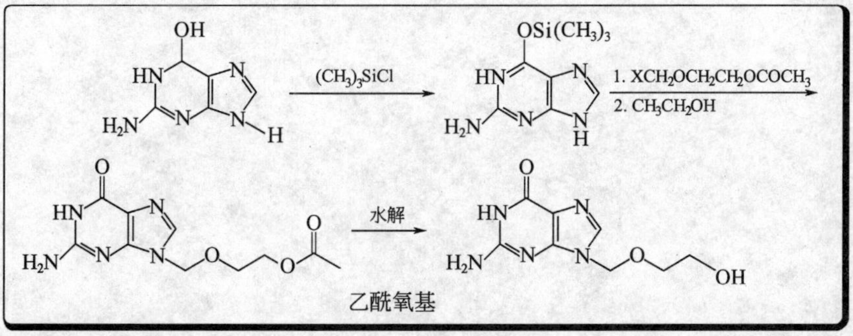

$(CH_3)_3SiCl$

1. $XCH_2OCH_2CH_2OCOCH_3$
2. CH_3CH_2OH

水解

乙酰氧基

由于阿昔洛韦对病毒感染疾病有效，促进了对此类药物的广泛研究，目前已有大量的开环核苷类药物问世。

三、其他类

膦甲酸钠（Foscarnet Sodium）是结构最简单的抗病毒药物，可抑制所有的疱疹病毒和人类免疫缺陷病毒。它可以直接选择性抑制病毒的DNA聚合酶和逆转录酶，不需经宿主细胞磷酸化，因此，该药可直接进攻靶病毒酶系。它已经被美国FDA批准，用于治疗巨细胞病毒（CMV）感染，尤其是AIDS患者的CMV感染。另外也可用于其他巨细胞病毒感染和对阿昔洛韦耐药的单纯疱疹病毒感染。

干扰素是一类具有高活性、多功能的诱生蛋白。其抗病毒活性可高达10^8IU/mg蛋白，并有多种功能，迄今为止任何酶及蛋白的功能均不能与其相比。干扰素只有在诱生剂诱生的情况下，才能活化产生。干扰素分为α、β、γ三种。α-干扰素由人白细胞产生，又称人白细胞干扰素；β-干扰素由人成纤维母细胞产生，又称人成纤维母细胞干扰素；γ-干扰素由人T淋巴细胞产生，又称人淋巴细胞干扰素。干扰素的抗病毒谱很广，几乎所有已知的病毒都能被干扰素所抑制。细胞受病毒感染后产生干扰素，与细胞表面特殊的由神经节糖苷的糖蛋白组成的受体结合，激活细胞的2′,5′-寡腺苷酸合成酶及蛋白激酶，破坏病毒的mRNA，致使病毒蛋白合成受阻。干扰素分布广泛，具有高度种属特异性，毒性低，不良反应少。临床上用于免疫缺陷患者合并单纯疱疹病毒、带状疱疹病毒感染；可用于乙型病毒性肝炎和丙型病毒性肝炎；预防和防治呼吸道感染等。

练习与思考题

1. 简述喹诺酮类的构效关系。比较诺氟沙星与环丙沙星在结构上、用途上的区别。
2. 简述磺胺类药物的抗菌机理，说明为什么SMZ常和TMP组成复方制剂使用？
3. 配制SD-Na注射剂时应注意什么？
4. 异烟肼的肼基具有哪些主要性质？
5. 说出抗病毒药的分类，并说明抗病毒药物在开发中的难点。
6. 试比较常用的几种抗结核病药物的作用特点。
7. 说明唑类抗真菌药在结构上的共同点。
8. 什么是代谢拮抗？举例说明代谢拮抗原理在药物设计中的应用。

（王　希）

第十章　口服降血糖药与利尿药

口服降血糖药与利尿药由于在结构方面主要都是磺胺类化合物，所以在一章进行讨论。

第一节　口服降血糖药

糖尿病患者体内糖正常代谢发生紊乱，引发系列并发症，危害身体健康。本节主要介绍口服降血糖药的类别、典型药物的结构、命名和性质和治疗作用等方面的知识，使读者能更好为解除糖尿病患者的病痛服务。

糖尿病的主要指征是血液中糖含量高于正常人体标准，为人体糖代谢异常所致。一般分为原发性糖尿病即Ⅰ型糖尿病（胰岛素依赖型 IDDM）和Ⅱ型糖尿病（非胰岛素依赖型 NIDDM）。大多数糖尿病患者属于后者，可以通过口服降血糖药治疗。

常用的口服降血糖药主要有两大结构类型，即磺酰脲类和双胍类。

一、磺酰脲类

1942 年，人们发现当用磺胺异丙基噻二唑治疗斑疹伤寒时有降低血糖的不良反应，在研究和改造其结构时，于 1955 年发现氨苯磺丁脲的降血糖作用增强，并用于临床，但伴有抗菌的不良反应，且其毒性也较大。于是合成了一系列磺酰脲类衍生物，它们的疗效较好，已被广泛应用。这些降血糖药可用于轻、中度稳定型成年糖尿病，由于它们是通过兴奋胰腺β-细胞释放胰岛素而发挥降血糖作用，故仅适用于胰岛功能尚未完全丧失的Ⅱ型糖尿病患者。

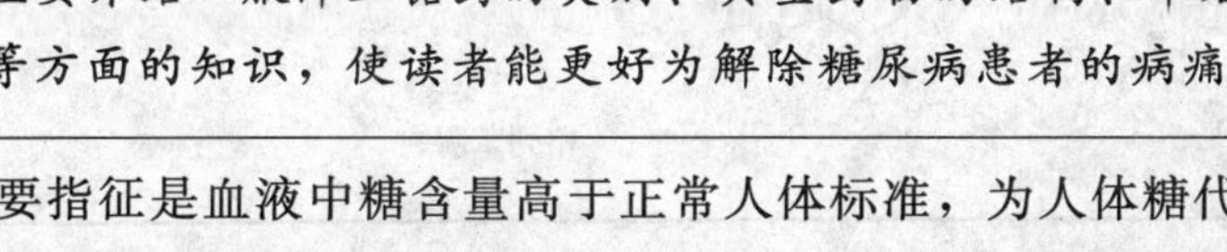

磺胺异丙基噻二唑　　　　氨磺丁脲

1975 年又发现了一些高效、长效的口服降血糖药，如临床常用的有甲苯磺丁脲（Tolbutamide，D_{860}）、格列本脲（Glibenclamide）、氯磺丙脲（Chlorpropamide）、醋酰己脲（Acetohexamide）、妥拉磺脲（Tolazamide）、格列美脲（Glimepiride）等。常见

的磺酰脲类降糖药见表 10-1。

表 10-1 常见酰脲类降糖药

甲苯磺丁脲	氯磺丙脲	醋酰己脲
妥拉磺脲	格列美脲	
格列苯脲		

甲苯磺丁脲 Tolbutamide

化学名：4-甲基-*N*-[(丁氨基)羰基]苯磺酰胺。简称 D_{860}。

本品为白色结晶或结晶性粉末，无臭、无味，易溶于丙酮、氯仿，可溶于乙醇，几乎不溶于水。在氢氧化钠溶液中可溶解。mp. 126～130℃。

将本品加入硫酸溶液，加热回流 30min，放冷，即析出白色沉淀，过滤，所得固体用水重结晶，干燥，测得其熔点约为 138℃。

在以上滤液中加 20% 氢氧化钠溶液使成碱性后，加热，即发生正丁胺的特臭。

以上两种化学性质均可供鉴别本品。

本品具有酰脲结构，显酸性，可溶于氢氧化钠溶液；酰脲结构在酸性溶液中受热易水解。

本品为口服降血糖药，能刺激胰岛分泌胰岛素，而发挥降血糖作用。对中度或轻度成年型糖尿病患者显著，对年轻病例效果较差。

格列本脲 Glibenclamide

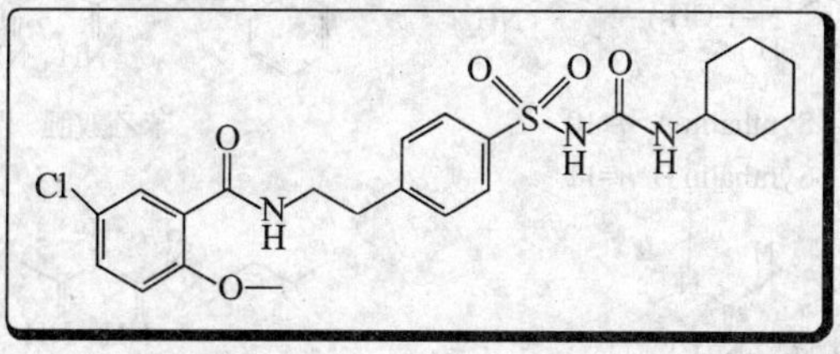

化学名：*N*-[2[4-[[(环己氨基)羰基]氨基]磺酰基]苯基乙基]-2-甲氧基-5-氯苯甲酰胺。又名优降糖。

本品为白色结晶性粉末，几乎无臭、无味。不溶于水和乙醚，微溶于氯仿、甲醇、丙酮，易溶于二甲基甲酰胺。mp. 172～174℃。

本品在常温、干燥环境中稳定。在潮湿环境中，可以发生水解反应，注意防潮。具体反应过程如下：

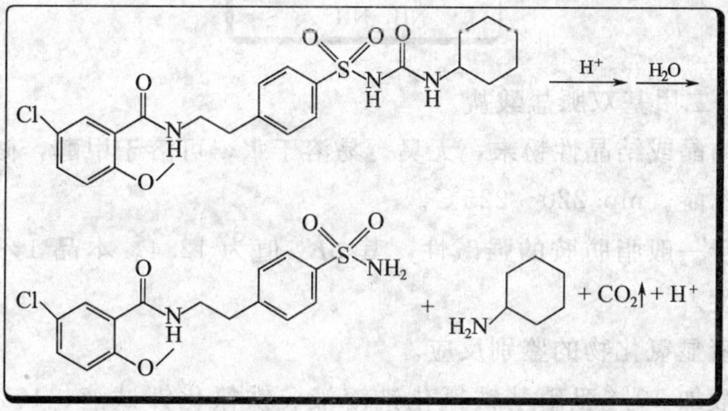

本品的作用比甲苯磺丁脲强 100～250 倍。不良反应较小，对甲苯磺丁脲无效的病人也能获得较好的疗效。适用于胰岛功能未完全丧失的Ⅱ型糖尿病患者。

二、双胍类

发现双胍类的降低血糖作用始于 1918 年，但由于各种原因都没有医疗使用价值。50 年代苯乙双胍（Phenformine）降糖作用的发现，才开始了双胍类口服降糖药物在临床上的广泛应用。

目前双胍类中在临床广泛使用的是毒性较低的二甲双胍（Metformin）常见的双胍类降糖药见表 10-2。

双胍类药物的降血糖机制，不是促进胰岛素的分泌，它主要作用之一是增加葡萄糖的无氧酵解和利用，增加骨骼肌和脂肪组织葡萄糖的氧化和代谢，达到消耗血糖的目的；其二，能抑制肝糖的产生和输出，阻止肝糖积累和动员。另外，此类药物没有促进脂肪合成的作用，因此双胍类降血糖药尤其是二甲双胍成为肥胖伴胰岛素抵抗的Ⅱ型糖尿病病人的首选药。

表 10-2 常见的双胍类降糖药

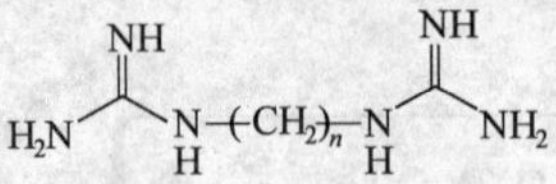

Synthalin A n=10 Synthalin B n=12	苯乙双胍
二甲双胍	丁福明 Buformin

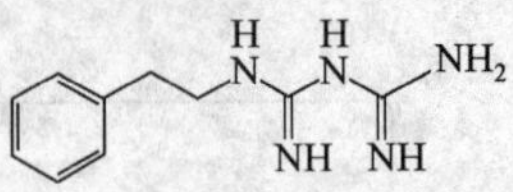

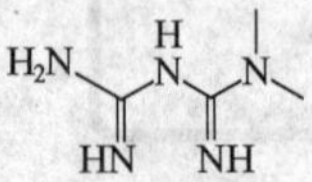

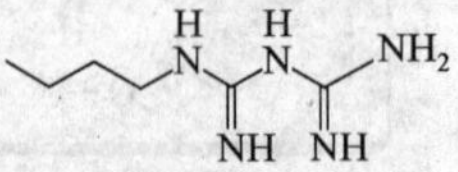

盐酸二甲双胍 Metformin Hydrochloride

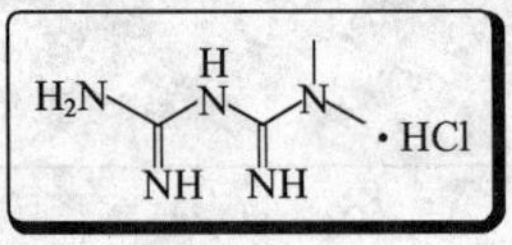

化学名：1,1-二甲基双胍盐酸盐。

本品为白色结晶或结晶性粉末，无臭。易溶于水，可溶于甲醇，微溶于乙醇，不溶于丙酮、氯仿和乙醚。mp. 220～225℃。

本品具有高于一般脂肪胺的强碱性，其 pK_a 值为 12.4。本品 1%水溶液的 pH 为 6.68，接近于中性。

本品的水溶液显氯化物的鉴别反应。

本品的水溶液加 10%亚硝基铁氰化钠溶液、铁氰化钾试液、10%氢氧化钠溶液，3min 内溶液显红色。

以上两个反应均可供鉴别。

第二节 利 尿 药

利尿药在临床上可用于治疗各种原因引起的水肿，也可用于治疗高血压病及其他一些适应证。本节主要介绍此类药物的类别、结构及典型药物的命名、合成和性质等方面的知识。

利尿药即增加尿液排泄，消除浮肿的药物。大多数利尿药影响原尿的重吸收，也通过影响 K^+、Na^+、Cl^- 等各种电解质的浓度和组成比例，而促进排尿，也有些利尿药作用于各种酶和受体，间接影响尿的重吸收，导致尿量增加和肾对尿的排泄增加。临床上利尿药可用于各种原因引起的水肿，也可用于高血压及其他一些适应证。利尿药的种类很多，分类方法也有多种，本节根据其作用，可将其分为：①渗透性利尿药，如：甘露醇（D-Mannitol）；②碳酸酐酶抑制剂，如：乙酰唑胺（Acetazolamide）、依索唑胺（Ethoxzolamide）、氯噻嗪（Chlorothiazide）、氢氯噻嗪（Hydrochlorothiazide）等；③髓袢升支利尿药，如：呋塞米（Furosemide）、依他尼酸（Etacrynic Acid）、布美他尼（Bumetanide）、依托唑林（Etozolin）等；④保钾利尿药，如：螺内酯（Spironolactone）、二氢螺内酯（Dihydrospironolactone）、氨苯蝶啶（Triamterene）、阿米洛利（Amiloride）等。常见利尿剂见表 10-3。

表 10-3　常见利尿剂

渗透性利尿药	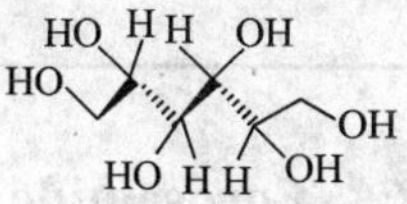
甘露醇	
保钾利尿药	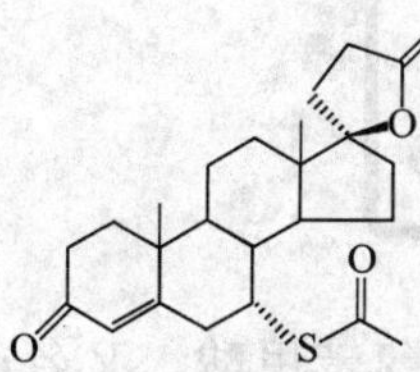
螺内酯	二氢螺内酯
氨苯蝶啶	阿米洛利
碳酸酐酶抑制剂	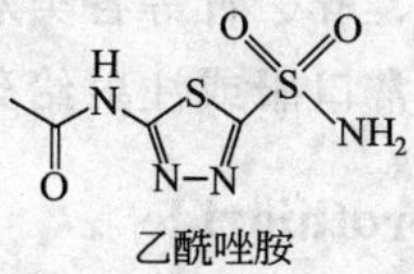
乙酰唑胺	依索唑胺
氯噻嗪	氢氯噻嗪

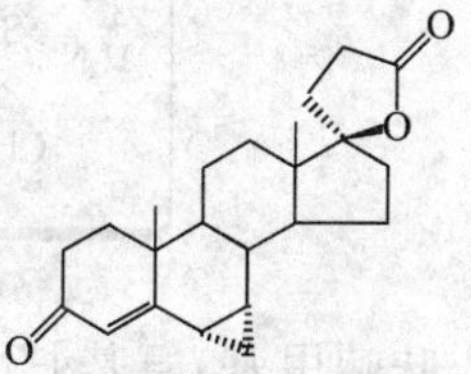

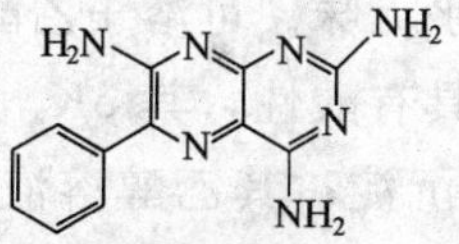

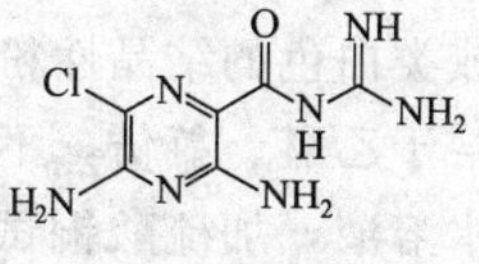

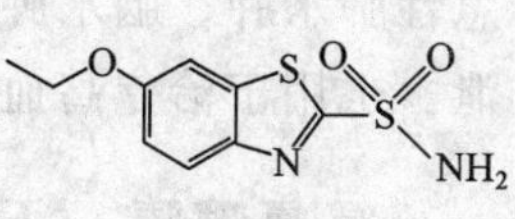

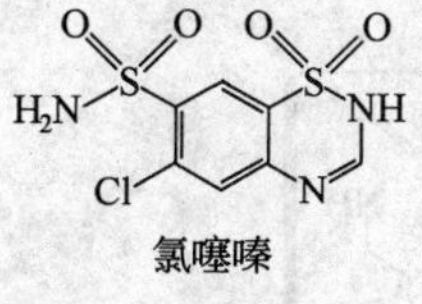

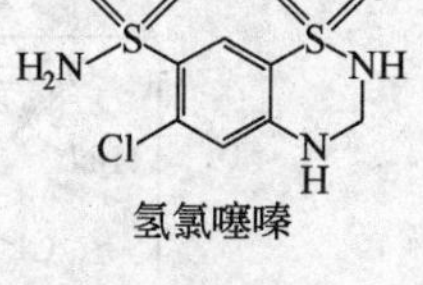

髓袢升支利尿药	
呋塞米	依他尼酸
布美他尼	依托唑林

呋塞米 Furosemide

化学名为 2-[(2-呋喃甲基)氨基]-5-(氨磺酰基)-4-氯苯甲酸。又名速尿、利尿磺胺、呋喃苯胺酸。

本品为白色或类白色的结晶性粉末，无臭，几乎无味。可溶于乙醇、甲醇、丙酮及碱性溶液中，略溶于乙醚、氯仿，不溶于水。本品具有酸性，其 pK_a 为 3.9。

本品的钠盐水溶液，加硫酸铜试液即生成绿色沉淀；其乙醇溶液，沿管壁加对-二甲氨基苯甲醛试液即显绿色，渐变深红色。以此可鉴别本品。

本品的作用部位主要是在肾髓质升支部位，有很强的抑制尿重吸收的作用，属于强效利尿药。这类药物起效快，但作用时间短。分子中的氯原子和磺酰胺基的取代是其结构特点。临床可用于急性肺水肿、脑水肿及其他心、肝、肾等各类水肿，预防急性肾功能衰竭和加速毒物排泄。也用于治疗高血压症。通常口服或注射给药。

氢氯噻嗪 Hydrochlorothiazide

化学名为6-氯-3,4-二氢-2*H*-1,2,4 -苯并二嗪-7-磺酰胺-1,1-二氧化物。又名双氢克尿塞、双氢氯噻嗪。

本品为白色结晶性粉末，无臭，味微苦。可溶于丙酮，微溶于乙醇，不溶于水、氯仿、和乙醚。可溶于氢氧化钠。mp. 265～273℃，熔融时同时分解。

本品固体在常温、干燥条件下稳定，对日光稳定。

本品结构中含有内磺酰胺基，不稳定，其水溶液可发生水解反应，特别是在碱性水溶液中加热，更易水解为5-氯-2,4-二磺酰胺基苯胺。

若取水解液加硫酸酸化，再加变色酸少许，微热，溶液变成蓝紫色；若水解液加稀盐酸酸化后，加亚硝酸钠试液，再加变色酸偶合，则生成红色的偶氮化合物。以上反应均可鉴别本品。反应过程可表示如下：

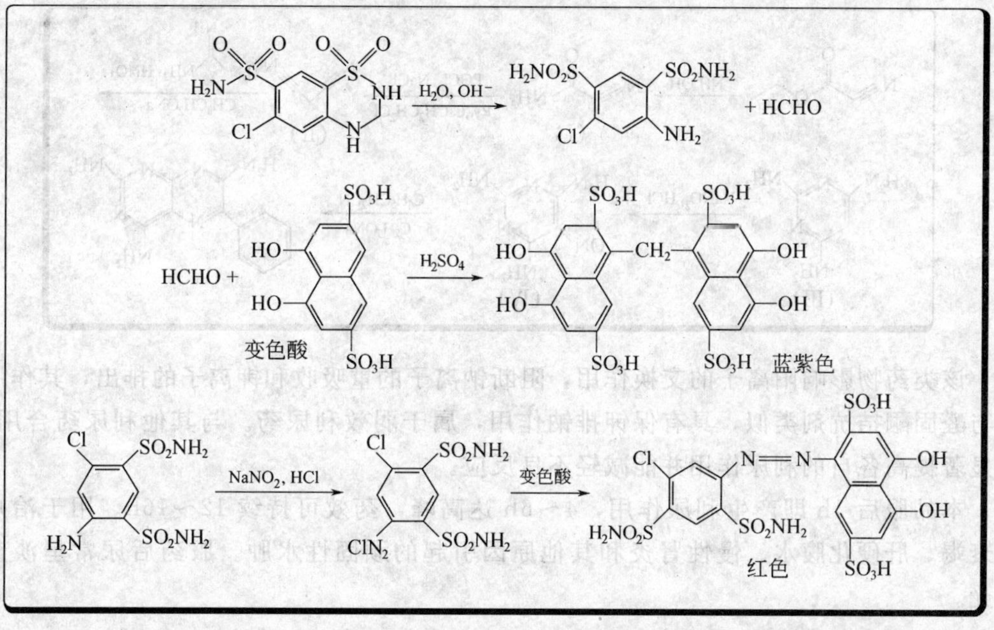

本品从结构来看属于噻嗪类利尿药，也是中效利尿药。它可抑制钠离子和氯离子的重吸收；也可抑制碳酸酐酶的活性，从而抑制钾离子和碳酸氢根离子的重吸收。临床作为利尿、降压药物使用，用于治疗心脏性水肿、肾性水肿及高血压等，特别是与某些降压药物合用时，可显著增强降压效果。亦可利用其抗利尿作用，治疗肾源性尿崩症。

氨苯蝶啶 Triamterene

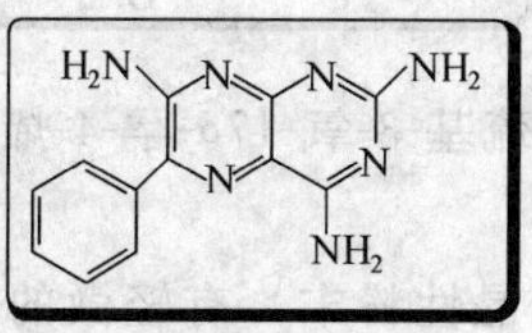

化学名为2,4,7-三氨基-6-苯基-蝶啶。又名三氨蝶啶。

本品为淡黄色结晶性粉末，无臭无味，熔点为316℃。具有弱碱性，pK_a 6.2，但几乎不溶于无机酸，略溶于水、乙醇、氯仿，不溶于乙醚。

在本品中加稀硫酸，振摇数分钟后，滤过，滤液显蓝绿色荧光；用水稀释后，荧光即加强。再将此溶液分成2份：1份加氨试液使成碱性，转变为蓝紫色荧光；另1份加10%氢氧化钠溶液使成碱性，荧光即消失。以此可鉴别本品。

本品的合成是以氰乙酸乙酯为原料，经氨解得氰乙酰胺（Ⅰ），在吡啶、二氯乙烷中与三氯氧磷进行消除反应得丙二氰（Ⅱ），然后与硝酸胍在乙醇钠存在下环合生成2,4,6-三氨基嘧啶（Ⅲ）再用亚硝酸钠在酸性条件下进行亚硝化，得5-亚硝基-2,4,6-三氨基嘧啶（Ⅳ），最后与苯乙氰环合得本品。

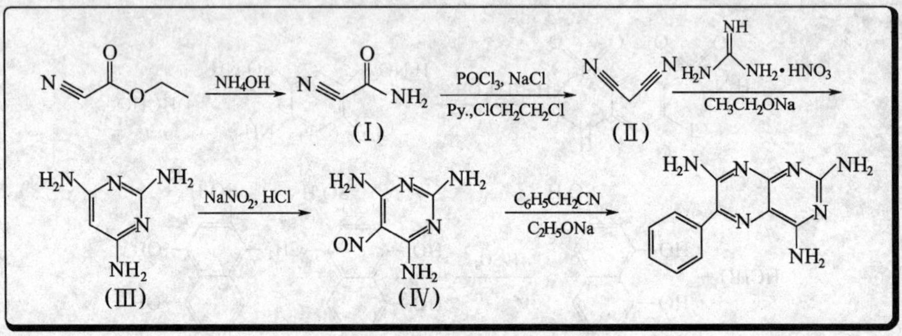

NH_4OH (Ⅰ) $POCl_3$, NaCl / Py., $ClCH_2CH_2Cl$ (Ⅱ) NH, H_2N, $NH_2 \cdot HNO_3$ / CH_3CH_2ONa

(Ⅲ) $NaNO_2$, HCl (Ⅳ) $C_6H_5CH_2CN$ / C_2H_5ONa

该类药物影响阳离子的交换作用，阻断钠离子的重吸收和钾离子的排出，其作用结果与醛固酮拮抗剂类似，具有保钾排钠作用，属于弱效利尿药。与其他利尿药合用时，能显著提高各自的利尿作用并能减轻不良反应。

本品服后1h即产生利尿作用，4～6h达高峰，药效可持续12～16h。用于治疗心力衰竭、肝硬化腹水、慢性肾炎和其他原因引起的顽固性水肿。服药后尿常呈淡蓝色荧光。

螺内酯 Spironolactone

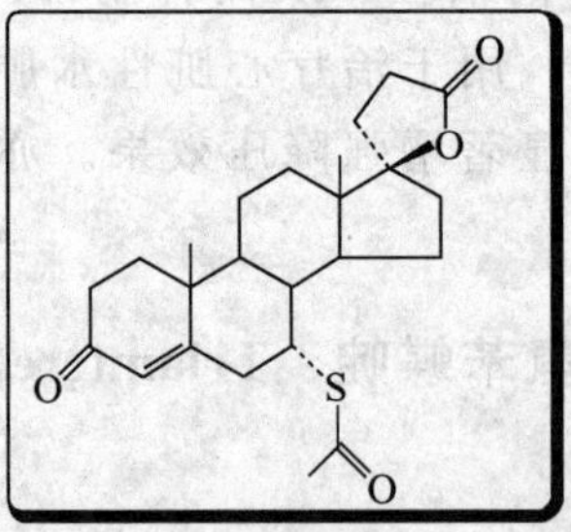

化学名为17β-羟基-7α-乙酰巯基-3-氧-17α-孕-4-烯-21-羧酸-γ-内酯。又名安体舒通、螺旋内酯固醇。

本品为白色或类白色细微结晶性粉末，有轻微的硫醇臭，味微苦。极易溶于氯仿，易溶于苯、醋酸乙酯，可溶于乙醇，不溶于水。其 mp. 203～209℃，熔融时同时分解。有旋光性，$[\alpha]_D^{20}$ 33.5（$CHCl_3$）。

本品在室温可发生降解，此降解在一般药剂中和化学纯产品中很少发生。

在本品中加硫酸，摇匀，溶液显橙黄色，并有强烈的黄绿色的荧光，缓缓加热，溶液即变为深红色，并有硫化氢气体产生，遇湿润的醋酸铅试纸变黑色；将此溶液倾入水中，成为黄绿色的乳状液。以此可鉴别本品。

本品的化学结构与醛固酮类似，两者在曲小管远端产生竞争性对抗，因而干扰醛固酮对远端肾小管的排钾留钠作用，出现排钠保钾而利尿。本品作用缓慢而持久，服 2～3d 后出现最大作用，停药后仍可持续 2～3d。本品与氢氯噻嗪合用，利尿作用增强，且可对抗其排钾作用。主要用于肝硬化腹水、自发性水肿和肾病综合征等。本品很少单独使用，常与噻嗪类利尿药合用。

练习与思考题

1. 利尿药及口服降血糖药如何分类？每类举 1～2 个常用药物。
2. 如何用化学方法鉴别下列药物：
   （1）呋塞米
   （2）氢氯噻嗪
   （3）氨苯蝶啶
   （4）螺内酯

（叶云华）

第十一章　激　素

激素是由内分泌腺或内分泌细胞所分泌的具有信使作用的生理活性物质。激素的种类繁多，来源复杂，按其化学性质可分为两大类：

（一）含氮激素

1. 肽类和蛋白质激素　主要有下丘脑调节肽、神经垂体激素、腺垂体激素、胰岛素、甲状旁腺激素、降钙素以及胃肠激素等。

2. 胺类激素　包括肾上腺素、去甲肾上腺素和甲状腺激素等。

（二）甾体激素

甾体激素又称类固醇激素，是由肾上腺皮质和性腺分泌的激素，如皮质醇、醛固酮、雌激素、孕激素以及雄激素等。

此外，前列腺素广泛存在于许多组织之中，由花生四烯酸转化而成，主要在组织局部释放，可对局部功能活动进行调节，因此可将前列腺素看作一组局部激素。常见激素可参见表 11-1。

表 11-1　常见激素类药物

主要来源	激　素	结构类型	主要来源	激　素	结构类型
下丘脑	促甲状腺激素释放激素	三肽	胰岛	胰岛素	蛋白质
	促性腺激素释放激素	十肽		胰高血糖素	二十九肽
	生长素释放抑制激素(生长抑素)	十四肽		胰多肽	三十六肽
	促肾上腺皮质激素释放激素	四十一肽		糖皮质激素(如皮质醇)	类固醇
	促黑(素细胞)激素释放因子	肽		盐皮质激素(如醛固酮)	类固醇
	促黑(素细胞)激素释放抑制因子	肽	髓质	肾上腺素	胺类
	催乳素释放因子	肽		去甲肾上腺素	胺类
	升压素(抗利尿激素)	九肽	睾丸： 间质细胞	睾酮	类固醇
	催产素	九肽			
腺垂体	促肾上腺皮质激素	三十九肽	支持细胞	抑制素	糖蛋白
	促甲状素皮质激素	糖蛋白	卵巢、胎盘	雌二醇	类固醇
	卵泡刺激素	糖蛋白		雌三醇	类固醇
	黄体生长素(间接细胞刺激素)	糖蛋白		孕酮	类固醇
	促黑(素细胞)激素	十三肽	胎盘	绒毛膜促性腺激素	糖蛋白
	生长素	蛋白质	消化道、脑	胃泌素	十七肽
	催乳素	蛋白质		胆囊收缩素-促胰酶素	三十三肽
甲状腺	甲状腺素(四碘甲状腺原氨酸)	胺类		促胰液素	二十七肽
	三碘甲状腺原氨酸	胺类	心房	心房利尿钠肽	二十一肽、二十三肽
甲状腺 C细胞	降钙素	三十二肽	松果体	褪黑素	胺类
甲状旁腺	甲状旁腺激素	蛋白质	胸腺	胸腺激素	肽类

第一节 肽类激素

> 你知道什么是肽类激素吗？你了解胰岛素的结构特点、性质和作用机理吗？本节将为读者介绍相关的内容。

肽类激素由氨基酸通过肽键连接而成。此类激素按分子量大小分为肽类激素和蛋白质激素，二者无明显界限，一般分子量大于5000的为蛋白质激素，小于5000则为肽类激素。由于分子量较小，一些肽类激素不再仅仅依赖天然来源，即从脏器中提取，而是采用全合成的方法得到，如降钙素、胰岛素。

胰岛素 Insulin

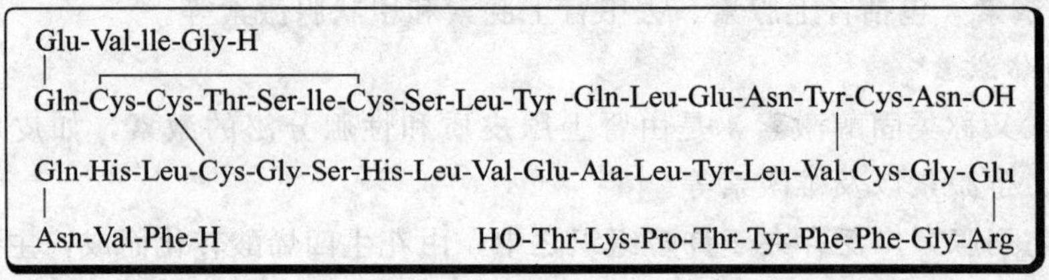

Glu-Val-lle-Gly-H
Gln-Cys-Cys-Thr-Ser-lle-Cys-Ser-Leu-Tyr -Gln-Leu-Glu-Asn-Tyr-Cys-Asn-OH
Gln-His-Leu-Cys-Gly-Ser-His-Leu-Val-Glu-Ala-Leu-Tyr-Leu-Val-Cys-Gly-Glu
Asn-Val-Phe-H HO-Thr-Lys-Pro-Thr-Tyr-Phe-Phe-Gly-Arg

胰岛素是由胰岛β细胞分泌的一种蛋白质激素。它与受体结合后抑制腺苷酸环化酶活性，增强磷酸二酯酶的作用，从而减少ATP（腺嘌呤核苷三磷酸）转化为cAMP（细胞内信使），加速cAMP分解；同时增加细胞膜通透性，加速葡萄糖磷酸化、氧化及糖原的合成，调节糖代谢，维持血糖在正常的生理范围内；它也能促进脂肪和蛋白质的合成。另外，胰岛素可促进钾离子和镁离子穿过细胞膜进入细胞内；可促进脱氧核糖核酸（DNA）、核糖核酸（RNA）的合成。

作为药物的胰岛素的种类有牛胰岛素、猪胰岛素和人胰岛素。

牛胰岛素：自牛胰腺提取而来，分子结构有三个氨基酸与人胰岛素不同，疗效稍差，容易发生过敏或胰岛素抵抗。1965年，我国科学家在全球首次得到人工牛胰岛素结晶。

猪胰岛素：自猪胰腺提取而来，分子中仅有一个氨基酸与人胰岛素不同，因此疗效比牛胰岛素好，不良反应也比牛胰岛素少。目前国产胰岛素多属猪胰岛素。这种胰岛素对某些病人会产生免疫反应等不良反应，如低血糖、耐药性、改变药动学方式、加重糖尿病病人微血管病变等。

人胰岛素：人胰岛素并非从人的胰腺提取而来，而是通过基因工程生产，纯度更高，不良反应更少，但价格较贵。进口的胰岛素均为人胰岛素。国内已有厂家开始生产人胰岛素，人胰岛素生产成本略高于猪胰岛素，但其不受材料来源限制，具有长远的发展价值。

本品为白色或类白色结晶性粉末；在水、乙醇、氯仿和乙醚中几乎不溶。

本品结构中具有一般蛋白质的性质，具游离羧基和氨基而显两性，因此在无机酸或氢氧化钠等溶液中易溶；等电点 pH 5.35～5.45，在微酸（pH 2.5～3.5）中稳定，在碱性溶液中及遇热不稳定。注射液为偏酸性水溶液，冷冻保存时稍有变性，活性降低。

本品临床用于治疗糖尿病，与其他药物如三磷酸腺苷辅酶 A 制成复合制剂治疗一些消耗性疾病。

第二节　甾体激素

> 甾体激素是人体发育、维持正常生理功能的重要物质。具有甾体激素母体结构的药物又是治疗疾病与提高生活质量的常用药物，学好本节内容，既能把握工作必需的知识，又可增长必要的生活常识。

甾体激素包括性激素和肾上腺皮质激素，是一类促进性器官发育、维持生殖功能的重要活性物质。其基本化学结构是环戊烷并多氢菲的甾环，即甾烷。甾烷由 A、B、C、D 四个环组成，其结构及编号如下图：

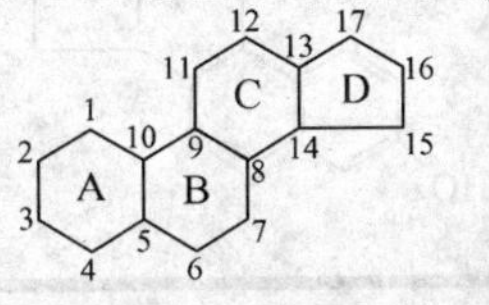

甾 烷

甾体激素按化学结构可分为雌甾烷类、雄甾烷类、孕甾烷类。当甾烷结构中只有 C_{13} 位有一甲基时为雌甾烷；当 C_{10}、C_{13} 位均有甲基时为雄甾烷；当 C_{10}、C_{13} 位均有甲基、C_{17} 位有两个碳的侧链时则为孕甾烷。

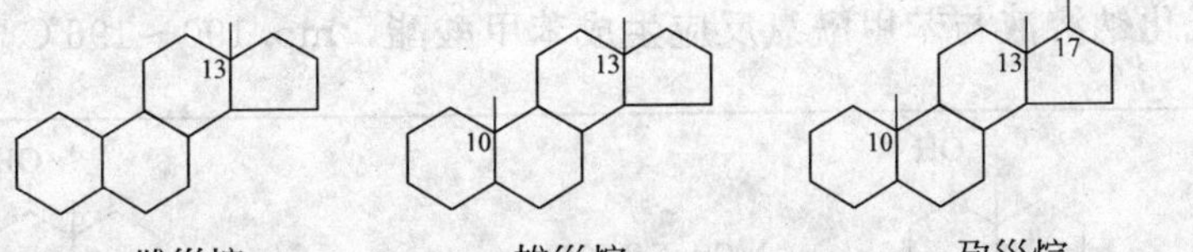

雌甾烷　　雄甾烷　　孕甾烷

另外甾体激素也可按药理作用分类，具体可分为雌激素类、雄激素类、孕激素类、肾上腺皮质激素类。

一、甾体雌激素

雌激素是雌性动物卵泡中分泌的激素。从结构上分析，属于雌甾烷衍生物。其结构特征为：A 环为苯环，C_3 位有羟基或羟基与酸形成的酯，$C_{17}\beta$ 位有酮基或羟基或羟基与酸形成的酯。

天然的雌激素有雌二醇、雌三醇、雌酚酮，其中雌二醇活性最强。

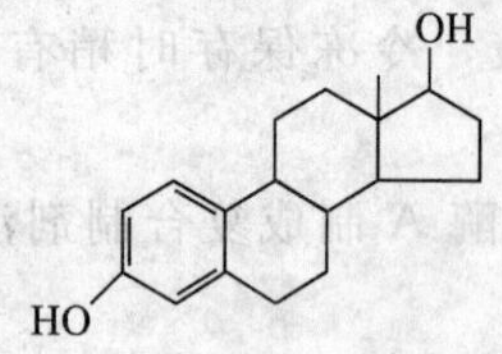

OH
HO

雌二醇

OH
OH
HO

雌三醇

O
HO

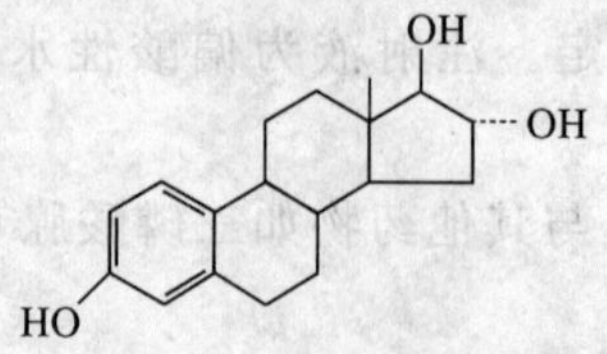

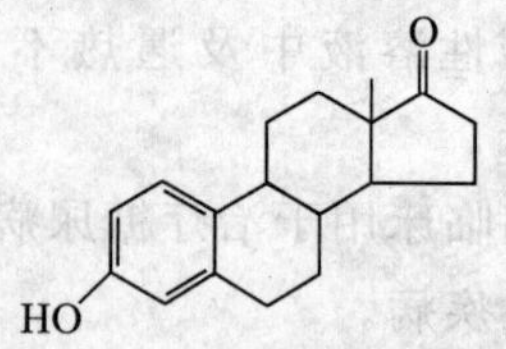

雌酚酮

雌激素具有广泛的生理活性，其作用是促进女性性器官的发育成熟及维持第二性征，与孕激素共同完成女性性周期、妊娠、哺乳等生理活动。临床主要用于雌激素缺乏症、性周期障碍、绝经综合症、骨质疏松、乳腺癌、前列腺癌，并常与孕激素组成复方避孕药。

雌二醇 Estradiol

OH
HO

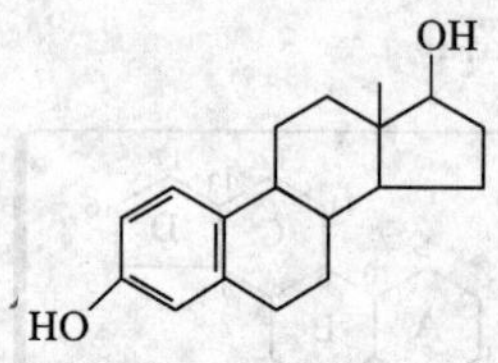

化学名为雌甾-1,3,5(10)-三烯-3,17β二醇。

本品为白色或乳白色结晶性粉末，有引湿性，无臭无味，几乎不溶于水，略溶于乙醇，溶于丙酮、氯仿、乙醚、碱水溶液，在植物油中也可部分溶解。mp. 175～180℃，$[\alpha]_D$ +75°～+82°（1%二氧六环溶液）。

本品与硫酸作用显黄绿色荧光，加三氯化铁呈草绿色，再加水稀释，则变为红色。

本品的氢氧化钠溶液与苯甲酰氯反应生成苯甲酸酯，mp. 190～196℃。

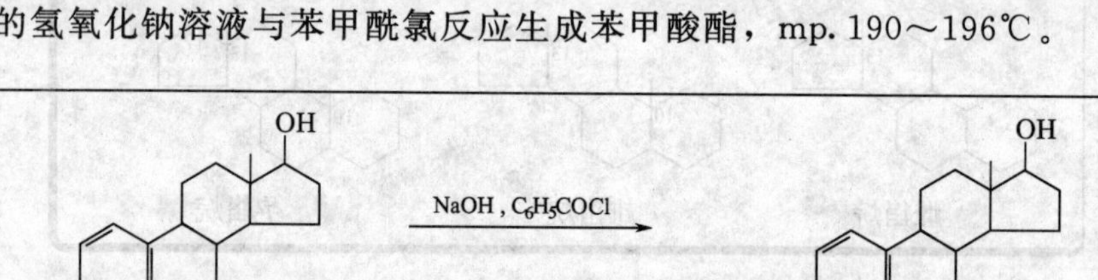

OH
HO
NaOH , C6H5COCl
OH
C6H5COO

本品用于治疗卵巢功能不全所引起的疾病，如更年期障碍、子宫发育不全及月经不调等。雌二醇口服后经胃肠道微生物降解及肝脏的代谢迅速失活，因而口服无效。为克服此缺陷，对其进行结构改造，将 C_3 位或 C_{17} 位羟基酯化，如雌二醇 3-苯甲酸酯、戊酸雌二醇，也可在 $C_{17}\alpha$ 位引入取代基，增加空间位阻，从而增加稳定性，制成口服或

长效制剂，如炔雌醇。见表 11-2。

表 11-2 雌二醇的衍生物

药物名称	化学结构	特 点
炔雌醇	OH, HO	可以口服，活性是雌二醇的 10～20 倍
炔雌醚	OH, O	可以口服，脂溶性高，代谢慢，可以做成口服、或注射长效制剂
苯甲酸雌二醇	OH, O, O	脂溶性高，可以做成长效制剂
戊酸雌二醇	$OCO(CH_2)_3CH_3$, HO	脂溶性高，可以做成长效制剂

二、非甾体雌激素及雌激素受体拮抗剂

（一）非甾体雌激素

雌二醇及衍生物不够稳定或制备复杂，后寻找其合成代用品。己烯雌酚虽不是甾体，但其反式异构体的立体构型与雌酚酮的立体结构很相似（L 单位 Å）。见图 11-1。

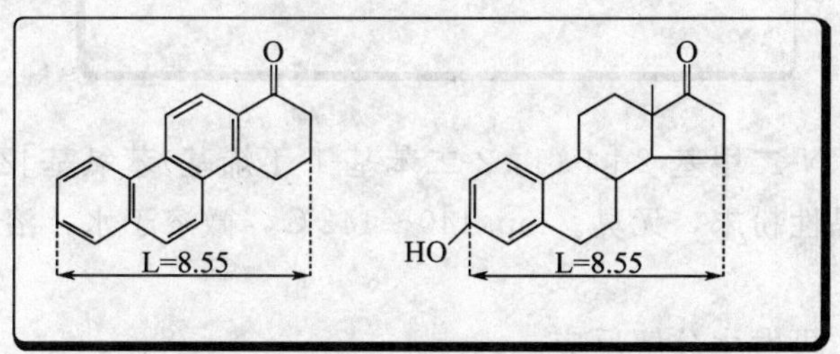

图 11-1 己烯雌酚与雌激素母体结构比较

己烯雌酚 Diethylstilbestrolum

化学名为(*E*)-4,4′-(1,2-二乙基-1,2-亚乙烯基)双苯酚。

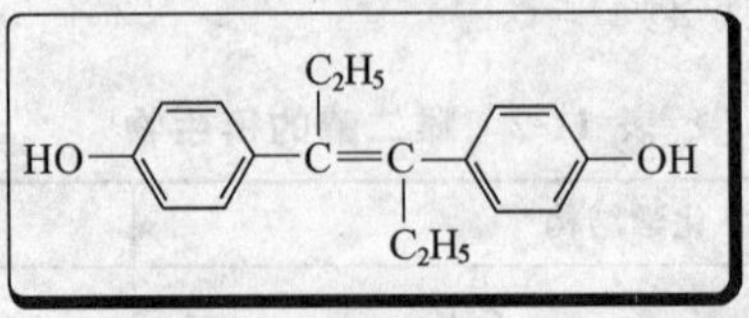

本品为无色结晶或白色结晶性粉末，几乎无臭。溶于乙醇、乙醚或脂肪油，微溶于氯仿，几乎不溶于水，在稀氢氧化钠溶液中溶解。mp. 169～172℃。

本品与硫酸作用显橙黄色，加水稀释后颜色消失。

本品的稀乙醇溶液，加三氯化铁溶液，生成绿色配合物，缓缓变成黄色。

本品与醋酐、无水吡啶一起加热，生成二乙酰己烯雌酚沉淀，mp. 121～124℃。

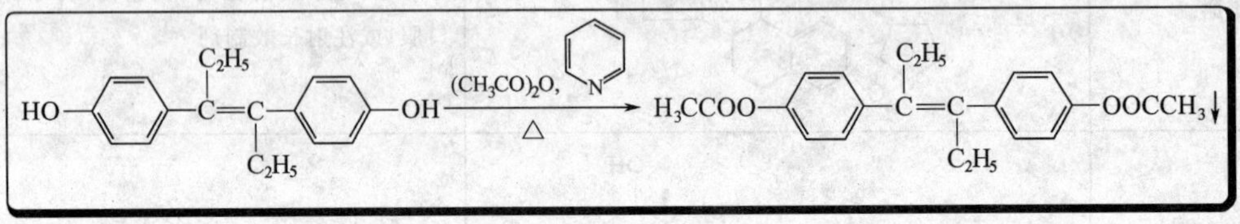

本品在空气中易氧化变质，故应避光、密闭贮存。

本品作用类似于雌二醇，用于卵巢功能不全或垂体功能异常所引起的月经紊乱，大剂量用于治疗前列腺癌。

（二）雌激素受体拮抗剂

枸橼酸他莫昔芬 Tamoxifen Citrate

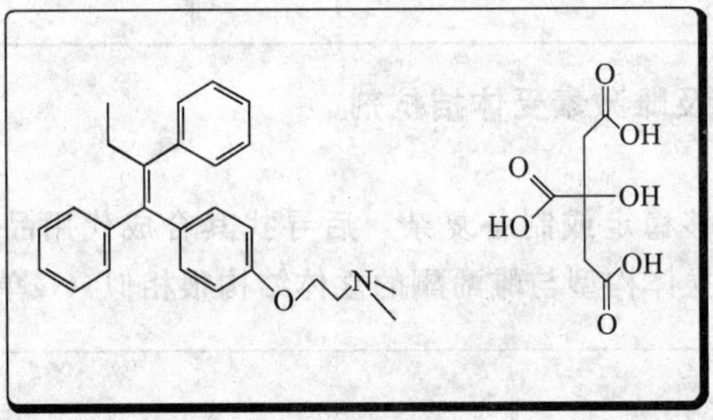

化学名(*Z*)-*N*，*N*-二甲基-2-[4-(1，2-二苯基-1-丁烯基)苯氧基]乙胺枸橼酸盐。

本品为白色结晶性粉末，无臭。mp. 140～142℃，微溶于水，溶于乙醇、甲醇及丙酮，有一定引湿性。

本品对光敏感，可发生分解反应。

他莫昔芬为三苯乙烯类化合物，具有弱雌激素样作用，属于合成的雌激素受体拮抗剂。本品可促使阴道上皮角化和子宫重量增加，并能防止受精卵着床，延迟排卵，临床上广泛用于治疗晚期乳腺癌和卵巢癌及男性不孕症。

制酸药、西咪替丁、法莫替丁、雷尼替丁等能改变胃内 pH 值的药物，使本品糖衣片提前分解，对胃有刺激。

其他抗雌激素药物还有氯米芬（Clomiphene，氯酰酚胺）、雷洛昔芬（Raloxifen）等。

氯米芬亦为三苯乙烯衍生物，与己烯雌酚的化学结构相似。本品有较弱的雌激素活性，能与雌激素受体结合，发挥竞争性拮抗雌激素的作用。它能促进人的垂体前叶分泌促性腺激素，从而诱使排卵，用于不孕症和闭经，乳房纤维囊性疾病和晚期乳癌等。雷洛昔芬是近期发现的雌激素受体拮抗剂，也属于三苯乙烯类化合物。只是具有更好的刚性，因为分子中具有苯并噻吩母环，且二乙胺基被哌啶基置换，其哌啶乙氧基苯基通过一甲酰基连在噻吩基上。因其靶器官是骨组织，所以用于治疗骨质疏松症。

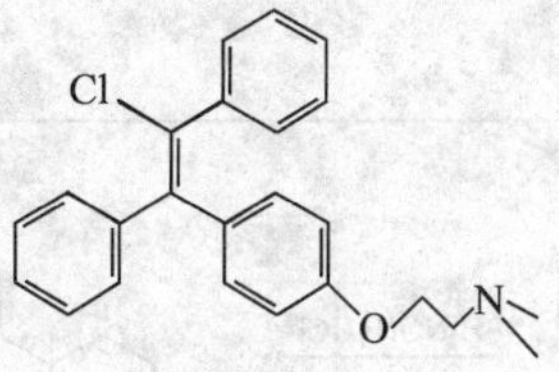

氯米芬 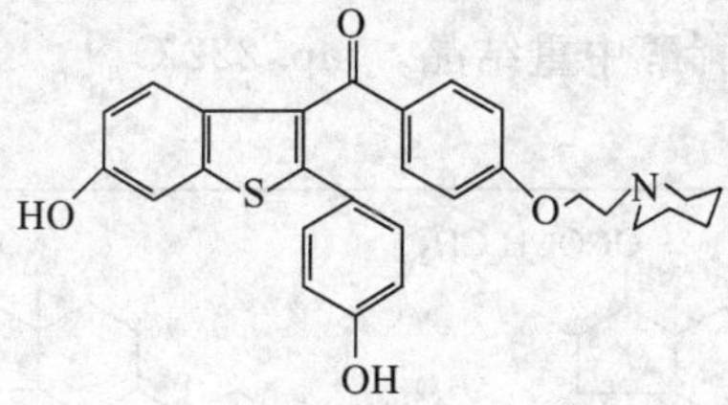　　雷洛昔芬

三、雄性激素和蛋白同化激素

（一）雄性激素

天然雄激素主要是睾丸间质细胞分泌的睾酮（睾丸素）及一些衍生物，它们均属于雄甾烷的衍生物，具有4-烯-3-酮结构，$C_{17}\beta$ 位有羟基或此羟基与酸形成酯。

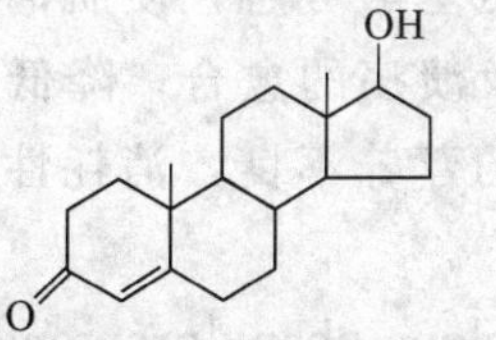

睾丸素(Testosterone) 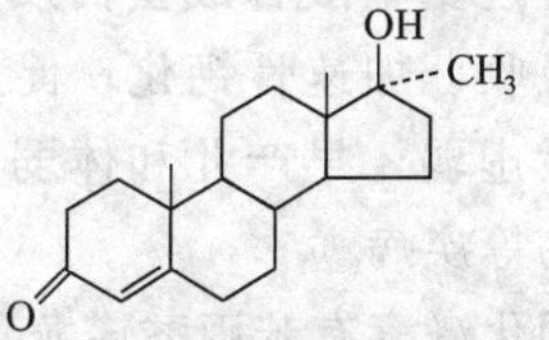　　甲基睾丸素

雄激素的作用是促进男性性征和生殖器官发育，并保持其成熟状态，临床常用的为甲睾酮（甲基睾丸素 Methyltestosterone）、丙酸睾酮（丙酸睾丸素 Testosterone propinate）和苯乙酸睾酮（苯乙酸睾丸素 Testosterone phenylacetae）。

睾酮口服易吸收，但在肝内被迅速破坏，口服无效。因此可做成片剂植于皮下，吸收缓慢，作用可长达6周。将其17位羟基酯化，如丙酸睾酮，脂溶性增加，代谢减慢，延长了作用时间。在 $C_{17}\alpha$ 位引入取代基，增加空间位阻，如甲睾酮，也可达到同样效果。

丙酸睾丸素　Testosterone Propinate

化学名为17β-羟基雄甾-4烯-3-酮丙酸酯。又称为丙酸睾酮。

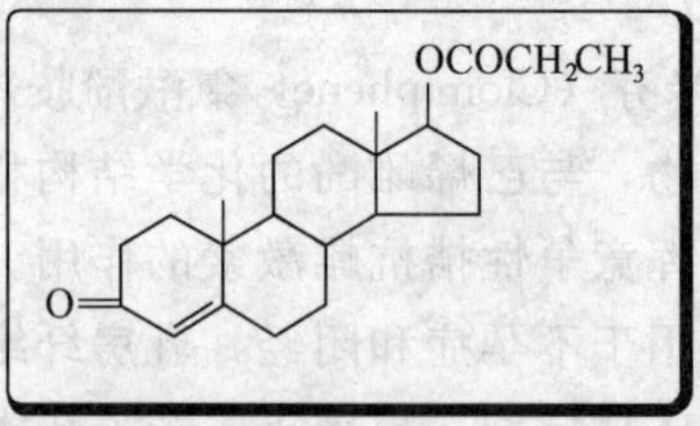

本品为白色结晶或类白色结晶性粉末，无臭；极易溶于氯仿，易溶于乙醇、乙醚，溶于乙酸乙酯，微溶于植物油，不溶于水。$[\alpha]_D^{25}+84°\sim+90°$(1%乙醇液)。

本品与盐酸羟胺及冰醋酸作用，C_{17}位的酯首先水解，C_3位羰基再与羟胺缩合，生成睾丸素肟，在稀醇中重结晶，mp. 222℃。

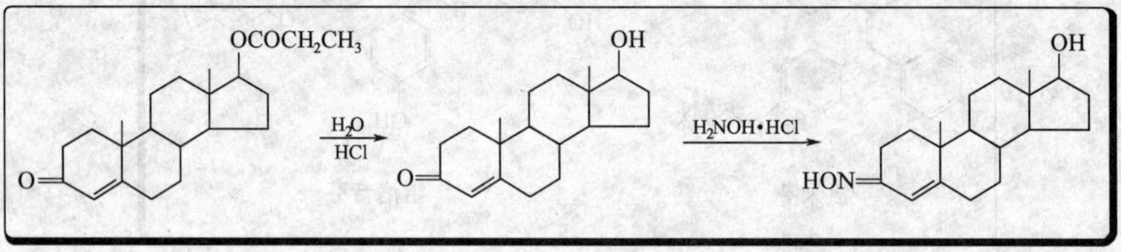

本品用于治疗无睾症和隐睾症，也可用于妇科疾病，如月经过多、痛经等。

(二) 蛋白同化激素

对雄性激素的化学结构进行适当修饰，可得到一些雄性活性很小、蛋白同化作用增强的化合物。这类化合物被称为蛋白同化激素。

蛋白同化激素能促进氨基酸合成蛋白质，减少氨基酸分解，使肌肉发达，体重增加；能促进钙、磷的吸收，加速骨钙化；促进伤口及溃疡的愈合；降低血液中的胆固醇。临床用于治疗病后虚弱，早产儿和体弱老年人的营养不良，消耗性疾病，骨质疏松，胃及十二指肠溃疡等疾病。

临床常用的蛋白同化激素有苯丙酸诺龙（Nandrolone phenylpropionate)、羟甲烯龙(康复龙，Oxymetholone)、司坦唑醇（康力龙，Stanozdol)、去氢甲睾酮（大力补，Metandienone）等。

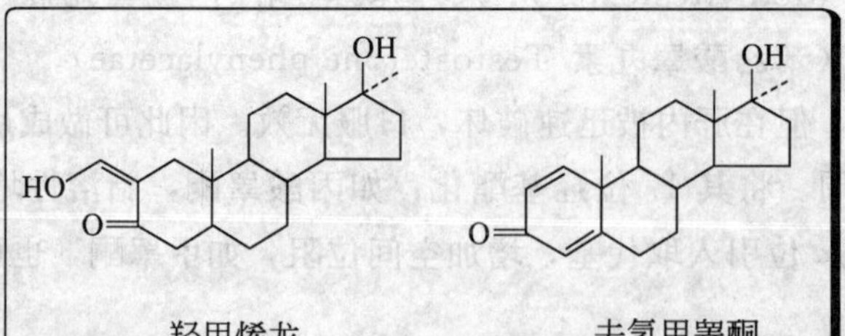

羟甲烯龙　　去氢甲睾酮

苯丙酸诺龙 Nandrolone Phenylpropionate

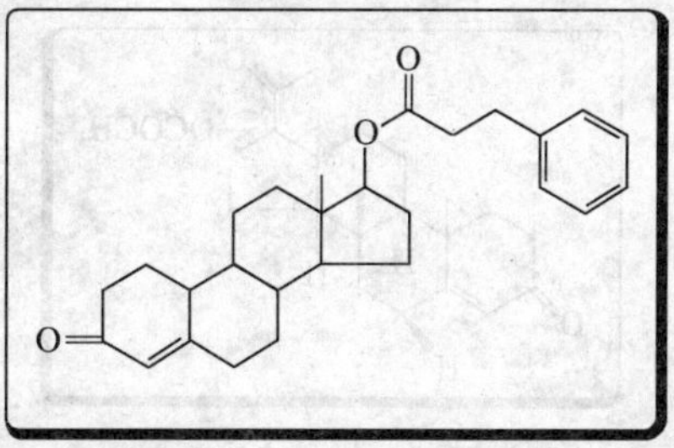

化学名为 17β-羟基-雄甾-4-烯-3-酮-17-苯丙酸酯。又名苯丙酸去甲睾酮。

本品为白色或类白色结晶性粉末，有特殊臭味；溶于乙醇，略溶于植物油，几乎不溶于水。mp. 93～99℃。$[\alpha]_D$ +48°～+51°（1%二氧六环溶液）。

本品的甲醇溶液与盐酸氨基脲缩合，生成缩氨脲衍生物，mp. 182℃，熔融时同时分解。

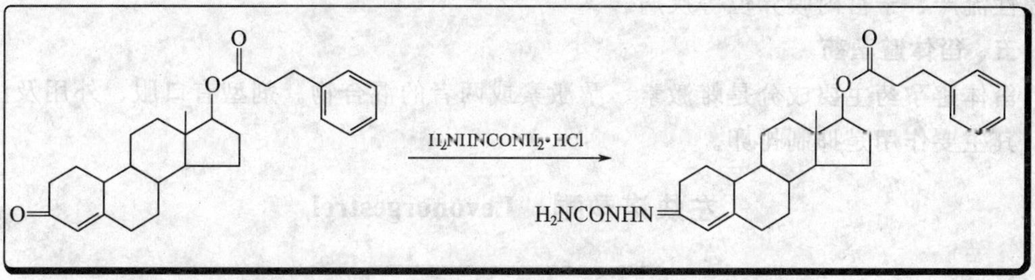

$H_2NNHCONH_2\cdot HCl$

$H_2NCONHN=$

本品用于治疗慢性消耗性疾病、骨质疏松、骨折不愈、烫伤、发育不良等。长期使用，女性有轻微男性化作用。

四、孕激素

孕激素是雌性动物卵泡排卵后形成的黄体分泌的激素，因此又称黄体激素。孕激素类药物属于孕甾烷的衍生物，其结构特征为具有 4-烯-3-酮结构，17 位有甲酮基。

天然孕激素中黄体酮的活性最强，但由于其口服易代谢失效，仅能注射给药。之后，人们一直在寻找口服孕激素。经研究发现，在睾丸酮 17α 位引入乙炔基（妊娠素），可使睾丸酮失去雄激素活性而显示出孕激素活性，而且可以口服。不久，又发现17α-羟基黄体酮乙酸酯亦可口服。因此目前应用于临床的孕激素主要有睾酮类（如炔诺酮）和孕酮类（如醋酸甲地孕酮）。

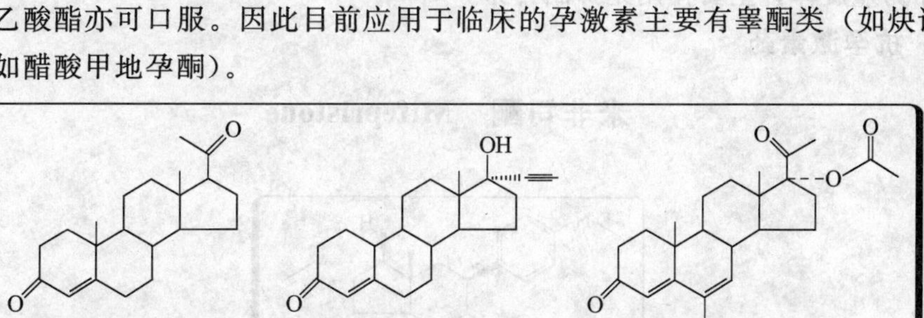

黄体酮 Progesterone　　炔诺酮 Norethisterone　　醋酸甲地孕酮 Megestrol Acetae

孕激素与雌激素共同维持女性功能和保胎，还能抑制脑垂体促性腺素分泌，因而可用于避孕。临床用于预防先兆性流产，治疗子宫内膜异位及肿瘤。

醋酸甲羟孕酮　Medroxyprogesterone Acetate

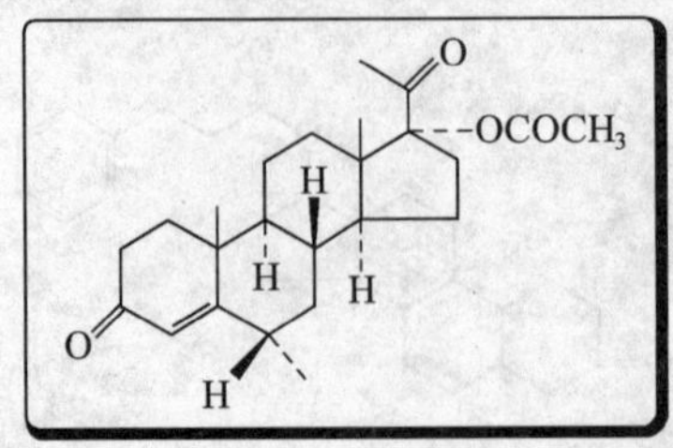

化学名为 6α-甲基-17α-羟基孕甾-4-烯-3，20-二酮醋酸酯。

本品为白色或类白色结晶性粉末。在氯仿中极易溶解、丙酮中溶解，醋酸乙酯中略溶，无水和乙醇中微溶，在水中不溶。mp. 202～208℃。

本品为黄体酮衍生物，主要用于痛经、功能性闭经、功能性子宫出血、先兆流产、习惯性流产、子宫内膜异位等疾病。

五、甾体避孕药

甾体避孕药主要成分是雌激素、孕激素或两者的混合物。剂型有口服、外用及注射剂，其主要作用是抑制排卵。

左炔诺孕酮　Levonorgestrel

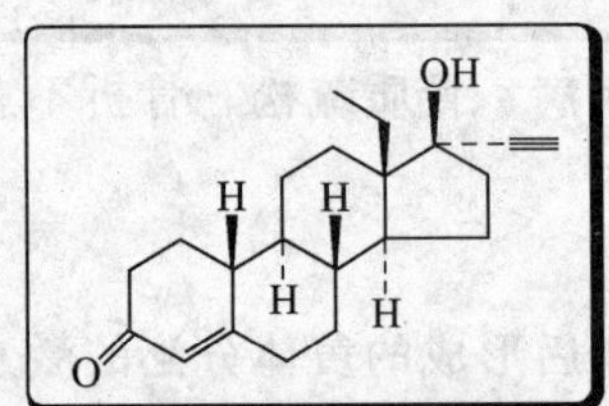

化学名为 D-(－)17α-乙炔基-17β-羟基-18-甲基雌甾-4-烯-3-酮。

本品为白色或类白色结晶性粉末，无臭、无味。在氯仿中溶解，甲醇中微溶，水中不溶。mp. 233～239℃（C-13β 构型）。$[\alpha]_D^{20}-38°$（氯仿）。

本品为左旋体，主要作用是抑制排卵。

六、抗孕激素药

米非司酮　Mifepristone

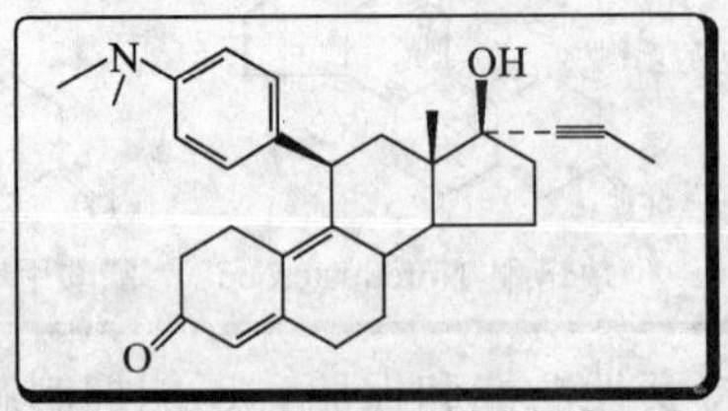

化学名为 11β-(4-二甲氨基苯基)-17β-羟基-17-(1-丙炔基)-雌甾-4，9-二烯-3-酮。

本品为白色或类白色结晶，mp. 150℃。在二氯甲烷、甲醇中易溶，在乙醇、乙酸乙酯中溶解，在水中几乎不溶。

本品为新型抗早孕激素，无孕激素、雌激素、雄激素及抗雌激素活性，能与孕酮受体及糖皮质激素受体结合，对子宫内膜孕酮受体的亲和力比黄体酮强 5 倍，对受孕动物各期妊娠均有引产效应，可作为非手术性抗早孕药。本品同时具有软化和扩张子宫颈的作用，故临床除用于抗早孕、催经止孕、胎死宫内引产外，还用于妇科手术操作，如宫内节育器的放置和取出、取内膜标本、宫颈管发育异常的激光分离以及宫颈扩张和刮宫术。

七、肾上腺皮质激素

肾上腺皮质激素是肾上腺皮质所分泌的激素的总称，属孕甾烷类化合物，其结构特征为具有 4-烯-3-酮，C_{17}位有羟甲基酮基。

肾上腺皮质激素按作用分类可分为盐皮质激素（如皮质酮、11-脱氢皮质酮）和糖皮质激素（如氢化可的松、地塞米松）。盐皮质激素主要调节水盐代谢，维持体内电解质平衡；糖皮质激素主要与糖、脂肪、蛋白质代谢及生长发育有关，大剂量应用可抗炎、抗毒、抗休克、抗过敏。临床常用的皮质激素是指糖皮质激素。

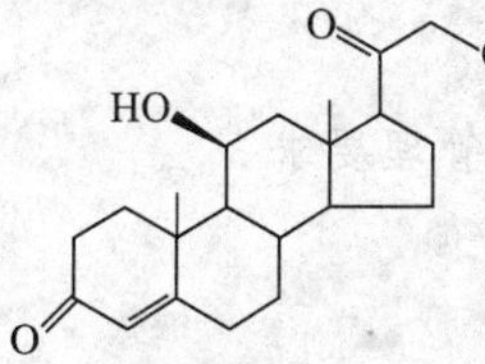

皮质酮
Corticosterone

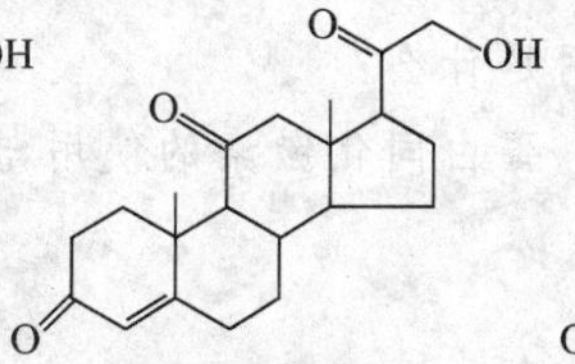

11-脱氢皮质酮
11-Dehydrocorti costerone

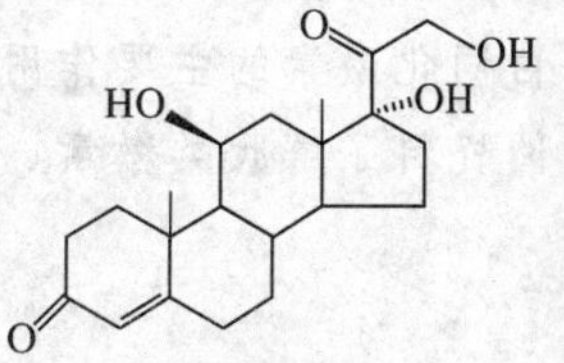

氢化可的松
Cortisol

醋酸地塞米松 Dexamethasone Acetate

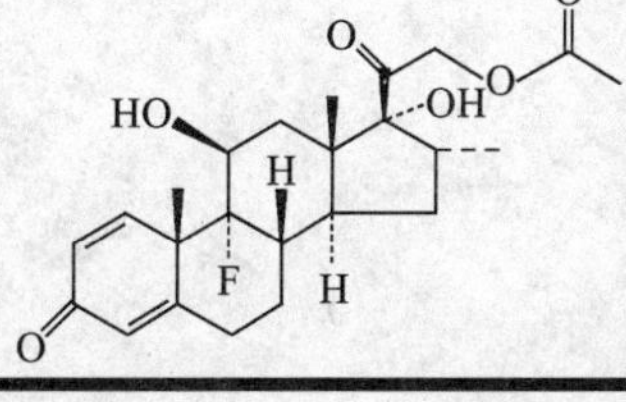

化学名为 16α-甲基-11β，17α，21-三羟基-9α-氟孕甾-1，4-二烯-3-20-二酮-21-醋酸酯。

本品为白色或类白色结晶或结晶性粉末，无臭，味微苦。在丙酮中易溶，在甲醇或无水乙醇中溶解，在乙醇或氯仿中略溶，在水中不溶。$[\alpha]_D^{25}$ +82°～+85°（二氧六环液）。

本品与氢氧化钠醇溶液共热，冷却，加硫酸煮沸，即产生乙酸乙酯的香味；

本品少量与 0.01ml/L 氢氧化钠溶液在氧瓶中燃烧后，有氟化钠生成，可与茜素锆酸试液及亚硝酸铈试液显蓝色。这是氟化物的专一反应。

分子中还原性的醇羟基可还原碱性酒石酸铜，生成红色氧化亚铜沉淀；

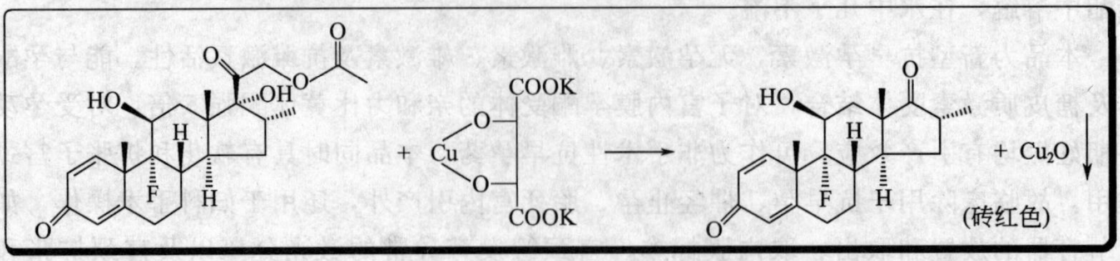

本品临床用于风湿性关节炎、红斑狼疮、支气管哮喘、皮炎和某些感染性疾病的综合治疗。

练习与思考题

1. 天然雌激素、雄激素、孕激素、肾上腺皮质激素各有怎样的结构特征？

2. 用化学方法分别鉴别下列药物：

(1) 醋酸地塞米松　　(2) 丙酸睾丸素

(3) 己烯雌酚　　(4) 雌二醇

3. 胰岛素有哪些生理作用？

4. 蛋白同化激素的主要作用是什么？

5. 查阅资料了解肽类激素、蛋白同化激素的使用与管理要求。

（张　莉）

第十二章　维　生　素

维生素（Vitamin）是维持机体正常代谢功能所必需的微量有机物质，许多维生素是酶的辅基或辅酶的一部分，参与机体的能量转移和代谢调节。人体自己不能合成或合成量很少，必须由食物中获得。

维生素的种类很多，化学结构各异，理化性质和生理功能各不相同，维生素按溶解度不同分为脂溶性维生素和水溶性维生素两大类。常用的脂溶性维生素有维生素 A、维生素 D、维生素 E、维生素 K 等；常用的水溶性维生素有维生素 B_1、维生素 B_2、维生素 B_6、维生素 B_{12}、烟酸、叶酸、泛酸、生物素及维生素 C 等。水溶性维生素可迅速自尿排出，摄入过量不良作用甚微，如过量摄取脂溶性维生素将会积蓄体内，有潜在中毒危险。

第一节　脂溶性维生素

> 夜盲症是缺乏维生素 A 引起的，佝偻病与维生素 D 有关，维生素 E 有抗衰老的作用，本节是读者了解维生素对维持正常生理功能的作用、化学结构和性质等知识的一个窗口。

一、维生素 A

维生素 A 主要包括维生素 A_1（又称视黄醇，Retinol）和维生素 A_2（又称 3-脱氢视黄醇）。其中维生素 A_1 主要存在于哺乳动物和海水鱼中，如鱼油、脂肪、肝、蛋黄等；而维生素 A_2 则主要存在于淡水鱼中，其生物活性为维生素 A_1 的 30%～40%。维生素 A 一般指维生素 A_1。另外，植物中的β-胡萝卜素和玉米黄素在体内相关酶的作用下能转化为维生素 A，它们称为维生素 A 原。

维生素 A 性质不稳定，易被氧化，多制成稳定性较强的维生素 A 醋酸酯，中国药典收载的维生素 A 实际上为维生素 A 醋酸酯。

OH

维生素 A_1　Vitamin A_1

OH

维生素 A_2　Vitamin A_2

β-胡萝卜素　β-Carotene

维生素 A 醋酸酯　Vitamin A Acetate

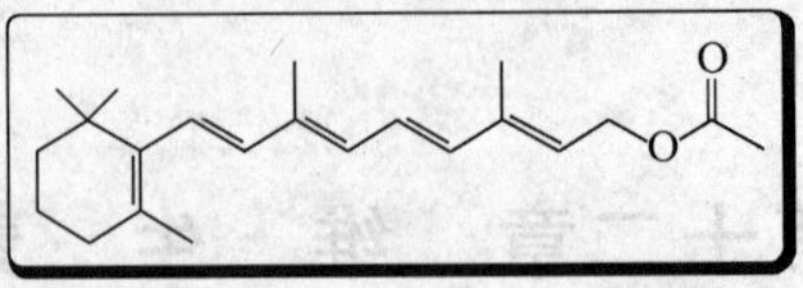

化学名为（全-*E* 型）-3,7-二甲基-9-(2,6,6-三甲基-1-环己-1-烯基)-2,4,6,8-壬四烯-1-醇醋酸酯。

本品为黄色菱形结晶。mp. 57～60℃。易溶于乙醇、氯仿、乙醚、脂肪和油中，不溶于水。本品为维生素 A 醋酸酯，化学稳定性比维生素 A 好，便于贮存。在体内被酶水解得到维生素 A。

维生素 A 与三氯化锑作用，呈现深蓝色；维生素 A 可发生强黄绿色荧光，可作为维生素 A 定量、定性分析的依据。

维生素 A 易被空气氧化，氧化的初步产物为环氧化合物，在酸性介质中，这种环氧化合物发生重排，生成呋喃型氧化物。加热或金属离子都可促进这种氧化反应。

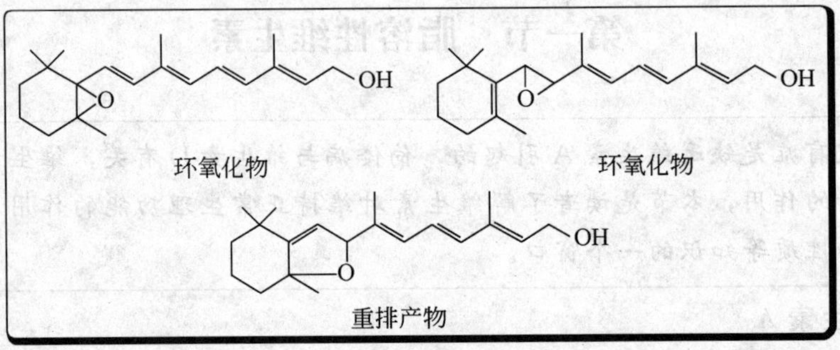

环氧化物　　环氧化物

重排产物

维生素 A 易被氧化剂所氧化，如二氧化锰氧化生成维生素 A_1 醛（Retinal，视黄醛），仍有活性。进一步氧化生成视黄酸（Retinoic Acid，维生素 A 酸），生物活性降低。

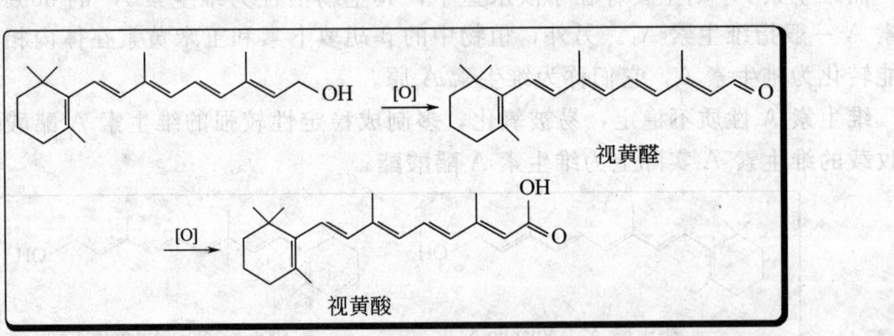

[O]

视黄醛

[O]

视黄酸

维生素 A 与铝不发生作用，因此将其贮存于铝制容器中，充氮气驱除空气后密封，置阴凉干燥处保存；也常将维生素 A 溶于维生素 E 的油中，或加入稳定剂如对羟基叔丁基茴香醚（BHA）和叔丁基对苯甲酸（BHT）等，以防止其氧化。维生素 A 长期贮存，即使放在暗处或在氮气中，也可部分发生顺反异构化，生成的异构体使维生素 A

的活性下降。维生素 A 对紫外线不稳定。

另外，Lewis 酸或无水氯化氢乙醇液可使维生素 A 分子结构中对酸不稳定的烯丙醇脱水，生成脱水维生素 A。见图 12-1。

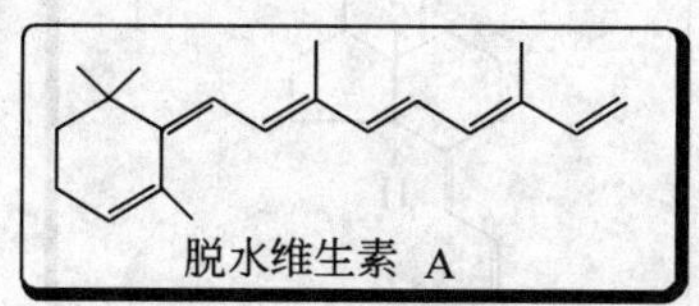

图 12-1　脱水维生素 A

由于维生素 A 性质不稳定，所以将其制成维生素 A 醋酸酯使用。

维生素 A 的结构具有高度特异性：①维生素 A 的 1-环己烯是必要的基团，环内增加双键，如维生素 A_2，其活性下降；②1-环己烯环上双键发生位移，则活性消失；③维生素 A 环己烯双键与侧链的双键必须共轭，否则活性消失；共轭双键若氢化，活性也消失；④顺反异构体对活性也有影响，全反式构型活性最强，其他构型活性均下降；⑤增长或缩短侧链时，活性大大减小；⑥将侧链链端的伯醇基酯化或换成醛基时，活性不变；换为羧基时活性仅为维生素 A 的 1/10。

维生素 A 具有促进生长、维持上皮组织如皮肤、结膜、角膜等功能正常的作用，并参与视紫红质的合成。临床上主要用于因维生素 A 缺乏引起的夜盲症、角膜软化、皮肤干燥、粗糙及黏膜抗感染能力低下等症的治疗；还用于妊娠、哺乳期妇女和婴儿等的适量补充。若长期过量使用，可造成维生素 A 过多症，表现为疲劳、烦躁、精神抑制、呕吐、低热、高血钙、骨和关节痛等。

二、维生素 D

维生素 D 是一类具有抗佝偻病作用的维生素的总称，均为甾醇的衍生物。最常见的维生素 D 为维生素 D_2（麦角骨化醇，Ergocalciferol）和维生素 D_3（胆骨化醇，Colecalciferol）。维生素 D 常与维生素 A 共存于鱼肝油中，此外，鱼类的肝脏、脂肪组织以及蛋黄、乳汁、奶油、鱼子中也含有一定量的维生素 D。动物组织、人体皮肤内贮存的 7-脱氢胆固醇，在日光或紫外线的照射下，经裂解转化为维生素 D_3；植物油和酵母中含有的麦角甾醇，在日光或紫外线的照射下，经裂解转化为维生素 D_2；故 7-脱氢胆固醇和麦角甾醇被称为维生素 D 原，因此常晒太阳或户外活动可预防维生素 D 的缺乏。

H　HO　维生素 D_2　H　HO　维生素 D_3

维生素 D_3　Vitamin D_3

化学名：(5*Z*,7*E*)-9,10-开环胆甾-5,7,10(19)-三烯-3β-醇，又名胆固化醇。

本品为无色针状结晶或白色结晶性粉末，无臭无味，遇光或空气均易变质。在植物油中略溶，水中不溶，乙醇、丙酮、氯仿或乙醚中极易溶解。$[\alpha]_D^{20}$ $+105°\sim+112°$。

维生素 D_3 本身在体外并无活性，进入人体后必须先在肝细胞线粒体中经 25-羟化酶作用生成 25-羟基维生素 D_3，它是维生素 D_3 在肝中的贮存形式，也是血液中的转运形式，然后再经过肾近侧小管上皮细胞线粒体 25-OH 维生素 D_3-1α 羟化酶催化形成 1α,25-(二羟基) 维生素 D_3，才是真正起作用的"活性维生素 D_3"。

科学家们从维生素 D_3 体内生物转化的研究中得到启示，研制开发了活性更强的维生素 D 类药物骨化三醇（Calcitriol）、阿法骨化醇（Alfacalcidol），目前均已广泛应用于临床。

骨化三醇　　阿法骨化醇

维生素 D 促进小肠黏膜对钙、磷的吸收，促进肾小管对钙、磷的吸收，促进骨代谢，维持血钙、血磷的平衡。维生素 D 缺乏时儿童易患佝偻病，出现骨骼畸形，骨质疏松，多汗等；成人骨软化，骨骼含有过量未钙化的基质，出现骨骼疼痛，软弱乏力等症状。临床上常用维生素 D 防治佝偻病、骨软化症及老年性骨质疏松症等。

临床常用的维生素 D 的制剂有：维生素 D_2 胶性钙注射液，维生素 D_2 胶丸、片，维生素 D_3 注射液，维生素 AD 胶丸，滴剂，骨化三醇及阿法骨化醇胶囊。

三、维生素 E

维生素 E 是一类与生育有关的维生素，因其分子中含有酚羟基，故又称为生育酚。

该类药物均是苯并二氢吡喃类衍生物。已知的维生素 E 主要有 α、β、γ、δ、ε、ζ_1、ζ_2 和 η 生育酚。前四种由于苯环上甲基的数目和位置的不同而相互区别；后四种的侧链因双键数目不同而相互区别，在这些异构体中，α-生育酚活性最强（通常即指维生素 E），δ-生育酚活性最弱。天然的生育酚都是右旋体，而人工合成品则为消旋体。

由于维生素 E 结构中含有酚羟基，遇光、空气易被氧化，为增加其稳定性，常将其转化为酯的衍生物，如维生素 E 醋酸酯。中国药典收载的维生素 E 即维生素 E 醋酸酯。

维生素 E 醋酸酯 Vitamin E Acetate

化学名：(±)-2,5,7,8-四甲基-2-(4,8,12-三甲基十三烷基)-6-苯并二氢吡喃醇醋酸酯，又名 α-生育酚醋酸酯。

本品为微黄色或黄色透明的黏稠液体，几乎无臭，遇光色渐变深。在无水乙醇、丙酮、氯仿、乙醚或石油醚中易溶，在水中不溶。n_D^{20} 1.4950～1.4920。

维生素 E 醋酸酯为酯类化合物，与氢氧化钾醇溶液共热时发生水解，得到 α-生育酚(α-Tocopherol)。用三价铁离子氧化 α-生育酚后，生成对-生育醌（α-Tocopherol Quinone）和亚铁离子。亚铁离子与 2,2′-联吡啶作用生成血红色的配离子，以此进行鉴别。

$C_{16}H_{33}$ + Fe^{3+} → $C_{16}H_{33}$ OH + Fe^{2+}

Fe^{2+} + 3 → Fe $[\ ]_3^{2+}$

血红色

维生素 E 的乙醇溶液与硝酸共热氧化后，生成生育红，溶液显橙红色。

HO $C_{16}H_{33}$ $\xrightarrow[75℃]{HNO_3}$ O O $C_{16}H_{33}$

维生素 E 对氧十分敏感，在空气中发生自氧化反应。其侧链上的叔碳原子（C-4′，C-8′，C-12′）氧化生成 4′-OH，8′-OH 和 12′-OH 化合物。环状结构部位，氧化产物为

α-生育醌及α-生育酚二聚体。遇光促进氧化进行。

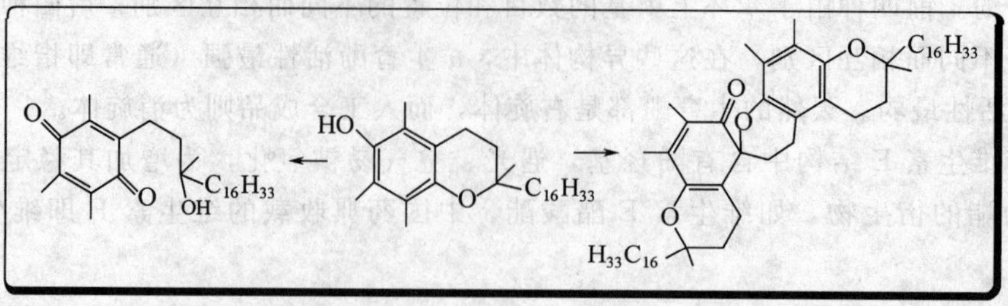

维生素E的构效关系研究表明：分子中羟基为活性基团，且必须与杂环氧原子成对位。苯环上甲基数目减少和位置改变，均导致活性降低；缩短或除去分子中侧链，活性降低或丧失；维生素E的立体结构对活性也有影响，左旋维生素E的活性仅为天然品右旋维生素E活性的42%，故天然右旋维生素E的活性最强。

维生素E具有抗不育作用。维生素E的还原作用、对生物膜的保护、稳定及调控作用，综合为抗衰老作用。临床用于习惯性流产，不孕症及更年期障碍，进行性肌营养不良，间歇性跛行及动脉粥样硬化等的防治。此外，还可用于延缓衰老。长期过量服用维生素E可产生眩晕、视力模糊，并可导致血小板聚集及血栓形成。

四、维生素K

维生素K是一类具有凝血作用的维生素的总称。常见的维生素K有维生素K_1～K_7，其中维生素K_1～K_4均属于2-甲基-1,4-萘醌类衍生物，维生素K_5～K_7均属于萘胺类衍生物。维生素K_3的生物活性最强，而维生素K_1的作用快而持久。临床上常用的维生素K制剂有维生素K_1、K_3注射液，主要用于凝血酶原过低症、新生儿出血症等的防治。

维生素K_3　Vitamin K_3

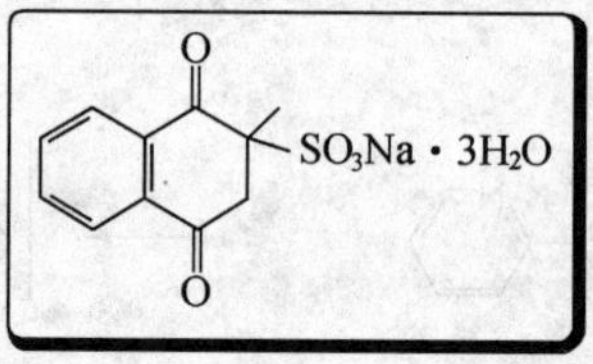

化学名为2-甲基-1,4-二氧-1,2,3,4-四氢-萘-2-磺酸钠盐三水合物。

本品为白色结晶或结晶性粉末，几乎无臭；有引湿性，遇光易变色。易溶于水，微溶于乙醇，不溶于苯和乙醚。

本品的水溶液与甲萘醌、亚硫酸氢钠间存在动态平衡，遇酸、碱或空气中氧，平衡破坏，分解产生甲萘醌沉淀。光和热加速上述变化，加入氯化钠或焦亚硫酸钠可增加稳定性。

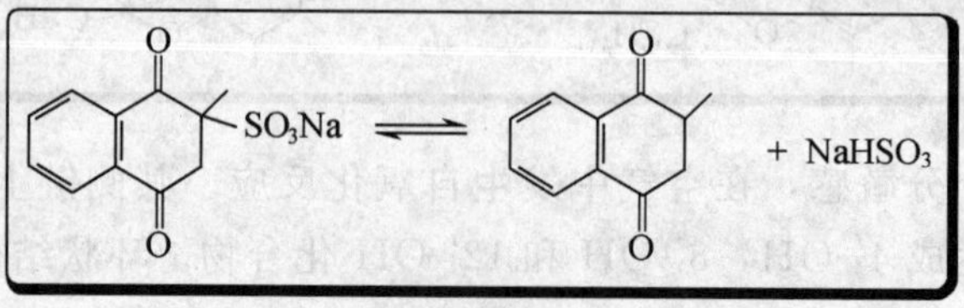

第二节　水溶性维生素

人体缺乏水溶性维生素时，会引起脚气病，皮炎，毛细血管脆性增加，牙龈出血，这些问题与哪些维生素有关呢？这些维生素性质如何？学习本节内容你将会有所了解。

一、维生素 C

维生素 C　Vitamin C

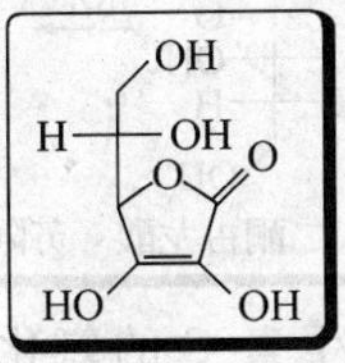

化学名：L(＋)-苏糖型-2,3,4,5,6-五羟基-2-己烯酸-4-内酯，又名抗坏血酸。

本品为白色结晶或结晶性粉末，无臭，味酸，久置色渐变微黄。本品在水中易溶，在乙醇中略溶，在氯仿或乙醚中不溶。mp. 190～192℃。$[\alpha]_D^{20}$ ＋20.5°～＋21.5°。

本品具有显著的还原性、水解性和酸性。干燥固体较稳定，但遇光及在湿空气中，色渐变黄，故应避光、密闭保存。

维生素 C 分子中含有连二烯醇结构，两个烯醇羟基均具有酸性，特别是 C-3 上的羟基具有足够的酸性，可与碳酸氢钠溶液反应，生成 C-3 烯醇钠盐。

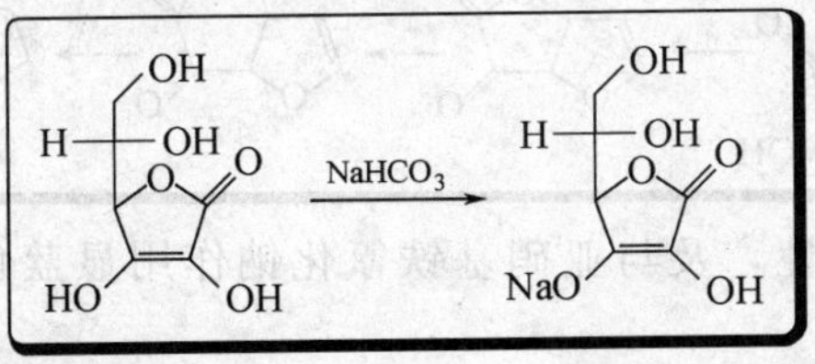

$NaHCO_3$

本品在强碱如浓氢氧化钠溶液中，内酯环发生水解，生成酮酸钠盐。

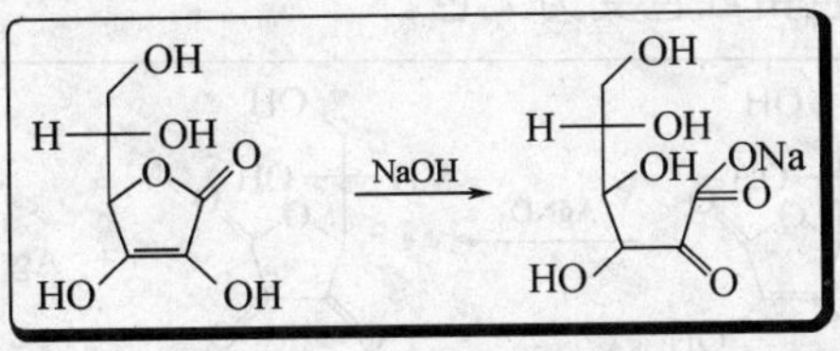

NaOH

由于分子中具有特殊的烯醇结构，维生素 C 呈现强还原性。固体在潮湿空气中被氧化，色泽变黄；它在水溶液中易被空气中的氧所氧化，生成去氢抗坏血酸。二者可以相互转化，故维生素 C 有氧化型和还原型两种形式，二者有同等的生物活性。

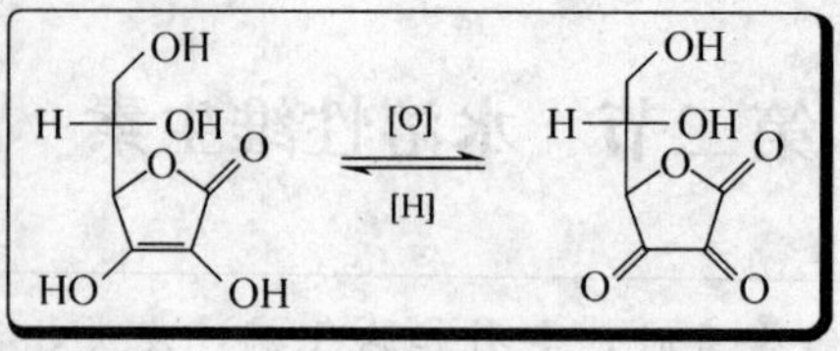

弱氧化剂如硝酸银、氯化铁、碱性酒石酸铜、碘、碘酸盐及2,6-二氯靛酚也能氧化维生素C成为去氢抗坏血酸。

维生素C被氧化为去氢抗坏血酸后，更易水解。水解产物是2,3-二酮古龙糖酸，并进一步氧化为苏阿糖酸和草酸而失活。

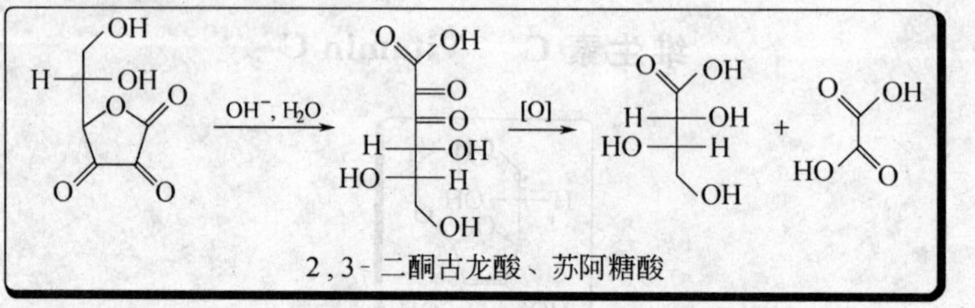

2,3-二酮古龙酸、苏阿糖酸

光线、热和金属离子都可加速维生素C的氧化反应的进行，金属离子的催化作用顺序为：$Cu^{2+}>Cr^{3+}>Mn^{2+}>Zn^{2+}>Fe^{3+}$。所以本品应密闭、避光贮存。配制维生素C注射液时应使用二氧化碳饱和注射用水以驱除水中氧气，pH控制在5.0～6.0之间，并加入EDTA作为稳定剂掩蔽金属离子，或加入焦亚硫酸钠、半胱氨酸等抗氧剂。

去氢抗坏血酸在无氧条件下容易发生脱水和水解反应。水解产物进一步脱羧生成呋喃甲醛，呋喃甲醛易于聚合而呈现黄色斑点。这是本品在生产贮存过程中变色的主要原因。酸、碱催化都可催化反应进行。

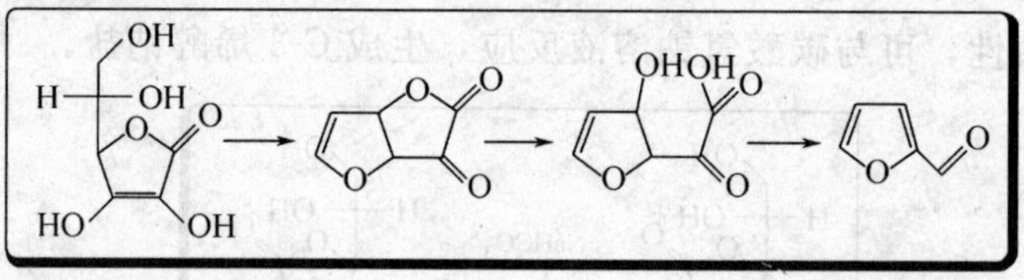

利用维生素C的还原性，及与亚硝基铁氰化钠作用显蓝色等性质，可以对其进行检查和鉴别。

(1) 维生素C水溶液中加入硝酸银试液，即产生银的黑色沉淀；若加入2,6-二氯靛酚试液少许，溶液的颜色由红色变为无色。

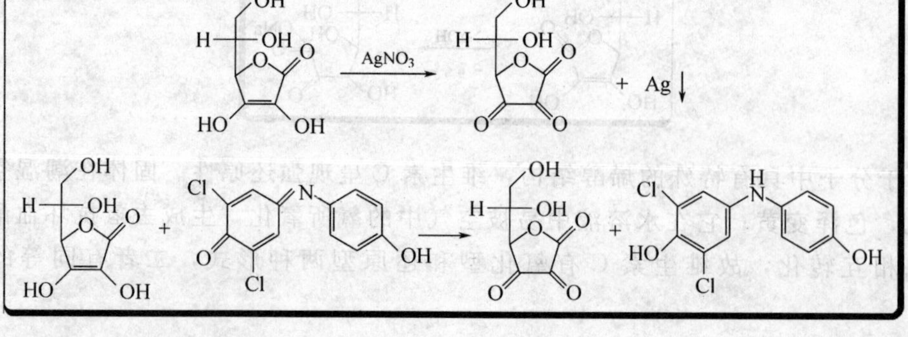

（2）利用本品在酸性条件下可被碘定量氧化的原理，可用碘量法测其含量。以淀粉为指示剂，用碘液滴定，终点为蓝色。

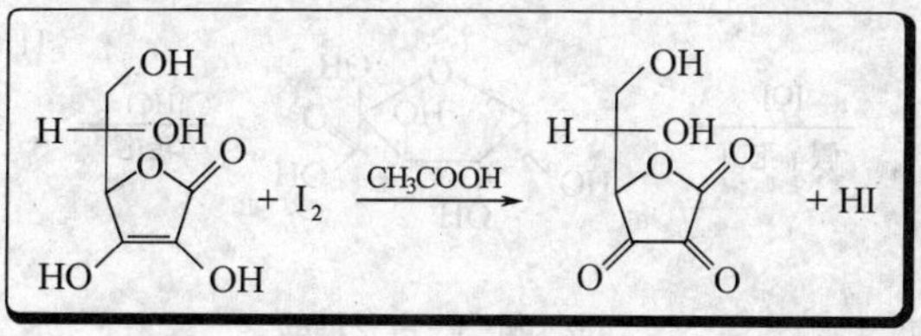

（3）本品的碱性水溶液与亚硝基铁氰化钠及氢氧化钠作用呈蓝色。

$$C_6H_8O_6 + NaOH \longrightarrow C_6H_7O_6Na + H_2O$$

$$C_6H_7O_6Na + Na_2[Fe(CN)_5NO] \longrightarrow Na_4[Fe(CN)_5NO(C_6H_7O_6)_2]$$

维生素 C 具有工业生产价值的合成方法有双酮法和两步发酵法。

（1）双酮法：以 D-葡萄糖为原料进行催化氢化，所得 D-山梨糖用黑醋酸菌氧化，生成 L-山梨糖，将其溶于丙酮中，在硫酸催化下与两分子丙酮缩合得到双酮山梨糖，然后用次氯酸钠氧化未被保护的伯醇基，生成双酮古龙糖酸，将具水解，除去双酮保护基得 2-酮-L-古龙糖酸，经烯醇化和内酯化即得维生素 C。

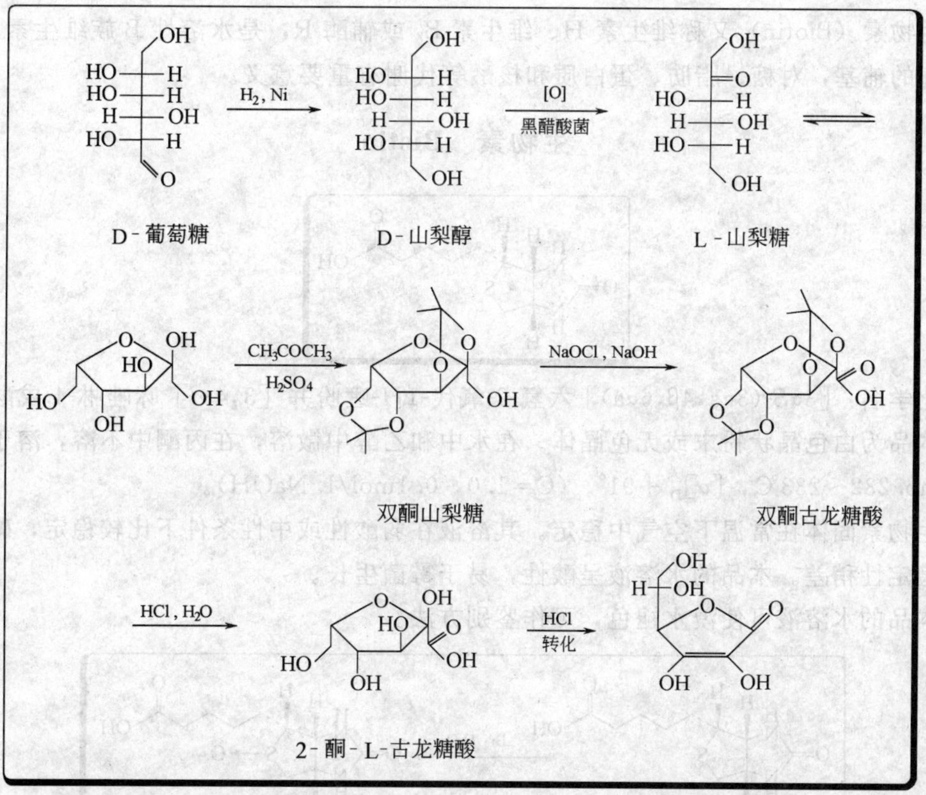

（2）两步发酵法：将双酮法中得到的 L-山梨糖直接用假单孢菌进行生物氧化，生

成 2-酮-L-古龙糖酸，经酸处理、烯醇化、内酯化，即转化为维生素 C。

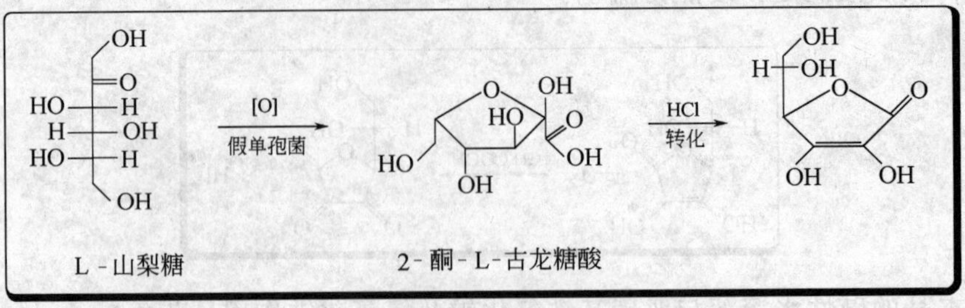

L-山梨糖 —[O]/假单孢菌→ 2-酮-L-古龙糖酸 —HCl/转化→ 维生素 C

维生素 C 广泛存在于新鲜水果及绿叶蔬菜中，人体可以从食物中摄取。维生素 C 为胶原和细胞间质合成所必需，若摄入不足可致坏血病。维生素 C 可降低毛细血管通透性，降低血脂，增加机体抵御疾病的能力，并具有一定解毒功能和抗组胺作用。临床用于预防和治疗维生素 C 缺乏症。也用于尿的酸化、高铁血红蛋白症和许多其他疾患，也广泛用作制药和食品工业的抗氧剂和添加剂。

药物相互作用：维生素 C 不宜与碱性药物（如氨茶碱、碳酸氢钠、谷氨酸钠等）、核黄素、三氯叔丁醇、铜、铁离子（微量）的溶液配伍，以免影响疗效；与维生素 K_3 配伍，因后者有氧化性，可发生氧化还原反应，使两者疗效减弱或消失。

二、生物素

生物素（Biotin）又称维生素 H、维生素 B_7 或辅酶 R，是水溶性 B 族维生素之一，它是酶的辅基，对糖、脂肪、蛋白质和核酸等代谢有重要意义。

生物素 Biotin

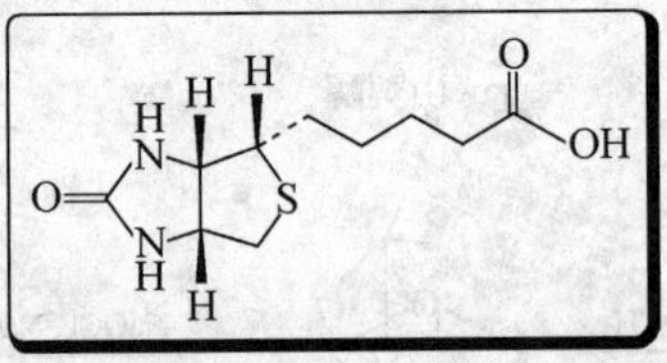

化学名：[3αS-(3αa,4β,6αa)]-六氢-2-氧代-1*H*-噻吩并 [3,4-*d*] 咪唑啉-4-戊酸。

本品为白色晶状粉末或无色晶体。在水中和乙醇中微溶，在丙酮中不溶，溶于稀碱中。mp. 232～233℃，$[\alpha]_D^{25}$ +91°。(C=1.0，0.1mol/L NaOH)。

生物素固体在常温下空气中稳定。其溶液在弱酸性或中性条件下比较稳定，碱性条件下稳定性稍差。本品的水溶液呈酸性，易于霉菌生长。

本品的水溶液可使溴水褪色，可作鉴别方法。

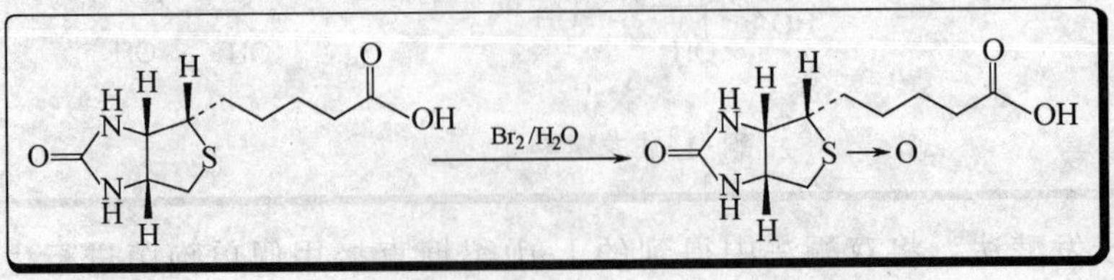

生物素 —Br_2/H_2O→ 生物素亚砜（S→O）

生物素广泛分布于动植物的组织中，如存在于肝、肾、蛋黄、酵母和奶中，也存在于植物的种子、花粉、糖蜜、菌类、新鲜蔬菜和水果中。人类缺乏生物素时会引起皮炎、食欲减退、恶心、呕吐、脱发、贫血，血中胆固醇增多，情绪抑郁，体重减轻的症状，补充生物素可使上述症状得以改善。其他水溶性维生素见表 12-1。

表 12-1　其他水溶性维生素

维生素名称	每日所需量(mg)	主　要　作　用
维生素 B_1(盐酸硫胺) Thiamine Hydrochloride	1.5	用于防治缺乏维生素 B_1 引起的脚气病,也用于神经炎、消化不良等的辅助治疗
维生素 B_2(核黄素) Riboflaoine	2	治疗核黄素缺乏引起的唇炎、舌炎、脂溢性皮炎、结膜炎
维生素 B_6(盐酸吡多辛) Piridoxine Hydrochloride	3	维生素 B_6 缺乏症、先天性代谢障碍病
维生素 B_{12}(氰钴胺) Cyanocobalamine	0.005	巨幼红细胞性贫血、抗叶酸药引起的贫血、神经系统疾病
泛酸 (Pantothenate)	10	治疗白细胞减少症、原发性血小板减少性紫癜、动脉硬化、心肌梗死辅助用药
叶酸 (Folic Acid)	0.5	用于治疗巨幼红细胞贫血、血小板减少症等

练习与思考题

1. 维生素 A 为什么不稳定？怎样贮存和保管？

2. 维生素 A 和维生素 E 为什么均制成酯类化合物？

3. 维生素 C 结构中哪一部分不稳定？维生素 C 注射液应怎样配制和保存？维生素 C 放置过程中易变色的主要原因是什么？

4. 维生素 C 碘量法测含量的原理是什么？操作中应注意什么事项？

5. 怎样鉴别维生素 A、维生素 E 和维生素 C？

（韦淑梅）

第十三章　实用药物化学综合知识与技术

第一节　药物的水解性与药物稳定性

> 无论从事药物生产、经营和使用领域中哪项工作，都涉及到如何保存、使用才会保证药物不发生变质，也就是保证用药安全的问题，有志于上述领域工作的读者，从本节内容中，能够认识到药物水解与稳定性之间的规律，也会了解到保持药物稳定的一些方法。

药物的水解性是涉及药物稳定性的重要化学性质之一，也是药物在生产、调配、使用、贮存中必须十分注意的问题。我们应当对药物水解的规律有所认识，以便更好地利用这些规律做好药物生产、调剂、储藏及质量控制，并能采取适当措施防止或延缓药物水解，保证用药的安全、有效。

一、具有水解性药物的类型

具有水解性的药物在化学结构上都含有能被水解的功能基。其类型主要有：卤烃、酯类、酰胺类、酰脲类、酰肼类、苷类、多聚糖类等。

（一）卤烃类

易发生水解的是那些在化学结构中含有活性较大的卤素基团的卤烃类药物，如抗癌药盐酸氮芥，因极易水解，多做成粉针。又如非抗甾体抗炎药4-环己基-3,α-二氯苯乙酸（Fenclorase）中，处于α位的卤素较活泼，易水解，而苯环上的卤素则不活泼，不易水解。

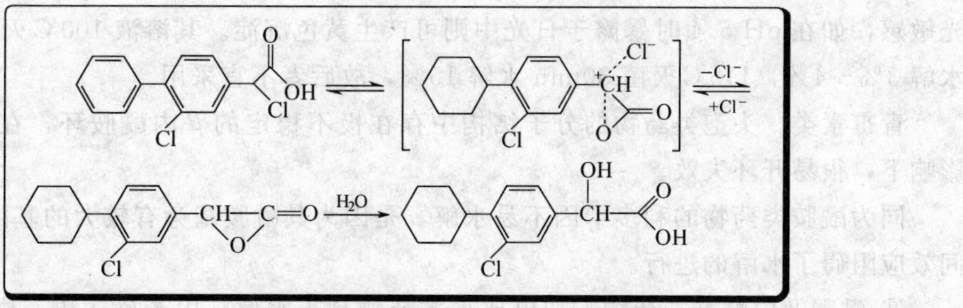

（二）酯类

酯类药物在H^+、OH^-或广义酸碱的催化下水解，特别是含有酯键的药物水溶液水解反应更快。此类药物的水解一般符合一级或伪一级反应。如盐酸普鲁卡因水解生成无明显麻醉作用的对氨基苯甲酸和二乙胺基乙醇。在酸或碱催化下，如果［H^+］和［OH^-］分别为 H^+ 和 OH^- 的浓度，［H^+］或［OH^-］>[E]，或者采用缓冲溶液保持系统的［H^+］或［OH^-］不变，则酯的水解动力学方程式可写为：

$$-d[E]/dt=k[E] \tag{13-1}$$

式中，[E] 为酯的浓度；k 为反应速度常数。

凡无机酸酯、脂肪酸酯、芳酸酯、芳基取代的脂肪酸酯、杂环羧酸酯及内酯类等药物，均有水解性，生成相应的酸和醇。

无机酸酯有亚硝酸酯、硝酸酯等 NO 供体药物；磺酸酯类如抗肿瘤药白消安等；磷酸酯类如三磷酸腺苷等药物，均易发生水解。

有机酸酯 R—COOR′水解的难易程度与 R、R′结构有关。①含有低级脂肪酸酯结构的药物，R 空间位阻较小，如含有醋酸酯、丙酸酯、琥珀酸酯和氨基甲酸酯结构的都较易水解。具体例子有阿司匹林、氯化琥珀酰胆碱等，水解较易。②芳酸及芳基取代的脂肪酸所成的酯也能水解或易水解，水解难易视 R、R′的空间位阻的大小而定，空间位阻较大，则水解速度较慢。如盐酸普鲁卡因，芳链烃酸酯如硫酸阿托品等也能水解，难易程度不同，同属此类的药物还有盐酸可卡因、盐酸丁卡因、普鲁本辛、氢溴酸后马托品等。③当酯羰基的 α 位或 β 位有吸电子基团时水解速度较快。④内酯与酯类药物相同，在碱性条件下很易水解，如硝酸毛果芸香碱、华法林钠等含内酯结构，碱性条件下易水解开环。

酯类药物灭菌后，如 pH 降低，提示有水解发生的可能性。原因是水解产物有机酸使 pH 降低。

（三）酰胺类及内酰胺类、酰脲类及内酰脲类、酰肼类

① 酰胺类药物：酰胺类药物水解生成相应的酸和胺。（有内酰胺结构的药物，水解后易开环，失效。）属这类的药物有氯霉素、对乙酰氨基酚、利多卡因、尼克刹米等酰胺类，青霉素类和部分头孢菌素等 β-内酰胺类药物等。

如氯霉素在 pH 6 时最稳定，pH 小于 2 或大于 8 时水解加速，并且 pH>8 时还有脱氯的水解作用，在 pH 7 以下主要是酰胺水解，生成氨基物和二氯乙酸。其水溶液对光敏感，如在 pH 5.4 时暴露于日光中则可产生黄色沉淀。其溶液 100℃灭菌时，30min 水解 3%～4%，115℃灭菌 30min 水解 15%，故后者不宜采用。

青霉素类、头孢类药物的分子结构中存在极不稳定的 β-内酰胺环，在 H^+ 或 OH^- 影响下，很易开环失效。

同为酰胺类药物的利多卡因不易水解，是因为其酰胺基旁有较大的基团所产生的空间效应阻碍了水解的进行。

② 酰脲及内酰脲类药物：如巴比妥类药物易于水解；甲苯磺丁脲、咖啡因等酰脲类药物也可水解。

③ 异烟肼等酰肼类均有水解性。

（四）苷类及多聚糖类

苷类一般均较易水解，如硫酸链霉素、硫酸阿米卡星、铃蓝毒苷、洋地黄毒苷等，多聚糖类如淀粉、糊精等，也能水解。

（五）肟类

肟类药物能在酸性或碱性溶液中水解，如解毒药碘解磷定等。

二、影响药物水解的因素

（一）药物的水解速度与半衰期

除由氢离子及氢氧根离子催化的水解反应外，尚有广义酸、碱的催化水解反应，亦即共轭酸、共轭碱的催化水解反应。

药物水解的难易程度，常常用药物的水解速度来表示。

药物水解速度的大小常用水解速度常数 k 值来表示，它表示了反应物浓度随时间而改变的关系。

$$k=\frac{2.303}{t}\lg\frac{c_0}{c} \tag{13-2}$$

式中，t 为时间，c_0 及 c 为药物水解前及水解后的浓度。

水解速度的大小也可用“半衰期”即 $t_{1/2}$ 表示。药物水解原量一半所需的时间为半衰期，半衰期愈短，水解速度愈快。

$$t_{1/2}=\frac{0.6932}{k} \tag{13-3}$$

（二）影响药物水解的主要因素

影响药物水解因素较多，但主要有水分、溶液的酸碱性、温度、溶剂介电常数、离子强度、稀释剂、重金属离子等。

1. 水分

药物的水解必须在水分存在下才能发生。药物水溶液的配制，中草药有效成分以水为溶剂进行提取或精制时，则应注意水解的可能性。比如苷类、酯类生物碱、内酯，用水或稀醇提取时，尤其在酸性或碱性下煮沸提取时，应注意其水解性。一些固体药物中水分的有无或多少，包括是否接触潮湿空气等，也确定了水解反应能否发生。如易水解的青霉素、阿司匹林等在干燥状态下则较稳定，但若露置潮湿空气中或配成水溶液，则易水解。阿司匹林在一定的湿度下，于37.6个月后的水解率见表13-1。表明相对湿度愈大，愈易水解，阿司匹林结晶愈细，表面积愈大，接触潮湿空气愈多，愈易水解。

表 13-1　在不同湿度下阿司匹林的水解率

阿司匹林结晶的颗粒大小(目)	不同湿度下水解率		
	42%	59%	84%
20～50	0.073	0.081	0.162
50～100	0.076	0.089	0.206
100～200	0.083	0.105	0.589

2. 溶液的酸、碱性

溶液的酸碱性对药物的水解影响很大，药物在不同 pH 的溶液中，其水解率及速度不同，有时甚至相差很悬殊。如对羟基苯甲酸甲酯在相同温度及时间条件下，pH5.7 时，水解 1%，而 pH 9.0 时，水解达 17%，见表 13-2。

表 13-2　pH 对羟基苯甲酸酯分解率的影响（100℃，1h）

水解率 pH / 酯类名称	5.7	7.0	9.0
甲　酯	1%	4%	17%
乙　酯	0.5%	3%	4%

又如青霉素钠盐在 pH6.5 时最稳定，过酸、过碱均催化加速其水解失效。不同的 pH 对青霉素钠盐稳定性的影响见表 13-3。

表 13-3　不同 pH 对青霉素钠盐水解半衰期的影响

pH	2.0	3.0	4.0	5.0	6.0	6.5	7.0	7.5	8.0	8.5	10.0	11.0
半衰期/h	0.31	1.7	12	92	236	287	218	178	125	31.2	9.3	1.7

pH 的高低对药物的水解有很大影响，故常需加缓冲剂稳定 pH 在合适范围内。但某些酸或盐类的缓冲剂往往对药物有广义的酸碱催化作用，如青霉素用枸橼酸盐、磷酸盐、醋酸盐缓冲液调 pH 时，实验证明枸橼酸盐催化水解作用较后二者为小。氯霉素用磷酸盐或醋酸盐作缓冲剂，配成 pH5.95 的溶液，前者的半衰期为 6.3h，后者为 10.9h，缓冲剂浓度愈大，水解愈迅速。说明磷酸盐对氯霉素有广义酸碱催化作用。氢溴酸后马托品溶液中，加入磷酸缓冲剂后灭菌，含量迅速下降，磷酸氢根离子对红霉素等也有同样的催化水解作用。因此在控制 pH 时，不能单纯只考虑缓冲容量的大小，更应顾及缓冲剂对药物水解的催化作用。对于易水解的药物，不宜使用有催化作用或催化作用较大的缓冲剂。因此确定 pH 和选用缓冲剂时要具体分析，全面考虑，既要考虑到稳定性大，又要考虑到疗效好，刺激性低，副作用小，不能单纯只追求稳定性大，而不考虑疗效和副作用。如毛果芸香碱在制成滴眼剂时，仅从防止水解角度看，pH 约在 4～5 时较稳定，但从疗效来说，游离生物碱作用强，溶液 pH 应在 6.5 左右为宜。

3. 温度

许多药物的水解速度，随温度的增高而加快，一般来说，符合 Van't Hoff 规则，即温度每升高 10℃，反应速度增加 2～4 倍。温度对水解反应时间 $t_{1/2}$ 的定量关系，可用公式来表示：

$$\lg t_{1/2}=\frac{E_a}{2.303R}\times\frac{1}{T}+\text{常数} \tag{13-4}$$

式中，R 为气体常数；E_a 为活化能；T 为绝对温度。此式说明，温度愈高，反应速度愈快。

以 $\lg t_{1/2}$ 对 $1/T$ 作图时，即得一直线。显示温度对反应速度的影响，即温度越高，反应愈快。盐酸普鲁卡因在碱性液中的水解即为一例。见图 13-1 普鲁卡因水解时温度对反应速度的影响。除温度高低对水解速度有影响外，受热时间的长短，亦影响水解速度。

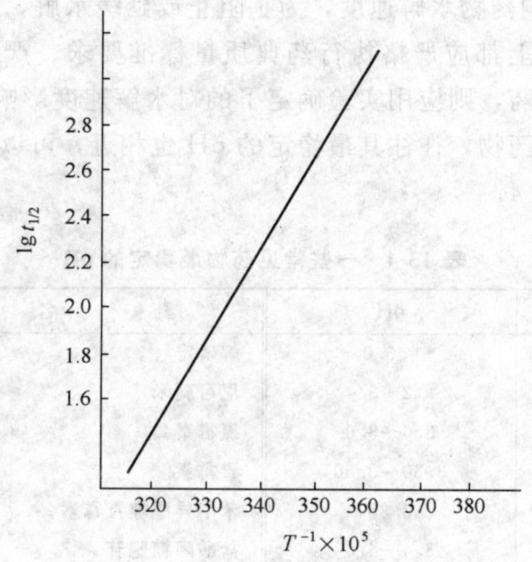

图 13-1 普鲁卡因水解时温度对反应速度的影响

4. 稀释剂

药物中所加稀释剂不恰当时，对药物水解有一定影响。如氨苄青霉素用 5% 葡萄糖作稀释剂时，效价迅速损失。

5. 金属离子

一些重金属离子可促使药物的水解，如铜、铁、锌、汞等金属离子促使青霉素、维生素 C 等药物的水解。故常在这些药液中加入配位体乙二胺四乙酸二钠（0.05%）以减缓水解。

三、防止药物水解的主要方法

药物水解后即失效，故应重视防止其水解。在弄清水解的因素后，再具体分析各个药物在制备、使用、贮存过程中易水解的环节，并针对性地采取预防措施，同时写入相关规程和制度中去。由于不同药物的水解条件不同，对于新药应该采用一系列的实验确定防止水解的办法。现就一般常用的方法加以讨论。

（一）防止受潮，保持药物干燥

由于药物无论处于生产、储藏等任何环节，都处于各种来源的水分、水蒸气的包围之中。尽量在生产中少向药物中引入水分，贮存、使用过程中避免外来水分进入，是防止药物的水解途径之一。无论是原料药生产还是制剂生产过程中，都非常重视干燥过程，如青霉素钾盐粉针剂，所含水分不应超过 1.0%，应严加控制，避免过早失效。医疗单位须按药物的性质，将青霉素、金霉素等极易水解药物的粉针剂，按规程临用现场溶解、稀释后立即使用。对于易水解的药物的包装，都采用隔绝空气的铝塑包装材料及金属膜分片包装等密闭的方法，避免空气中水分进入，既便于使用，且易于贮存。

（二）调节溶液的酸碱度

pH 的高低直接影响药物水解速度，为了阻止或延缓水解，对于配制成水溶液剂型的药物，生产工艺规程上都应严格执行药典质量标准要求、严格调节、控制的 pH 范围。对于研究当中的新药，则应用实验确定了的对水解速度影响最小的 pH，或查资料获得。化学结构类似的药物，往往其最稳定的 pH 也相近，可以作为参考。一些常见药物最稳定的 pH 见表 13-4。

表 13-4 一些常见药物最稳定的 pH

药名	pH	药名	pH
贝那替秦	＜3.0	解磷定	4.36
水杨酸毒扁豆碱	2～3	尼可刹米	5.5～6.5
盐酸硫胺	3.0～3.9	氯霉素	6.0
溴化丙胺太林	3.30～3.60	青霉素	6.5
溴甲胺太林	3.38	苯甲异噁唑青霉素	6.53
盐酸普鲁卡因	3.4～4.0	盐酸阿糖胞苷	6.9
盐酸可卡因	3.5～4.0	2,6-二甲氧基苯基青霉素钠	7.44
硫酸阿托品	3.7	红霉素	7.8
盐酸丁卡因	3.8	安乃近	7.8
磺胺醋酰钠	4～9	巴比妥钠	8.5～10
硫酸链霉素	4.5～7.0		

除生产药品时按要求准确调节 pH 外，贮存中 pH 也可能发生变化。稳定药液 pH 的方法最好是加缓冲剂。但是选定新药的缓冲剂时要具体分析，全面考虑，既要考虑到稳定作用大，又要考虑到疗效好，不良反应小。

对于一些只有在特定 pH 下才能有治疗效果而此 pH 下易发生水解的药物，一般可以做成粉针剂，如巴比妥钠盐做成粉针剂，临用时配成溶液，立即使用。

（三）控制生产及贮存时的温度

为防止或缓解药物水解，要在生产及贮存等环节上控制温度。

在原料药物生产中的反应、提纯、干燥、精制等步骤中需按工艺规程要求严格加以控制；制剂生产的灭菌等加热的环节，更应充分注意按工艺规程控制温度；许多药物须做成注射剂使用，都根据药物可能发生水解的程度，选择了适当的灭菌温度和加热时间，要求按确定的灭菌规程操作，否则会造成药物水解破坏。如硫酸阿托品注射液，灭菌宜采用流通蒸汽 100℃ 30min，若用高压灭菌或灭菌时间过长均可水解。

贮存库房应满足药物储藏对温度的要求。

防止药物水解的方法虽有多种，但应针对不同药物抓住其易水解的主要环节，采取相应的有效措施。

第二节 药物的氧化、还原性对其稳定性的影响

> 在药物生产、调配、使用、质量检验、贮存中，阻止药物氧化变质是工作的重要内容之一，学习本节内容后，读者将对药物氧化性、还原性影响稳定性的规律与抗氧化的方法有所认识。

一、药物的还原性

具有还原性的药物存在着被氧化破坏的可能，因此是关于药物稳定性研究的重点。

（一）具有还原性药物的类型

具有还原性的药物是指能被空气中的氧气及其他氧化剂所氧化的药物。在化学结构上，主要有下列几类。

1. 醛类

具有醛基的药物都具有一定的还原性，能被氧化。如链霉素、水合氯醛、吡多醛、葡萄糖等。

2. 醇与烯醇类

含醇羟基的药物具有较弱的还原性，也可被较强的氧化剂氧化。但有能活化醇羟基的芳环、羰基、羟基、氨基等连接在有醇羟基碳链上时，则其还原性增强，较易被氧化，乃至被空气氧化。如丙羟茶碱、可的松、麻黄碱、肌醇、甘露醇等。

分子中含有烯醇基的药物，极易氧化。维生素 C 是这类药物的代表，在有氧条件下，维生素 C 先氧化成去氢抗坏血酸，然后水解为 2,3-二酮古龙糖酸，进一步氧化为草酸与 L-苏阿糖酸。

3. 酚类

具有酚羟基的药物有较强的还原性，特别是含有多元酚羟基的药物。酚类药物如肾上腺素、左旋多巴、吗啡、去水吗啡、水杨酸钠、毒扁豆酚碱和生育酚类等药物分子中都具有酚羟基，极易被氧化。如肾上腺素氧化后先生成肾上腺素红，最后变成棕红色聚合物或黑色素。左旋多巴氧化后生成有色物质，最后产物也为黑色素。

4. 肼类及胺类

肼类及胺类等低氧化数的含氮药物，具一定的还原性。如异烟肼、盐酸肼达嗪、对氨基水杨酸钠、盐酸普鲁卡因、磺胺类药物等。

5. 硫醇及硫化物

含有巯基、二硫键、硫杂环等的脂肪类、芳香类、杂环类药物，均具还原性。如卡托普利、二巯基丙醇、巯嘌呤、半胱氨酸、丙基硫氧嘧啶、硫辛酸等。

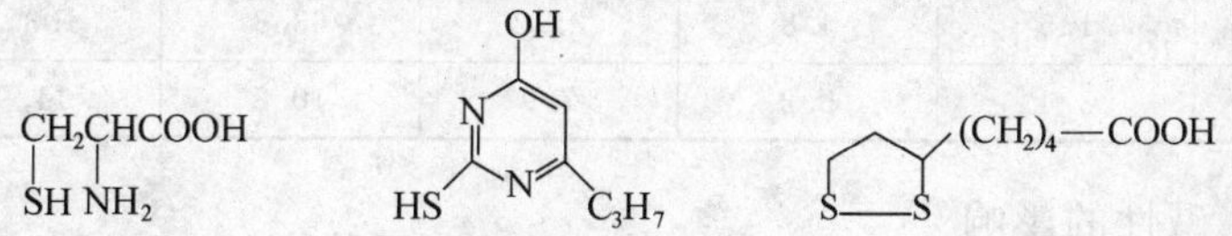

$CH_2CHCOOH$（SH、NH_2）　半胱氨酸

OH、HS、N、N、C_3H_7　丙基硫氧嘧啶

S、S、$(CH_2)_4$—COOH　硫辛酸

6. 含碳-碳双键及含共轭双键体系的药物

维生素 A、两性霉素 B 等具共轭双键的药物，十一烯酸锌等含有亚油酸等不饱和脂肪酸的药物，以及含萜烯、萜烯等的挥发油（如松节油），均易被氧化。

7. 含低价金属的有机药物

含具有氧化还原性（低氧化数状态）金属元素的药物具有还原性，可被氧化为高氧化数金属离子或含高氧化数金属有机化合物。如酒石酸锑钾、没食子酸锑钠等。

8. 其他类

杂环类吡唑酮衍生物中如安乃近等，苯并噻嗪类中如盐酸异丙嗪、氯丙嗪等亦具还原性。

（二）药物氧化的类型

药物的氧化一般可分为自动氧化及化学氧化两类。前一类基本上是由空气中的氧发引起的游离基链式自氧化过程，包括链开始、链传播、链终止三个阶段。如维生素 C 及肾上腺素的自动氧化。后一类多为化学氧化剂引起的离子型反应，如高锰酸钾、重铬酸钠等氧化剂氧化某些药物，用于定性鉴别及含量测定等。药物氧化的发生因药物的结构、氧化剂的种类、氧化条件而定。氧化也是药物降解的主要途径。失去电子为氧化，在有机化学中常把脱氢也称为氧化。药物的氧化过程通常为自氧化过程，即是在大气中氧的影响下自动进行的、缓慢的氧化过程。药物在催化剂、热或光等因素的影响下，与氧形成游离基，然后产生游离基的链反应。某些金属离子是游离基自氧化反应的催化剂。

氧化过程一般比较复杂，有时一个药物可能同时发生氧化、水解、光解等反应，使颜色加深、效价损失，严重影响药品的质量，甚至成为废品，所以对于易氧化药物要特别注意光、氧、金属离子对它们的影响，以保证产品质量。

（三）影响药物自动氧化的因素

1. 氧的影响

在自动氧化反应过程中，空气中的氧气与药物形成过氧化合物，引起药物氧化变质，尤其是在潮湿空气中及光线影响下，更加速空气对药物的氧化。某些固体药物露置于潮湿的空气中，可以被氧气氧化；药液的配制罐上部、注入包装容器中的药液上部，如安瓿中药液上部残留的空气，药物溶液、注射用水中溶解的氧，均可引起还原性强的药物的氧化。因此，安瓿或其他包装容器全注满较半注满者氧化程度低。

氧的浓度（氧分压）对氧化反应的影响是显著的，如肾上腺素溶液随着氧分压的增高，氧化反应耗氧量增多，显示氧化反应速度增加，氧化程度加深。见表 13-5。

表 13-5　氧分压对肾上腺素氧化深度的影响（注：760mmHg＝101.3kPa）

氧分压/mmHg	1.5	4.8	21.2	63.8	103.3	158.8
耗氧量/(ml/mg)	3.4	5.2	7.9	10.8	11.9	12.65

2. 溶液酸、碱性的影响

某些药物的自动氧化是有氢离子及氢氧根离子参加的反应，故溶液的酸碱性对反应有引发和促进作用。它们的影响主要有二：第一，影响某些药物的氧化还原电位；第二，引发或促进某些药物氧化的后续反应，使之成为不可逆地氧化过程。如维生素C在酸性液中氧化生成去氢抗坏血酸是可逆的，只能氧化到某一程度，但若在碱性液中，不仅其氧化还原电位降低，去氢抗坏血酸还可进一步水解，生成2,3-二酮古龙糖酸，最后被氧化生成草酸及L-苏阿糖酸，后面这些反应是不可逆的，最后甚至可以全部被氧化。

维生素C → 去氢抗坏血酸 → 2,3-二酮古龙糖酸 → COOH–COOH + L-苏阿糖酸

盐酸吗啡或酒石酸肾上腺素溶液在pH 3～4时稳定，但近中性则迅速氧化。左旋多巴溶液在pH 4时稳定，而在pH 8以上立即氧化分解。所以要用酸、碱或适当的缓冲液进行调节，使溶液保持在最稳定的pH范围内。

3. 温度、受热时间的影响

温度升高，反应速度增加，这是化学反应的一般规律，氧化反应也不例外；温度升高10℃，氧化反应加速约数倍。如肾上腺素溶液在温度升高时，氧化分解较多，加热时间愈长，分解愈多。见表13-6。

表13-6　温度、加热时间对肾上腺素氧化的影响

加热时间(h)	温度(℃)	加热后保存的肾上腺素百分率/%					
		pH=3.9		pH=4.2		pH=4.5	
		肾上腺素溶液	肾上腺素溶液中加有0.1% $Na_2S_2O_5$	肾上腺素溶液	肾上腺素溶液中加有0.1% $Na_2S_2O_5$	肾上腺素溶液	肾上腺素溶液中加有0.1% $Na_2S_2O_5$
3	100	91	95	91	95	91	95
	115	87	90	87	94	87	87
	120	69	81	83	85	67	80
6	100	87	90	91	94	87	91
	115	74	81	80	87	78	86
	120	54	67	69	67	50	68
0.5	115	—	—	95	95	—	—

4. 金属离子的影响

金属离子来自原料、容器或溶剂，通常是作为杂质在药物中混杂的。金属离子常对某些药物的自动氧化起催化作用，其中尤以Cu^{2+}、Fe^{3+}、Pb^{2+}、Mn^{2+}等的影响较为突出。金属离子虽然含量甚微，但对氧化反应起催化作用，其作用只影响反应速度，不影响反应的平衡。如左旋多巴在含有金属离子的提取液中不稳定，易氧化，待得到纯品时，较为稳定。

Cu^{2+}、Fe^{3+}在浓度很低时，就能影响维生素C注射液的稳定性。又如金属离子能促进水杨酸注射液氧化，生成醌型化合物。而有些药品只有在金属离子催化下，才能发生自动氧化反应。

自动氧化反应基本上是游离基反应，游离基的形成和链式反应的扩展阶段是氧化反应的重要阶段。金属离子和光线对这两个阶段有显著的影响。在游离基形成阶段，若没有金属离子和光线的催化，则游离基不易产生。

金属离子能促进氢过氧化合物及过氧游离基分解，前者生成过氧游离基，后者生成氧化产物。

5. 光照的影响

光可以引发某些药物自动氧化发生的活化能，除引发药物发生氧化链式反应外，还能引发光化降解。在光线中影响最大的是波长较短的紫外线，但可见光对一些药物也有作用。

加入0.2ml 10%氢氧化钾液的5%氯丙嗪溶液于20℃下，用光线照射后，引发氧化反应。见图13-2。

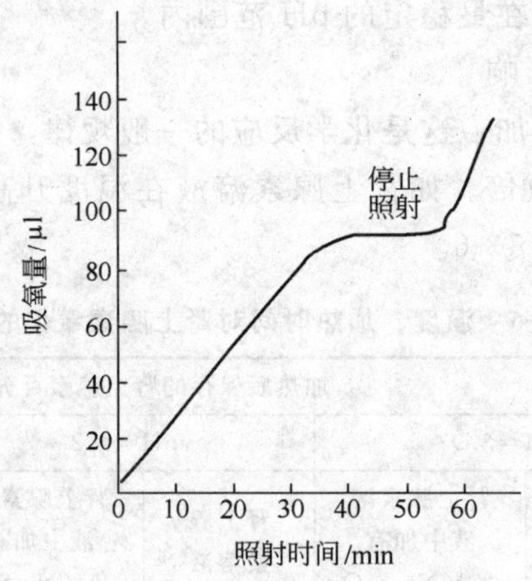

图13-2 光线对氯丙嗪氧化的影响

光化降解的例子是维生素B_2，在干燥时较稳定，但在溶液中，遇光时极易变质。在碱性溶液中遇光产生光化黄，在中性或酸性溶液中，遇光生成光化色素。

6. 其他添加剂的影响

在药物中加入比药物更强的还原物质，还原物质首先被氧化，从而避免药物被空气氧化。这是抗氧剂的原理之一。

维生素C在二价铜盐催化下的自动氧化中，若加入适量氯离子则可促进反应进行，但加入过量氯离子，则抑制氧化反应速度。用硫氰离子或溴离子代替氯离子，则抑制该自动氧化反应。

在自动氧化中加入水或醇，往往可抑制或延缓反应的进行。

（四）防止药物自动氧化的方法

1. 保持药物在干燥状态，必要时才做成溶液有些药物在干燥状态下较稳定，但在润湿时或在水溶液中，则较易氧化。如水杨酸毒扁豆碱水解后，生成毒扁豆酚碱，此物很易被氧化。药物在贮藏中应密闭，避免与潮湿的空气接触，同时注意控制库房的相对湿度。

2. 避免与氧气接触

氧气的存在是引起氧化的必要因素，应尽可能避免易于氧化的药物与空气接触，在药物生产、调剂过程中，可以采取使用氮气隔绝空气的措施，包装药品的容器必须密闭。在生产及调剂易被氧化的药物时，考虑到氧在水中有一定溶解度，少量配制极易氧化药物的溶液时，可将水煮沸驱逐氧气，但大量生产时，通常把化学性质不活泼气体通入水中并占据配液罐余留的空间，以除去氧气，如通入二氧化碳或氮气。在通入二氧化碳于水中至饱和时，残存在水中的氧约为 0.05ml/L，通氮至饱和时，约为 0.36ml/L。如目前生产的大容量多种氨基酸注射液就是采用氮气保护下灌注药液的方式，目的是防止其中的易氧化氨基酸被空气氧化破坏。安瓿空间中的氧，也可通入氮气等加以驱除。二氧化碳的相对密度（1.52）大于氮的相对密度（0.97），对于驱除安瓿或其他容器空间及水中的氧更为有利。但二氧化碳溶于水呈酸性，可以改变某些药液的 pH，并可使某些钙盐产生碳酸钙沉淀，在使用上受到一些限制。实际工作中，使用氮气较多。氮气应净化后使用。

3. 保持适当的 pH

溶液的 pH 对药物的氧化有很大的影响，故调节溶液至适当的 pH，就可减缓药物的氧化变质。药品做成制剂时，出于防止药物氧化的目的，有些情况下也需要调整 pH。药物生产工艺规程中都对药品 pH 精确调节的合格范围做了严格规定。新药的最适宜的 pH 有时无资料记载，可通过实验确定最稳定的 pH。在考虑药物发挥疗效及对人体的刺激性等因素后，选定适当的 pH，再用酸、碱或缓冲剂调整。根据药物性质不同，大致可分为在偏酸下稳定的，在偏碱下稳定的和接近中性时稳定的三类。常用药用盐酸、硫酸、醋酸、硼酸、枸橼酸、酒石酸、氢氧化钠、磷酸氢二钠、碳酸氢钠等的稀溶液调整 pH。

4. 避免引入微量金属离子或加入适当的配位化合物

微量金属离子的引入涉及到与药物直接接触的方方面面，可能来自原料、辅料、溶剂、制药器具、容器等。如过去铜制换热器构成的蒸馏水器制得的蒸馏水，含铜离子量可达百万分之零点二，可使维生素 C、肾上腺素等药物氧化变色，所以目前此种蒸馏水器已基本淘汰完毕。再如活性炭中或多或少含有各种金属离子，其中铁离子也有催化作用，应加注意。

对于药液中的金属离子，可加入适当的可以与其形成配合物的物质，如依地酸或依地酸钙加以掩蔽，避免催化氧化。这是因为金属离子生成很稳定的配合物后，大大降低了金属离子的浓度，阻止或缓解了药物的氧化反应。维生素 C、肾上腺素、盐酸普鲁卡因、水杨酸钠、对氨基水杨酸钠等药品制剂中，有时加入这样的物质以防氧化。

使用加入配位体的方法时，应考虑配位体有无毒性，其与金属离子形成的配合物对人体是否有害等问题。在 pH 小于 7 的酸性制剂中，一般均用依地酸钙（以 CaH_2Y 形式存在)，因其不影响血液中钙离子的浓度，却能很好地与金属离子形成配合物，而把重金属离子掩蔽住，是较依地酸钠更好的配位体。依地酸钠则会降低血钙量，故不加采用。

$$Fe^{2+} + CaH_2Y \rightleftharpoons FeH_2Y + Ca^{2+}$$

在碱性制剂中，多用依地酸二钠。

5. 添加适当的抗氧剂

能延缓氧对药物氧化作用的物质称为抗氧剂。抗氧剂本身是较强的还原剂，它自身代替药物首先被氧化，从而延缓或阻滞药物氧化。选择新药的抗氧剂时：首先，抗氧剂的还原能力要强于药物，如硫脲的还原性比肾上腺素强，故硫脲可作为肾上腺素的抗氧剂；其次，抗氧剂本身及其反应产物必须是对人体无害的；再次，在浓度很低时，可产生有效抗氧效力。常用油溶性抗氧剂有没食子酸丙酯（Propyl gallate）、去甲双氢愈创酸（Nordihydroguaiaretic acid）、对羟叔丁茴香醚（Butylated Hydroxyaiaisole，BHA）、二叔丁基对甲苯酚（Butylated Hydroxyloluene，BHT）等。可作为维生素 A、挥发油等药物的抗氧剂。常用水溶性抗氧剂有药用亚硫酸氢钠、焦亚硫酸钠、亚硫酸钠、硫代硫酸钠、硫脲、半胱氨酸、蛋氨酸、维生素 C 等。

6. 选择适宜的灭菌温度、控制加热时间

高温受热，如热压灭菌等加热条件会促进药物的氧化。因此，工艺规程都采用了经过实验考证过的灭菌温度和时间，药物生产与医院调剂工作都要严格执行工艺规程和调剂操作规程。对于新药，应该通过实验选择既能有效灭菌，保证用药安全，又能使氧化分解最少的适宜温度和时间；易氧化的药物应尽量避免高温受热，少用热压灭菌法。此外，易氧化药物的贮存，还应尽可能使用低温库或冷库。

二、药物的氧化性

具有氧化性的药物即能被还原试剂所还原的药物较具有还原性的药物少。强氧化性对人体组织有一定损害，所以临床所用的都是氧化性较弱的药物。

具有氧化性药物的类型

1. 醛类

醛类药物既具有还原性，亦具有氧化性。如水合氯醛、硫酸链霉素等药物，均具有氧化性，其化学结构中的醛基均可被还原为相应的醇基。

2. 硝基及亚硝基化合物

硝基呋喃类化合物如呋喃丙胺、呋喃唑酮、呋喃西林，以及氯霉素、硝瘤芥等均有氧化性。亚硝基类化合物如抗癌药双氯乙亚硝脲（卡氮芥）、氯乙环己亚硝脲等，也为具有氧化性的药物。

3. 醌类及亚胺醌类

甲萘醌类如亚硫酸氢钠甲萘醌、亚胺醌类如亚胺醌、三乙烯亚胺苯醌、甲紫等也有氧化性。

4. 含氮杂环共轭体系

如维生素 B_2、亚甲蓝等含氮杂环共轭体系的药物也具氧化性，还原后生成二氢化合物。

第三节 药物的分离、精制技术

> 有志从事药物生产的读者学习本节以后，会认识到药物的生产过程离不开分离、精制过程，可以说整个生产过程几乎就是化学反应和分离、精制过程组成的。

药物的质量不单纯是指药物的纯度的问题，而且还包括药效学、药品本身的不良反应等方面的综合性的问题。高质量的药品应该高效且安全。除药品本身的效果、不良反应外，就绝大多数药物来说，所含杂质类别与量的大小也是一个影响质量的重要因素，通过化学的或物理的精制方法，来达到降低杂质含量、提高药物纯度，是提高药物质量的主要手段。在药物的纯度标准中，用性状和含量测定来控制药物纯度，用杂质检查来控制杂质的种类及其允许的最高限量，从而达到控制药物质量的目的。

一、药物的杂质来源

药物在生产及贮存过程中引进或产生的药物以外的其他物质称为杂质。

1. 主要由生产过程中引入的杂质

① 在药物的生产过程中，使用工业规格的原辅料如酸、碱、活性炭、自来水等都是不纯净的，必将会带入各种无机杂质，如重金属、硫酸盐、氯化物、钙、镁盐等；②药物生产中使用大量的工业有机原料，如苯、醋酸等，或多或少会带入有机类杂质；③合成药物的有机化学反应多不可能进行完全，因此各步的中间体等不可能十分纯净，总要携带相关的副产物杂质到下一工序；④使用的制药设备把铁盐、铝盐等引入杂质而带入药物中。

2. 制剂过程引入杂质

① 制剂过程中，要使用各种辅料，如赋型剂、崩解剂等，可能带入杂质；②使用各种溶剂和接触药物的内包装材料等，如注射用水等质量对注射剂质量影响非常显著，再如内包装材料洗涤不彻底也会带入杂质；③生产环境污染药品，如灰尘、微生物等；④制剂生产中带入的微生物（活体）或灭菌后被杀死的微生物自溶后的毒素及其各种成分。

二、药物的精制技术及其特点

药物的精制主要针对化学原料药的杂质进行分离。

药物的精制过程实质就是不同化合物的分离和对药物本身的纯化。同时，药物的不同化学构型、不同晶型、溶解速度等均可能影响其生理活性和化学稳定性。因而药物的精制技术较之一般化合物的分离和纯化，有不同的要求和特点。按照药物的生产工艺规程，化学药物都要通过各步中间体的分离及精制过程，去除绝大部分杂质而达到药品标准要求。因此，药物的精制是药物生产至关重要的步骤。同时，也有偶然发生生产条件等的偏移，导致杂质含量过高，需要作进一步的精制处理。

现将常用的精制方法及其应用特点，简要介绍如下。

（一）物理方法

利用杂质和药物在物理性状上的差异性，通过适当的操作步骤达到分离纯化的目的。

1. 重结晶法

① 利用药物和杂质在不同溶剂中和不同温度下溶解度的差异，选用适当的溶剂、溶解条件和结晶条件进行重结晶精制。由于药物中杂质含量较少，通常在结晶温度时，药物已过饱和而大部析出，滤出药物结晶后，尚未达到其饱和浓度的杂质依然溶解于母液中，从而达到分离的目的。

重结晶法是固体药物精制最常用的方法。例如用95%的乙醇作溶剂重结晶精制盐酸左旋咪唑，用氯仿和苯的混合溶剂精制醋酸可的松等。

② 选择合适的结晶条件，生成所期望的晶型。由于同一药物的不同晶型可能导致其稳定性、溶解度和溶解速度的不同，因而产生不同的吸收速度而引起生理活性的差异。例如氯霉素的三种晶型中，只有一种有较好的治疗活性。阿司匹林主要有两种晶型，其晶型Ⅱ比晶型Ⅰ的溶解速度快50倍。新生霉素其无定形粉末才有治疗活性，而结晶状的新生霉素实际上不能吸收，因而没有治疗效果。所以某些药物为了达到治疗效果要求一定的晶型和结晶大小，在重结晶精制时，应十分注意溶剂的选择、结晶液的浓度、结晶温度、晶种及结晶速度等条件，以得到一定晶型和大小的结晶，达到提高药物质量的目的。

2. 蒸发、蒸馏和精馏法

蒸发、蒸馏和精馏法是精制液体药物和中间体的常用方法。根据物质的沸点、热稳定性的不同，可分别采用如下方法。

① 蒸发主要适用于分离可挥发的液体药物中所溶解的没有挥发性的固体杂质。

② 真空蒸馏适用于热稳定性较差或沸点较高的药物。为了避免在较高温度时药物的分解、聚合等，采用低于大气压的状态下蒸馏的方法来降低药物的沸点。例如用真空蒸馏法精制降血脂药氯苯丁酯。

③ 水蒸气蒸馏主要用于当药物具有足够的蒸气压，且不溶或难溶于水时，为了降低其沸点，可采用水蒸气蒸馏法。例如用水蒸气蒸馏法精制挥发油类药物。

④ 精馏主要分离药物与杂质均为液体的混合物，且二者沸点相差较小。例如用精馏法分离挥发油类成分。

3. 升华法

固体直接蒸发为气态，再冷凝为固体的过程称为升华。某些物质具有较大的蒸汽压，当温度低于其熔点时即可升华。通常升华是在较高的真空度下进行，具有精制效果好、产物纯度高的优点。如采用升华法精制水杨酸、咖啡因等。

4. 萃取法

利用药物与杂质在同一种溶剂中具有不同的溶解度或在相互不溶的两种溶剂中具有不

同的分配系数，采用适当的溶剂进行萃取以达到分离杂质的目的。目前的新技术有超临界萃取技术（Supercritical Fluid Extraction，SFE），它是利用超过临界温度和临界压力的超临界流体进行萃取分离的方法。通常所用的方法是二氧化碳超临界萃取方法，它的基本原理是利用超临界状态下的二氧化碳在高压下液化溶解吸收药物，通过降压气化将其释放出来，对物质进行提取分离。用超临界 CO_2 萃取技术对中药的研发及产业化与传统方法比较具有许多独特的优点：萃取能力强，提取率高，提高了资源的利用率；萃取天然植物时，有效成分高度密集，便于减小剂量和质量控制；提取时间快，生产周期短；低温提取，能完好保存天然植物的热敏性有效成分，使之不受破坏；具有抗氧化等作用，有利于提高产品质量；萃取工艺节省大量有机溶剂，减少污染，符合环保要求。在欧美发达国家超临界萃取技术首先被应用于食品、香料等领域的提取，目前我国已开始将其应用于医药、食品、香精、香料等有效成分的提取，精细分离，如植物药的提取等。

5. 层析法

不同的化学物质具有不同的极性，因而对各类吸附剂和洗脱剂表现出不同的吸附能力和洗脱速度。层析法主要用来分离复杂结构药物中所含的化学结构相近似的杂质，例如甾类药物所含的一些杂质，通常具有同一甾体母核，仅取代基或空间构型不同，如选用重结晶法很难将其分离。为了提高甾类药物的质量，目前生产上已采用层析法进行精制。例如用改良的柱层析法精制避孕药炔诺酮。

6. 离子交换法

离子交换法利用不同物质对不同类型的阳、阴离子交换树脂有不同的交换能力和吸附能力，以分离药物与杂质。例如采用阳离子交换树脂提纯链霉素。选用阳、阴离子树脂，去除自来水所含的金属离子、酸根离子和热原等杂质，使之达到纯化水标准。

（二）化学处理法

利用药物和杂质在化学性质上的差异，采用适当的方法，达到分离杂质、提高纯度的目的。

1. 沉淀法

药物中通常所含有的重金属、硫酸盐、铁盐、钙盐、镁盐等均可选用恰当的沉淀剂使之生成不溶或难溶的沉淀而滤除。例如用硫化钠或硫化氢沉淀重金属，用氯化钡沉淀硫酸盐，用碱沉淀铁盐及钙盐、镁盐等。

2. 酸碱处理法

某些具有酸性或碱性的药物，可与酸或碱作用后，生成水溶性盐类溶于水，滤除不溶性杂质后，再中和析出药物本身。本方法适合中间体的精制。如左旋咪唑碱含有机杂质过多的话，可以先和盐酸作用生成左旋咪唑盐酸盐溶于水中，而后加活性炭吸附脂性的难溶杂质，滤出杂质活性炭后，向溶液中加入碱溶液，使左旋咪唑碱沉淀析出，纯度会大幅度提高。

另外，化学反应法亦可用于药物的精制。

化学药物生产工艺中，专门针对各种杂质设计了分离工艺方法，因此，要严格执行工艺规程，不可省略精制步骤，以确保药品质量；在处理质量差的中间体、药品或工艺革新时，针对不同药物及不同杂质设计合适的精制方法。

三、药物制剂生产过程中对杂质的控制

在制剂生产中，只要贯彻GMP标准，实现GMP管理的各项指标就能生产出优质可靠的药品。内容有：①通过控制生产环境的空气洁净度，车间应按工艺流程合理安排，应考虑人流、物流以及通道等的合理布局，并应按生产区、控制区、洁净区的工艺卫生要求设计，对生产设备、设施采取严格的“清、洗、消”等工艺卫生措施，防止灰尘、微生物等污染药品；②液体药物制剂生产过程中，大多采用活性炭吸附原料中带入的杂质及部分微生物；③控制污染药物的微生物的一般方法是采取严格控制车间空气洁净度、生产环境的灭菌和药液的滤过除菌等办法来尽可能避免其引入药物；④控制原、辅材料的质量和纯度，尽量减少带入的杂质。如辅料必须是药用级的；溶剂、洗涤用水等应和药物质量标准要求相符；各种原、辅料的无菌级别和药物质量标准相符等；⑤加强生产人员的卫生管理，防止人员散发的灰尘及微生物污染药品等。

四、药物精制处理举例

在药物的生产过程中，由于多使用工业规格的原辅料，以及在化学反应中生成反应副产物和副反应产物，在粗品中带入一定数量的杂质，几乎是不可避免的。因此，根据质量要求对中间体及粗品进行精制处理，是药物生产工艺规程的一个重要的组成部分。某些有晶型要求的药物可能要针对特殊晶型进行精制过程，这些都是生产中必不可少的重要步骤。以下是提高药物质量的精制处理的例子

1. 利福平的精制结晶

利福平在生产实践及临床使用中发现其不同的晶型具有不同的稳定性及生物利用度，为了提高其质量，曾对利福平的精制结晶工艺进行了广泛的研究。利福平精制结晶时，因选用的溶剂及结晶条件的不同而得到不同晶型的成品。

不同晶型的成品，具有不同的物理性状，稳定性，溶解和吸收速度及生物利用度，见表13-7。

国外利福平为A型（Ⅱ型）结晶，我国成功的研制了B型（Ⅰ型）结晶，并得出了最佳结晶精制条件。利福平粗品，经过充分的洗涤及脱水，用正丁醇重结晶，控制结晶浓度为25%，结晶液的水分小于2%，于80℃搅拌全溶，缓慢搅拌下结晶，于85℃真空干燥即得B型结晶。

表13-7说明B型结晶，在稳定性及生物利用度方面，均优于其他类型结晶，从而提高了利福平的质量。

2. 注射用尿素的精制

尿素注射液对减低颅脑内压和降低急性青光眼的眼压方面，具有较好的疗效。由于尿素水溶液不稳定，尤其是经过加热灭菌后易分解为氨、碳酸盐、氰酸盐或聚合为缩二脲和三聚氰酸而使毒性增大和溶血作用增强。为了避免热压灭菌，现多采用醇中重结晶法制备无菌的注射用结晶尿素，临用时用10%的葡萄糖注射液溶解后供注射用。其实验室精制方法如下：

表 13-7 不同晶型的利福平稳定性及生物利用度

检测项目	晶型			
	[A]型(Ⅱ型)	[B]型(Ⅰ型)	[S]型	[a]无定型
外观	砖红色，板块状混合结晶	鲜红色，棒状规则结晶	橙黄色，板状不规则结晶	砖红色，无定形粉末
熔点或分解点	183～190℃溶化(分解)	240℃分解	180～184℃分解	172～180℃分解
含量	>95%	>95%	95%(析干)	90%
70℃放置14d后含量下降百分率	1.5%	1%	1.5%～2%	>10%
加热至160℃时，外观颜色及晶形变化	外观呈咖啡色晶格破坏	外观鲜红色，晶形不变	外观咖啡色，晶格破坏	外观黑色，晶格破坏
人工肠液中溶解度/(γ/ml)	2600～2700	2200～2450	200～250	
血药浓度半衰期/h	4.13	4.18	2.80	

取尿素（化学纯）1000g加入95%乙醇2600ml，水浴上回流至完全溶解（溶解度1∶1），乘热保温下用垂熔玻璃漏斗过滤直至滤液澄明。以无菌操作法将滤液分装于已灭菌的干燥锥型瓶内，每瓶250ml，密闭、放冷至10℃（溶解度1∶10），待结晶完全析出后，倾去醇母液，瓶内所余结晶于80℃下真空干燥，密封包装。每瓶得注射用结晶尿素约60g。经检验合格后供药用。

第四节　药物的性质与药物配伍变化

> 药物是化学物质，几种药物配伍使用时，药物间的一些作用符合一般化学物质之间的作用规律，读者学习本节后，会注意到药物之间相互作用可能给患者带来的危害。本节内容包括药物配伍使用的一般规律。

人们使用药物治疗疾病，所用的药物往往不只一种，而经常是两三种药物同时使用，或者是混合使用，例如内服用药或注射用药，常常是几种药物混合在一起，通过同一个途径给药。不同的药物混合在一起，由于它们各自的物理化学性质不同，可以发生物理或化学作用，出现药物水解、分解、氧化或生成别的化合物，外观出现凝块、变色、沉淀等，使药物失效，甚至产生有毒物质，对患者发生危害。

药物之间直接发生的物理的或化学的相互作用产生物理或化学变化，以致引起药物作用性质，强度或疗效上的改变，统称为配伍变化，而多种药物合用时，发生的配伍变化引起不符合制剂要求，或使药物作用减弱或消失，基至引起不良反应的增强，因而不利于生产，使用和治疗效果的称为配伍禁忌。配伍变化是指药物因配合不当而产生对患者不利的种种变化。本书主要介绍由药物物理、化学性质引起的配伍变化。

一、临床用药、制剂处方研究中对配伍变化的严格要求

为了最大限度地减少药物相互作用对患者的危害，医药工作者在多年实践当中总结

了大量药物配伍变化方面的理论与经验，并对使用时间较长、已确定有配伍变化的药物列出了药物配伍禁忌表或制作成计算机软件形式，供用药前查阅使用，具有配伍禁忌的药物不得伍用。

除此而外，对于用于临床的新药，开始时就要密切观察其配伍有什么变化，必要时要用实验确认是否有配伍禁忌。也可以参考其他医药工作者发现的配伍方面的问题，追踪这方面的研究文章，供临床用药参考。如果只研究单味新药的毒性，在进入临床应用时与已知药物合并使用时即有可能给患者带来意想不到的危害。因此应进行新药与可能合并应用药物的毒性研究。

对于复方制剂处方的设计，也要考虑处方中涉及的药物之间是否有配伍变化。

二、药物配伍变化的类型

1. 按药物的类别可分为：化学药物之间的配伍变化，“中-西”药之间配伍变化和中药之间的配伍变化。

2. 按照配伍变化的性质，可将它区分为以下三类。

①物理性配伍变化：指不同的药物混在一起时发生物理性质的变化，如析出沉淀或分层，分离、潮解、结块或熔化，分散状态或粒径改变等。在这种情况下，药物的原来物理性状不再存在，其疗效也就受到影响。②化学性配伍变化：指不同的药物混在一起时发生化学反应，产生气体、浑浊或沉淀、变色，有时甚至发生爆炸、燃烧等现象。此时药物的原来的化学性质已经改变，不再有治疗疾病的作用。③药理性配伍变化：指同时配合应用的药物相互作用以后产生药效增强或互相对抗。

三、药物的物理性配伍变化

几种药物相互配合时，常常可能发生分散状态或其他物理性质的改变，造成药物制剂不符合质量标准的要求，常见的配伍变化有：

1. 沉淀或分层

某些溶剂性质不同的制剂相互配合使用时，常因混合后的溶液体系中的溶解度较小而析出沉淀。例如，酊剂、醑剂等是以乙醇为溶剂的，若与某些药物的水溶液配合使用，其中的有效成分可能析出沉淀；反之，在含黏液质、蛋白质较多的水溶液中，若加入多量的醇也会产生沉淀；某些药物的饱和溶液中加入其他物质时，可能发生分层或沉淀（例如在芳香水中加入一定量的盐可使挥发油分离出来）。20%甘露醇注射液为一过饱和溶液，如加入某些药物如氯化钾、氯化钠溶液，能引起甘露醇结晶析出。

2. 潮解、液化和结块

与吸湿性很强的药物或制剂如干浸膏、冲剂、乳酶生、干酵母、胃蛋白酶、无机溴化物等配伍时，在制备、应用或贮存中可发生潮解与液化或再干燥后结块。其原因有：①混合物的临界相对湿度下降而吸湿；②形成低共熔混合物，如牙科常用的消毒剂、止痛剂系利用苯酚与樟脑或苯酚、麝香草酚与薄荷脑的共熔作用而制成液体滴牙剂，散剂、颗粒剂由于药物吸湿后又逐渐干燥而结块，结块表明制剂变质，可能导致药物分解失效；③固体酸类与碱类药物反应能形成水；④含结晶水多的盐与其他药物反应后形成含结晶水少的盐而放出结晶水。

3. 分散状态或粒径变化

乳剂、混悬剂中分散相的粒径可因与其他药物配伍，也可能因久贮而粒径变粗，或分散相聚结或凝聚而分层或析出，导致使用不便或分剂量不均匀，甚至使药物的生物利用度下降。

某些胶体溶液可因加入电解质或其他脱水剂使胶体分散状态破坏而产生沉淀。某些保护胶体，当加入浓度较高的亲水性物质如糖浆、乙醇或强电解质可使保护胶失去作用。吸附性较强的物质如活性炭、白陶土、碳酸钙等，与剂量较小的生物碱配伍时，能使后者吸附而在机体中释放不完全等，均属物理性配伍变化。

4. 由于溶剂的改变，发生沉淀

例如：氢化可的松注射剂是50%乙醇溶液，当与氯化钾注射剂混合时，由于乙醇稀释，溶解度下降而析出氢化可的松沉淀。

5. 盐析作用

两性霉素B注射液为胶体分散系统，只能加到5%葡萄糖注中静滴，若加入到含大量电解质的输液中，则由于盐析作用，致使胶体粒子凝聚而产生沉淀。

四、药物之间的化学配伍变化

1. 产生沉淀或浑浊

① 由难溶性有机碱或难溶性有机酸组成的药物，和其他药物合用时，由于pH的改变或发生酸、碱之间的作用，使药物沉淀失效。如苯巴比妥钠溶液（pH9.5～10.5）与pH较低的注射液（生物碱类盐类）混合时可析出苯巴比妥的沉淀。pH改变对药物稳定性影响极大，pH相差一个单位，则［H^+］相差10倍，所以pH是注射液的一个重要质控指标，在不适当的pH下药物会加速分解或产生沉淀。如新生霉素与5%葡萄糖或pH低于6的输液配伍时可能出现沉淀；又如偏酸性的诺氟沙星与偏碱性的氨苄西林钠一经混合，立即出现沉淀，这都是由于pH改变之故。

② 生成生物碱类药物的沉淀。许多有机碱在水中难溶，需制成强酸盐才能配成溶液，如氯丙嗪制成盐酸氯丙嗪后在水中易溶，但当加入碱性物质又会析出氯丙嗪；一些生物碱的盐类药物，应避免和碱性药物配伍，否则，当结构中酸被中和后会产生水中难溶的碱性药物沉淀。大多数生物碱盐类药物的溶液，当与鞣酸、碘、碘化钾、溴化钾或乌洛托品等混合时，能产生沉淀。

③ 发生复分解反应而沉淀。无机药物之间可发生复分解反应，如氯化钙注射剂与碳酸氢钠等注射剂混合时可产生难溶性钙盐的沉淀。再如硫酸镁溶液遇可溶性钙盐类药物、碳酸氢钠或某些碱性较强的药物，均可产生沉淀。又如硝酸银遇含氯化物的水溶液时即产生沉淀。

④ 发生水解反应而沉淀。如苯巴比妥钠溶液因水解反应能产生无效的苯乙基乙酰脲沉淀。再如硫酸锌在中性或弱碱性溶液中易水解成氢氧化锌沉淀。故硫酸锌滴眼剂中常加入少量硼酸使溶液呈弱酸性而抑制其水解。

⑤ 因发生聚合反应而沉淀。聚合反应（polymerization）是两个或多个分子结合在一起形成的复杂分子的过程。有些药物在溶液中可能形成聚合物。氨苄西林水溶液在贮

存中会发生聚合反应，所生成的聚合物可诱发氨苄西林变态反应。用聚乙二醇 400 作溶剂制成塞替派注射液，可避免塞替派在水中的聚合。

2. 某些药物之间可以生成配合物或其他比较稳定的化合物而使药物失效

如四环素类药和含 Fe^{2+}，Ca^{2+} 等离子的药物因生成配合物互相影响吸收。含铝、钙、铁等多价阳离子药物（如氢氧化铝、乳酸钙等）的阳离子与喹诺酮类药的 4-酮氧基-3 羟基发生配位反应，因此减少喹诺酮类药物的吸收，药-时曲线下面积可减少 98%，生物利用度降低，所以两药应避免同时使用，若需要联用时，可先服用喹诺酮类药物，2h 后再服用阳离子制剂。

3. 发生无外观现象的反应，药物转化成其他物质，疗效下降或丧失

许多药物在固体状态或溶液中加入一定的稳定剂时，处于化学稳定状态，但当与一些药物配伍后，原来的条件如 pH、离子强度、溶剂等发生变化而变得不稳定。①一般而言，二者的 pH 差距越大，发生配伍变化的可能性也越大。各种输液都规定不同的 pH 范围，而且所规定的 pH 范围比较大。例如葡萄糖注射液的 pH 为 3.2～5.5，当其 pH 为 3.2 时，会对某些酸中不稳定的药物引起较大程度的降解失效。例如，青霉素与 pH 为 3.2 的葡萄糖注射液混合后，4h 损失 40%，但与 pH 为 5.5 的葡萄糖注射液混合后，4h 损失少于 10%。②离子作用，有些离子能加速药物的水解反应。如乳酸根离子能加速氨苄西林和青霉素的水解，在含乳酸钠的复方氯化钠输液中氨苄西林 4h 后损失 20%。③酸碱性药物之间的中和反应，酸性药物不宜与制酸药同服，如与氢氧化铝、碳酸氢钠、胃舒平、氨茶碱等同服，会因酸碱中和降低或失去制酸药的治疗作用。④异构化反应：异构化通常分光学异构化（Optical Isomerization）和几何异构化（Geometric Isomerization）二种。光学异构化又分成外消旋化作用（Racemization）和差向异构化（Epimerization）；几何异构化包括反式异构体和顺式异构体。四环素、麦角新碱、毛果芸香碱等因发生异构化反应而致生理活性下降或失去活性。四环素在酸性条件下，4 位上的碳原子发生差向异构化形成 4 差向四环素。这些情况往往肉眼观察不到，带来的危害更严重，所以更应引起注意。

4. 药物溶液变色

药液变色多是由于配合使用的药物发生了氧化-还原、聚合、分解等反应，产生了有色物质而引起的。①氧化反应：多巴胺注射液与碳酸氢钠注射液配伍后会逐渐变成粉红至紫色。含酚羟基的药物与铁盐相遇颜色变深；易氧化药物与 pH 较高的药物配伍时，容易变色，这在分子结构中含有酚羟基的药物中较为常见。②配位反应：四环素能与 Fe^{2+} 形成红色、与 Al^{3+} 形成黄色、与 Mg^{2+} 形成绿色的复合物。③脱羧反应：对氨基水杨酸钠会因水、光、热的影响而脱羧生成间氨基酚，后者被空气氧化变色；盐酸普鲁卡因注射液变黄，是因为普鲁卡因水解产物对氨基苯甲酸发生脱羧反应而得的苯胺经氧化生成了有色物质。④pH 变化也可引起变色，例如磺胺嘧啶钠、谷氨酸钠（钾）、氨茶碱等碱性较强的注射液可使去甲肾上腺素变色。⑤固体药物配伍使用时变色，如碳酸氢钠或氧化镁粉末能使大黄粉末变为粉红色，氨茶碱或异烟肼与乳糖粉末混合变成黄色，维生素 C 与烟酰胺即使干燥粉末混合也会产生橙红色。这种变色现象在光照射、

高温、高湿环境中反应更快。

5. 配伍后引起爆炸

发生爆炸大多数由强氧化剂与强还原剂配伍时引起。如以下药物混合研磨时，可能发生爆炸：氯化钾与硫、高锰酸钾与甘油、强氧化剂与蔗糖或葡萄糖等。又如碘与白降汞混合研磨能产生碘化氮，如有乙醇存在可引起爆炸。

6. 产气

药物配伍时，出现产气的现象，说明有化学反应发生，有的反应是治疗所不需要的，有的属于正常现象。如溴化铵、氯化铵或乌洛托品与强碱性药物配伍，溴化铵和利尿药配伍时，可分解产生氨气。乌洛托品与酸类或酸性药物配伍能分解产生甲醛气体。有些药物配伍后产生气体属于正常现象。如泡腾散剂、泡腾片在服用时，即是利用其所产生的二氧化碳达到药物迅速崩解的目的。

五、药理性药物配伍变化

举三个例子说明。

① 如金属解毒剂依地酸钙钠、盐酸半胱氨酸、二巯基丙醇等能与某些重金属离子形成配合物而起解毒作用；亚甲蓝利用氧化还原反应起解毒作用等。这些药物同样可能与其他治疗用金属离子或药物产生反应而影响药物治疗。②煅牡蛎、煅龙骨等碱性较强的中药及以其为主要成分的中成药，与阿司匹林、胃蛋白酶合剂等酸性药物合用时，可发生中和反应，使药物的疗效降低，甚至失去治疗作用。③硝酸酯类药物与巯醇类物质或药物发生相互作用，如同时给予可保护体内巯醇类的化合物 1,4-二巯基-2,3-丁二醇，就可降低因过度消耗体内巯醇而产生的药物耐受性。

六、“中-西”药之间配伍变化

中药所含化学成分十分复杂，尤其中成药少则几种，多则几十种，其中既有酸性成分，又可能同时存在碱性成分；既可能有易发生配位反应的黄酮、蒽醌类成分，又可能含有易发生配位反应的无机元素；有些中药还含有易使抗生素或酶制剂失活的鞣质。为此，不合理的“中-西”药伍用，药物之间可能发生物理、化学变化，使药效减弱或增强，甚至出现毒性反应。

1. 中西药联用后的中和反应

① 需要在碱性条件下才能发挥效力或不良反应较小的药物，不可同时服用含有机酸成分的中药，否则影响效果。使用磺胺类药物常需加入等量小苏打以碱化尿液，以防止乙酰磺胺在尿中析出结晶损害肾脏。如果同时服用有机酸的中药导致的酸性环境，能使乙酰化后的磺胺溶解度大大降低。因为磺胺类药物乙酰化率增高，而溶解度降低，可导致在肾小管中析出并形成结晶，损伤肾小管和尿路上皮细胞，引起结晶尿、血尿、尿闭等。尤其是长期或大剂量用药时，更应避免与含有机酸类中药同服。②胃酸过多患者在服用制酸药（氢氧化铝、碳酸钙、碳酸镁、枸橼酸盐等）时，均会和酸性中药发生中和作用。③酸性中药也不能和碱性较强的药物如氨茶碱、复方氢氧化铝、乳酸钠等合用，以防止降低疗效和失去作用。

2. 药物联用后生成配合物

一些贝壳矿石类中药如石膏（Ca^{2+}），海螵硝（Ca^{2+}），自然铜（Fe^{3+}），赤石脂（Mg^{2+}、Al^{3+}、Fe^{2+}），滑石（Mg^{2+}），明矾（Al^{3+}），石决明（Ca^{2+}），龙骨（Ca^{2+}、Al^{3+}、Na^{+}），代赭石（Fe^{2+}），龙齿（Ca^{2+}），磁石（Fe^{3+}）等均不能与四环素类、异烟肼、利福平、喹诺酮类同服。特别是四环素类药物是氢化并四苯的衍生物，其分子含有酰胺基和多个酚羟基，能与二份以上的金属离子产生化学反应，形成不溶性配合物，难以被胃肠吸收，从而降低疗效。

3. 联用后产生有毒化合物

一些中药成分可以和某些药物发生化学反应，而产生有毒物质。如对神经衰弱病人使用天王补心丹（或朱砂安神丸）和镇静催眠药三溴合剂、溴化钠、溴化钾、碘化钠等配伍使用的情况。HgS是朱砂的主要成分，天王补心丹中含有朱砂，联用后给病人造成赤痢样大便，导致药源性肠炎。原来是朱砂中的汞离子与溴、碘生成溴化汞或碘化汞沉淀物所致。朱砂也不能与昆布配伍，原因是会产生 HgI_2，引起中毒。

含有雄黄（主要含 As_2S_2）成分的中成药如：六神丸、牛黄解毒丸、安宫牛黄丸、大活络丸、牛黄解毒片等均不能和亚铁盐（硫酸亚铁、葡萄糖酸亚铁、富马酸亚铁）、亚硝酸盐类联用，因其产生硫代砷酸盐，而使疗效降低。如果与硝酸盐类药同服，这些西药会产生微量的硝酸可使硫化砷（As_2S_2）氧化而增加毒性，应避免联用。

第五节　新药研究内容简介、申报审批程序与投产

> 对有志从事实验室工作、新药报批及生产一线技术工作的同学会喜欢本章内容，主要介绍了新药诞生的基本过程和工作程序，也是方法学部分。

一、新药研究的内容简介

新药的研究过程主要包括两个方面：第一是发现新药和临床前研究（包括药学、药理、毒理的各项实验及技术）；第二是临床研究。

（一）发现新药

新药研究是涉及到诸多方面的复杂的系统工程。有目的的研究一个新药，首当其冲是治疗用途的确定；其二是药物在体内可能作用的靶点和判定药物活性的药理模型，在这些基础上进行药物化学的研究工作。

新药的药物化学研究通常分为两个阶段：一是发现先导化合物；二是对先导化合物进行优化。

先导化合物是现代新药研究的出发点。先导化合物是指具有独特的结构特点同时具有一定药理活性的化合物。它虽可能因为药理活性太小，选择性不高，或药物代谢动力学性质不好等原因，不能作为新药使用，但却让研究者看到了希望，可以在该化合物结构的基础上有目的进行优化，通过一系列的结构改造或修饰，得到符合治疗要求的新药。

1. 先导化合物的发现

在近二百年药物化学的发展中，已有 4000 余个化合物（化学实体）作为药物供临床使用。这些药物的发现大体是通过四个途径得到的。即：①从天然产物（如草药、动物或矿物等）中得到；②以现有的药物作为新药研究的基础（如同类化学结构的药物）；③用药理模型筛选新药；④根据生理病理机制设计药物。这些途径也是发现先导化合物的途径。

2. 先导化合物的优化

在新药研究中，确定了先导化合物后，进一步的工作就是对先导化合物进行结构优化，使其活性更强、选择性更好、不良反应更小以及具有符合要求的药代动力学性质。

通常用于先导化合物优化的方法有：采用生物电子等排体进行替换、前药设计、软药设计、定量构效关系研究等。

（二）新药的临床前研究

药品临床前研究主要包括临床前药学、药理学和毒理学研究内容。

1. 新药的临床前毒理学研究系指为评价药物安全性，在实验室条件下，系统地进行各种毒性试验，包括单次给药的毒性试验、反复给药的毒性试验、生殖毒性试验、遗传毒性试验、致癌试验、局部毒性试验、免疫原性试验、依赖性试验、毒代动力学试验及与评价药物安全性有关的其他试验。这一阶段试验研究对象虽然是动物，但它是为下一步人体临床试验所做的基础性研究工作，必须非常慎重。

2. 新药临床前药学研究。研究内容主要包括处方设计、剂型选择、制备工艺（中药制剂包括原药材的来源、加工及炮制）、理化性质、纯度、检验方法、初步稳定性、质量标准等研究。

3. 新药的临床前药理学研究。研究内容一般包括主要药效学、一般药理学和药代动力学研究以及复方药理学研究。

新发现中药材还应包括来源、生态环境、栽培（养殖）技术、采收处理、加工炮制等研究。生物制品还包括菌毒种、细胞株、生物组织等起始材料的质量标准、保存条件、遗传稳定性及免疫学的研究等。

药品临床前研究必须在符合国家食品药品监督管理局《药品非临床研究质量管理规范》(GLP) 的研究机构进行，实验动物及各种实验仪器、设施应符合国家食品药品监督管理局有关标准要求，以保证各项实验的科学性和实验结果的可靠性。凡研制麻醉药品、精神药品戒毒药品、放射性药品，均应事先向当地省级食品药品监督管理部门提出申请，并报请国家食品药品监督管理局批准立项后方可实施。

（三）新药的临床研究

药物临床研究包括药物临床试验和生物等效性试验。药物临床试验（Clinical Trial)，指任何在人体（病人或健康志愿者）进行的药物系统性研究，以证实或揭示试验药物的作用、不良反应和/或试验药物的吸收、分布、代谢和排泄，目的是确定试验药物的有效性与安全性。由于人类和动物对新药的药效学及药物代谢动力学等存在种属差异，且动物的病理模型与人类疾病存在差别，以致对某些动物试验有效、耐受性良好的药物，在人体应用时与动物实验结果不符，出现无效或不耐受的情况。因此，只有经过临床试验后，才能确证该药是否有实际应用价值。药物临床试验必在须符合国家食品药品监督管理局《药品临床试验质量管理规范》有关规定的医疗机构等进行。临床试验的负责和承担单位（Ⅳ期临床除外）须在国家食品药品监督管理局确认的临床研究基地中选择。新药临床研究的申请被批准后，研制单位与临床研究单位要签署临床研究合同，免费提供临床试验符合规范要求的药品，包括对照药品，并承担临床试验所需费用。

被确定的临床试验单位应了解和熟悉试验用药的性质与作用、疗效和安全性，与研制单位按要求签署临床研究方案，并严格按照临床研究方案进行。新药临床实验期间，应指定具有一定专业知识的人员任监视员，遵循《药品临床试验质量管理规范》的有关要求，监督临床研究的进行，以求保证按照临床研究方案得出科学结论，这个结论是药监部门批准新药的主要依据之一。

按照各临床研究的阶段不同，临床研究的基本要求与内容也不同。

临床试验分为Ⅰ、Ⅱ、Ⅲ、Ⅳ期。申请新药注册应当进行Ⅰ、Ⅱ、Ⅲ期临床试验，有些情况下可仅进行Ⅱ期和Ⅲ期，或者Ⅲ期临床试验。

Ⅰ期临床试验：初步的临床药理学及人体安全性评价试验。观察人体对于新药的耐受程度和药物代谢动力学性质，为新药Ⅱ期临床实验提供安全有效合理的实验方案。

Ⅱ期临床试验：治疗作用初步评价阶段。其目的是初步评价药物对目标适应证的治疗作用和对人体的安全性，也包括为Ⅲ期临床试验研究方案设计和给药方案的确定提供依据。此阶段的研究方案的设计可以根据具体的研究目的，采用多种形式，包括随机盲法对照临床试验。自 20 世纪 60 年代以来，随机临床试验已成为公认的新药Ⅱ期临床试验基本方法。

Ⅲ期临床试验：是扩大的临床试验，为治疗作用的确证阶段。其目的是进一步验证药物对目标适应证的治疗作用和对人体安全性进行评价，评价利益与风险关系，最终为药物注册申请获得批准提供充分的依据。试验一般应为具有足够样本量（300 例）的随机盲法对照试验。

Ⅳ期临床试验：即上市后的临床试验，又称上市后监察。新药上市后由申请人自主进行的应用研究阶段。其目的是考察在广泛使用条件下药物的疗效和不良反应；评价在普通或者特殊人群中使用的利益与风险关系，以期发现前三期临床在有限样本量中未见的不良反应与药物的慢性毒性作用，改进给药剂量等。Ⅳ期临床试验内容广泛，迄今尚无明确的规定与要求。国际上此期临床试验的重点是不良反应考察。

在临床试验过程中如发生严重不良事件，研究者应立即对受试者采取适当的治疗措施，同时报告药品监督管理部门、卫生行政部门、申办者和伦理委员会，并在报告上签名及注明日期。

二、新药的申报审批程序

新药的申报与审批分为临床研究和生产上市两个阶段。

（一）临床研究的申报与审批

完成新药临床前研究后，要申请注册后才能进入临床研究阶段。申请人应当向所在地省、自治区、直辖市药品监督管理局提出，并报送有关资料和药物实样。国家食品药品监督管理局主管全国药品注册管理工作，负责对药物临床研究的审批。省、自治区、直辖市食品药品监督管理局受国家食品药品监督管理局的委托，对药品注册申报资料的完整性、规范性和真实性进行审核。临床研究用药物，应当在符合《药品生产质量管理规范》条件的车间制备。制备过程应当严格执行《药品生产质量管理规范》的要求。国家食品药品监督管理局或者委托省、自治区、直辖市食品药品监督管理局，根据审查需要进行现场考察。申请人可以按照国家食品药品监督管理局审定的药品标准自行检验临床研究用药物，也可以委托中国药品生物制品检定所或者国家食品药品监督管理局确认的药品检验所进行检验，检验合格后方可用于临床研究。国家食品药品监督管理局可以指定药品检验所对临床研究用的药物进行抽查检验。

国家食品药品监督管理部门在受理新药申请后，组织药学、医学和其他技术人员对新药进行技术审评。申请人报送的样品及资料符合要求以后，以《药物临床研究批件》的形式予以批复。

临床研究开始前要做充分的准备工作。

药物临床研究批准后，申请人应当从具有药物临床试验资格的机构中选择单位，与选定的临床研究负责和参加单位签订合同，提供受试者知情同意书样稿和临床试验研究者手册，实验药物的样品和对照药物样品，参照有关技术指导原则完善临床研究方案，并提请临床试验机构伦理委员会对临床研究方案的科学性和涉及的伦理问题进行审查。

申请人在药物临床研究实施前，应当将已确定的临床研究方案和临床研究负责单位的主要研究者姓名、参加研究单位及其研究者名单、伦理委员会审核同意书、知情同意书样本等报送国家食品药品监督管理局备案，并报送临床研究单位所在地省、自治区、直辖市食品药品监督管理部门。

（二）新药生产的注册申报与审批

1. 注册申请

新药完成临床研究后，申请人应当向所在地省、自治区、直辖市食品药品监督管理局提出注册申请，并向所在地省、自治区、直辖市食品药品监督管理局报送临床研究资料及其他变更和补充的资料，并详细说明依据和理由，同时向中国药品生物制品检定所报送制备标准品的原材料。

2. 新药注册批复

省、自治区、直辖市食品药品监督管理局应当对申报资料进行形式审查；组织人员对生产情况和条件进行现场考察；抽取连续 3 个生产批号的、在取得 GMP 认证书的车间生产的样品，向法定权限的药品检验所发出注册检验通知；在规定的时限内将审查意见、考察报告及申请资料报送国务院食品药品监督管理部门，并通知申请人。

国家食品药品监督管理部门对省、自治区、直辖市食品药品监督管理局报送的资料进行审查，符合要求的予以受理。对所报送的资料进行全面评审，以《药品注册批件》的形式，决定是否予以批准。符合规定的，发给新药证书；具备《药品生产许可证》和该药品生产条件的，发给药品批准文号。具备批准文号的企业享有合法生产该药品的权利。同时发布该药品注册质量标准和说明书。

三、新药产前中试放大与生产放大研究

完成新药临床前研究、临床研究后，并不意味研究工作的结束。在临床前研究中获得的原料药与制剂工艺技术一般是实验室小规模的实验结果，与实际生产条件之间有相当大的距离。一般在新药临床前研究阶段结束、临床研究有了初步肯定的结果后，就要及时开展对生产工艺进行中试放大研究，其后进入生产放大研究阶段，以确认工艺的中试规模和生产规模上可行性、可靠性与高效性。否则，在工艺不成熟的情况下，盲目进入大生产阶段可能会造成巨大的浪费与失败。

（一）中试放大研究的主要内容

中试，即中间放大试验，中试研究主要任务包括：完善制备工艺条件，设备配套，核算成本，制备样品。

化学原料药的生产工艺是各种化学单元反应与化工单元操作的有机组合及综合应用，靠设备条件等支撑才能完成。工艺中试放大研究所探索的就是化学反应与化工操作在中试规模与条件（与实际生产条件比较接近的情况，设备规模介于小实验与生产规模之间）下的规律，测试工艺的可靠性与稳定性，寻求高收率与高质量的合适工艺条件、设备要求与操作方法，确定安全生产与环境保护的措施、工艺和设备等。对于药物制剂工艺放大研究也是对小实验工艺在中试规模的设备条件的考证过程，也涉及合适工艺条件、设备要求与操作方法的确定，安全生产与环境保护的措施、工艺和设备等的研究，药品稳定性等的考察。只有深入了解这些才能使今后的生产高质量、低消耗、安全、洁净、稳定地进行。另外，中试放大还要为生产车间设计提供第一手技术资料。

中试放大结果连续数批产品技术经济指标与质量达到满意的程度（一般接近或超过小实验的水平）后，写出中试研究总结报告，草拟生产技术经济指标，原、辅材料与中间体质量标准、检验方法，写出暂行生产工艺规程，提出生产车间设计的技术要求等。

（二）生产放大研究的主要内容

在中试放大研究成功后，车间建设完毕（或原有车间）的基础上，对化学药物的生产放大研究就是要进一步在实际生产条件下探索化学反应与化工操作在生产规模与条件下的对中试放大结果重现性、可靠性和提高程度。如放大中出现问题，要进行技术分析，根据放大过程中反映出的问题的性质，对工艺参数、操作方法和设备做适应性修改，修改的重要工艺参数要重复小实验、中试放大等过程，达到理想结果后，再继续生产放大研究。药物制剂与化学药物生产放大基本类似。生产放大过程还要担负培训操作工人、车间管理人员与新药开发部门、车间建设部门之间技术交接任务。连续数批试生产结果基本稳定后，考核技术经济指标完成情况，如达到满意的效果，写出试生产总结报告，确定生产工艺规程、操作法、生产技术经济指标，原、辅材料与中间体质量标准、检验方法等。

四、新药监测期的研究内容

国家药品监督管理局根据保护公众健康的要求，可以对批准生产的新药设立不超过5年的监测期，对该新药的安全性继续进行监测。监测期内，药品生产企业应当经常考察生产工艺、质量、稳定性、疗效及不良反应等情况，每年向所在地省、自治区、直辖

市食品药品监督管理局报告。

对于生产新药的企业，首先，要通过生产过程观察生产的稳定性，包括收率与产品质量的变化情况，发现收率（成品率）与质量存在不可控制的变化，说明生产工艺中存在着某种没有被认识的因素在发生影响，应当在实验室做仔细的实验考证、改进，这是这个时期重要研究的内容之一；其次，检验部门要通过药品留样定期观察的形式，确定药品质量随时间的变化情况，以确认药品的有效期，并找出影响药品稳定的因素；再次，医疗机构应对新药的疗效与不良反应进行认真观察，并注意与其他药物的配伍变化，企业定期对使用药物的医疗机构调查疗效与不良反应发生情况；最后，新药的Ⅳ临床实验也是这个时期完成，其目的是考察在广泛使用条件下药物的疗效和不良反应；评价在普通或者特殊人群中使用的利益与风险关系，以期发现前三期临床在有限样本量中未见的不良反应与药物的慢性毒性作用，改进给药剂量等。

（王质明）

实 验 部 分

实验一 处方分析 硫酸亚铁与鞣酸蛋白的相互作用

【举例】 患者，女，29 岁。患贫血病半年，近期又出现腹泻，化验大便无异常。

【处方】

硫酸亚铁片 0.3g×60 Sig：0.6g tid

鞣酸蛋白片 0.25g×40 Sig：1.0g tid

【教学要求】

1. 根据学过的知识结合上网及其他途径检索有关资料，分析针对该病例医生的用药及用法、用量是否合理，如有问题，请予纠正。

2. 在使用中硫酸亚铁片与鞣酸蛋白片在体内有什么相互作用？硫酸亚铁片和哪些药物有配伍禁忌？

3. 如果必须使用硫酸亚铁片与鞣酸蛋白片治疗，怎么用法能避免发生问题？

可上网完成，2 学时。

实验二 对乙酰氨基酚的制备及定性鉴别

一、实验目的

1. 掌握对乙酰氨基酚的合成反应原理及操作方法。

2. 掌握对乙酰氨基酚的定性鉴别原理及方法。

3. 掌握药物的重结晶技术。

二、化学反应原理

酸化 $NaO-C_6H_4-NO_2 \xrightarrow{HCl} HO-C_6H_4-NO_2$

还原 $HO-C_6H_4-NO_2 \xrightarrow{Fe,\ HCl} HO-C_6H_4-NH_2$

酰化 $HO-C_6H_4-NH_2 \xrightarrow{(CH_3CO)_2O} HO-C_6H_4-NHCOCH_3$

三、主要试药及仪器

烧杯（1000ml） 温度计 电炉 石棉网 锥形瓶（100ml） 布氏漏斗 抽滤瓶 培养皿 试管

步　骤	试药名称	规　格	用　量	重量比
酸化	对硝基酚钠	含量70%	490g	1
	盐酸	浓度36%	252g	0.514
还原	对硝基苯酚	自制	83.4g	1
	铁粉	还原用铁粉	110g	1.319
	盐酸	30%以上	11ml	
	碳酸钠	CP或工业	约6g	
	亚硫酸氢钠	CP或工业	约6g	
酰化	对氨基苯酚	自制	10.6g	1
	醋酐	CP,93%	13.0g	1.226
	亚硫酸氢钠	CP	适量	
定性	$FeCl_3$ 试剂 β-萘酚试剂 $NaNO_2$ 试剂			

四、操作步骤

1. 酸化

将252g盐酸置于1000ml烧杯中，再加入490g对硝基酚钠。先在石棉网上用小火加热，当黄色的对硝基酚钠基本消失后，可适当加大火，加热至沸腾，搅拌40min左右[1]。停止加热，加入冷水约300ml，并用水浴冷却。继续搅拌。尤其当油状物要凝固时，一定要很好搅拌，否则会结成大块。待温度降至20℃以下，即可抽滤，用少量水洗涤，抽干，干燥后即得对硝基苯酚。

2. 还原

在1000ml烧杯中放置200ml水，于石棉网上加热至60℃以上，加入约1/2量的铁粉（可将110g铁粉粗略分成两份）和11ml盐酸，继续加热搅拌，慢慢升温制备氯化亚铁约5min。当温度达到95℃时，撤去热源，将烧杯从石棉网上取下，立即加入大约1/3量的对硝基苯酚，用玻璃棒充分搅拌，反应放出大量的热，使反应液剧烈沸腾，此时反应温度已自行上升到102～103℃左右，将温度计取出[2]。如果反应激烈可能发生冲料时，应立即加入少量预先准备好的冷水（准备500ml左右），以控制反应避免冲料，但反应必须保持在沸腾状态[3]。继续不断搅拌，反应缓和后，用玻璃棒蘸取反应液点在滤纸上，观察黄圈颜色的深浅，确定反应程度，等黄色退去后再继续分次加料。将剩余的对硝基苯酚分三次加入。根据反应程度，随时补加剩余的铁粉。如果黄圈没褪，不要再加对硝基苯酚；如果黄圈迟迟没褪，则应补加铁粉，而且铁粉最好留一部分在最后加入。当对硝基苯酚全部加完，实验已无黄圈时[4]（从开始对硝基苯酚到全部加完并使黄色退去的全部过程，以控制在15～20min内完成较好）[5]。再煮沸搅拌5min，然后向反应液中慢慢加入粉末状的碳酸钠6g左右，调节pH6～7[6]，此时不要加入得太快，防止冲料。中和完毕，加入沸水，使反应液总体积达到1000ml左右，并加热至沸。将5g亚硫酸氢钠[7]放入抽滤瓶中，趁热抽滤。母液冷后析出结晶，抽滤。将母液和铁泥都转移至烧杯中，加入2～3g亚硫酸氢钠，加热煮沸，趁热抽滤（滤瓶中预先加入2～3 g亚硫酸氢钠），冷却，待结晶析出完全后抽滤。合并两次所得结晶，用1%亚硫酸氢钠液洗涤。置红外线灯下快速干燥，即得对氨基苯酚粗品，约50g。

每克粗品用水 15ml，加入适量（每 100ml 水加 1g）的亚硫酸氢钠，加热溶解。稍冷后加入适量（约粗品的 5%～10%）的活性炭，加热脱色 5min，趁热抽滤（滤瓶中放入与脱色时等量的亚硫酸氢钠），冷却析晶，抽滤，用 1% 亚硫酸氢钠溶液洗两次。干燥。mp. 183～184℃（分解）。

3. 酰化

在 100ml 锥形瓶中，放入 10.6g 对氨基苯酚[8]，加入 30ml 水[9]，再加入 12ml 醋酐，振摇，反应放热并成均相[10]。再于预热至 80℃ 的水浴中加热 30min，冷却，待结晶析出完全后过滤，用水洗 2～3 次，使无酸味。干燥，得白色结晶性的对乙酰氨基酚粗品 10～12g。

每克粗品用 5ml 水加热溶解，稍冷后加入 1%～2% 的活性炭，煮沸 5～10min。趁热抽滤时应预先在接受器中加入少量亚硫酸氢钠。冷却析晶，抽滤，用少量 0.5% 的亚硫酸氢钠溶液洗两次[11]。干燥精品约 8g。mp. 168～170℃。

4. 定性鉴别

（1）取本品 10mg，加 1ml 蒸馏水溶解，加入 $FeCl_3$ 试剂，即显蓝紫色。

（2）取本品 0.1g 加稀盐酸 5ml，置水浴中加热 40min，放冷，取此溶液 0.5ml，滴加亚硝酸钠 5 滴，摇匀。用 3ml 水稀释，加碱性 β-萘酚试剂 2ml，振摇，即显红色。

五、注意事项

[1] 反应终点时的油状物应呈褐色，若还有对硝基苯酚钠的黄色，说明盐酸用量不够，应适当补加。

[2] 因需充分搅拌，易碰碎温度计，只测得沸腾时温度即可，保持反应继续沸腾后，不必再用温度计。

[3] 加水量要少，只要控制不冲料即可；如水量加多，反应液不能自行沸腾，需在石棉网上加热沸腾。

[4] 黄色褪去，只能说明没有对硝基苯酚钠，并不说明还原已完全，还应继续反应 5min。

[5] 反应速度快，时间短，产品质量好。

[6] 反应液偏酸或偏碱均可以使对氨基苯酚成盐，增加溶解度，影响产量。

[7] 抗氧剂可以防止对氨基苯酚的氧化。

[8] 对氨基苯酚的质量是影响对乙酰氨基酚质量及产量的关键。用于酰化的对氨基苯酚应是白色或淡黄色颗粒状结晶。mp. 183～184℃。

[9] 有水存在，醋酐可以选择性地酰化氨基而不与酚羟基作用。酰化剂醋酐虽然较贵，但操作方便，产品质量好。若用醋酸反应时间较长，操作麻烦，少量做时很难控制氧化副反应，产品质量差。

[10] 若振摇时间稍长，反应温度下降，可有少量对乙酰氨基酚结晶析出，但在 80℃ 水浴加热振摇后又能溶解，并不影响反应。

[11] 目的是防止产品被空气氧化，但亚硫酸氢钠的浓度不宜过高，否则会影响产品质量。

本实验约 6 学时。

实验三 阿司匹林的合成及定性鉴别

一、实验目的

1. 掌握酯化反应的原理及其基本操作技术。
2. 掌握重结晶原理和操作技能。
3. 掌握阿司匹林的定性鉴别原理及方法。

二、化学反应原理

$$\text{C}_6\text{H}_4(\text{COOH})(\text{OH}) + (\text{CH}_3\text{CO})_2\text{O} \xrightarrow[60℃,\ 30\text{min}]{\text{浓 } H_2SO_4} \text{C}_6\text{H}_4(\text{COOH})(\text{OCOCH}_3) + \text{CH}_3\text{COOH}$$

三、主要试药及仪器

步　骤	试药名称	规　格	用　量	配料比	
				重量比	摩尔比
酰化	水杨酸	CP	25g	1	1
	醋酐	CP	35ml	1.4	1.89
	浓硫酸	CP>98%	13 滴		
精制	乙醇	95%	75ml		
	活性炭	药用	适量		
鉴别	$FeCl_3$ 试液，碳酸钠试液				

三颈瓶（250ml）　球形冷凝器　温度计　电动搅拌器　油浴　抽滤瓶　布氏漏斗　烧杯（500ml）、试管

四、操作步骤

1. 酰化

在干燥的装有搅拌器、温度计和球形冷凝器的 250ml 三颈瓶中，依次投入水杨酸 25g，醋酐 35ml，浓硫酸 13 滴。开动搅拌器于油浴上逐渐加热到 50℃。在 50～60℃（油浴温度不超过 80℃）反应 0.5h。待反应完成*后，停止搅拌，放冷。然后将反应液于搅拌下倾入 380ml 冷水中。继续缓缓搅拌，直至阿司匹林全部析出。抽滤，用少量水洗涤。压干即得粗品。

* 反应终点控制：取一滴反应液于滤纸上，滴加 $FeCl_3$ 试剂一滴，不应呈现深紫色而显轻微的淡紫色。

2. 精制

将上步所得粗品，置于 500ml 烧杯中，加入 75ml 乙醇，于水浴上微热溶解，搅拌下倾入 190ml 热水中，加入少量活性炭脱色 3～5min，趁热过滤，滤液自然冷至室温，即析出白色结晶，过滤，用少量 50% 乙醇洗涤，压干，置红外灯下干燥（干燥时温度

不超过 60℃为宜)。

mp. 135～138℃。计算收率。

3. 鉴别

(1) 取本品约 0.1g，加水 10ml，煮沸，放冷、加 $FeCl_3$ 试剂 1 滴，即显紫堇色。

(2) 取本品约 0.5g，加碳酸钠试液 10ml，煮沸 2min 后，放冷，加过量的稀硫酸。即析出白色沉淀，并发出醋酸的臭气。

五、思考题

1. 本实验中所用仪器为何需干燥无水？能否用铁制仪器？

2. 反应中加入少量浓 H_2SO_4 的目的是什么？不加是否可以？

3. 本反应中可能发生哪些副反应？产生哪些副产物？

4. 阿司匹林在各种溶剂中的溶解度怎样？为什么选用乙醇一水为溶剂进行精制？在精制过程中为什么要使滤液温度自然下降？若温度下降太快会出现什么情况？

本实验需 4 学时。

实验四　盐酸普鲁卡因的合成及定性鉴别

一、实验目的

1. 掌握普鲁卡因合成的化学反应原理。

2. 掌握水和二甲苯共沸的原理，进行酯化脱水反应。

3. 掌握普鲁卡因的成盐条件，熟悉对水溶性大的盐类用盐析法进行分离及其精制方法。

二、化学反应原理

酯化

$$p\text{-}O_2N\text{-}C_6H_4\text{-}COOH + HOCH_2CH_2N(C_2H_5)_2 \xrightarrow[\text{回流 6h}]{\text{混合二甲苯}} p\text{-}O_2N\text{-}C_6H_4\text{-}C(=O)\text{-}O\text{-}CH_2CH_2N(C_2H_5)_2 + H_2O$$

还原

$$4\ p\text{-}O_2N\text{-}C_6H_4\text{-}C(=O)\text{-}OC_2H_4N(C_2H_5)_2 + 9Fe + 4H_2O \xrightarrow{HCl} 4\ p\text{-}H_2N\text{-}C_6H_4\text{-}C(=O)\text{-}OC_2H_4N(C_2H_5)_2 \cdot HCl + 3Fe_3O_4$$

中和

$$p\text{-}H_2N\text{-}C_6H_4\text{-}C(=O)\text{-}OC_2H_4N(C_2H_5)_2 \cdot HCl \xrightarrow[10℃]{NaOH\ 或\ Na_2CO_3} p\text{-}H_2N\text{-}C_6H_4\text{-}C(=O)\text{-}OC_2H_4N(C_2H_5)_2$$

成盐

$$\text{4-}H_2N\text{-}C_6H_4\text{-}\overset{O}{\overset{\|}{C}}\text{-}OC_2H_4N(C_2H_5)_2 \xrightarrow[\text{pH5.5}]{HCl} \text{4-}H_2N\text{-}C_6H_4\text{-}\overset{O}{\overset{\|}{C}}\text{-}OC_2H_4N(C_2H_5)_2 \cdot HCl$$

三、主要试药及仪器

步骤	试药名称	规格	用量	备料比	
				重量比	分子比
酯化	β-二乙胺基乙醇	CP,bp. 163℃	19.8g		
	对硝基苯甲酸	工业	30g	1	1
	二甲苯	CP,bp. 144℃	190ml	1.515	1.065
	3%盐酸	自配	210ml		
还原	硝基卡因盐酸盐	自制	上步得量		
	铁粉	工业,80目	70g		
中和成盐	20%氢氧化钠	自制	适量		
	盐酸	CP,10%	适量		
精制	饱和硫化钠	自配	适量		
	连二亚硫酸钠	CP	约为盐基的1%		
	活性炭	药用	适量		
鉴别	亚硝酸钠溶液　β-萘酚试液				
	硝酸银试液　硝酸				

三颈瓶（500ml）　球形冷凝器　机械搅拌　分水器　锥形瓶（250ml）　克氏蒸馏瓶（250ml）　小烧杯　布氏漏斗　抽滤瓶　b型熔点管　酒精灯　油浴或电加热套　红外灯　试管　毛细管

四、操作步骤

1. 酯化

在装有电动搅拌、温度计、分水器[1]及回流冷凝器的500ml三颈瓶中，依次投入对硝基苯甲酸30g，二甲苯190ml，搅拌下加入22.5ml β-二乙胺基乙醇。加热（油浴或套热）并维持内温140～144℃，回流带水6h，冷后，把反应液移至锥形瓶中，待用。

把锥形瓶中的上清液转移至250ml的克氏蒸馏瓶中，水泵减压蒸除二甲苯。残留物与原锥形瓶中析出的固体合并，加入210ml 3%的盐酸。搅拌使对硝基苯甲酸析出，抽滤，滤液转移至250ml锥形瓶中，待用。

2. 还原

将上步滤液用20%的氢氧化钠[2]溶液调节pH4.0～4.2后，转移至装有温度计和电动搅拌[3]的500ml三颈瓶中，充分搅拌下于25℃分次加入[4]经活化的铁粉[5]。温度自动上升，保持40～45℃反应2h。抽滤，用少量水洗涤两次。合并滤液与洗液[5]，用稀盐酸酸化至pH5.0，滴加饱和硫化钠溶液至pH7.8～8.0，析出硫化铁沉淀。抽滤，用少量水洗涤两次。合并滤液与洗液，用少量稀盐酸酸化至pH6.0，加活性炭[6]0.5g，于50～60 ℃保温10min。抽滤，用少量水洗涤一次，合并滤液与洗液，在冷水浴冷却至10℃以下，滴加20%氢氧化钠溶液[2]碱化至pH9.5～10.0，抽滤[7]，滤饼供成盐用。

3. 成盐

将上述滤饼转移至50ml小烧杯中，外用冷水浴冷却，慢慢滴加浓盐酸至pH5.5[8]，加热至50℃，加精制氯化钠[9]至饱和，升温至60℃，加入适量（滤饼的1%左右）连二亚硫酸钠[10]，继续升温至60～70℃。趁热用小滤管抽滤，滤液冷却结晶，待温度降至10℃以下，抽滤，得盐酸普鲁卡因粗品。将粗品转移至培养皿中，放进干燥器中干燥，待精制。

4. 精制

将盐酸普鲁卡因粗品置于100ml烧杯中，滴加蒸馏水[11]，加热并维持内温70℃至全溶，再多加几滴蒸馏水。加入适量活性炭脱色，并加入少量连二亚硫酸钠，保温65～70℃，趁热抽滤，冷却析出晶体，抽滤，制得一次精品。

把一次精品转移至100ml小烧杯中，在维持70℃内温的情况下，滴加蒸馏水至恰好溶解，加入适量连二亚硫酸钠，于70℃保温10min，趁热抽滤。滤液自然冷却到有结晶析出时，在冷水中冷却。抽滤，用少量乙醇洗涤两次，于红外灯下干燥，得盐酸普鲁卡因精品。产量7～10g。mp.154～156℃。

5. 定性鉴别

(1) 取本品约50mg，加稀硫酸1ml，必要时缓缓煮沸使溶，放冷。加亚硝酸钠试液（0.1mol/L）数滴，滴加碱性β-萘酚试液数滴，产生橙黄色到猩红色沉淀。证明分子中有芳伯氨基存在。

(2) 取本品约0.1g，加水2ml溶解后，加氢氧化钠溶液（10%）1ml，即产生白色沉淀。加热，变为油状物，继续加热，产生的蒸气使湿润的红色石蕊试纸变为蓝色。热至油状物消失后，放冷，加盐酸酸化，即析出白色沉淀。

(3) 取本品10mg，加稀硫酸1ml，加硝酸银试剂，即产生白色凝胶状沉淀（AgCl）。

五、注意事项

[1] 酯化反应回流带水要充分，分水器与三颈瓶连接处最好用石棉绳或棉花保温，以使水-二甲苯共沸物在适当部位冷却。

[2] 调pH所用的碱液除用20%的氢氧化钠溶液外，也可用饱和碳酸钠溶液，后者效果更好。最好使用精密pH试纸测试。

[3] 为使反应完全，搅拌棒上附以橡皮管做成的搅拌头，并尽量与瓶底接触。

[4] 该反应为放热反应，铁粉需分次放入，以免反应过于激烈。加完后温度自然上升，注意不得超过70℃。当反应高潮到来时，最好用水浴稍冷一下，但不能把温度降得过底，影响反应正常进行。反应过程中，反应液的颜色变化为绿色→棕色→黑色。若不能转变为棕黑色，则反应可能不完全，可适当补充铁粉，继续反应一段时间。

[5] 铁粉活化的目的在于除去铁粉表面的铁锈。其方法为：取铁粉70g，加水150ml，浓盐酸1ml，加热至微沸，用水以倾泻法洗涤至中性，置水中保存，待用。

[6] 因除铁锈时有过量硫化钠存在，加酸后可使其形成胶体硫析出。加活性炭后过滤，便可将其除去。

[7] 粗品要尽量抽干，再放入干燥器中，以免氧化变色。

[8] 严格控制 pH 在 5.5（用精密 pH 试纸），使成盐完全，并防止芳伯氨基成盐。

[9] 精盐要加够，否则产品析出不完全，影响质量。

[10] 加连二亚硫酸钠的目的在于防止产品氧化。

[11] 精制所用的水量要控制好，不宜过多或太少。

本实验需 14 学时。

实验五　处方分析　米诺环素与氢氧化铝

【病例】 患者，女，50 岁。因反复上腹疼痛 1 年而就诊，经胃镜检查确诊为胃溃疡，为中和胃酸、抗炎治疗，医生开出下列处方：

【处方】 米诺环素片　0.1mg×28#　Sig：0.2　bid

氢氧化铝片　0.3mg×28#　Sig：0.6　tid

【教学要求】

1. 根据学过的知识结合上网及其他途径检索有关资料，分析针对该病例医生处方的用药及用法、用量是否合理，如有问题，请予纠正。

2. 处方中药物各有什么不良反应？使用时应注意什么问题？

3. 米诺环素在使用中应注意和哪些药物的配伍禁忌？

4. 如果选用氢氧化铝中和胃酸，该病例还能选用什么药物抗炎治疗？

2 学时，可以上网完成。

实验六　铁元素对环丙沙星滴眼剂质量的影响

【病例】 患者，女，25 岁。近期因头晕、乏力而就诊，经医生确诊为缺铁性贫血，口服铁剂进行治疗，现又出现左眼痒、疼，结膜充血，到眼科就诊，诊断为结膜炎，给予环丙沙星滴眼剂。

【处方】 硫酸亚铁片　0.3mg×42#　Sig：0.6　tid

环丙沙星滴眼剂　10ml×1 支　Sig：滴眼　qid

【环丙沙星滴眼剂生产配方】

配方：环丙沙星原料药　配比量

羟丙基甲基纤维素　配比量

苯扎溴铵　配比量

乙二胺四乙酸钠　配比量

氯化钠　配比量

注射用水　配比量

【教学要求】

1. 根据学过的知识结合上网及其他途径检索有关资料，分析针对该病例医生处方的用药及用法、用量是否合理，两药能否同时应用？如有问题，请予纠正。

2. 铁元素对环丙沙星滴眼剂的质量有何影响？乙二胺四乙酸钠在滴眼剂溶液中起何作用？生产中要注意什么问题？

3. 如果该病例不能用环丙沙星治疗结膜炎，还能选用什么药物？为什么？

4. 环丙沙星在使用中还应注意和哪些药物的配伍禁忌？

5. 处方中药物各有什么不良反应？使用时应注意什么问题？

2 学时，可以上网完成。

实验七　烟酸的合成、鉴别及含量的测定

一、实验目的

1. 掌握烟酸制备的化学反应原理及操作技术。
2. 掌握烟酸定性鉴别及含量测定方法。

二、化学反应原理

$$\text{3-甲基吡啶}(C_5H_4N\text{—}CH_3) + KMnO_4 \longrightarrow C_5H_4N\text{—}COOK + 2MnO_2\downarrow + KOH + H_2O$$

$$C_5H_4N\text{—}COOK + HCl \longrightarrow C_5H_4N\text{—}COOH + KCl$$

三、主要试药及仪器

步　骤	试药名称	规　格	用　量	备料比	
				重量比	分子比
氧化	3-甲基吡啶 高锰酸钾	CP CP	4.8g 20g	1 4.04	1 2.42
酸化	浓酸盐	CP,37%	适量		
精制	活性炭	药用	适量		
鉴别	硫酸铜试液,2,4-二硝基氯苯(8mg) 石蕊试纸,乙醇制氢氧化钾试剂 氢氧化钠试液				
含量测定	酚酞指示液,0.1mol/L 氢氧化钠				

三颈瓶（500ml）　电动搅拌　回流冷凝器　直形冷凝器　牛角管　锥形瓶　抽滤瓶　布氏漏斗　溶点管　试管　碱式滴定管　分析天平　油泵（或水泵）

四、操作步骤

1. 氧化

在装有电动搅拌、回流冷凝器和温度计的 500ml 三颈瓶中，加入 3-甲基吡啶 4.8g、蒸馏水 200ml，升温至 80℃，分次加高锰酸钾共 20g，控制温度在 85～90℃，加完后，搅拌反应 1h。常压蒸馏，回收未反应的 3-甲基吡啶，趁热过滤[1]，用少量热水洗涤滤渣（MnO_2），弃去滤渣，合并滤液与洗液，即得烟酸钾水溶液。

2. 酸化

把烟酸钾水溶液置 400ml 烧杯中，用浓盐酸酸化至 pH 3.8～4.0，冷至 30℃以下，

抽滤得粗品。

3. 精制

将粗品转移到200ml烧杯中，加粗品5倍量蒸馏水，于搅拌下加热溶解。稍冷，加入粗品重量1%的活性炭[2]，加热至沸。脱色3～5min，趁热过滤，用少量热水洗滤渣。用冷水浴将滤液冷却析晶，抽滤，用少量冷水洗涤，干燥即得本品。mp. 234～238℃。

4. 鉴别

(1) 取本品约4mg，加2,4-二硝基氯苯8mg，研匀，置试管中缓缓加热熔化后，再加热数秒钟放冷，加乙醇制氢氧化钾试液3ml，即显紫红色。

(2) 取本品约50mg，加水20ml溶解后，滴加氢氧化钠溶液（0.1mol/L），至遇石蕊试纸显中性反应，加硫酸铜试液3ml，即缓缓析出淡蓝色沉淀。

5. 含量测定

取本品约0.3g，精密称定，加新煮沸过的冷水50ml溶解后，加酚酞指示液3滴，用氢氧化钠液（0.1mol/L）滴定，即得。每1ml的氢氧化钠液相当于12.31mg的本品。

五、注意事项

[1] 若反应完全，二氧化锰沉淀滤去后，反应液不再显紫红色。如果显紫红色，此时可酌情加少许乙醇，温热片刻，紫色消失后，重新抽滤。

[2] 根据产品颜色深浅，可适量改变活性炭的用量。

本实验约需6学时

实验八 几种有机药物的定性鉴别

一、实验目的

1. 了解几种常用有机药物的化学性质，掌握定性鉴别方法。

2. 巩固并验证理论知识，熟悉基本操作技术。

二、主要药物及仪器

苯巴比妥（原料药）	茜素氟蓝试液	碘试液
咖啡因（原料药）	硫酸	碳酸钠试液
诺氟沙星（原料药）	硝酸（CP）	淀粉-碘化钾试液
氯化铁试液	亚硝酸钠（固）	丙二酸
铜吡啶试液	盐酸异丙嗪（原料药）	醋酸钠试液
氯化钡试液	酚磺乙胺（原料药）	硝酸亚铈试液
硫酸苯肼试液	氢化可的松（原料药）	盐酸
氢氧化钠试液	硝酸银试液	无水乙醇（CP）
氨试液	甲醛试液	二氧化锰（固）
醋酐		

试管　小漏斗　水浴锅　研钵　电炉

三、操作步骤

（一）苯巴比妥的鉴定

1. 取本品约50mg，加10%氢氧化钠溶液2ml，煮沸0.5min，即产生氨气，使湿润的红色石蕊试纸变蓝。

2. 取本品约50mg，加碳酸钠试液0.5ml与蒸馏水5ml后，振摇2min，过滤，向滤液（或取上清液）中逐滴加硝酸银试液，即产生白色沉淀，振摇后沉淀即溶解。继续滴加过量的硝酸银试液，沉淀不再溶解，但沉淀能溶于氨试液中，亦溶于稀硝酸中。

3. 取本品约50mg，加吡啶溶液（1→10）1ml，微热溶解，冷后，加铜吡啶试液几滴，即产生紫色或产生紫色沉淀。如无紫色或紫色沉淀产生。则可在加铜吡啶溶液前，滴加0.1mol/L氢氧化钠液，再加铜吡啶试液，即显紫色或紫红色沉淀。

4. 取本品约50mg置于干燥的试管中，加甲醛试液1ml，加热煮沸，冷却。沿试管壁缓缓加硫酸0.5ml，使成二液层（勿振摇），置水浴中加热，界面显玫瑰红色。

5. 取本品约5mg置干燥的试管中，加硫酸2滴及亚硝酸钠5mg，混合，即显橙黄色。

若供试品为片剂，取本品片粉适量（约相当于苯巴比妥0.21g)，加无水乙醇28ml，充分振摇，滤过，滤液置水浴上蒸干后，取残渣照上法实验，显相同反应。

（二）盐酸异丙嗪的鉴别

1. 取本品约5mg，加硫酸5ml溶解后，溶液显樱桃红色，放置后，色渐变深。

2. 取本品约0.1g，加水3ml溶解后，加硝酸1ml，即产生红色沉淀；加热，沉淀即溶解，溶液由红色变为橘黄色。

3. 取本品约0.1g，加水3ml溶解后，加氨试液使呈碱性，过滤。取滤液2ml，加硝酸使成酸性，加硝酸银试液，即产生白色凝乳状沉淀。分离，加氨试液，沉淀即溶解，再加硝酸，沉淀又产生。

4. 取本品约50mg置试管中，加等量二氧化锰，混均，加硫酸湿润，缓缓加热即产生氯气，能使湿润的碘化钾-淀粉试纸显蓝色。

供试品若为糖衣片，除去糖衣，称出适量（约相当于异丙嗪0.3g)，加水15ml，振摇使盐酸异丙嗪溶解，滤过，滤液置水浴上蒸干，残渣照上法实验，显相同的反应。

若供试品为注射剂，取0.2ml，蒸干，加硫酸5ml溶解后，溶液即显樱桃红色，放置，色渐变深。其他照上法实验，显相同的反应。

（三）咖啡因的鉴别

1. 取本品约10mg，加盐酸1ml与氯酸钾0.1g，置水浴上蒸干，残渣遇氨气即显紫色，再加氢氧化钠试液数滴，紫色即消失。

2. 取本品的饱和水溶液5ml，加碘试液5滴，不产生沉淀。加入稀盐酸3滴，即产生红棕色沉淀。再加氢氧化钠试液，沉淀消失。

（四）酚磺乙胺的鉴别

1. 取本品约0.1g，加水2ml溶解后，加氯化铁试液1～3滴，即显蓝色，放置后渐退成较浅的蓝紫色。

2. 取本品约0.1g，加氢氧化钠试液5ml，加热即产生二乙胺的臭气，能使湿润的红色石蕊试纸变蓝色。

3. 取本品约50mg，加水2ml，分为二等份。一份中加硝酸0.5ml，置于水浴上蒸干后，加水1ml，加氯化钡试液，即产生白色沉淀；另一份加硝酸1滴，加氯化钡试液，不产生沉淀。

若供试品为注射剂，应取本品适量（约相当于酚磺乙胺0.2g），照上法实验，显相同的反应。

（五）诺氟沙星的鉴别

1. 取本品约50mg，置干燥试管中，加丙二酸约30mg与醋酐0.5ml，在80～90℃水浴中加热5～10min，显红棕色。

2. 取本品约7mg，按照氧瓶燃烧法进行有机破坏，用水20ml与0.01mol/L氢氧化钠溶液6.5ml为吸收液，待燃烧完毕后，充分振摇；取吸收液2ml，加茜素氟蓝试液0.5ml，再加12%醋酸钠的稀醋酸溶液0.2ml，用水稀释至4ml，加硝酸亚铈试液0.5ml，即显蓝紫色；同时做空白对照实验。

（六）氢化可的松的鉴别

1. 取本品约2mg，加硫酸2ml使溶解，放置5min，溶液即显棕黄色至红色，将此溶液到入10ml水中，即变成黄色至橙黄色，并带绿色荧光，同时生成少量絮状沉淀。

2. 取本品约0.1mg，加乙醇1ml使溶解，加新制的硫酸苯肼试液8ml，在70℃加热15min，即显黄色。

若供试品为片剂，取本品片粉适量（约相当于氢化可的松5mg），加无水乙醇5ml分次碾磨提取。滤过，取滤液置水浴上蒸干，残渣照上法实验，显相同反应。

若供试品为注射剂，取本品1ml，置水浴上蒸干，残渣照上法实验，显相同反应。

本实验约4学时。

实验九　维生素和抗生素类药物的鉴别

一、实验目的

1. 掌握几种常用维生素类药物的主要性质和鉴别方法。

2. 掌握几种常用抗生素类药物的主要性质和鉴别方法。

二、主要药物及仪器

维生素C（原料药）	碘化汞试液	正丁醇
维生素B_1（原料药）	盐酸羟胺饱和液	浓硝酸（CP）
维生素E（原料药）	醋酸氧铀锌试液	稀盐酸（自配）
硝酸银试液	次溴酸钠试液	硫酸
铁氰化钾试液	苯甲酰氯	青霉素钠（原料药）
10%氢氧化钠液	氯化钙溶液	硫酸链霉素（原料药）

氯霉素（原料药）　　氧化铁乙醇液　　高锰酸钾

二氯靛酚钠试液　　0.01mol/L 氢氧化钾试液　　锌粉（还原用）

碘试液　　3-羟基喹啉乙醇液　　吡啶（CP）

二氧化汞试液　　2,2′-联吡啶乙醇液　　乙醚（CP）

乙醇制氢氧化钠液　　无水乙醇

试管　小漏斗　研钵　蒸发皿　空气冷凝器　铂丝

三、操作步骤

（一）维生素 C 的鉴别

取本品 0.2g，加水 10ml 溶解后，照下述方法实验。

1. 取溶液 5ml，加硝酸银试液 0.5ml，即产生黑色沉淀。

2. 取溶液 5ml，加二氯靛酚钠试液 1～2 滴，试液的颜色即消失。

若供试品为片剂，可取本品的细粉适量（约相当于维生素 C 0.2g），加水碾磨后，再加水适量使成 10ml，过滤，滤液照上法实验，显相同反应。

（二）维生素 B_1 的鉴别

1. 取本品约 5mg，加氢氧化钠试液 5ml 溶解后，加铁氰化钾试液 5 滴与正丁醇 1ml，强力振摇 2min，放置使分层，上面醇层显强烈蓝色荧光。滴加稀硫酸使显微酸性（勿多加），荧光即消失，再加 10%的氢氧化钠溶液使呈碱性，又出现蓝色荧光。

2. 取本品约 20mg，加蒸馏水 2ml 溶解后，溶液分成两份，一份加碘试液 2 滴，产生棕色沉淀；另一份加碘化汞钾试液 2 滴，产生黄色沉淀。

3. 取本品约 40mg，加蒸馏水 1ml 溶解后，加二氯化汞试液 5 滴，产生白色沉淀。

若供试品为片剂，则取适量（约相当于维生素 B_1 60mg）的片粉，加蒸馏水搅拌，过滤，滤液蒸干后，取残渣照上法实验，显相同反应。

（三）维生素 E 的鉴别

1. 取本品约 30mg，加无水乙醇 10ml 溶解后，加硝酸 2ml，摇匀，在 75℃加热 15min，溶液显橙黄色。

2. 取本品约 10mg，加乙醇制氢氧化钾试液 2ml，煮沸 5min，放冷，加水 4ml 与乙醚 10ml，振摇，静置使分层。取乙醚液 2ml，加 2,2′-联吡啶乙醇液（0.5∶100）数滴与三氯化铁的乙醇液（0.2∶100）数滴，应显血红色。

供试品若为糖衣片，可取本品两片，除去糖衣，碾细，加无水乙醇 10ml，振摇使维生素 E 溶解，过滤，滤液加硝酸 2ml，摇匀，在 75℃加热约 15min，溶液显橙红色。

（四）青霉素钠的鉴别

1. 取本品约 5mg，加蒸馏水 10 滴使溶，加盐酸羟胺饱和溶液 10 滴，加 1mol/L 氢氧化钾试液 5 滴，在沸水浴加热 4min，放冷，加 1mol/L 盐酸 5 滴及三氯化铁 1～2 滴（勿多加），即显紫红色。

2. 取本品约 50mg，加蒸馏水 2ml 溶解后，加稀盐酸 1～2 滴，即产生白色沉淀，此沉淀能溶于乙醇、氯仿、醋酸戊酯或过量的盐酸中。

3. 取本品约 50mg，加蒸馏水 2ml 溶解，加醋酸氧铀锌试液 3～5 滴，即产生黄色沉淀。

4. 取本品约 20mg，加蒸馏水 10 滴使溶，用盐酸湿润的铂丝蘸取此溶液，在无色火焰中燃烧，火焰即显鲜黄色。

（五）硫酸链霉素的鉴别

1. 取本品约 0.5mg，加蒸馏水 2ml 溶解后，加氢氧化钠溶液 1ml 与 0.1％的 8-羟基喹啉乙醇液 1ml，放冷，加次溴酸钠试液 3 滴，即显橙红色。

2. 取本品约 20mg，加蒸馏水 2ml 溶解后，加氢氧化钠试液 5 滴，置水浴上加热 5min，加硫酸铁铵溶液（取硫酸铁铵 0.1g，加 0.5mol/L 的硫酸液 5ml 使溶解）8 滴，即显紫红色。

3. 取本品约 0.2mg，加蒸馏水 2ml 溶解后，加氯化钡试液，即产生白色沉淀；分离，沉淀在盐酸或硝酸中均不溶解。

（六）氯霉素的鉴别

1. 取本品约 50mg，加吡啶 1ml，加氢氧化钠溶液 1ml，混匀，至沸水浴上加热数分钟，吡啶层显深红色。

2. 取本品约 10mg，加 50％乙醇液 1ml 溶解，加氯化钙溶液 3ml 与锌粉 50mg，置水浴上加热 10min，放冷，倾出上清液，加苯甲酰氯 2 滴，立即强力振摇 1min，加氯化铁试液 0.5ml 与氯仿 2ml，水层显紫红色。如按同一方法不加锌粉试验，应不显紫红色。

3. 取本品 50mg，加乙醇制氢氧化钾试液 2ml 使溶解，可在试管口安装空气冷凝器，防止乙醇散失，在水浴上加热 15min，放冷。加稀硝酸中和至强酸性后，过滤，滤液再加 1 滴稀硝酸，应无沉淀生成，供试：

（1）取上述供应液 1ml，加硝酸银试液，即产生白色凝乳状沉淀。沉淀能溶于氨试液，不溶于硝酸。

（2）取上述供试液 1ml，加稀硫酸使呈酸性，加高锰酸钾结晶数粒，加热即放出氯气，能使碘化钾-淀粉试纸显蓝色。

若供试品为糖衣片，除去糖衣，照上法试验，显相同反应。

本实验约需 4 学时。

实验十　处方分析　青霉素与碳酸氢钠

【病例】 患者，男，62 岁。因前列腺增生进行前列腺切除术，术后需留置尿管和抗感染治疗，为了防止长期留置尿管引起尿酸沉积形成泌尿系统结石，故需服用 $NaHCO_3$ 碱化尿液，医生开出下列处方：

【处方】 5％葡萄糖注射液　250ml

青霉素钾注射液　480 万 U/×3 天　Sig：iv gtt gd

碳酸氢钠片　0.3mg×21#　Sig：0.3mg tid

【教学要求】

1. 根据学过的知识结合上网及其他途径检索有关资料，分析针对该病例医生的用药及用法、用量是否合理，如有问题，请予纠正。

2. 两药能否同时应用，在使用中应注意哪些问题？

3. 如果该病例不能用青霉素治疗，选用什么药物较合适？为什么？

4. 青霉素在使用中还应注意和哪些药物的配伍禁忌？

5. 处方中药物各有什么不良反应？使用时应注意什么问题？检索青霉素钠引起不良反应的致敏原是什么物质。

本实验 2 学时，可以上网完成。

实验十一　贝诺酯的合成

一、实验目的

1. 通过本实验了解酯化反应在药物化学结构修饰中的应用及拼合原理的应用。

2. 掌握酰氯的制备和无水操作等基本技能。

3. 学习搅拌同时回流、滴加液体及吸收气体的化学反应操作技术。巩固重结晶和熔点测定等基本操作技术。

二、化学反应原理

COOH, OCOCH$_3$ + $SOCl_2$ ⟶ COCl, OCOCH$_3$ + $HCl\uparrow$ + $SO_2\uparrow$

OH, NHCOCH$_3$ + NaOH ⟶ ONa, NHCOCH$_3$ + H_2O

COCl, OCOCH$_3$ + ONa, NHCOCH$_3$ ⟶ COO–⟨⟩–NHCOCH$_3$, OCOCH$_3$ + NaCl

三、主要试药及仪器

四颈瓶（250ml）　电动搅拌器　滴液漏斗　温度计　回流冷凝器　玻璃弯管　三角漏斗　烧杯　直形冷凝器　克氏蒸馏瓶　油泵（其他减压装置）　布氏漏斗　抽滤瓶　锥形瓶　乳胶管

步　骤	试 剂 名 称	规　格	用　量	备 料 比	
				重量比	分子比
氯化	乙酰水杨酸	工业或药用	18g	1	1
	氯化亚砜	CP 或工业	13g	0.722	0.1
	DMF	CP	0.173g	0.041	0.1
	石油醚	CP	40ml		

续表

步　骤	试药名称	规　格	用　量	备料比	
				重量比	分子比
酰化	乙酰水杨酰氯 对乙酰氨基酚 20%氢氧化钠液	自制 工业或药用 自制	19.8g 15.1g 适量	1 0.763	1 1
精制	丙酮 乙醇	CP CP,95%	20ml 适量		

四、操作步骤

1. 氯化

于250ml四颈瓶上安装电动搅拌器、滴液漏斗、带氯化钙干燥管的回流冷凝器，干燥管连有二氧化硫气体吸收装置（5%～10%的氢氧化钠溶液），留一侧口安装温度计并兼作加料口[1]。把0.73g的DMF和40ml石油醚[2]加到四颈瓶中，开动搅拌，慢慢投入乙酰水杨酸18g。13g的氯化亚砜自滴液漏斗缓缓滴加到四颈瓶中，温度逐渐上升，约50℃左右放出大量的气体[3]。在1h左右，温度升至80℃，并维持80～85℃反应3～4h。减压回收石油醚及过量的氯化亚砜，残液（乙酰水杨酰氯）转移到锥形瓶中，含量在95%以上，收率在97%左右。

2. 酰化

在装有温度计、电动搅拌器和滴液漏斗的250ml三颈瓶中，加入15.1g对乙酰氨基酚及60ml水，搅拌下于12～15℃滴加20%氢氧化钠溶液，使对乙酰氨基酚成盐溶解[4]。继续搅拌，维持12～15℃，自滴液漏斗中滴加19.8g水杨酰氯与20ml丙酮的混合液，约5～10min加完。保持10～15℃，pH8～9，搅拌反应1h，过滤，用蒸馏水洗至中性，得贝诺酯粗品，收率60%左右。母液减压回收丙酮后，可得回收品。

3. 精制

把粗品、回收品置于锥形瓶中，加9倍量（重量）的95%的乙醇，置水浴上加热回流溶解[5]，稍冷后，加入活性炭适量（粗品重量的1%～2%），加热脱色5min左右，趁热抽滤，用少量热乙醇洗涤滤渣，慢慢冷却至5℃左右，析晶。抽滤，少量冷蒸馏水洗涤滤饼，抽干，干燥。mp.178～180℃。精制率85%。

五、注意事项

[1] 所有仪器及原料必须要干燥，否则氯化亚砜遇水分解而损失，生成的乙酰水杨酰氯也会分解。

[2] 使用的石油醚沸程为60～90℃，由于石油醚易燃易爆，严禁直火加热。

[3] 大量的SO_2和HCl气体吸收不及时会刺激呼吸道，实验室要注意通风。

[4] 不要加太多的氢氧化钠液，否则乙酰水杨酰氯将水解，使收率下降。

[5] 回流加热溶解，可避免乙醇挥发损失。

本实验约12学时。

（刘振梅　王　希）

参 考 文 献

1 郑虎．药物化学．第5版，北京：人民卫生出版社，2003

2 彭司勋．药物化学．北京：化学工业出版社，1998

3 尤启冬．药物化学．北京：中央广播电视大学出版社，2002

4 仉文升，李安良．药物化学．北京：高等教育出版社，1999

5 张大禄．药理学．北京：中国医药科技出版社，1997

6 芮耀诚．实用药物手册．北京：人民军医出版社，2003

7 吴珏，袁世诚．临床用药须知．北京：化学工业出版社，1995

中 文 索 引

M

N

P

Y

Z

英 文 索 引

内 容 提 要

本书是全国医药职业技术教育研究会组织编写的全国医药高等职业教育教材系列之一。全书由各系列典型药物介绍、药物稳定性化学、药物配伍变化、新药研究的内容和实验部分等组成。本书典型药物部分主要介绍药物结构特点、理化性质及其（在生产、检验、储运及使用中）应用、合成方法、作用机制及用途；药物稳定性化学部分以水解及氧化还原为主干，介绍药物由于水解及氧化还原而造成的不稳定问题及对策；药物配伍变化是针对从事药物使用工作的读者设计的，涉及化学药物配伍使用中发生的药物物理与化学互相作用。

本书为医药高等职业教育用书，同时还可作为医院和药厂等相关单位从事药事工作的人员阅读与参考。

全国医药高职高专教材可供书目

	书名	书号	主编	主审	定价
1	化学制药技术	7329	陶　杰	郭丽梅	27.00
2	生物与化学制药设备	7330	路振山	苏怀德	29.00
3	实用药理基础	5884	张　虹	苏怀德	35.00
4	实用药物化学	5806	王质明	张　雪	32.00
5	实用药物商品知识(第二版)	07508	杨群华	陈一岳	45.00
6	无机化学	5826	许　虹	李文希	25.00
7	现代仪器分析技术	5883	郭景文	林瑞超	28.00
8	现代中药炮制技术	5850	唐延猷　蔡翠芳	张能荣	32.00
9	药材商品鉴定技术	5828	刘晓春	邬家林	50.00
10	药品生物检定技术	5876	李榆梅	张晓光	28.00
11	药品市场营销学	5897	严　振	林建宁	28.00
12	药品质量管理技术	7151	负亚明	刘铁城	29.00
13	药品质量检测技术综合实训教程	6926	张　虹	苏　勤	30.00
14	中药制药技术综合实训教程	6927	蔡翠芳	朱树民　张能荣	27.00
15	药品营销综合实训教程	6925	周晓明　邱秀荣	张李锁	23.00
16	药物制剂技术	7331	张　劲	刘立津	45.00
17	药物制剂设备(上册)	7208	谢淑俊	路振山	27.00
18	药物制剂设备(下册)	7209	谢淑俊	刘立津	36.00
19	药学微生物基础技术(修订版)	5827	李榆梅	刘德容	28.00
20	药学信息检索技术	8063	周淑琴	苏怀德	20.00
21	药用基础化学	6134	胡运昌	汤启昭	38.00
22	药用有机化学	7968	陈任宏	伍焜贤	33.00
23	药用植物学	5877	徐世义	孙启时	34.00
24	医药会计基础与实务(第二版)	08577	邱秀荣	李端生	25.00
25	有机化学	5795	田厚伦	史达清	38.00
26	中药材 GAP 概论	5880	王书林	苏怀德　刘先齐	45.00
27	中药材 GAP 技术	5885	王书林	苏怀德　刘先齐	60.00
28	中药化学实用技术	5800	杨　红	裴妙荣	23.00
29	中药制剂技术	5802	闫丽霞	何仲贵　章臣贵	48.00
30	中医药基础	5886	王满恩	高学敏　钟赣生	40.00
31	实用经济法教程	8355	王静波	潘嘉玮	29.00
32	健身体育	7942	尹士优	张安民	36.00
33	医院与药店药品管理技能	9063	杜明华	张　雪	21.00
34	医药药品经营与管理	9141	孙丽冰	杨自亮	19.00
35	药物新剂型与新技术	9111	刘素梅	王质明	21.00
36	药物制剂知识与技能教材	9075	刘　一	王质明	34.00
37	现代中药制剂检验技术	6085	梁延寿	屠鹏飞	32.00
38	生物制药综合应用技术	07294	李榆梅	张　虹	19.00